Einer Zeit, die sich vieles »zu Herzen nahm« und darum ständig vom »Herzen« sprach, war wohl bewußt, was das heißt: »ein Herz aus Stein in der Brust tragen«. Uns ist der Ausdruck immer noch verständlich. Aber kann man leugnen, daß er den Geruch des Antiquierten, des Frömmlerischen, zumindest des Gezierten angenommen hat?

Allmählich muß das Selbstverständliche unselbstverständlich geworden sein. Wie geschah das? Offenbar im Verlauf einer Geschichte, von der die zünftigen Historiker wenig wissen, desto mehr aber die Dichter als die Historiographen der Schicksale der ›Seele‹. Der Zeitpunkt ist fast genau datierbar: Um die Wende vom 18. zum 19. Jahrhundert beginnen verschiedene Schriftsteller, die man dem Epochenbegriff der ›Romantik‹ zuordnet, auf jeweils ganz verschiedene Weise damit, uns eine Geschichte zu erzählen, die gleichwohl immer das eine Thema hat: den Tod des alten christlich-abendländischen Herzens; seine Erstarrung; seine Entwertung; seine Ersetzung durch das unorganische Ding oder die Maschine. Eine große Rolle spielt das Geld. Es ist nicht nur der allgegenwärtige Mittler der Herz-Stein-Tauschoperationen, von denen berichtet wird. Sein gleichsam autonomes Wachstum scheint die Produktivkraft des lebendigen Herzens in dem Maße zu beerben, wie das Herz selbst die kontrakte Metallnatur der Münze annimmt. Ähnlich ergeht es dem menschlichen Auge, welches seit alters als das Einfallstor der Seele gilt: durch das mechanische Artefakt eines »Perspektivs« ersetzt, wird es blind für das Beseelte und entdeckt seine Faszination für das Seelenlose, für Automat, Maschine und den Glanz des Geldkristalls.

In seinem beschließenden Essay rekonstruiert Manfred Frank den sozialgeschichtlichen und ästhetischen Kontext dieser Wandlung und ihre Auswirkung auf Geschichte und Literatur der Gegenwart. Es zeigt sich, daß die Metapher von der Herzensversteinerung ebensooft wie in den Erzählungen der Dichter auch in den Texten der zeitgenössischen Ökonomen – als Symbol der Effekte von Industrialisierung und Kapitalisierung der Lebenswelt – auftaucht. Von den französischen Symbolisten und ihren deutschen Nachfolgern ist sie wiederholt verwandt worden, um die Verselbständigung der poetischen Sprache, die Erstarrung des Sinns im Ausdruck, die Autonomisierung der dichterischen Rede gegenüber dem Subjekt wie dem Gegenstand dieser Rede zu symbolisieren.

insel taschenbuch 330
Das kalte Herz

DAS KALTE HERZ

TEXTE
DER ROMANTIK
AUSGEWÄHLT
UND
INTERPRETIERT
VON
MANFRED FRANK
INSEL

insel taschenbuch 330
Erste Auflage 1978
Durchgesehene und erweiterte Ausgabe
© Insel Verlag Frankfurt am Main 1978
Weitere Nachweise am Schluß des Bandes
Vertrieb durch den Suhrkamp Taschenbuch Verlag
Umschlag nach Entwürfen von Willy Fleckhaus
Satz: Otto Gutfreund, Darmstadt
Druck: Nomos Verlagsgesellschaft, Sinzheim
Printed in Germany

3 4 5 6 7 8 – 89 88 87 86 85 84

INHALT

Vorwort 9

Ludwig Tieck
Der Runenberg 17

Gotthilf Heinrich Schubert
Der Bergmann von Falun 44

Achim von Arnim
Des ersten Bergmanns ewige Jugend 46

E.T.A. Hoffmann
Die Bergwerke zu Falun 53

Richard Wagner
Die Bergwerke zu Falun 88

Richard Wagner
Der Raub des Rheingoldes 102

Wilhelm Hauff
Das kalte Herz 123

E. T. A. Hoffmann
Der Sandmann 173

Hans Christian Andersen
Die Schneekönigin 215

Nathaniel Hawthorne
Ethan Brand 230

Manfred Frank
Steinherz und Geldseele.
Ein Symbol im Kontext 253

Anhang 388

Quellenverzeichnis 402

Für Susanne, die liebe Grille

VORWORT

Es war eine Zeit, die sich vieles »zu Herzen« nahm und darum viel vom »Herzen« redete. Wer so zu sprechen gelernt hatte, wußte ganz gut, was das heißt: »ein Herz aus Stein in der Brust tragen«.

Uns ist der Ausdruck immer noch verständlich. Aber kann man leugnen, daß er den Geruch des Altfränkischen, des Frömmlerischen, zumindest des Gezierten angenommen hat?

Allmählich ist das Selbstverständliche unselbstverständlich geworden. Wie mag das geschehen sein?

Am Anfang steht die Erfahrung einer tiefgreifenden Veränderung. Nun suchen wir ihre Geschichte. Denn man kann »nicht leben mit einer Erfahrung, die ohne Geschichte bleibt, scheint es«, schreibt Max Frisch in dem 1964 erschienenen Roman *Mein Name sei Gantenbein*.

Unser eigenes Leben reicht freilich nicht aus, den Zeitraum zu ergründen, in dem diese Geschichte begonnen hat. Müssen wir also die Historiker befragen? Das wäre vergeblich: sie haben alle Hände voll mit der Erforschung der »objektiven« Ereignisse zu tun. Eher ist zu vermuten, daß die Dichter etwas wissen: sie sind von jeher die Historiographen der Schicksale der Seele gewesen. In der geschichtswissenschaftlichen Arbeitsteilung liegt das Studium des »subjektiven Faktors« weitgehend bei ihnen, und ihre Texte sind unsere einzigen Quellen.

Geben sie Antwort auf unsere Frage?

Tatsächlich kann man beobachten, daß um die Wende vom 18. zum 19. Jahrhundert verschiedene Schriftsteller, die man dem Epochenbegriff der Romantik zuordnet, auf jeweils ganz verschiedene Weise damit beginnen, uns eine Geschichte zu erzählen. Sie hat immer das eine Thema: den Tod des christlich-abendländischen Herzens; seine

Erstarrung; seine Erblindung; seine Entwertung; seine Ersetzung durch das anorganische Ding oder die Maschine.
Ich möchte einige dieser Texte im folgenden vorstellen. Sie sind nicht alle unbekannt. Doch jeder Leser weiß, wie sehr das Verständnis mit dem Gesichtspunkt sich wandelt, unter dem die Lektüre geschieht; und auch mit dem Kontext, in dem eine Erzählung gelesen wird. Ein jeder Text interpretiert durch seine Nachbarschaft alle anderen. Da es eine Geschichte ist, deren Anfänge wir rekonstruieren wollen, ist auch die Chronologie nicht gleichgültig: mit zwei (thematisch begründeten) Ausnahmen ist sie in diesem Bändchen eingehalten worden. Auf diese Weise kann man auch die Echos und Resonanzen früherer Texte in späteren aufzuspüren versuchen. Denn sie stehen alle in einer wirkungsgeschichtlichen Einheit: jeder spinnt auf seine Weise den Faden fort, den der Vorgänger ihm in die Hand gab. Die Auswahl macht das sichtbar, denn sie befreit die Tradition des *Kalten Herzens* aus dem Gestrüpp verschlungener Einflüsse und Ablenkungen, denen ich im Essay am Schluß des Bandes nachgegangen bin.
Der Titel der ganzen Sammlung ist Wilhelm Hauff, dem schwäbischen Theologen und Literaten (1802–1827), entborgt. Sein Märchen *Das kalte Herz* erschien erstmals nach des Dichters Tod, nämlich in der Rahmenerzählung *Das Wirtshaus im Spessart,* dem *Märchen-Almanach auf das Jahr 1828,* der Hauffs Ruhm mehr als seine übrigen Dichtungen begründet hat. Als spannende Einlage in einer wenigstens ebenso spannenden Räuber-Story war dies Märchen, das übrigens – trotz seiner sagenähnlichen Züge – aus Hauffs eigener Phantasie entsprungen ist, von jeher beliebt. Doch tritt die Tradition, in der es steht, viel deutlicher hervor, wenn man es seinem ursprünglichen Zusammenhang entfremdet und einer anderen Anthologie einverleibt, wie es in diesem Band versucht wurde.

Mit der Geschichte eines merkwürdigen Handels, in welchem das warme Herz als Tauschgut gegen einen Marmelstein veräußert wird, ist nämlich ein Thema angeschlagen, das die Literatur einer ganzen Epoche begleitet. Im *Galgenmännlein* (1810) des Friedrich de la Motte Fouqué z. B. wird die Geschichte eines schwarzen Flaschenteufelchens erzählt, das seinem jeweiligen Besitzer um den Preis seiner Seele »unermeßlich vieles Geld« verschafft. Und in Adelbert von Chamissos *Peter Schlemihl* (1814) verkauft der Titelheld dem Mann im grauen Rock gegen Fortunati Goldsäckel seinen Schatten. Es ist eine Vorleistung auf den Verkauf seiner Seele und erwirbt ihm den immerwährenden »Tod im Herzen«. Zahlreich sind die Bearbeitungen und Varianten dieses Vorwurfs bis hin zu Wagners *Ring*-Dichtung (1852), in welcher die verfluchte Liebe als »maßlose Macht« über Geld wiederaufsteht.

Zu den eigenartigsten Texten dieser Tradition gehört E. T. A. Hoffmanns, des Berliner Kammergerichtsrats, Dichters, Malers und Musikers (1776–1822), schauerliches »Nachtstück« *Der Sandmann*. Es ist buchstäblich ein Nachtstück (d. h. ein Nacht*gemälde*), denn sein Schöpfer scheint es im Rausch einer Nacht des Novembers 1815 niedergeschrieben oder doch unter den Händen gehabt zu haben. Gedruckt (und umgearbeitet) erschien es zuerst 1817 in der Berliner Realschulbuchhandlung als eines unter anderen »Nachtstücken«. Auch darin tritt ein unheimlicher Händler auf, der es weniger aufs Herz als auf die Augen seines Käufers abgesehen hat. Er verkauft dem Studenten Nathanael ein Taschenperspektiv mit wundersamen Eigenschaften. Gleichwohl hat der Käufer das unabweisliche Gefühl, das Glas »viel zu teuer bezahlt« zu haben. Hat am Ende der Blick etwas mit der Seele zu tun? Darüber finden wir bestimmtere Auskunft in anderen Texten. Am Anfang steht Ludwig Tiecks Märchennovelle *Der Runenberg* aus dem Jahre 1802, erstmals veröffentlicht im *Taschenbuch für Kunst und Laune* (1804) und dann dem ersten Teil des *Phantasus* (1812) einverleibt, einer Sammlung von dialogisch umrahmten Märchen, Dramen und Gedichten in der Tradition des *Decamerone* und der Calderonschen *Gartenwochen*. – Es ist die Geschichte einer vom Unterreich, von der Welt der strahlenden Kristalle und Metalle ausgehenden »Entzückung«, deren Ruf zuerst ans Auge ergeht, um bald sich dem Herzen mitzuteilen. Henrik Steffens, der aus Skandinavien gebürtige romantische Naturphilosoph, erinnert sich, Tieck, dem 1773 in Berlin geborenen und 1853 daselbst gestorbenen »König der Romantik«, von einem Gesteinsfund erzählt zu haben, der sein Gemüt tief bewegt hatte. Bei seinen Streifzügen durch die norwegischen Gebirge sei er auf herrlichen zirkonhaltigen labradorischen Sienit gestoßen: Ein Künstler, der die römischen Schätze aufsucht, »kann nicht heftiger ergriffen sein, als ich es war. Die Tränen stürzten mir aus den Augen; es war mir, als wenn das Innerste der Erde seine geheimnisvollste Werkstatt mir eröffnet hätte; als wäre die fruchtbare Erde, mit ihren Blumen und Wäldern, eine zwar anmutige, aber leichte Decke, die unergründliche Schätze verbarg, als wäre sie hier zurückgezogen, abgestreift, um mich in die wunderbare Tiefe hinabzuziehen, die sich eröffnete. Der Eindruck war ein durchaus phantastischer, und es mag eine lebhafte Darstellung von diesem Eindrucke gewesen sein, welche Tieck veranlaßte, seine Novelle, den Runenberg, zu schreiben, in welcher ein Mensch vorkommt, der, durch eine geheime Sehnsucht nach den verschlossenen Geheimnissen der wilden Gebirge getrieben, die fruchtbare Ebene verläßt und, dämonisch verlockt, wahnsinnig wähnt, große Schätze entdeckt zu haben, indem er mühsam einen Sack mit wertlosen Steinen schleppt. Tieck hat gestanden, bei dieser Novelle an mich gedacht zu haben.«

Auch unmittelbar ist die Naturphilosophie in unserer Auswahl vertreten; durch Gotthilf Heinrich Schuberts, des vormals hochberühmten Naturphilosophen und Psychologen, Bericht vom *Bergmann von Falun*. Schubert, der von 1780–1860 lebte, Schelling eng verbunden und von Hoffmann sehr geschätzt, hatte 1808 in seinen *Ansichten von der Nachtseite der Naturwissenschaft* die knappe Notiz über einen der »merkwürdigsten Fälle von sogenannten Menschenversteinerungen« veröffentlicht. Der Bericht stützt sich auf eine 90 Jahre ältere dänische Quelle, die bald nach ihrer ersten Publikation in einem schwedischen Werk wissenschaftlich bestätigt wurde. Der Einfluß dieser keineswegs literarischen Kunde auf die Dichtung der Zeit war ungeheuer. Kaum ein Jahr später schon hatte Achim von Arnim (1781–1831), der Freund Brentanos und mit ihm Herausgeber der altdeutschen Liedersammlung *Des Knaben Wunderhorn,* das Motiv vom mineralisierten Bergmann in einer Romanze bearbeitet *(Des ersten Bergmanns ewige Jugend)* und als eine der vielen Einlagen in seinem weitschweifigen Roman *Armuth, Reichthum, Schuld und Sühne der Gräfin Dolores* untergebracht, dessen beide Bände zur Ostermesse 1810 in der Berliner Realschulbuchhandlung erschienen. Die Romanze hat keinen Bezug zur Romanhandlung und gehört sicher nicht zu den Glanzlichtern der Arnimschen Muse. Doch durfte er, der Tiecks *Runenberg* des heimlichen Diebstahls an Otmars *Volkssagen* (von 1800) beschuldigte, mit Recht für sich in Anspruch nehmen, das Motiv der Bergkönigin aus Tiecks Märchennovelle mit dem Bericht Schuberts zu einer Erzähleinheit verschmolzen und so die Urform der zahlreichen, von Joh. Peter Hebel (1810) und Friedrich Kind (1810) über E. T. A. Hoffmann (1818/9), Fr. Rückert (1829), Richard Wagner (1842), die französischen Symbolisten und viele andere bis hin zu Hofmannsthal (1899; Erstdruck 1932) tradierten Variationen der *Bergwerke zu*

Falun gestiftet zu haben. Ich habe Hoffmanns Erzählung, die 1819 im 1. Band der *Serapions-Brüder* im Verlag des Buchhändlers Georg Reimer erschien, in die Sammlung aufgenommen, da sie sich dem Thema des Bändchens am besten bequemt. Richard Wagners (leider unausgeführter) Opernentwurf hält sich in den meisten Teilen eng an Hoffmanns Vorlage. Doch glaubte ich, um einiger Merkwürdigkeiten willen auch seinen Text aufnehmen zu sollen, zumal Wagner das tragende Motiv des Märchens, die Verblendung und Zerstörung der Seele durch den Glanz des unterirdischen Minerals, in seiner *Ring*-Dichtung wiederaufgegriffen hat. Deren vollendete Ausführung in diesem Bändchen abzudrucken, wäre aus Raumgründen unmöglich gewesen. Da ich sie für ein Hauptdokument der poetischen Herzens-Geschichtsschreibung im 19. Jahrhundert halte, durfte sie dennoch nicht ganz fehlen: Ich habe mich darum entschieden, den wenig bekannten Prosa-Entwurf zum Vorspiel der Trilogie, den *Raub des Rheingoldes*, aufzunehmen. Wagner hat ihn im Frühjahr 1852 niedergeschrieben und wenig später in Verse gebracht, die manches näher ausführen, manchen bedeutsamen Zug aber auch unterdrücken (zugunsten der musikalischen Ausdrucksmittel). Als Prosa-Text liest sich der Entwurf wie eine Geschichte und gewiß besser als die Vers-Fassung.

Die *Schneekönigin* (im Original *Snedronningen*) ist eines der bekanntesten und sozusagen programmatischsten Märchen des dänischen Dichters Hans Christian Andersen (1805–1875). Es erschien zuerst im Jahre 1845, in einem der seit 1835 in elf Heften publizierten *Eventyr, fortalte for børn* und bedarf einer editorischen Empfehlung gewiß nicht. Eher wird man wissen wollen, warum die Erzählung – im Mittelteil kräftig gekürzt – in unserer Sammlung einmal wieder auftaucht. Doch gilt für sie wie für Hauffs Märchen vom kalten Herzen, daß der veränderte

Kontext und die Einheit eines bestimmten Gesichtspunktes zu einer neuen Lektüreerfahrung anregen möchten; und jedes wirkliche Verständnis ist ja ursprünglich und neu, selbst wenn es an Altbekanntem sich entzündet.
Weniger bekannt – zumal im deutschsprachigen Raum – ist ohne Zweifel der Beitrag des Amerikaners Nathaniel Hawthorne (1804–1864), der mit Edgar Allan Poe und Herman Melville zu den großen Repräsentanten der Erzählkunst der Neuen Welt im 19. Jahrhundert gehört. Die Geschichte, die wir hier abdrucken, erschien zuerst im *Boston Weekly Museum* II (vom 5. Jan. 1850) unter dem Titel *The Unpardonable Sin. From an Unpublished Work* und wurde dann 1851 mit dem neuen Titel *Ethan Brand. A Chapter from an Abortive Romance* in Hawthornes Novellensammlung *The Snow Image* aufgenommen. Tagebuchaufzeichnungen von 1844 zeigen, daß die im puritanischen Milieu Neuenglands genährte Phantasie des Autors viele Jahre mit den Themen der Unvergebbaren Sünde und des kalten wissenschaftlichen Blicks umgegangen ist. Auch scheint der Untertitel »Ein Kapitel aus einem aufgegebenen Roman« nicht fiktiv zu sein: es begegnet in dem Fragment u. a. der Hinweis auf eine nirgends auftretende Person, die als »die Esther unserer Erzählung« vorgestellt wird. Obwohl gerade *Ethan Brand* Reflexe der deutschen romantischen Tradition auffängt, ist seine Antwort auf die Frage nach den Ursachen der modernen Herzensversteinerung doch eigenwillig und originell. Sie sollte in dieser Sammlung nicht fehlen.
Dem Maßstab erschöpfender Repräsentation kann und will dies Bändchen ohnehin nicht genügen. Es fehlen, um die auffälligsten Lücken zu benennen, der *Peter Schlemihl* (der im Insel Taschenbuch) und der integrale Text des *Ring des Nibelungen* (der bei Reclam preiswert zu bekommen ist). Die zahlreichen romantischen Bearbeitungen des Themas vom Marmorherzen und von der um Geld ver-

kauften Seele haben – aufs ganze gesehen – nur literaturgeschichtliches Interesse. Und hier soll der Spaß an lebendiger Lektüre auf seine Kosten kommen.

Wer freilich in deren Verlauf den Wunsch nach tieferem Eindringen und breiterer Orientierung verspürt, dem werden im abschließenden Essay Überblicke über das Fehlende und Verständnishilfen angeboten. Dort geht es noch einmal und ausdrücklich um die Frage nach den Motiven der Herzenserkaltung in den Texten der romantischen und der nachromantischen Dichter, natürlich am Leitfaden der hier abgedruckten Beispiele. Es zeigt sich rasch, daß man ohne einen Blick auf den sozialgeschichtlichen (und ästhetischen) Kontext nicht auskommt: am Ende ist die Geschichte vom kalten Herzen doch eine Sache, die die Historiker und Gesellschaftswissenschaftler interessieren sollte...

Doch stehen, wie gesagt, im Zentrum die romantischen Erzählungen selbst. Und mithin die Unwägbarkeiten und Abenteuer einer Lektüre.

LUDWIG TIECK
DER RUNENBERG

Ein junger Jäger saß im innersten Gebirge nachdenkend bei einem Vogelherde, indem das Rauschen der Gewässer und des Waldes in der Einsamkeit tönte. Er bedachte sein Schicksal, wie er so jung sei, und Vater und Mutter, die wohlbekannte Heimat, und alle Befreundeten seines Dorfes verlassen hatte, um eine fremde Umgebung zu suchen, um sich aus dem Kreise der wiederkehrenden Gewöhnlichkeit zu entfernen, und er blickte mit einer Art von Verwunderung auf, daß er sich nun in diesem Tale, in dieser Beschäftigung wiederfand. Große Wolken zogen durch den Himmel und verloren sich hinter den Bergen, Vögel sangen aus den Gebüschen und ein Widerschall antwortete ihnen. Er stieg langsam den Berg hinunter, und setzte sich an den Rand eines Baches nieder, der über vorragendes Gestein schäumend murmelte. Er hörte auf die wechselnde Melodie des Wassers, und es schien, als wenn ihm die Wogen in unverständlichen Worten tausend Dinge sagten, die ihm so wichtig waren, und er mußte sich innig betrüben, daß er ihre Reden nicht vestehen konnte. Wieder sah er dann umher und ihm dünkte, er sei froh und glücklich; so faßte er wieder neuen Mut und sang mit lauter Stimme einen Jägergesang.

>»Froh und lustig zwischen Steinen
>Geht der Jüngling auf die Jagd,
>Seine Beute muß erscheinen
>In den grünlebendgen Hainen,
>Sucht' er auch bis in die Nacht.
>
>Seine treuen Hunde bellen
>Durch die schöne Einsamkeit,
>Durch den Wald die Hörner gellen,

Daß die Herzen mutig schwellen:
O du schöne Jägerzeit!

Seine Heimat sind die Klüfte,
Alle Bäume grüßen ihn,
Rauschen strenge Herbsteslüfte
Find't er Hirsch und Reh, die Schlüfte
Muß er jauchzend dann durchziehn.

Laß dem Landmann seine Mühen
Und dem Schiffer nur sein Meer,
Keiner sieht in Morgens Frühen
So Auroras Augen glühen,
Hängt der Tau am Grase schwer,

Als wer Jagd, Wild, Wälder kennet
Und Diana lacht ihn an,
Einst das schönste Bild entbrennet,
Die er seine Liebste nennet:
O beglückter Jägersmann!«

Während dieses Gesanges war die Sonne tiefer gesunken und breite Schatten fielen durch das enge Tal. Eine kühlende Dämmerung schlich über den Boden weg, und nur noch die Wipfel der Bäume, wie die runden Bergspitzen waren vom Schein des Abends vergoldet. Christians Gemüt ward immer trübseliger, er mochte nicht nach seinem Vogelherde zurückkehren, und dennoch mochte er nicht bleiben; es dünkte ihm so einsam und er sehnte sich nach Menschen. Jetzt wünschte er sich die alten Bücher, die er sonst bei seinem Vater gesehn, und die er niemals lesen mögen, sooft ihn auch der Vater dazu angetrieben hatte; es fielen ihm die Szenen seiner Kindheit ein, die Spiele mit der Jugend des Dorfes, seine Bekanntschaften unter den Kindern, die Schule, die ihm so drückend gewesen war, und er sehnte sich in alle diese Umgebungen zurück, die er freiwillig verlassen hatte, um sein Glück in unbekannten Gegenden, in Bergen, unter fremden Menschen, in einer neuen Beschäftigung zu finden. Indem es finstrer wurde, und der Bach lauter rauschte, und das Geflügel der Nacht seine irre Wanderung mit umschweifendem Fluge begann, saß er noch immer mißvergnügt und in sich versunken; er hätte weinen mögen, und er war durchaus unentschlossen, was er tun und vornehmen solle. Gedankenlos zog er eine hervorragende Wurzel aus der Erde, und plötzlich hörte er erschreckend ein dumpfes Winseln im Boden, das sich unterirdisch in klagenden Tönen fortzog, und erst in der Ferne wehmütig verscholl. Der Ton durchdrang sein innerstes Herz, er ergriff ihn, als wenn er unvermutet die Wunde berührt habe, an der der sterbende Leichnam der Natur in Schmerzen verscheiden wolle. Er sprang auf und wollte entfliehen, denn er hatte wohl ehemals von der seltsamen Alrunenwurzel gehört, die beim Ausreißen so herzdurchschneidende Klagetöne von sich gebe, daß der Mensch von ihrem Gewinsel wahnsinnig werden müsse. Indem er fortgehen wollte, stand ein fremder Mann hinter ihm, welcher ihn freundlich ansah und fragte, wohin er wolle. Christian hatte sich Gesellschaft gewünscht, und doch erschrak er von neuem vor dieser freundlichen Gegenwart. »Wohin so eilig?« fragte der Fremde noch einmal. Der junge Jäger suchte sich zu sammeln und erzählte, wie ihm plötzlich die Einsamkeit so schrecklich vorgekommen sei, daß er sich habe retten wollen, der Abend sei so dunkel, die grünen Schatten des Waldes so traurig, der Bach spreche in lauter Klagen, die Wolken des Himmels zögen seine Sehnsucht jenseit den Bergen hinüber. »Ihr seid noch jung«, sagte der Fremde, »und könnt wohl die Strenge der Einsamkeit noch nicht ertragen, ich will Euch begleiten, denn Ihr findet doch kein Haus oder Dorf im Umkreis einer Meile, wir mögen unterwegs etwas sprechen und uns erzählen, so verliert Ihr die trüben Gedanken; in einer Stunde kommt der Mond hinter den Bergen hervor, sein Licht wird dann wohl auch Eure Seele lichter machen.«

Sie gingen fort, und der Fremde dünkte dem Jüngling bald ein alter Bekannter zu sein. »Wie seid Ihr in dieses Gebürge gekommen«, fragte jener, »Ihr seid hier, Eurer Sprache nach, nicht einheimisch.« – »Ach darüber«, sagte der Jüngling, »ließe sich viel sagen, und doch ist es wieder keiner Rede, keiner Erzählung wert; es hat mich wie mit fremder Gewalt aus dem Kreise meiner Eltern und Verwandten hinweggenommen, mein Geist war seiner selbst nicht mächtig; wie ein Vogel, der in einem Netz gefangen ist und sich vergeblich sträubt, so verstrickt war meine Seele in seltsamen Vorstellungen und Wünschen. Wir wohnten weit von hier in einer Ebene, in der man rund umher keinen Berg, kaum eine Anhöhe erblickte; wenige Bäume schmückten den grünen Plan, aber Wiesen, fruchtbare Kornfelder und Gärten zogen sich hin, so weit das Auge reichen konnte, ein großer Fluß glänzte wie ein mächtiger Geist an den Wiesen und Feldern vorbei. Mein Vater war Gärtner im Schloß und hatte vor, mich ebenfalls zu seiner Beschäftigung zu erziehen; er liebte die Pflanzen und Blumen über alles und konnte sich tagelang unermüdet mit ihrer Wartung und Pflege abgeben. Ja er ging so weit, daß er behauptete, er könne fast mit ihnen sprechen; er lerne von ihrem Wachstum und Gedeihen, so wie von der verschiedenen Gestalt und Farbe ihrer Blätter. Mir war die Gartenarbeit zuwider, um so mehr, als mein Vater mir zuredete, oder gar mit Drohungen mich zu zwingen versuchte. Ich wollte Fischer werden, und machte den Versuch, allein das Leben auf dem Wasser stand mir auch nicht an; ich wurde dann zu einem Handelsmann in die Stadt gegeben, und kam auch von ihm bald in das väterliche Haus zurück. Auf einmal hörte ich meinen Vater von Gebirgen erzählen, die er in seiner Jugend bereiset hatte, von den unterirdischen Bergwerken und ihren Arbeitern, von Jägern und ihrer Beschäftigung, und plötzlich erwachte in mir der bestimmteste Trieb, das

Gefühl, daß ich nun die für mich bestimmte Lebensweise gefunden habe. Tag und Nacht sann ich und stellte mir hohe Berge, Klüfte und Tannenwälder vor; meine Einbildung erschuf sich ungeheure Felsen, ich hörte in Gedanken das Getöse der Jagd, die Hörner, und das Geschrei der Hunde und des Wildes; alle meine Träume waren damit angefüllt und darüber hatte ich nun weder Rast noch Ruhe mehr. Die Ebene, das Schloß, der kleine beschränkte Garten meines Vaters mit den geordneten Blumenbeeten, die enge Wohnung, der weite Himmel, der sich ringsum so traurig ausdehnte, und keine Höhe, keinen erhabenen Berg umarmte, alles ward mir noch betrübter und verhaßter. Es schien mir, als wenn alle Menschen um mich her in der bejammernswürdigsten Unwissenheit lebten, und daß alle ebenso denken und empfinden würden, wie ich, wenn ihnen dieses Gefühl ihres Elendes nur ein einziges Mal in ihrer Seele aufginge. So trieb ich mich um, bis ich an einem Morgen den Entschluß faßte, das Haus meiner Eltern auf immer zu verlassen. Ich hatte in einem Buche Nachrichten vom nächsten großen Gebirge gefunden, Abbildungen einiger Gegenden, und danach richtete ich meinen Weg ein. Es war im ersten Frühlinge und ich fühlte mich durchaus froh und leicht. Ich eilte, um nur recht bald das Ebene zu verlassen, und an einem Abende sah ich in der Ferne die dunkeln Umrisse des Gebirges vor mir liegen. Ich konnte in der Herberge kaum schlafen, so ungeduldig war ich, die Gegend zu betreten, die ich für meine Heimat ansah; mit dem frühesten war ich munter und wieder auf der Reise. Nachmittags befand ich mich schon unter den vielgeliebten Bergen, und wie ein Trunkner ging ich, stand dann eine Weile, schaute rückwärts, und berauschte mich in allen mir fremden und doch so wohlbekannten Gegenständen. Bald verlor ich die Ebene hinter mir aus dem Gesichte, die Waldströme rauschten mir entgegen, Buchen und Eichen brausten mit beweg-

tem Laube von steilen Abhängen herunter; mein Weg führte mich schwindlichten Abgründen vorüber, blaue Berge standen groß und ehrwürdig im Hintergrunde. Eine neue Welt war mir aufgeschlossen, ich wurde nicht müde. So kam ich nach einigen Tagen, indem ich einen großen Teil des Gebürges durchstreift hatte, zu einem alten Förster, der mich auf mein inständiges Bitten zu sich nahm, um mich in der Kunst der Jägerei zu unterrichten. Jetzt bin ich seit drei Monaten in seinen Diensten. Ich nahm von der Gegend, in der ich meinen Aufenthalt hatte, wie von einem Königreiche Besitz; ich lernte jede Klippe, jede Schluft des Gebürges kennen, ich war in meiner Beschäftigung, wenn wir am frühen Morgen nach dem Walde zogen, wenn wir Bäume im Forste fällten, wenn ich mein Auge und meine Büchse übte, und die treuen Gefährten, die Hunde zu ihren Geschicklichkeiten abrichtete, überaus glücklich. Jetzt sitze ich seit acht Tagen hier oben auf dem Vogelherde, im einsamsten Gebürge, und am Abend wurde mir heut so traurig zu Sinne, wie noch niemals in meinem Leben; ich kam mir so verloren, so ganz unglückselig vor, und noch kann ich mich nicht von dieser trüben Stimmung erholen.«
Der fremde Mann hatte aufmerksam zugehört, indem beide durch einen dunkeln Gang des Waldes gewandert waren. Jetzt traten sie ins Freie, und das Licht des Mondes, der oben mit seinen Hörnern über der Bergspitze stand, begrüßte sie freundlich: in unkenntlichen Formen und vielen gesonderten Massen, die der bleiche Schimmer wieder rätselhaft vereinigte, lag das gespaltene Gebürge vor ihnen, im Hintergrunde ein steiler Berg, auf welchem uralte verwitterte Ruinen schauerlich im weißen Lichte sich zeigten. »Unser Weg trennt sich hier«, sagte der Fremde, »ich gehe in diese Tiefe hinunter, dort bei jenem alten Schacht ist meine Wohnung: die Erze sind meine Nachbarn, die Berggewässer erzählen mir Wunderdinge

in der Nacht, dahin kannst du mir doch nicht folgen. Aber siehe dort den Runenberg mit seinem schroffen Mauerwerke, wie schön und anlockend das alte Gestein zu uns herblickt! Bist du niemals dorten gewesen?« »Niemals«, sagte der junge Christian, »ich hörte einmal meinen alten Förster wundersame Dinge von diesem Berge erzählen, die ich töricht genug wieder vergessen habe; aber ich erinnere mich, daß mir an jenem Abend grauenhaft zumute war. Ich möchte wohl einmal die Höhe besteigen, denn die Lichter sind dort am schönsten, das Gras muß dorten recht grün sein, die Welt umher recht seltsam, auch mag sich's wohl treffen, daß man noch manch Wunder aus der alten Zeit da oben fände.«

»Es kann fast nicht fehlen«, sagte jener, »wer nur zu suchen versteht, wessen Herz recht innerlich hingezogen wird, der findet uralte Freunde dort und Herrlichkeiten, alles, was er am eifrigsten wünscht.« – Mit diesen Worten stieg der Fremde schnell hinunter, ohne seinem Gefährten Lebewohl zu sagen, bald war er im Dickicht des Gebüsches verschwunden, und kurz nachher verhallte auch der Tritt seiner Füße. Der junge Jäger war nicht verwundert, er verdoppelte nur seine Schritte nach dem Runenberge zu, alles winkte ihm dorthin, die Sterne schienen dorthin zu leuchten, der Mond wies mit einer hellen Straße nach den Trümmern, lichte Wolken zogen hinauf, und aus der Tiefe redeten ihm Gewässer und rauschende Wälder zu und sprachen ihm Mut ein. Seine Schritte waren wie beflügelt, sein Herz klopfte, er fühlte eine so große Freudigkeit in seinem Innern, daß sie zu einer Angst emporwuchs. – Er kam in Gegenden, in denen er nie gewesen war, die Felsen wurden steiler, das Grün verlor sich, die kahlen Wände riefen ihn wie mit zürnenden Stimmen an, und ein einsam klagender Wind jagte ihn vor sich her. So eilte er ohne Stillstand fort, und kam spät nach Mitternacht auf einen schmalen Fußsteig, der hart an einem Abgrunde hinlief. Er achtete nicht auf die Tiefe, die unter ihm gähnte und ihn zu verschlingen drohte, so sehr spornten ihn irre Vorstellungen und unverständliche Wünsche. Jetzt zog ihn der gefährliche Weg neben eine hohe Mauer hin, die sich in den Wolken zu verlieren schien; der Steig ward mit jedem Schritte schmaler, und der Jüngling mußte sich an vorragenden Steinen festhalten, um nicht hinunterzustürzen. Endlich konnte er nicht weiter, der Pfad endigte unter einem Fenster, er mußte stillstehen und wußte jetzt nicht, ob er umkehren, ob er bleiben solle. Plötzlich sah er ein Licht, das sich hinter dem alten Gemäuer zu bewegen schien. Er sah dem Scheine nach, und entdeckte, daß er in einen alten geräumigen Saal blicken konnte, der wunderlich verziert von mancherlei Gesteinen und Kristallen in vielfältigen Schimmern funkelte, die sich geheimnisvoll von dem wandelnden Lichte durcheinanderbewegten, welches eine große weibliche Gestalt trug, die sinnend im Gemache auf und nieder ging. Sie schien nicht den Sterblichen anzugehören, so groß, so mächtig waren ihre Glieder, so streng ihr Gesicht, aber doch dünkte dem entzückten Jüngling, daß er noch niemals solche Schönheit gesehn oder geahnet habe. Er zitterte und wünschte doch heimlich, daß sie zum Fenster treten und ihn wahrnehmen möchte. Endlich stand sie still, setzte das Licht auf einen kristallenen Tisch nieder, schaute in die Höhe und sang mit durchdringlicher Stimme:

>»Wo die Alten weilen,
> Daß sie nicht erscheinen?
> Die Kristallen weinen,
> Von demantnen Säulen
> Fließen Tränenquellen,
> Töne klingen drein;
> In den klaren hellen
> Schön durchsichtgen Wellen
> Bildet sich der Schein,
> Der die Seelen ziehet,

> Dem das Herz erglühet.
> Kommt ihr Geister alle
> Zu der goldnen Halle,
> Hebt aus tiefen Dunkeln
> Häupter, welche funkeln!
> Macht der Herzen und der Geister,
> Die so durstig sind im Sehnen,
> Mit den leuchtend schönen Tränen
> Allgewaltig euch zum Meister!«

Als sie geendigt hatte, fing sie an sich zu entkleiden, und ihre Gewänder in einen kostbaren Wandschrank zu legen. Erst nahm sie einen goldenen Schleier vom Haupte, und ein langes schwarzes Haar floß in geringelter Fülle bis über die Hüften hinab; dann löste sie das Gewand des Busens, und der Jüngling vergaß sich und die Welt im Anschauen der überirdischen Schönheit. Er wagte kaum zu atmen, als sie nach und nach alle Hüllen löste; nackt schritt sie endlich im Saale auf und nieder, und ihre schweren schwebenden Locken bildeten um sie her ein dunkel wogendes Meer, aus dem wie Marmor die glänzenden Formen des reinen Leibes abwechselnd hervorstrahlten. Nach geraumer Zeit näherte sie sich einem andern goldenen Schranke, nahm eine Tafel heraus, die von vielen eingelegten Steinen, Rubinen, Diamanten und allen Juwelen glänzte, und betrachtete sie lange prüfend. Die Tafel schien eine wunderliche unverständliche Figur mit ihren unterschiedlichen Farben und Linien zu bilden; zuweilen war, nachdem der Schimmer ihm entgegenspiegelte, der Jüngling schmerzhaft geblendet, dann wieder besänftigten grüne und blau spielende Scheine sein Auge: er aber stand, die Gegenstände mit seinen Blicken verschlingend, und zugleich tief in sich selbst versunken. In seinem Innern hatte sich ein Abgrund von Gestalten und Wohllaut, von Sehnsucht und Wollust aufgetan, Scharen von beflügelten Tönen und wehmütigen und freudigen Melodien zogen durch sein Gemüt, das bis auf den Grund bewegt war: er sah eine Welt von

Schmerz und Hoffnung in sich aufgehen, mächtige Wunderfelsen von Vertrauen und trotzender Zuversicht, große Wasserströme, wie voll Wehmut fließend. Er kannte sich nicht wieder, und erschrak, als die Schöne das Fenster öffnete, ihm die magische steinerne Tafel reichte und die wenigen Worte sprach: »Nimm dieses zu meinem Angedenken!« Er faßte die Tafel und fühlte die Figur, die unsichtbar sogleich in sein Inneres überging, und das Licht und die mächtige Schönheit und der seltsame Saal waren verschwunden. Wie eine dunkele Nacht mit Wolkenvorhängen fiel es in sein Inneres hinein, er suchte nach seinen vorigen Gefühlen, nach jener Begeisterung und unbegreiflichen Liebe, er beschaute die kostbare Tafel, in welcher sich der untersinkende Mond schwach und bläulich spiegelte.

Noch hielt er die Tafel fest in seinen Händen gepreßt, als der Morgen graute und er erschöpft, schwindelnd und halb schlafend die steile Höhe hinunterstürzte. –

Die Sonne schien dem betäubten Schläfer auf sein Gesicht, der sich erwachend auf einem anmutigen Hügel wiederfand. Er sah umher, und erblickte weit hinter sich kaum noch kennbar am äußersten Horizont die Trümmer des Runenberges: er suchte nach jener Tafel, und fand sie nirgend. Erstaunt und verwirrt wollte er sich sammeln und seine Erinnerungen anknüpfen, aber sein Gedächtnis war wie mit einem wüsten Nebel angefüllt, in welchem sich formlose Gestalten wild und unkenntlich durcheinanderbewegten. Sein ganzes voriges Leben lag wie in einer tiefen Ferne hinter ihm; das Seltsamste und das Gewöhnliche war so ineinander vermischt, daß er es unmöglich sondern konnte. Nach langem Streite mit sich selbst glaubte er endlich, ein Traum oder ein plötzlicher Wahnsinn habe ihn in dieser Nacht befallen, nur begriff er immer nicht, wie er sich so weit in eine fremde entlegene Gegend habe verirren können.

Noch fast schlaftrunken stieg er den Hügel hinab, und geriet auf einen gebahnten Weg, der ihn vom Gebirge hinunter in das flache Land führte. Alles war ihm fremd, er glaubte anfangs, er würde in seine Heimat gelangen, aber er sah eine ganz verschiedene Gegend, und vermutete endlich, daß er sich jenseit der südlichen Grenze des Gebirges befinden müsse, welches er im Frühling von Norden her betreten hatte. Gegen Mittag stand er über einem Dorfe, aus dessen Hütten ein friedlicher Rauch in die Höhe stieg, Kinder spielten auf einem grünen Platze festtäglich geputzt, und aus der kleinen Kirche erscholl der Orgelklang und das Singen der Gemeine. Alles ergriff ihn mit unbeschreiblich süßer Wehmut, alles rührte ihn so herzlich, daß er weinen mußte. Die engen Gärten, die kleinen Hütten mit ihren rauchenden Schornsteinen, die gerade abgeteilten Kornfelder erinnerten ihn an die Bedürftigkeit des armen Menschengeschlechts, an seine Abhängigkeit vom freundlichen Erdboden, dessen Milde es sich vertrauen muß; dabei erfüllte der Gesang und der Ton der Orgel sein Herz mit einer nie gefühlten Frömmigkeit. Seine Empfindungen und Wünsche der Nacht erschienen ihm ruchlos und frevelhaft, er wollte sich wieder kindlich, bedürftig und demütig an die Menschen wie an seine Brüder schließen, und sich von den gottlosen Gefühlen und Vorsätzen entfernen. Reizend und anlockend dünkte ihm die Ebene mit dem kleinen Fluß, der sich in mannigfaltigen Krümmungen um Wiesen und Gärten schmiegte; mit Furcht gedachte er an seinen Aufenthalt in dem einsamen Gebirge und zwischen den wüsten Steinen, er sehnte sich, in diesem friedlichen Dorfe wohnen zu dürfen, und trat mit diesen Empfindungen in die menschenerfüllte Kirche.
Der Gesang war eben beendigt und der Priester hatte seine Predigt begonnen, von den Wohltaten Gottes in der Ernte: wie seine Güte alles speiset und sättiget was lebt, wie

wunderbar im Getreide für die Erhaltung des Menschengeschlechtes gesorgt sei, wie die Liebe Gottes sich unaufhörlich im Brote mitteile und der andächtige Christ so ein unvergängliches Abendmahl gerührt feiern könne. Die Gemeine war erbaut, des Jägers Blicke ruhten auf dem frommen Redner, und bemerkten dicht neben der Kanzel ein junges Mädchen, das vor allen andern der Andacht und Aufmerksamkeit hingegeben schien. Sie war schlank und blond, ihr blaues Auge glänzte von der durchdringendsten Sanftheit, ihr Antlitz war wie durchsichtig und in den zartesten Farben blühend. Der fremde Jüngling hatte sich und sein Herz noch niemals so empfunden, so voll Liebe und so beruhigt, so den stillsten und erquickendsten Gefühlen hingegeben. Er beugte sich weinend, als der Priester endlich den Segen sprach, er fühlte sich bei den heiligen Worten wie von einer unsichtbaren Gewalt durchdrungen, und das Schattenbild der Nacht in die tiefste Entfernung wie ein Gespenst hinabgerückt. Er verließ die Kirche, verweilte unter einer großen Linde, und dankte Gott in einem inbrünstigen Gebete, daß er ihn ohne sein Verdienst wieder aus den Netzen des bösen Geistes befreit habe.

Das Dorf feierte an diesem Tage das Erntefest und alle Menschen waren fröhlich gestimmt; die geputzten Kinder freuten sich auf die Tänze und Kuchen, die jungen Burschen richteten auf dem Platze im Dorfe, der von jungen Bäumen umgeben war, alles zu ihrer herbstlichen Festlichkeit ein, die Musikanten saßen und probierten ihre Instrumente. Christian ging noch einmal in das Feld hinaus, um sein Gemüt zu sammeln und seinen Betrachtungen nachzuhängen, dann kam er in das Dorf zurück, als sich schon alles zur Fröhlichkeit und zur Begehung des Festes vereinigt hatte. Auch die blonde Elisabeth war mit ihren Eltern zugegen, und der Fremde mischte sich in den frohen Haufen. Elisabeth tanzte, und er hatte unterdes bald mit dem Vater ein Gespräch angesponnen, der ein Pachter war und einer der reichsten Leute im Dorfe. Ihm schien die Jugend und das Gespräch des fremden Gastes zu gefallen, und so wurden sie in kurzer Zeit dahin einig, daß Christian als Gärtner bei ihm einziehen solle. Dieser konnte es unternehmen, denn er hoffte, daß ihm nun die Kenntnisse und Beschäftigungen zustatten kommen würden, die er in seiner Heimat so sehr verachtet hatte.

Jetzt begann ein neues Leben für ihn. Er zog bei dem Pachter ein und ward zu dessen Familie gerechnet; mit seinem Stande veränderte er auch seine Tracht. Er war so gut, so dienstfertig und immer freundlich, er stand seiner Arbeit so fleißig vor, daß ihm bald alle im Hause, vorzüglich aber die Tochter, gewogen wurden. Sooft er sie am Sonntage zur Kirche gehn sah, hielt er ihr einen schönen Blumenstrauß in Bereitschaft, für den sie ihm mit errötender Freundlichkeit dankte; er vermißte sie, wenn er sie an einem Tage nicht sah, dann erzählte sie ihm am Abend Märchen und lustige Geschichten. Sie wurden sich immer notwendiger, und die Alten, welche es bemerkten, schienen nichts dagegen zu haben, denn Christian war der fleißigste und schönste Bursche im Dorfe; sie selbst hatten vom ersten Augenblick einen Zug der Liebe und Freundschaft zu ihm gefühlt. Nach einem halben Jahre war Elisabeth seine Gattin. Es war wieder Frühling, die Schwalben und die Vögel des Gesanges kamen in das Land, der Garten stand in seinem schönsten Schmuck, die Hochzeit wurde mit aller Fröhlichkeit gefeiert, Braut und Bräutigam schienen trunken von ihrem Glücke. Am Abend spät, als sie in die Kammer gingen, sagte der junge Gatte zu seiner Geliebten: »Nein, nicht jenes Bild bist du, welches mich einst im Traum entzückte und das ich niemals ganz vergessen kann, aber doch bin ich glücklich in deiner Nähe und selig in deinen Armen.«

Wie vergnügt war die Familie, als sie nach einem Jahre durch eine kleine Tochter vermehrt wurde, welche man

Leonora nannte. Christian wurde zwar zuweilen etwas ernster, indem er das Kind betrachtete, aber doch kam seine jugendliche Heiterkeit immer wieder zurück. Er gedachte kaum noch seiner vorigen Lebensweise, denn er fühlte sich ganz einheimisch und befriedigt. Nach einigen Monaten fielen ihm aber seine Eltern in die Gedanken, und wie sehr sich besonders sein Vater über sein ruhiges Glück, über seinen Stand als Gärtner und Landmann freuen würde; es ängstigte ihn, daß er Vater und Mutter seit so langer Zeit ganz hatte vergessen können, sein eigenes Kind erinnerte ihn, welche Freude die Kinder den Eltern sind, und so beschloß er dann endlich, sich auf die Reise zu machen und seine Heimat wieder zu besuchen.
Ungern verließ er seine Gattin; alle wünschten ihm Glück, und er machte sich in der schönen Jahreszeit zu Fuß auf den Weg. Er fühlte schon nach wenigen Stunden, wie ihn das Scheiden peinige, zum erstenmal empfand er in seinem Leben die Schmerzen der Trennung; die fremden Gegenstände erschienen ihm fast wild, ihm war, als sei er in einer feindseligen Einsamkeit verloren. Da kam ihm der Gedanke, daß seine Jugend vorüber sei, daß er seine Heimat gefunden, der er angehöre, in die sein Herz Wurzel geschlagen habe; er wollte fast den verlornen Leichtsinn der vorigen Jahre beklagen, und es war ihm äußerst trübselig zumute, als er für die Nacht auf einem Dorfe in dem Wirtshause einkehren mußte. Er begriff nicht, warum er sich von seiner freundlichen Gattin und den erworbenen Eltern entfernt habe, und verdrießlich und murrend machte er sich am Morgen auf den Weg, um seine Reise fortzusetzen.

Seine Angst nahm zu, indem er sich dem Gebirge näherte, die fernen Ruinen wurden schon sichtbar und traten nach und nach kenntlicher hervor, viele Bergspitzen hoben sich abgerundet aus dem blauen Nebel. Sein Schritt wurde zaghaft, er blieb oft stehen und verwunderte sich über seine Furcht, über die Schauer, die ihm mit jedem Schritte gedrängter nahe kamen. »Ich kenne dich Wahnsinn wohl«, rief er aus, »und dein gefährliches Locken, aber ich will dir männlich widerstehn! Elisabeth ist kein schnöder Traum, ich weiß, daß sie jetzt an mich denkt, daß sie auf mich wartet und liebevoll die Stunden meiner Abwesenheit zählt. Sehe ich nicht schon Wälder wie schwarze Haare vor mir? Schauen nicht aus dem Bache die blitzenden Augen nach mir her? Schreiten die großen Glieder nicht aus den Bergen auf mich zu?« – Mit diesen Worten wollte er sich um auszuruhen unter einen Baum niederwerfen, als er im Schatten desselben einen alten Mann sitzen sah, der mit der größten Aufmerksamkeit eine Blume betrachtete, sie bald gegen die Sonne hielt, bald wieder mit seiner Hand beschattete, ihre Blätter zählte, und überhaupt sich bemühte, sie seinem Gedächtnisse genau einzuprägen. Als er näher ging, erschien ihm die Gestalt bekannt, und bald blieb ihm kein Zweifel übrig, daß der Alte mit der Blume sein Vater sei. Er stürzte ihm mit dem Ausdruck der heftigsten Freude in die Arme; jener war vergnügt, aber nicht überrascht, ihn so plötzlich wiederzusehen. »Kömmst du mir schon entgegen, mein Sohn?« sagte der Alte, »ich wußte, daß ich dich bald finden würde, aber ich glaubte nicht, daß mir schon am heutigen Tage die Freude widerfahren sollte.« – »Woher wußtet Ihr, Vater, daß Ihr mich antreffen würdet?« – »An dieser Blume«, sprach der alte Gärtner; »seit ich lebe, habe ich mir gewünscht, sie einmal sehen zu können, aber niemals ist es mir so gut geworden, weil sie sehr selten ist, und nur in Gebirgen wächst: ich machte mich auf dich zu suchen, weil deine Mutter gestorben ist und mir zu Hause die Einsamkeit zu drückend und trübselig war. Ich wußte nicht, wohin ich meinen Weg richten sollte, endlich wanderte ich durch das Gebirge, so traurig mir auch die Reise vorkam; ich suchte beiher nach der Blume, konnte sie aber nirgends entdecken, und nun finde ich sie ganz unvermutet hier, wo schon die schöne Ebene sich ausstreckt; daraus wußte ich, daß ich dich bald finden mußte, und sieh, wie die liebe Blume mir geweissagt hat!« Sie umarmten sich wieder, und Christian beweinte seine Mutter; der Alte aber faßte seine Hand und sagte: »Laß uns gehen, daß wir die Schatten des Gebirges bald aus den Augen verlieren, mir ist immer noch weh ums Herz von den steilen wilden Gestalten, von dem gräßlichen Geklüft, von den schluchzenden Wasserbächen; laß uns das gute, fromme, ebene Land besuchen.«

Sie wanderten zurück, und Christian ward wieder froher. Er erzählte seinem Vater von seinem neuen Glücke, von seinem Kinde und seiner Heimat; sein Gespräch machte ihn selbst wie trunken, und er fühlte im Reden erst recht, wie nichts mehr zu seiner Zufriedenheit ermangle. So kamen sie unter Erzählungen, traurigen und fröhlichen, in dem Dorfe an. Alle waren über die frühe Beendigung der Reise vergnügt, am meisten Elisabeth. Der alte Vater zog zu ihnen, und gab sein kleines Vermögen in ihre Wirtschaft; sie bildeten den zufriedensten und einträchtigsten Kreis von Menschen. Der Acker gedieh, der Viehstand mehrte sich, Christians Haus wurde in wenigen Jahren eins der ansehnlichsten im Orte; auch sah er sich bald als den Vater von mehreren Kindern.

Fünf Jahre waren auf diese Weise verflossen, als ein Fremder auf seiner Reise in ihrem Dorfe einkehrte, und in Christians Hause, weil es die ansehnlichste Wohnung war, seinen Aufenthalt nahm. Er war ein freundlicher, gesprächiger Mann, der vieles von seinen Reisen erzählte, der mit den Kindern spielte und ihnen Geschenke machte, und dem in kurzem alle gewogen waren. Es gefiel ihm so wohl in der Gegend, daß er sich einige Tage hier aufhalten wollte; aber aus den Tagen wurden Wochen, und endlich Monate. Keiner wunderte sich über die Verzögerung, denn alle hatten sich schon daran gewöhnt, ihn mit zur Familie zu zählen. Christian saß nur oft nachdenklich, denn es kam ihm vor, als kenne er den Reisenden schon von ehemals, und doch konnte er sich keiner Gelegenheit erinnern, bei welcher er ihn gesehen haben möchte. Nach dreien Monaten nahm der Fremde endlich Abschied und sagte: »Lieben Freunde, ein wunderbares Schicksal und seltsame Erwartungen treiben mich in das nächste Gebirge hinein, ein zaubervolles Bild, dem ich nicht widerstehen kann, lockt mich; ich verlasse euch jetzt, und ich weiß nicht, ob ich wieder zu euch zurückkommen werde; ich habe eine Summe Geldes bei mir, die in euren Händen sicherer ist als in den meinigen, und deshalb bitte ich euch, sie zu verwahren; komme ich in Jahresfrist nicht zurück, so behaltet sie, und nehmet sie als einen Dank für eure mir bewiesene Freundschaft an.«

So reiste der Fremde ab, und Christian nahm das Geld in Verwahrung. Er verschloß es sorgfältig und sah aus übertriebener Ängstlichkeit zuweilen wieder nach, zählte es über, ob nichts daran fehle, und machte sich viel damit zu tun. »Diese Summe könnte uns recht glücklich machen«, sagte er einmal zu seinem Vater, »wenn der Fremde nicht zurückkommen sollte, für uns und unsre Kinder wäre auf immer gesorgt.« »Laß das Gold«, sagte der Alte, »darinne liegt das Glück nicht, uns hat bisher noch gottlob nichts gemangelt, und entschlage dich überhaupt dieser Gedanken.«

Oft stand Christian in der Nacht auf, um die Knechte zur Arbeit zu wecken und selbst nach allem zu sehn; der Vater war besorgt, daß er durch übertriebenen Fleiß seiner Jugend und Gesundheit schaden möchte: daher machte er sich in einer Nacht auf, um ihn zu ermahnen, seine übertriebene Tätigkeit einzuschränken, als er ihn zu seinem Erstaunen bei einer kleinen Lampe am Tische sitzend fand, indem er wieder mit der größten Emsigkeit die Goldstücke zählte. »Mein Sohn«, sagte der Alte mit Schmerzen, »soll es dahin mit dir kommen, ist dieses verfluchte Metall nur zu unserm Unglück unter dieses Dach gebracht? Besinne dich, mein Lieber, so muß dir der böse Feind Blut und Leben verzehren.« – »Ja«, sagte Christian, »ich verstehe mich selber nicht mehr, weder bei Tage noch in der Nacht läßt es mir Ruhe; seht, wie es mich jetzt wieder anblickt, daß mir der rote Glanz tief in mein Herz hineingeht! Horcht, wie es klingt, dies güldene Blut! das ruft mich, wenn ich schlafe, ich höre es, wenn Musik tönt, wenn der Wind bläst, wenn Leute auf der Gasse sprechen; scheint die Sonne, so sehe ich nur diese gelben Augen, wie es mir zublinzelt, und mir heimlich ein Liebeswort ins Ohr sagen will: so muß ich mich wohl nächtlicherweise aufmachen, um nur seinem Liebesdrang genugzutun, und dann fühle ich es innerlich jauchzen und frohlocken, wenn ich es mit meinen Fingern berühre, es wird vor Freuden immer röter und herrlicher; schaut nur selbst die Glut der Entzückung an!« – Der Greis nahm schaudernd und weinend den Sohn in seine Arme, betete und sprach dann: »Christel, du mußt dich wieder zum Worte Gottes wenden, du mußt fleißiger und andächtiger in die Kirche gehen, sonst wirst du verschmachten und im traurigsten Elende dich verzehren.«

Das Geld wurde wieder weggeschlossen, Christian versprach sich zu ändern und in sich zu gehn, und der Alte ward beruhigt. Schon war ein Jahr und mehr vergangen, und man hatte von dem Fremden noch nichts wieder in Erfahrung bringen können; der Alte gab nun endlich den Bitten seines Sohnes nach, und das zurückgelassene Geld wurde in Ländereien und auf andere Weise angelegt. Im Dorfe wurde bald von dem Reichtum des jungen Pachters gesprochen, und Christian schien außerordentlich zufrieden und vergnügt, so daß der Vater sich glücklich pries, ihn so wohl und heiter zu sehn: alle Furcht war jetzt in seiner Seele verschwunden. Wie sehr mußte er daher erstaunen, als ihn an einem Abend Elisabeth beiseit nahm und unter Tränen erzählte, wie sie ihren Mann nicht mehr verstehe, er spreche so irre, vorzüglich des Nachts, er träume schwer, gehe oft im Schlafe lange in der Stube herum, ohne es zu wissen, und erzähle wunderbare Dinge, vor denen sie oft schaudern müsse. Am schrecklichsten sei ihr seine Lustigkeit am Tage, denn sein Lachen sei so wild und frech, sein Blick irre und fremd. Der Vater erschrak und die betrübte Gattin fuhr fort: »Immer spricht er von dem Fremden, und behauptet, daß er ihn schon sonst gekannt habe, denn dieser fremde Mann sei eigentlich ein wunderschönes Weib; auch will er gar nicht mehr auf das Feld hinausgehn oder im Garten arbeiten, denn er sagt, er höre ein unterirdisches fürchterliches Ächzen, sowie er nur eine Wurzel ausziehe; er fährt zusammen und scheint sich vor allen Pflanzen und Kräutern wie vor Gespenstern zu entsetzen.« – »Allgütiger Gott!« rief der Vater aus, »ist der fürchterliche Hunger in ihn schon so fest hineingewachsen, daß es dahin hat kommen können? So ist sein verzaubertes Herz nicht menschlich mehr, sondern von kaltem Metall; wer keine Blume mehr liebt, dem ist alle Liebe und Gottesfurcht verloren.«

Am folgenden Tage ging der Vater mit dem Sohne spazieren, und sagte ihm manches wieder, was er von Elisabeth gehört hatte; er ermahnte ihn zur Frömmigkeit, und daß er seinen Geist heiligen Betrachtungen widmen solle. Christian sagte: »Gern, Vater, auch ist mir oft ganz wohl, und es gelingt mir alles gut; ich kann auf lange Zeit, auf Jahre, die wahre Gestalt meines Innern vergessen, und gleichsam ein fremdes Leben mit Leichtigkeit führen: dann geht aber plötzlich wie ein neuer Mond das regierende Gestirn, welches ich selber bin, in meinem Herzen auf, und besiegt die fremde Macht. Ich könnte ganz froh sein, aber einmal, in einer seltsamen Nacht, ist mir durch die Hand ein geheimnisvolles Zeichen tief in mein Gemüt hineingeprägt; oft schläft und ruht die magische Figur, ich meine sie ist vergangen, aber dann quillt sie wie ein Gift plötzlich wieder hervor, und wegt sich in allen Linien. Dann kann ich sie nur denken und fühlen, und alles umher ist verwandelt, oder vielmehr von dieser Gestaltung verschlungen worden. Wie der Wahnsinnige beim Anblick des Wassers sich entsetzt, und das empfangene Gift noch giftiger in ihm wird, so geschieht es mir bei allen eckigen Figuren, bei jeder Linie, bei jedem Strahl, alles will dann die inwohnende Gestalt entbinden und zur Geburt befördern, und mein Geist und Körper fühlt die Angst; wie sie das Gemüt durch ein Gefühl von außen empfing, so will es sie dann wieder quälend und ringend zum äußern Gefühl hinausarbeiten, um ihrer los und ruhig zu werden.«

»Ein unglückliches Gestirn war es«, sprach der Alte, »das dich von uns hinwegzog; du warst für ein stilles Leben geboren, dein Sinn neigte sich zur Ruhe und zu den Pflanzen, da führte dich deine Ungeduld hinweg, in die Gesellschaft der verwilderten Steine: die Felsen, die zerrissenen Klippen mit ihren schroffen Gestalten haben dein Gemüt zerrüttet, und den verwüstenden Hunger nach dem Metall in dich gepflanzt. Immer hättest du dich vor dem Anblick des Gebirges hüten und bewahren müssen, und so dachte ich dich auch zu erziehen, aber es hat nicht sein sollen. Deine Demut, deine Ruhe, dein kindlicher Sinn ist von Trotz, Wildheit und Übermut verschüttet.«

»Nein«, sagte der Sohn, »ich erinnere mich ganz deutlich, daß mir eine Pflanze zuerst das Unglück der ganzen Erde bekannt gemacht hat, seitdem verstehe ich erst die Seufzer und Klagen, die allenthalben in der ganzen Natur vernehmbar sind, wenn man nur darauf hören will; in den Pflanzen, Kräutern, Blumen und Bäumen regt und bewegt sich schmerzhaft nur eine große Wunde, sie sind der

Leichnam vormaliger herrlicher Steinwelten, sie bieten unserm Auge die schrecklichste Verwesung dar. Jetzt verstehe ich es wohl, daß es dies war, was mir jene Wurzel mit ihrem tiefgeholten Ächzen sagen wollte, sie vergaß sich in ihrem Schmerze und verriet mir alles. Darum sind alle grünen Gewächse so erzürnt auf mich, und stehn mir nach dem Leben; sie wollen jene geliebte Figur in meinem Herzen auslöschen, und in jedem Frühling mit ihrer verzerrten Leichenmiene meine Seele gewinnen. Unerlaubt und tückisch ist es, wie sie dich, alter Mann, hintergangen haben, denn von deiner Seele haben sie gänzlich Besitz genommen. Frage nur die Steine, du wirst erstaunen, wenn du sie reden hörst.«

Der Vater sah ihn lange an, und konnte ihm nichts mehr antworten. Sie gingen schweigend zurück nach Hause, und der Alte mußte sich jetzt ebenfalls vor der Lustigkeit seines Sohnes entsetzen, denn sie dünkte ihm ganz fremdartig, und als wenn ein andres Wesen aus ihm, wie aus einer Maschine, unbeholfen und ungeschickt herausspiele. –

Das Erntefest sollte wieder gefeiert werden, die Gemeine ging in die Kirche, und auch Elisabeth zog sich mit den Kindern an, um dem Gottesdienste beizuwohnen; ihr Mann machte auch Anstalten, sie zu begleiten, aber noch vor der Kirchentür kehrte er um, und ging tiefsinnend vor das Dorf hinaus. Er setzte sich auf die Anhöhe, und sahe wieder die rauchenden Dächer unter sich, er hörte den Gesang und Orgelton von der Kirche her, geputzte Kinder tanzten und spielten auf dem grünen Rasen. »Wie habe ich mein Leben in einem Traume verloren!« sagte er zu sich selbst; »Jahre sind verflossen, daß ich von hier hinunterstieg, unter die Kinder hinein; die damals hier spielten, sind heute dort ernsthaft in der Kirche; ich trat auch in das Gebäude, aber heut ist Elisabeth nicht mehr ein blühendes kindliches Mädchen, ihre Jugend ist vorüber, ich kann nicht mit der Sehnsucht wie damals den Blick ihrer Augen aufsuchen: so habe ich mutwillig ein hohes ewiges Glück aus der Acht gelassen, um ein vergängliches und zeitliches zu gewinnen.«

Er ging sehnsuchtsvoll nach dem benachbarten Walde, und vertiefte sich in seine dichtesten Schatten. Eine schauerliche Stille umgab ihn, keine Luft rührte sich in den Blättern. Indem sah er einen Mann von ferne auf sich zukommen, den er für den Fremden erkannte; er erschrak, und sein erster Gedanke war, jener würde sein Geld von ihm zurückfordern. Als die Gestalt etwas näher kam, sah er, wie sehr er sich geirrt hatte, denn die Umrisse, welche er wahrzunehmen gewähnt, zerbrachen wie in sich selber; ein altes Weib von der äußersten Häßlichkeit kam auf ihn zu, sie war in schmutzige Lumpen gekleidet, ein zerrissenes Tuch hielt einige greise Haare zusammen, sie hinkte an einer Krücke. Mit fürchterlicher Stimme redete sie Christian an, und fragte nach seinem Namen und Stande; er antwortete ihr umständlich und sagte darauf: »Aber wer bist du?« »Man nennt mich das Waldweib«, sagte jene, »und jedes Kind weiß von mir zu erzählen; hast du mich niemals gekannt?« Mit den letzten Worten wandte sie sich um, und Christian glaubte zwischen den Bäumen den goldenen Schleier, den hohen Gang, den mächtigen Bau der Glieder wiederzuerkennen. Er wollte ihr nacheilen, aber seine Augen fanden sie nicht mehr.

Indem zog etwas Glänzendes seine Blicke in das grüne Gras nieder. Er hob es auf und sahe die magische Tafel mit den farbigen Edelgesteinen, mit der seltsamen Figur wieder, die er vor so manchem Jahr verloren hatte. Die Gestalt und die bunten Lichter drückten mit der plötzlichsten Gewalt auf alle seine Sinne. Er faßte sie recht fest an, um sich zu überzeugen, daß er sie wieder in seinen Händen halte, und eilte dann damit nach dem Dorfe zurück. Der Vater begegnete ihm. »Seht«, rief er ihm zu, »das, wovon ich Euch so oft erzählt habe, was ich nur im Traum zu sehn glaubte, ist jetzt gewiß und wahrhaftig mein.« Der Alte betrachtete die Tafel lange und sagte: »Mein Sohn, mir schaudert recht im Herzen, wenn ich die Lineamente dieser Steine betrachte und ahnend den Sinn dieser Wortfügung errate; sieh her, wie kalt sie funkeln, welche grausame Blicke sie von sich geben, blutdürstig, wie das rote Auge des Tigers. Wirf diese Schrift weg, die dich kalt und grausam macht, die dein Herz versteinern muß:

> Sieh die zarten Blüten keimen,
> Wie sie aus sich selbst erwachen,
> Und wie Kinder aus den Träumen
> Dir entgegen lieblich lachen.
>
> Ihre Farbe ist im Spielen
> Zugekehrt der goldnen Sonne,
> Deren heißen Kuß zu fühlen,
> Das ist ihre höchste Wonne:
>
> An den Küssen zu verschmachten,
> Zu vergehn in Lieb und Wehmut;
> Also stehn, die eben lachten,
> Bald verwelkt in stiller Demut.
>
> Das ist ihre höchste Freude,
> Im Geliebten sich verzehren,
> Sich im Tode zu verklären,
> Zu vergehn in süßem Leide.
>
> Dann ergießen sie die Düfte,
> Ihre Geister, mit Entzücken,
> Es berauschen sich die Lüfte
> Im balsamischen Erquicken.
>
> Liebe kommt zum Menschenherzen,
> Regt die goldnen Saitenspiele,
> Und die Seele spricht: ich fühle
> Was das Schönste sei, wonach ich ziele,
> Wehmut, Sehnsucht und der Liebe Schmerzen.«

»Wunderbare, unermeßliche Schätze«, antwortete der

Sohn, »muß es noch in den Tiefen der Erde geben. Wer diese ergründen, heben und an sich reißen könnte! Wer die Erde so wie eine geliebte Braut an sich zu drücken vermöchte, daß sie ihm in Angst und Liebe gern ihr Kostbarstes gönnte! Das Waldweib hat mich gerufen, ich gehe sie zu suchen. Hier nebenan ist ein alter verfallener Schacht, schon vor Jahrhunderten von einem Bergmanne aufgegraben; vielleicht, daß ich sie dort finde!«

Er eilte fort. Vergeblich strebte der Alte, ihn zurückzuhalten, jener war seinen Blicken bald entschwunden. Nach einigen Stunden, nach vieler Anstrengung gelangte der Vater an den alten Schacht; er sah die Fußstapfen im Sande am Eingange eingedrückt, und kehrte weinend um, in der Überzeugung, daß sein Sohn im Wahnsinn hineingegangen, und in alte gesammelte Wässer und Untiefen versunken sei.

Seitdem war er unaufhörlich betrübt und in Tränen. Das ganze Dorf trauerte um den jungen Pachter, Elisabeth war untröstlich, die Kinder jammerten laut. Nach einem halben Jahre war der alte Vater gestorben, Elisabeths Eltern folgten ihm bald nach, und sie mußte die große Wirtschaft allein verwalten. Die angehäuften Geschäfte entfernten sie etwas von ihrem Kummer, die Erziehung der Kinder, die Bewirtschaftung des Gutes ließen ihr für Sorge und Gram keine Zeit übrig. So entschloß sie sich nach zwei Jahren zu einer neuen Heirat, sie gab ihre Hand einem jungen heitern Manne, der sie von Jugend auf geliebt hatte. Aber bald gewann alles im Hause eine andre Gestalt. Das Vieh starb, Knechte und Mägde waren untreu, Scheuren mit Früchten wurden vom Feuer verzehrt, Leute in der Stadt, bei welchen Summen standen, entwichen mit dem Gelde. Bald sah sich der Wirt genötigt, einige Äcker und Wiesen zu verkaufen; aber ein Mißwachs und teures Jahr brachten ihn nur in neue Verlegenheit. Es schien nicht anders, als wenn das so wunderbar erworbene Geld auf allen Wegen eine schleunige Flucht suchte; indessen mehrten sich die Kinder, und Elisabeth sowohl als ihr Mann wurden in der Verzweiflung unachtsam und saumselig; er suchte sich zu zerstreuen, und trank häufigen und starken Wein, der ihn verdrießlich und jähzornig machte, so daß oft Elisabeth mit heißen Zähren ihr Elend beweinte. So wie ihr Glück wich, zogen sich auch die Freunde im Dorfe von ihnen zurück, so daß sie sich nach einigen Jahren ganz verlassen sahn, und sich nur mit Mühe von einer Woche zur andern hinüberfristeten.

Es waren ihnen nur wenige Schafe und eine Kuh übriggeblieben, welche Elisabeth oft selber mit den Kindern hütete. So saß sie einst mit ihrer Arbeit auf dem Anger, Leonore zu ihrer Seite und ein säugendes Kind an der Brust, als sie von ferne herauf eine wunderbare Gestalt kommen sahen. Es war ein Mann in einem ganz zerrissenen Rocke, barfüßig, sein Gesicht schwarzbraun von der Sonne verbrannt, von einem langen struppigen Bart noch mehr entstellt; er trug keine Bedeckung auf dem Kopf, hatte aber von grünem Laube einen Kranz durch sein Haar geflochten, welcher sein wildes Ansehn noch seltsamer und unbegreiflicher machte. Auf dem Rücken trug er in einem festgeschnürten Sack eine schwere Ladung, im Gehen stützte er sich auf eine junge Fichte.

Als er näher kam, setzte er seine Last nieder, und holte schwer Atem. Er bot der Frau guten Tag, die sich vor seinem Anblicke entsetzte, das Mädchen schmiegte sich an ihre Mutter. Als er wenig geruht hatte, sagte er: »Nun komme ich von einer sehr beschwerlichen Wanderschaft aus dem rauhesten Gebirge auf Erden, aber ich habe dafür auch endlich die kostbarsten Schätze mitgebracht, die die Einbildung nur denken oder das Herz sich wünschen kann. Seht hier, und erstaunt!« – Er öffnete hierauf seinen Sack und schüttete ihn aus; dieser war voller Kiesel, unter denen große Stücke Quarz, nebst andern Steinen lagen.

»Es ist nur«, fuhr er fort, »daß diese Juwelen noch nicht poliert und geschliffen sind, darum fehlt es ihnen noch an Auge und Blick; das äußerliche Feuer mit seinem Glanze ist noch zu sehr in ihren inwendigen Herzen begraben, aber man muß es nur herausschlagen, daß sie sich fürchten, daß keine Verstellung ihnen mehr nützt, so sieht man wohl, wes Geistes Kind sie sind.« – Er nahm mit diesen Worten einen harten Stein und schlug ihn heftig gegen einen andern, so daß die roten Funken heraussprangen. »Habt ihr den Glanz gesehen?« rief er aus; »so sind sie ganz Feuer und Licht, sie erhellen das Dunkel mit ihrem Lachen, aber noch tun sie es nicht freiwillig.« – Er packte hierauf alles wieder sorgfältig in seinen Sack, welchen er fest zusammenschnürte. »Ich kenne dich recht gut«, sagte er dann wehmütig, »du bist Elisabeth.« – Die Frau erschrak. »Wie ist dir doch mein Name bekannt«, fragte sie mit ahnendem Zittern. – »Ach, lieber Gott!« sagte der Unglückselige, »ich bin ja der Christian, der einst als Jäger zu euch kam, kennst du mich denn nicht mehr?«
Sie wußte nicht, was sie im Erschrecken und tiefsten Mitleiden sagen sollte. Er fiel ihr um den Hals, und küßte sie. Elisabeth rief aus: »O Gott! mein Mann kommt!«
»Sei ruhig«, sagte er, »ich bin dir so gut wie gestorben; dort im Walde wartet schon meine Schöne, die Gewaltige, auf mich, die mit dem goldenen Schleier geschmückt ist. Dieses ist mein liebstes Kind, Leonore. Komm her, mein teures, liebes Herz, und gib mir auch einen Kuß, nur einen einzigen, daß ich einmal wieder deinen Mund auf meinen Lippen fühle, dann will ich euch verlassen.«
Leonore weinte; sie schmiegte sich an ihre Mutter, die in Schluchzen und Tränen sie halb zum Wandrer lenkte, halb zog sie dieser zu sich, nahm sie in die Arme, und drückte sie an seine Brust. – Dann ging er still fort, und im Walde sahen sie ihn mit dem entsetzlichen Waldweibe sprechen.

»Was ist euch?« fragte der Mann, als er Mutter und Tochter blaß und in Tränen aufgelöst fand. Keine wollte ihm Antwort geben.
Der Unglückliche ward aber seitdem nicht wieder gesehen.

GOTTHILF HEINRICH SCHUBERT
DER BERGMANN VON FALUN

Unter die merkwürdigsten Fälle von sogenannten Menschen-Versteinerungen gehört wohl der, dessen Hülpher, Cronstädt und die schwedischen gelehrten Tagebücher gedenken. Auch hier zerfiel ein dem Anscheine nach in festen Stein verwandelter Leichnam nach wenig Jahren in eine Art von Asche, obgleich man ihn unter einem Glasschrank vor dem Zutritt der Luft zu wahren gesucht. Man fand diesen ehemaligen Bergmann in der schwedischen Eisengrube zu Falun, als zwischen zween Schachten ein Durchschlag versucht wurde. Der Leichnam, ganz mit Eisenvitriol durchdrungen, war anfangs weich, wurde aber, sobald man ihn an die Luft gebracht, so hart wie Stein. Fünfzig Jahre hatte derselbe in einer Tiefe von mehr als 200 Ellen, in dem Vitriolwasser jener Grube gelegen, und niemand hätte die noch unveränderten Gesichtszüge des verunglückten Jünglings erkannt, niemand die Zeit, seit welcher er in dem Schachte gelegen, gewußt, hätte nicht das Andenken der ehmals geliebten Züge eine alte treue Liebe bewahrt. Denn als um den kaum hervorgezogenen Leichnam das Volk, die unbekannten jugendlichen Gesichtszüge betrachtend, steht, da kömmt an Krücken und mit grauem Haar ein altes Mütterchen, mit Tränen über den geliebten Toten, der ihr verlobter Bräutigam gewesen, hinsinkend, die Stunde segnend, da ihr noch an den Pforten des Grabes ein solches Wiedersehen gegönnt war, und das Volk sahe mit Verwunderung die Wiedervereinigung dieses seltnen Paares, davon das eine, im Tode und in tiefer Gruft, das jugendliche Aussehen; das andere, bei dem Verwelken und Veralten des Leibes die jugendliche Liebe, treu und unverändert erhalten hatte, und wie bei der fünfzigjährigen goldnen

Hochzeit, der noch jugendliche Bräutigam starr und kalt, die alte und graue Braut voll warmer Liebe gefunden wurde.

ACHIM VON ARNIM
DES ERSTEN BERGMANNS EWIGE JUGEND

Ein Knabe lacht sich an im Bronnen,
Hält Festtagskuchen in der Hand,
Er hatte lange nachgesonnen,
Was drunten für ein neues Land.
Gar lange hatte er gesonnen
Wie drunten sei der Quelle Lauf;
So grub er endlich einen Bronnen,
Und rufet still in sich: »Glück auf!«
Ihm ist sein Kopf voll Fröhlichkeiten,
Von selber lacht der schöne Mund,
Er weiß nicht, was es kann bedeuten,
Doch tut sich ihm so vieles kund.

Er höret fern den Tanz erschallen,
Er ist zum Tanzen noch zu jung,
Der Wasserbilder spiegelnd Wallen
Umzieht ihn mit Verwandelung,
Es wandelte wie Wetterleuchten
Der hellen Wolken Wunderschar,
Doch anders will es ihm noch deuchten,
Als eine Frau sich stellet dar:
Da weichen alle bunten Wellen,
Sie schauet, küßt sein spiegelnd Bild,
Er sieht sie, wo er sich mag stellen,
Auch ist sie gar kein Spiegelbild.

»Ich hab nicht Fest, nicht Festes Kuchen,
Bin in den Tiefen lang verbannt!«
So spricht sie, möchte ihn versuchen,
Er reicht ein Stück ihr mit der Hand;
Er kann es gar kein Wunder nennen,

Viel wunderbarer ist ihm heut,
In seinem Kopf viel Lichter brennen
Und ihn umfängt ganz neue Freud;
Von seiner Schule dumpfem Zimmer,
Von seiner Eltern Scheltwort frei,
Umfließet ihn ein sel'ger Schimmer,
Und alles ist ihm einerlei.

Sie faßt die Hand, dem Knaben schaudert,
Sie ziehet stark, der Knabe lacht,
Kein Augenblick sein Mut verzaudert,
Er zieht mit seiner ganzen Macht,
Und hat sie kräftig überrungen
Die Königin der dunklen Welt,
Sie fürchtet harte Mißhandlungen
Und bietet ihm ihr blankes Geld.
»Mag nicht Rubin, nicht Goldgeflimmer«,
Der starke Knabe schmeichelnd spricht,
»Ich mag den dunklen Feuerschimmer
Von deinem wilden Angesicht.«

»So komm zur Kühlung mit hinunter!«
Die Königin, ihm schmeichelnd, sagt,
»Da unten blüht die Hoffnung bunter,
Wo bleichend sich das Grün versagt.
Dort zeige ich dir große Schätze,
Die reich den lieben Eltern hin,
Die *streichen* da nach dem Gesetze,
Wie ich dir streiche übers Kinn.«
So rührt sie seiner Sehnsucht Saiten,
Die Sehnsucht nach der Unterwelt,
Gar schöne Melodien leiten
Ihn in ihr starres *Lagerzelt*.

Gar freudig klettert er hinunter,

Sie zeigt ihm ihrer *Adern* Gold,
In Flammen spielt Kristall da munter,
Der Knabe spielt in Minnesold.
Er ist so gar ein wackrer *Hauer*
Mit wilder Kühnheit angetan,
Hat um sein Leben keine Trauer,
Macht in den Tiefen neue Bahn,
Und bringet dann die goldnen *Stufen*
Von seiner Kön'gin Kammertür,
Als ihn die Eltern lange rufen
Zu seinen Eltern kühn herfür.

Die Eltern freuen sich der Gaben
Und sie erzwingen von ihm mehr,
Viel Schlösser sie erbauet haben
Und sie besolden bald ein Heer:
Er muß in strenger Arbeit geben,
Worin sie prunken ohne Not.
Einst hört er oben festlich Leben,
Den trocknen Kuchen man ihm bot.
Da kann die Kön'gin ihn nicht halten,
Mit irdisch kaltem Todesarm,
Denn in dem Knaben aufwärts wallten,
So Licht als Liebe herzlich warm.

Er tritt zum Schloß zum frohen Feste,
Die Eltern staunen ihn da an,
Es blickt zu ihm der Jungfraun Beste,
Es faßt ihr Blick den schönen Mann,
Im Bergkleid tritt er mit zum Tanze
Und hat die Jungfrau sich erwählt,
Und sie beschenkt ihn mit dem Kranze,
Er hat die Küsse nicht gezählt.
Da sind die Brüder zugetreten
Und seine Eltern allzugleich,

Die alle haben ihn gebeten,
Daß er doch von dem Feste weich.

Da hat er trotzig ausgerufen:
»Ich will auch einmal lustig sein,
Und morgen bring ich wieder Stufen
Und heute geh ich auf das Frein!«
Da hat er einen Ring genommen,
Vom Gold, wie es noch keiner fand,
Den hat die Jungfrau angenommen,
Als er ihn steckt an ihre Hand,
Dann sitzt er froh mit ihr zum Weine,
Hat manches Glas hinein gestürzt;
Spät schwankt er fort und ganz alleine,
Manch liebreich Bild die Zeit verkürzt.

Die Lieb ist aus, das Haus geschlossen
Im Schacht der reichen Königin;
Er hat die Türe eingestoßen
Und steigt so nach Gewohnheit hin.
Die Eifersücht'ge hört ihn rufen,
Sie leuchtet nicht, er stürzt herab,
Er fand zur Kammer nicht die Stufen,
So findet er nun dort sein Grab.
Nun seufzt sie, wie er schön gewesen,
Und legt ihn in ein Grab von Gold,
Das ihn bewahrt vor dem Verwesen,
Das ist ihr letzter Minnesold.

Die Eltern haben ihn vergessen,
Da er nicht kommt zum Licht zurück,
Und andre Kinder unterdessen
Erwühlen neu der Erde Glück,
Und bringen andre schöne Gaben,
An Silber, Kupfer, Eisen, Blei,

Doch mit dem Gold, was er gegraben,
Damit scheint es nun ganz vorbei.
Die Jungfrau lebet nur in Tränen,
Die Liebe nimmt der Hoffnung Lauf
Und meint in ihrer Hoffnung Wähnen,
Ihr steh das Glück noch einmal auf.

Glück auf! nach funfzig sauren Jahren
Ein kühner Durchschlag wird gemacht,
Die Kön'gin kämpfet mit den Scharen
Und hat gar viele umgebracht.
Sie hat gestellt viel böse Wetter,
Die um des Lieblings Grabmal stehn,
Doch Klugheit wird der Kühnen Retter,
Sie lassen die Maschinen gehn;
Da haben sie den Knaben funden
In kalten Händen kaltes Gold,
So hat er sterbend noch umwunden
Die Königin, die ihm einst hold.

Zur Luft ihn tragend alle fragen,
»Weiß keiner, wer der Knabe war,
Ein schöner Bursche, zum Beklagen,
Gar viele rafft hinweg das Jahr,
Doch keiner je so wohl erhalten
Kam aus der Erde Schoß zurück,
Denn selbst die flüchtigen Farben walten
Noch auf der Wangen frohem Glück;
Es sind noch weich die starken Sehnen,
Es zeigt die Tracht auf alte Zeit,
Er kostete wohl viele Tränen,
Jetzt kennt ihn keiner weit und breit.«

Die Jungfrau war tief alt geworden,
Seit jenem Fest, wo sie ihn sah,

Spät trat sie in den Nonnenorden
Und geht vorbei und ist ihm nah;
Sie kommt gar mühsam hergegangen,
Gestützt auf einem Krückenstab,
Ein Traum hielt sie die Nacht umfangen,
Daß sie den Bräut'gam wieder hab.
Sie sieht ihn da mit frischen Wangen,
Als schliefe er nach schöner Lust,
Gern weckte sie ihn mit Verlangen,
Hier stürzt sie auf die stille Brust.

Da fühlt sie nicht das Herz mehr schlagen,
Die Männer sehn verwundert zu:
»Was will die Hexe mit dem Knaben,
Sie soll ihm gönnen seine Ruh.
Das wär doch gar ein schlimm Erwachen,
Wenn er erwachte, frisch gesund,
Und sie ihn wollte froh anlachen
Und hätte keinen Zahn im Mund.«
Jetzt schauet sie sein hart Erstarren,
An dieser neuen Himmelsluft,
Die Farbe will nicht länger harren,
Die treu bewahrt der Kön'gin Gruft.

Hier ist die Jugend, dort die Liebe,
Doch sind sie beide nicht vereint,
Die schöne Jugend scheint so müde,
Die alte Liebe trostlos weint.
Was hülf es ihr, wenn er nun lebte,
Und wäre nun ein alter Greis,
Ihr Herz wohl nicht mehr zu ihm strebte,
Wie jetzt zu dieses Toten Preis.
Wie eine Statue er da scheinet
Von einem lang vergeßnen Gott,
Die Alte treu im Dienst erscheinet

Und ist der jungen Welt zum Spott.

Es mag der Fürst sie nimmer scheiden,
Er schenket ihr den Leichnam mild,
Verlaßne möchten ihr wohl neiden
Ein also gleich und ähnlich Bild.
Da sitzet sie nun vor dem Bilde,
Die Hände sanft gefaltet sind,
Und sieht es an und lächelt milde,
Und spricht: »Du liebes, liebes Kind,
Kaum haben solche alte Frauen,
Wie ich noch solche Kinder schön,
Als meinen Enkel muß ich schauen,
Den ich als Bräut'gam einst gesehn.«

E. T. A. HOFFMANN
DIE BERGWERKE ZU FALUN

An einem heitern sonnenhellen Juliustage hatte sich alles Volk zu Götaborg auf der Reede versammelt. Ein reicher Ostindienfahrer glücklich heimgekehrt aus dem fernen Lande lag im Klippa-Hafen vor Anker und ließ die langen Wimpel, die schwedischen Flaggen lustig hinauswehen in die azurblaue Luft, während Hunderte von Fahrzeugen, Böten, Kähnen, vollgepfropft mit jubelnden Seeleuten auf den spiegelblanken Wellen der Götaelf hin und her schwammen und die Kanonen von Masthuggetorg ihre weithallenden Grüße hinüberdonnerten in das weite Meer. Die Herren von der ostindischen Kompagnie wandelten am Hafen auf und ab, und berechneten mit lächelnden Gesichtern den reichen Gewinn, der ihnen geworden, und hatten ihre Herzensfreude daran, wie ihr gewagtes Unternehmen nun mit jedem Jahr mehr und mehr gedeihe und das gute Götaborg im schönsten Handelsflor immer frischer und herrlicher emporblühe. Jeder sah auch deshalb die wackern Herrn mit Lust und Vergnügen an und freute sich mit ihnen, denn mit ihrem Gewinn kam ja Saft und Kraft in das rege Leben der ganzen Stadt.

Die Besatzung des Ostindienfahrers, wohl an die hundertundfunfzig Mann stark, landete in vielen Böten die dazu ausgerüstet, und schickte sich an ihren Hönsning* zu halten. So ist nämlich das Fest geheißen, das bei derlei Gelegenheit von der Schiffsmannschaft gefeiert wird, und das oft mehrere Tage dauert. Spielleute in wunderlicher bunter Tracht zogen voraus mit Geigen, Pfeifen, Oboen und

---

* Einstandsfest, auf welchem die erste Äquatorüberfahrt eines Seemanns oder ähnliche Ereignisse gefeiert werden (Anm. d. Hrsg.).

Trommeln, die sie wacker rührten, während andere allerlei lustige Lieder dazu absangen. Ihnen folgten die Matrosen zu Paar und Paar. Einige mit bunt bebänderten Jacken und Hüten schwangen flatternde Wimpel, andere tanzten und sprangen und alle jauchzten und jubelten, daß das helle Getöse weit in den Lüften erhallte.

So ging der fröhliche Zug fort über die Werfte – durch die Vorstädte bis nach der Haga-Vorstadt, wo in einem Gästgifvaregard* tapfer geschmaust und gezecht werden sollte.

Da floß nun das schöne Öl** in Strömen und Bumper auf Bumper wurde geleert. Wie es denn nun bei Seeleuten, die heimkehren von weiter Reise, nicht anders der Fall ist, allerlei schmucke Dirnen gesellten sich alsbald zu ihnen, der Tanz begann und wilder und wilder wurde die Lust und lauter und toller der Jubel.

Nur ein einziger Seemann, ein schlanker hübscher Mensch, kaum mocht er zwanzig Jahr alt sein, hatte sich fortgeschlichen aus dem Getümmel, und draußen einsam hingesetzt auf die Bank, die neben der Tür des Schenkhauses stand.

Ein paar Matrosen traten zu ihm, und einer von ihnen rief laut auflachend: »Elis Fröbom! – Elis Fröbom! – Bist du mal wieder ein recht trauriger Narr worden, und vertrödelst die schöne Zeit mit dummen Gedanken? – Hör Elis, wenn du von unserm Hönsning wegbleibst, so bleib lieber auch ganz weg vom Schiff! – Ein ordentlicher tüchtiger Seemann wird doch so aus dir niemals werden. Mut hast du zwar genug, und tapfer bist du auch in der Gefahr, aber saufen kannst du gar nicht, und behältst lieber die Dukaten in der Tasche, als sie hier gastlich den Landratzen zuzu-

---

* Größerer Hof mit Gastwirtschaft und Übernachtungsgelegenheit (Anm. d. Hrsg.).
** Vgl. engl. *ale* = Bier (Anm. d. Hrsg.).

werfen. – Trink, Bursche! oder der Seeteufel Näcken* – der ganze Troll soll dir über den Hals kommen!«

Elis Fröbom sprang hastig von der Bank auf, schaute den Matrosen an mit glühendem Blick, nahm den mit Branntwein bis an den Rand gefüllten Becher und leerte ihn mit einem Zuge. Dann sprach er: »Du siehst, Joens, daß ich saufen kann wie einer von euch, und ob ich ein tüchtiger Seemann bin mag der Kapitän entscheiden. Aber nun halt dein Lästermaul, und schier dich fort! – Mir ist eure wilde Tollheit zuwider. – Was ich hier draußen treibe, geht dich nichts an!« »Nun, nun«, erwiderte Joens, »ich weiß es ja, du bist ein Neriker** von Geburt, und die sind alle trübe und traurig, und haben keine rechte Lust am wackern Seemannsleben! – Wart nur, Elis, ich werde dir jemand herausschicken, du sollst bald weggebracht werden von der verhexten Bank, an die dich der Näcken genagelt hat.«

Nicht lange dauerte es, so trat ein gar feines schmuckes Mädchen aus der Tür des Gästgifvaregard und setzte sich hin neben dem trübsinnigen Elis, der sich wieder verstummt und in sich gekehrt auf die Bank niedergelassen hatte. Man sah es dem Putz, dem ganzen Wesen der Dirne wohl an, daß sie sich leider böser Lust geopfert, aber noch hatte das wilde Leben nicht seine zerstörende Macht geübt an den wunderlieblichen sanften Zügen ihres holden Antlitzes. Keine Spur von zurückstoßender Frechheit, nein, eine stille sehnsüchtige Trauer lag in dem Blick der dunkeln Augen.

»Elis! – wollt Ihr denn gar keinen Teil nehmen an der Freude Eurer Kameraden? – Regt sich denn gar keine Lust in Euch, da Ihr wieder heimgekommen und der bedrohli-

---

* Von Hoffmann fälschlich verwendeter Akk. von *Näck* (dt. *Nöck*) (Anm. d. Hrsg.).
** Bewohner des mittelschwedischen Närke (Anm. d. Hrsg.).

chen Gefahr der trügerischen Meereswellen entronnen nun wieder auf vaterländischem Boden steht?«
So sprach die Dirne mit leiser, sanfter Stimme, indem sie den Arm um den Jüngling schlang. Elis Fröbom, wie aus tiefem Traum erwachend, schaute dem Mädchen ins Auge, er faßte ihre Hand, er drückte sie an seine Brust, man merkte wohl, daß der Dirne süß Gelispel recht in sein Inneres hineingeklungen.
»Ach«, begann er endlich, wie sich besinnend, »ach, mit meiner Freude, mit meiner Lust ist es nun einmal gar nichts. Wenigstens kann ich durchaus nicht einstimmen in die Toberei meiner Kameraden. Geh nur hinein, mein gutes Kind, juble und jauchze mit den andern, wenn du es vermagst, aber laß den trüben, traurigen Elis hier draußen allein; er würde dir nur alle Lust verderben. – Doch wart! Du gefällst mir gar wohl, und sollst an mich fein denken, wenn ich wieder auf dem Meere bin.«
Damit nahm er zwei blanke Dukaten aus der Tasche, zog ein schönes ostindisches Tuch aus dem Busen, und gab beides der Dirne. *Der* traten aber die hellen Tränen in die Augen, sie stand auf, sie legte die Dukaten auf die Bank, sie sprach: »Ach, behaltet doch nur Eure Dukaten, die machen mich nur traurig, aber das schöne Tuch, das will ich tragen Euch zum teuern Andenken, und Ihr werdet mich wohl übers Jahr nicht mehr finden wenn Ihr Hönsning haltet hier in der Haga.«
Damit schlich die Dirne, nicht mehr zurückkehrend in das Schenkhaus, beide Hände vors Gesicht gedrückt, fort über die Straße.
Aufs neue versank Elis Fröbom in seine düstre Träumerei, und rief endlich, als der Jubel in der Schenke recht laut und toll wurde: »Ach läg ich doch nur begraben in dem tiefsten Meeresgrunde! – denn im Leben gibt's keinen Menschen mehr, mit dem ich mich freuen sollte!«
Da sprach eine tiefe rauhe Stimme dicht hinter ihm: »Ihr

müßt gar großes Unglück erfahren haben, junger Mensch, daß Ihr Euch schon jetzt, da das Leben Euch erst recht aufgehen sollte, den Tod wünschet.«

Elis schaute sich um, und gewahrte einen alten Bergmann, der mit übereinandergeschlagenen Armen an die Plankenwand des Schenkhauses angelehnt stand, und mit ernstem durchdringenden Blick auf ihn herabschaute.

Sowie Elis den Alten länger ansah, wurde es ihm, als trete in tiefer wilder Einsamkeit, in die er sich verloren geglaubt, eine bekannte Gestalt ihm freundlich tröstend entgegen. Er sammelte sich, und erzählte, wie sein Vater ein tüchtiger Steuermann gewesen, aber in demselben Sturme umgekommen, aus dem er gerettet worden auf wunderbare Weise. Seine beiden Brüder wären als Soldaten geblieben in der Schlacht, und er allein habe seine arme verlassene Mutter erhalten mit dem reichen Solde, den er nach jeder Ostindienfahrt empfangen. Denn Seemann habe er doch nun einmal, von Kindesbeinen an dazu bestimmt, bleiben müssen, und da habe es ihm ein großes Glück gedünkt, in den Dienst der ostindischen Kompagnie treten zu können. Reicher als jemals sei diesmal der Gewinn ausgefallen, und jeder Matrose habe noch außer dem Sold ein gut Stück Geld erhalten, so daß er, die Tasche voll Dukaten, in heller Freude hingelaufen sei nach dem kleinen Häuschen, wo seine Mutter gewohnt. Aber fremde Gesichter hätten ihn aus dem Fenster angekuckt, und eine junge Frau, die ihm endlich die Tür geöffnet, und der er sich zu erkennen gegeben, habe ihm mit kaltem rauhem Ton berichtet, daß seine Mutter schon vor drei Monaten gestorben, und daß er die paar Lumpen, die, nachdem die Begräbniskosten berichtigt, noch übriggeblieben, auf dem Rathause in Empfang nehmen könne. Der Tod seiner Mutter zerreiße ihm das Herz, er fühle sich von aller Welt verlassen, einsam wie auf ein ödes Riff verschlagen, hülflos, elend. Sein ganzes Leben auf der See erscheine ihm wie ein irres zweckloses Treiben, ja, wenn er daran denke, daß seine Mutter vielleicht schlecht gepflegt von fremden Leuten, so ohne Trost sterben müssen, komme es ihm ruchlos und abscheulich vor, daß er überhaupt zur See gegangen, und nicht lieber daheim geblieben, seine arme Mutter nährend und pflegend. Die Kameraden hätten ihn mit Gewalt fortgerissen zum Hönsning, und er selbst habe geglaubt, daß der Jubel um ihn her, ja auch wohl das starke Getränk, seinen Schmerz betäuben werde, aber statt dessen sei es ihm bald geworden, als sprängen alle Adern in seiner Brust, und er müsse sich verbluten.

»Ei«, sprach der alte Bergmann, »ei, du wirst bald wieder in See stechen, Elis, und dann wird dein Schmerz vorüber sein in weniger Zeit. Alte Leute sterben, das ist nun einmal nicht anders, und deine Mutter hat ja, wie du selbst gestehst, nur ein armes mühseliges Leben verlassen.«

»Ach«, erwiderte Elis, »ach, daß niemand an meinen Schmerz glaubt, ja daß man mich wohl albern und töricht schilt, das ist es ja eben, was mich hinausstößt aus der Welt. – Auf die See mag ich nicht mehr, das Leben ekelt mich an. Sonst ging mir wohl das Herz auf, wenn das Schiff die Segel wie stattliche Schwingen ausbreitend, über das Meer dahinfuhr, und die Wellen in gar lustiger Musik plätscherten und sausten, und der Wind dazwischen pfiff durch das knätternde Tauwerk. Da jauchzte ich fröhlich mit den Kameraden auf dem Verdeck, und dann – hatte ich in stiller dunkler Nacht die Wache, da gedachte ich der Heimkehr und meiner guten alten Mutter, wie die sich nun wieder freuen würde, wenn Elis zurückgekommen! – Hei! da konnt ich wohl jubeln auf dem Hönsning, wenn ich dem Mütterchen die Dukaten in den Schoß geschüttet, wenn ich ihr die schönen Tücher und wohl noch manch anderes Stück seltner Ware aus dem fernen Lande hingereicht. Wenn ihr dann vor Freude die Augen hell aufleuchteten, wenn sie die Hände einmal über das andere zusammenschlug, ganz erfüllt von Vergnügen und Lust, wenn sie geschäftig hin und her trippelte, und das schönste Aehl herbeiholte, das sie für Elis aufbewahrt. Und saß ich denn nun abends bei der Alten, dann erzählte ich ihr von den seltsamen Leuten, mit denen ich verkehrt, von ihren Sitten und Gebräuchen, von allem Wunderbaren was mir begegnet, auf der langen Reise. Sie hatte ihre große Lust daran, und redete wieder zu mir von den wunderbaren Fahrten meines Vaters im höchsten Norden, und tischte mir dagegen manches schauerliche Seemannsmärlein auf, das ich schon hundertmal gehört, und an dem ich mich doch gar nicht satt hören konnte! – Ach! wer bringt mir diese Freude wieder! – Nein, niemals mehr auf die See. – Was sollt ich unter den Kameraden, die mich nur aushöhnen würden, und wo sollt ich Lust hernehmen zur Arbeit, die mir nur ein mühseliges Treiben um nichts dünken würde!«

»Ich höre Euch«, sprach der Alte, als Elis schwieg, »ich höre Euch mit Vergnügen reden, junger Mensch, so wie ich schon seit ein paar Stunden, ohne daß Ihr mich gewahrtet, Euer ganzes Betragen beobachtete, und meine Freude daran hatte. Alles, was Ihr tatet, was Ihr spracht, beweist, daß Ihr ein tiefes in sich selbst gekehrtes, frommes, kindliches Gemüt habt, und eine schönere Gabe konnte Euch der hohe Himmel gar nicht verleihen. Aber zum Seemann habt Ihr Eure Lebetage gar nicht im mindesten getaugt. Wie sollte Euch stillem, wohl gar zum Trübsinn geneigten Neriker (daß Ihr das seid, seh ich an den Zügen Eures Gesichts, an Eurer ganzen Haltung) wie sollte Euch das wilde unstete Leben auf der See zusagen. Ihr tut wohl daran, daß Ihr dies Leben aufgebt für immer. Aber die Hände werdet Ihr doch nicht in den Schoß legen? – Folgt meinem Rat, Elis Fröbom! geht nach Falun, werdet ein Bergmann. Ihr seid jung, rüstig, gewiß bald ein tüchtiger Knappe, dann Hauer, Steiger und immer höher herauf. Ihr habt tüchtige Dukaten in der Tasche, die legt Ihr an, verdient dazu, kommt wohl gar zum Besitz eines Bergmannshemmans*, habt Eure eigne Kuxe in der Grube. Folgt meinem Rat, Elis Fröbom, werdet ein Bergmann!«

Elis Fröbom erschrak beinahe über die Worte des Alten. »Wie«, rief er, »was ratet Ihr mir? Von der schönen freien Erde, aus dem heitern sonnenhellen Himmel, der mich umgibt, labend, erquickend, soll ich hinaus – hinab in die schauerliche Höllentiefe und dem Maulwurf gleich wühlen und wühlen nach den Erzen und Metallen, schnöden Gewinns halber?«

»So ist«, rief der Alte erzürnt, »so ist nun das Volk, es verachtet das, was es nicht zu erkennen vermag. Schnöder Gewinn! Als ob alle grausame Quälerei auf der Oberfläche der Erde, wie sie der Handel herbeiführt, sich edler gestalte als die Arbeit des Bergmanns, dessen Wissenschaft, dessen unverdrossenem Fleiß die Natur ihre geheimsten Schatzkammern erschließt. Du sprichst von schnödem Gewinn, Elis Fröbom! – ei es möchte hier wohl noch Höheres gelten. Wenn der blinde Maulwurf in blindem Instinkt die Erde durchwühlt, so möcht es wohl sein, daß in der tiefsten Teufe bei dem schwachen Schimmer des Grubenlichts des Menschen Auge hellsehender wird, ja daß es endlich sich mehr und mehr erkräftigend, in dem wunderbaren Gestein die Abspieglung dessen zu erkennen vermag, was oben über den Wolken verborgen. Du weißt nichts von dem Bergbau, Elis Fröbom, laß dir davon erzählen.«

Mit diesen Worten setzte sich der Alte hin auf die Bank neben Elis, und begann sehr ausführlich zu beschreiben, wie es bei dem Bergbau hergehe, und mühte sich, mit den lebendigsten Farben dem Unwissenden alles recht deut-

* *Hemman* = Kleinbauernbesitz (Anm. d. Hrsg.).

lich vor Augen zu bringen. Er kam auf die Bergwerke von Falun, in denen er, wie er sagte, seit seiner frühen Jugend gearbeitet, er beschrieb die große Tagesöffnung mit den schwarzbraunen Wänden, die dort anzutreffen, er sprach von dem unermeßlichen Reichtum der Erzgrube an dem schönsten Gestein. Immer lebendiger und lebendiger wurde seine Rede, immer glühender sein Blick. Er durchwanderte die Schachten wie die Gänge eines Zaubergartens. Das Gestein lebte auf, die Fossile regten sich, der wunderbare Pyrosmalith*, der Almandin** blitzten im Schein der Grubenlichter – die Bergkristalle leuchteten und flimmerten durcheinander.

Elis horchte hoch auf; des Alten seltsame Weise von den unterirdischen Wundern zu reden, als stehe er gerade in ihrer Mitte, erfaßte sein ganzes Ich. Er fühlte seine Brust beklemmt, es war ihm, als sei er schon hinabgefahren mit dem Alten in die Tiefe, und ein mächtiger Zauber halte ihn unten fest, so daß er nie mehr das freundliche Licht des Tages schauen werde. Und doch war es ihm wieder, als habe ihm der Alte eine neue unbekannte Welt erschlossen, in die er hineingehöre, und aller Zauber dieser Welt sei ihm schon zur frühesten Knabenzeit in seltsamen geheimnisvollen Ahnungen aufgegangen.

»Ich habe«, sprach endlich der Alte, »ich habe Euch, Elis Fröbom, alle Herrlichkeit eines Standes dargetan, zu dem Euch die Natur recht eigentlich bestimmte. Geht nur mit Euch selbst zu Rate, und tut dann, wie Euer Sinn es Euch eingibt!«

Damit sprang der Alte hastig auf von der Bank, und schritt von dannen, ohne Elis weiter zu grüßen oder sich nach ihm umzuschauen. Bald war er seinem Blick entschwunden.

In dem Schenkhause war es indessen still geworden. Die

---

* Ein chlorhaltiges Eisenmangansilikat (Anm. d. Hrsg.).
** Ein rot-blauer Granat ($Fe_3..Al_2[SiO_4]_3$). (Anm. d. Hrsg.).

Macht des starken Aehls (Biers), des Branntweins hatte
gesiegt. Manche vom Schiffsvolk waren fortgeschlichen
mit ihren Dirnen, andere lagen in den Winkeln und
schnarchten. Elis, der nicht mehr einkehren konnte in das
gewohnte Obdach, erhielt auf sein Bitten ein kleines
Kämmerlein zur Schlafstelle.

Kaum hatte er sich müde und matt wie er war, hinge-
streckt auf sein Lager, als der Traum über ihm seine Fitti-
che rührte. Es war ihm, als schwämme er in einem schönen Schiff mit vollen Segeln auf dem spiegelblanken
Meer, und über ihm wölbe sich ein dunkler Wolkenhim-
mel. Doch wie er nun in die Wellen hinabschaute, erkannte er bald, daß das, was er für das Meer gehalten, eine
feste durchsichtige funkelnde Masse war, in deren
Schimmer das ganze Schiff auf wunderbare Weise zerfloß,
so daß er auf dem Kristallboden stand, und über sich ein
Gewölbe von schwarz flimmerndem Gestein erblickte.
Gestein war das nämlich, das er erst für den Wolkenhim-
mel gehalten. Von unbekannter Macht fortgetrieben,
schritt er vorwärts, aber in dem Augenblick regte sich alles um ihn her, und wie kräuselnde Wogen erhoben sich
aus dem Boden wunderbare Blumen und Pflanzen von
blinkendem Metall, die ihre Blüten und Blätter aus der
tiefsten Tiefe emporrankten, und auf anmutige Weise ineinander verschlangen. Der Boden war so klar, daß Elis
die Wurzeln der Pflanzen deutlich erkennen konnte, aber
bald immer tiefer mit dem Blick eindringend, erblickte er
ganz unten – unzählige holde jungfräuliche Gestalten, die
sich mit weißen glänzenden Armen umschlungen hielten,
und aus ihren Herzen sproßten jene Wurzeln, jene Blumen
und Pflanzen empor, und wenn die Jungfrauen lächelten,
ging ein süßer Wohllaut durch das weite Gewölbe, und
höher und freudiger schossen die wunderbaren Metallblüten empor. Ein unbeschreibliches Gefühl von Schmerz
und Wollust ergriff den Jüngling, eine Welt von Liebe,

Sehnsucht, brünstigem Verlangen ging auf in seinem Innern. »Hinab – hinab zu euch«, rief er, und warf sich mit ausgebreiteten Armen auf den kristallenen Boden nieder. Aber *der* wich unter ihm, und er schwebte wie in schimmerndem Äther. »Nun, Elis Fröbom, wie gefällt es dir in dieser Herrlichkeit?« – So rief eine starke Stimme. Elis gewahrte neben sich den alten Bergmann, aber sowie er ihn mehr und mehr anschaute wurde er zur Riesengestalt aus glühendem Erz gegossen. Elis wollte sich entsetzen, aber in dem Augenblick leuchtete es auf aus der Tiefe wie ein jäher Blitz und das ernste Antlitz einer mächtigen Frau wurde sichtbar. Elis fühlte, wie das Entzücken in seiner Brust immer steigend und steigend zur zermalmenden Angst wurde. Der Alte hatte ihn umfaßt und rief: »Nimm dich in acht, Elis Fröbom, das ist die Königin, noch magst du heraufschauen.« – Unwillkürlich drehte er das Haupt, und wurde gewahr wie die Sterne des nächtlichen Himmels durch eine Spalte des Gewölbes leuchteten. Eine sanfte Stimme rief wie in trostlosem Weh seinen Namen. Es war die Stimme seiner Mutter. Er glaubte ihre Gestalt zu schauen oben an der Spalte. Aber es war ein holdes junges Weib die ihre Hand tief hinabstreckte in das Gewölbe und seinen Namen rief: »Trage mich empor«, rief er dem Alten zu, »ich gehöre doch der Oberwelt an und ihrem freundlichen Himmel.« – »Nimm dich in acht«, sprach der Alte dumpf, »nimm dich in acht, Fröbom! – sei treu der Königin der du dich ergeben.« Sowie nun aber der Jüngling wieder hinabschaute in das starre Antlitz der mächtigen Frau, fühlte er, daß sein Ich zerfloß in dem glänzenden Gestein. Er kreischte auf in namenloser Angst und erwachte aus dem wunderbaren Traum, dessen Wonne und Entsetzen tief in seinem Innern widerklang.
»Es konnte«, sprach Elis, als er sich mit Mühe gesammelt, zu sich selbst, »es konnte wohl nicht anders sein, es mußte mir solch wunderliches Zeug träumen. Hat mir doch der

alte Bergmann so viel erzählt von der Herrlichkeit der unterirdischen Welt, daß mein ganzer Kopf davon erfüllt ist, noch in meinem ganzen Leben war mir nicht so zumute als eben jetzt. – Vielleicht träume ich noch fort – Nein nein ich bin wohl nur krank, hinaus ins Freie, der frische Hauch der Seeluft wird mich heilen!«

Er raffte sich auf und rannte nach dem Klippa-Hafen, wo der Jubel des Hönsnings aufs neue sich erhob. Aber bald gewahrte er, wie alle Lust an ihm vorüberging, wie er keinen Gedanken in der Seele festhalten konnte, wie Ahnungen, Wünsche die er nicht zu nennen vermochte, sein Inneres durchkreuzten. – Er dachte mit tiefer Wehmut an seine verstorbene Mutter, dann war es ihm aber wieder, als sehne er sich nur noch einmal jener Dirne zu begegnen, die ihn gestern so freundlich angesprochen. Und dann fürchtete er wieder, träte auch die Dirne aus dieser oder jener Gasse ihm entgegen, so würd es am Ende der alte Bergmann sein, vor dem er sich, selbst konnte er nicht sagen warum, entsetzen müsse. Und doch hätte er wieder auch von dem Alten sich gern mehr erzählen lassen von den Wundern des Bergbaues.

Von all diesen treibenden Gedanken hin und her geworfen, schaute er hinein in das Wasser. Da wollt es ihm bedünken, als wenn die silbernen Wellen erstarrten zum funkelnden Glimmer, in dem nun die schönen großen Schiffe zerfließen, als wenn die dunklen Wolken, die eben heraufzogen an dem heitern Himmel, sich hinabsenken würden und verdichten zum steinernen Gewölbe. – Er stand wieder in seinem Traum, er schaute wieder das ernste Antlitz der mächtigen Frau, und die verstörende Angst des sehnsüchtigsten Verlangens erfaßte ihn aufs neue. –

Die Kameraden rüttelten ihn auf aus der Träumerei, er mußte ihrem Zuge folgen. Aber nun war es, als flüstre eine unbekannte Stimme ihm unaufhörlich ins Ohr: »Was willst du noch hier? – fort! – fort – in den Bergwerken zu

Falun ist deine Heimat. – Da geht alle Herrlichkeit dir auf, von der du geträumt – fort, fort nach Falun!«

Drei Tage trieb sich Elis Fröbom in den Straßen von Götaborg umher, unaufhörlich verfolgt von den wunderlichen Gebilden seines Traums, unaufhörlich gemahnt von der unbekannten Stimme.

Am vierten Tage stand Elis an dem Tore durch welches der Weg nach Gefle führt. Da schritt eben ein großer Mann vor ihm hindurch. Elis glaubte den alten Bergmann erkannt zu haben und eilte unwiderstehlich fortgetrieben ihm nach, ohne ihn zu erreichen.

Rastlos ging es nun fort und weiter fort.

Elis wußte deutlich, daß er sich auf dem Wege nach Falun befinde und eben dies beruhigte ihn auf besondere Weise, denn gewiß war es ihm, daß die Stimme des Verhängnisses durch den alten Bergmann zu ihm gesprochen, der ihn nun auch seiner Bestimmung entgegenführe.

In der Tat sah er auch manchmal, vorzüglich wenn der Weg ihm ungewiß werden wollte, den Alten, wie er aus einer Schlucht, aus dickem Gestripp, aus dunklem Gestein plötzlich hervortrat, und vor ihm ohne sich umzuschauen daherschritt, dann aber schnell wieder verschwand.

Endlich nach manchem mühselig durchwanderten Tage erblickte Elis in der Ferne zwei große Seen, zwischen denen ein dicker Dampf aufstieg. Sowie er mehr und mehr die Anhöhe westlich erklimmte, unterschied er in dem Rauch ein paar Türme und schwarze Dächer. Der Alte stand vor ihm riesengroß, zeigte mit ausgestrecktem Arm hin nach dem Dampf und verschwand wieder im Gestein. »Das ist Falun!« rief Elis, »das ist Falun, das Ziel meiner Reise!« – Er hatte recht, denn Leute die ihm hinterher wanderten bestätigten es, daß dort zwischen den Seen Runn und Warpann die Stadt Falun liege, und daß er soeben den Guffrisberg hinansteige wo die große Pinge oder Tagesöffnung der Erzgrube befindlich.

Elis Fröbom schritt guten Mutes vorwärts, als er aber vor dem ungeheuern Höllenschlunde stand, da gefror ihm das Blut in den Adern und er erstarrte bei dem Anblick der fürchterlichen Zerstörung.

Bekanntlich ist die große Tagesöffnung der Erzgrube zu Falun an zwölfhundert Fuß lang, sechshundert Fuß breit und einhundertundachtzig Fuß tief. Die schwarzbraunen Seitenwände gehen anfangs größtenteils senkrecht nieder; dann verflächen sie sich aber gegen die mittlere Tiefe durch ungeheuern Schutt und Trümmerhalden. In diesen und an den Seitenwänden blickt hin und wieder die Zimmerung alter Schächte hervor, die aus starken, dicht aufeinandergelegten und an den Enden ineinandergefugten Stämmen nach Art des gewöhnlichen Blockhäuserbaues aufgeführt sind. Kein Baum, kein Grashalm sproßt in dem kahlen zerbröckelten Steingeklüft und in wunderlichen Gebilden, manchmal riesenhaften versteinerten Tieren, manchmal menschlichen Kolossen ähnlich, ragen die zakkigen Felsenmassen ringsumher empor. Im Abgrunde liegen in wilder Zerstörung durcheinander Steine, Schlakken – ausgebranntes Erz, und ein ewiger betäubender Schwefeldunst steigt aus der Tiefe, als würde unten der Höllensud gekocht, dessen Dämpfe alle grüne Lust der Natur vergiften. Man sollte glauben, hier sei Dante herabgestiegen und habe den Inferno geschaut mit all seiner trostlosen Qual, mit all seinem Entsetzen.*

Als nun Elis Fröbom hinabschaute in den ungeheueren Schlund, kam ihm in den Sinn was ihm vor langer Zeit der alte Steuermann seines Schiffes erzählt. Dem war es, als er einmal im Fieber gelegen, plötzlich gewesen, als seien die Wellen des Meeres verströmt, und unter ihm habe sich der unermeßliche Abgrund geöffnet, so daß er die scheußlichen Untiere der Tiefe erblicke die sich zwischen Tausen-

* S. die Beschreibung der großen Pinge zu Falun in Hausmanns Reise durch Skandinavien. V. Teil. Seite 96 ff.

den von seltsamen Muscheln, Korallenstauden, zwischen wunderlichem Gestein in häßlichen Verschlingungen hin und her wälzten bis sie mit aufgesperrtem Rachen zum Tode erstarrt liegen geblieben. Ein solches Gesicht, meinte der alte Seemann, bedeute den baldigen Tod in den Wellen, und wirklich stürzte er auch bald darauf unversehens von dem Verdeck in das Meer und war rettungslos verschwunden. Daran dachte Elis, denn wohl bedünkte ihm der Abgrund wie der Boden der von den Wellen verlassenen See, und das schwarze Gestein, die bläulichen, roten Schlacken des Erzes schienen ihm abscheuliche Untiere, die ihre häßlichen Polypenarme nach ihm ausstreckten.
– Es geschah, daß eben einige Bergleute aus der Teufe emporstiegen, die in ihrer dunklen Grubentracht, mit ihren schwarz verbrannten Gesichtern, wohl anzusehen waren wie häßliche Unholde, die aus der Erde mühsam hervorgekrochen sich den Weg bahnen wollten bis auf die Oberfläche.
Elis fühlte sich von tiefen Schauern durchbebt und was dem Seemann noch niemals geschehen, ihn ergriff der Schwindel; es war ihm als zögen unsichtbare Hände ihn hinab in den Schlund.
Mit geschlossenen Augen rannte er einige Schritte fort, und erst als er weit von der Pinge den Guffrisberg wieder hinabstieg und er hinaufblickte zum heitern sonnenhellen Himmel, war ihm alle Angst jenes schauerlichen Anblicks entnommen. Er atmete wieder frei und rief recht aus tiefer Seele: »O Herr meines Lebens, was sind alle Schauer des Meeres gegen das Entsetzen was dort in dem öden Steingeklüft wohnt! – Mag der Sturm toben, mögen die schwarzen Wolken hinabtauchen in die brausenden Wellen, bald siegt doch wieder die schöne herrliche Sonne und vor ihrem freundlichen Antlitz verstummt das wilde Getöse, aber nie dringt ihr Blick in jene schwarze Höhlen, und kein frischer Frühlingshauch erquickt dort unten je-

mals die Brust. – Nein, zu euch mag ich mich nicht gesellen, ihr schwarzen Erdwürmer, niemals würd ich mich eingewöhnen können in euer trübes Leben!«

Elis gedachte in Falun zu übernachten und dann mit dem frühesten Morgen seinen Rückweg anzutreten nach Götaborg.

Als er auf den Marktplatz, der Helsingtorget geheißen, kam, fand er eine Menge Volks versammelt.

Ein langer Zug von Bergleuten in vollem Staat mit Grubenlichtern in den Händen, Spielleute vorauf, hielt eben vor einem stattlichen Hause. Ein großer schlanker Mann von mittleren Jahren trat heraus, und schaute mit mildem Lächeln umher. An dem freien Anstande, an der offnen Stirn, an den dunkelblau leuchtenden Augen mußte man den echten Dalkarl* erkennen. Die Bergleute schlossen einen Kreis um ihn, jedem schüttelte er treuherzig die Hand, mit jedem sprach er freundliche Worte.

Elis Fröbom erfuhr auf Befragen, daß der Mann Pehrson Dahlsjö sei, Masmeister** Altermann und Besitzer einer schönen Bergsfrälse bei Stora-Kopparberg. Bergsfrälse sind in Schweden Ländereien geheißen die für die Kupfer- und Silberbergwerke verliehen wurden. Die Besitzer solcher Frälsen haben Kuxe in den Gruben, für deren Betrieb sie zu sorgen gehalten sind.

Man erzählte dem Elis weiter, daß eben heute der Bergsthing (Gerichtstag) geendigt, und daß dann die Bergleute herumzögen bei dem Bergmeister, dem Hüttenmeister und den Altermännern, überall aber gastlich bewirtet würden.

Betrachtete Elis die schönen stattlichen Leute mit den freien freundlichen Gesichtern, so konnte er nicht mehr an jene Erdwürmer in der großen Pinge denken. Die helle Fröhlichkeit, die, als Pehrson Dahlsjö hinaustrat, wie aufs

---
* Bewohner der schwed. Landschaft Dalarna (Anm. d. Hrsg.).
** Vorarbeiter (Anm. d. Hrsg.).

neue angefacht durch den ganzen Kreis auflodert, war wohl ganz anderer Art als der wilde tobende Jubel der Seeleute beim Hönsning.

Dem stillen ernsten Elis ging die Art, wie sich diese Bergmänner freuten, recht tief ins Herz. Es wurde ihm unbeschreiblich wohl zumute, aber der Tränen konnt er sich vor Rührung kaum enthalten, als einige der jüngeren Knappen ein altes Lied anstimmten, das in gar einfacher in Seele und Gemüt dringender Melodie den Segen des Bergbaues pries.

Als das Lied geendet, öffnete Pehrson Dahlsjö die Türe seines Hauses und alle Bergleute traten nacheinander hinein. Elis folgte unwillkürlich und blieb an der Schwelle stehen, so daß er den ganzen geräumigen Flur übersehen konnte, in dem die Bergleute auf Bänken Platz nahmen. Ein tüchtiges Mahl stand auf einem Tisch bereitet.

Nun ging die hintere Türe dem Elis gegenüber auf, und eine holde festlich geschmückte Jungfrau trat hinein. Hoch und schlank gewachsen, die dunklen Haare in vielen Zöpfen über der Scheitel aufgeflochten, das nette schmucke Mieder mit reichen Spangen zusammengestelt ging sie daher in der höchsten Anmut der blühendsten Jugend. Alle Bergleute standen auf und ein leises freudiges Gemurmel lief durch die Reihen: »Ulla Dahlsjö – Ulla Dahlsjö! – Wie hat Gott gesegnet unsern wackern Altermann mit dem schönen frommen Himmelskinde!« – Selbst den ältesten Bergleuten funkelten die Augen, als Ulla ihnen so wie allen übrigen die Hand bot zum freundlichen Gruß. Dann brachte sie schöne silberne Krüge, schenkte treffliches Aehl, wie es denn nun in Falun bereitet wird, ein, und reichte es dar den frohen Gästen, indem aller Himmelsglanz der unschuldvollsten Unbefangenheit ihr holdes Antlitz überstrahlte.

Sowie Elis Fröbom die Jungfrau erblickte, war es ihm, als schlüge ein Blitz durch sein Innres und entflammte alle

Himmelslust, allen Liebesschmerz – alle Inbrunst die in ihm verschlossen. – Ulla Dahlsjö war es, die ihm in dem verhängnisvollen Traum die rettende Hand geboten; er glaubte nun die tiefe Deutung jenes Traums zu erraten, und pries, des alten Bergmanns vergessend, das Schicksal, dem er nach Falun gefolgt. –

Aber dann fühlte er sich, auf der Türschwelle stehend, ein unbeachteter Fremdling, elend, trostlos, verlassen und wünschte, er sei gestorben ehe er Ulla Dahlsjö geschaut, da er doch nun vergehen müsse in Liebe und Sehnsucht. Nicht das Auge abzuwenden vermochte er von der holden Jungfrau, und als sie nun bei ihm ganz nahe vorüberstreifte, rief er mit leiser bebender Stimme ihren Namen. Ulla schaute sich um und erblickte den armen Elis, der, glühende Röte im ganzen Gesicht, mit niedergesenktem Blick dastand – erstarrt – keines Wortes mächtig.

Ulla trat auf ihn zu und sprach mit süßem Lächeln: »Ei Ihr seid ja wohl ein Fremdling, lieber Freund! das gewahre ich an Eurer seemännischen Tracht! – Nun! – warum steht Ihr denn so auf der Schwelle. – Kommt doch nur hinein und freut Euch mit uns!« – Damit nahm sie ihn bei der Hand, zog ihn in den Flur und reichte ihm einen vollen Krug Aehl! »Trinkt«, sprach sie, »trinkt mein lieber Freund auf guten gastlichen Willkommen!«

Dem Elis war es, als läge er in dem wonnigen Paradiese eines herrlichen Traums, aus dem er gleich erwachen und sich unbeschreiblich elend fühlen werde. Mechanisch leerte er den Krug. In dem Augenblick trat Pehrson Dahlsjö an ihn heran und fragte, nachdem er ihm die Hand geschüttelt zum freundlichen Gruß, von wannen er käme und was ihn hingebracht nach Falun.

Elis fühlte die wärmende Kraft des edlen Getränks in allen Adern. Dem wackern Pehrson ins Auge blickend wurde ihm heiter und mutig zu Sinn. Er erzählte, wie er, Sohn eines Seemanns, von Kindesbeinen an auf der See gewesen, wie er eben von Ostindien zurückgekehrt, seine Mutter, die er mit seinem Solde gehegt und gepflegt, nicht mehr am Leben gefunden, wie er sich nun ganz verlassen auf der Welt fühle, wie ihm nun das wilde Leben auf der See ganz und gar zuwider geworden, wie seine innerste Neigung ihn zum Bergbau treibe, und wie er hier in Falun sich mühen werde als Knappe unterzukommen. Das letzte, so sehr allem entgegen was er vor wenigen Augenblicken beschlossen, fuhr ihm ganz unwillkürlich heraus, es war ihm, als hätte er dem Altermann gar nichts anders eröffnen können, ja als wenn er eben seinen innersten Wunsch ausgesprochen, an den er bisher selbst nur nicht geglaubt.

Pehrson Dahlsjö sah den Jüngling mit sehr ernstem Blick an, als wollte er sein Innerstes durchschauen, dann sprach er: »Ich mag nicht vermuten, Elis Fröbom, daß bloßer Leichtsinn Euch von Euerem bisherigen Beruf forttreibt, und daß Ihr nicht alle Mühseligkeit, alle Beschwerde des Bergbaues vorher reiflich erwägt habt, ehe Ihr den Entschluß gefaßt, sich ihm zu ergeben. Es ist ein alter Glaube bei uns, daß die mächtigen Elemente, in denen der Bergmann kühn waltet, ihn vernichten, strengt er nicht sein ganzes Wesen an, die Herrschaft über sie zu behaupten, gibt er noch andern Gedanken Raum, die die Kraft schwächen, welche er ungeteilt der Arbeit in Erd und Feuer zuwenden soll. Habt Ihr aber Euern innern Beruf genugsam geprüft und ihn bewährt gefunden, so seid Ihr zur guten Stunde gekommen. In meiner Kuxe fehlt es an Arbeitern. Ihr könnt, wenn Ihr wollt, nun gleich bei mir bleiben und morgenden Tages mit dem Steiger anfahren, der Euch die Arbeit schon anweisen wird.«

Das Herz ging dem Elis auf bei Pehrson Dahlsjös Rede. Er dachte nicht mehr an die Schrecken des entsetzlichen Höllenschlundes in den er geschaut. Daß er nun die holde Ulla täglich sehen, daß er mit ihr unter einem Dache wohnen

werde, das erfüllte ihn mit Wonne und Entzücken; er gab den süßesten Hoffnungen Raum.
Pehrson Dahlsjö tat den Bergleuten kund, wie sich eben ein junger Knappe zum Bergdienst bei ihm gemeldet und stellte ihnen den Elis Fröbom vor.
Alle schauten wohlgefällig auf den rüstigen Jüngling und meinten, mit seinem schlanken kräftigen Gliederbau sei er ganz zum Bergmann geboren, und an Fleiß und Frömmigkeit werd es ihm gewiß auch nicht fehlen.
Einer von den Bergleuten, schon hoch in Jahren, näherte sich und schüttelte ihm treuherzig die Hand, indem er sagte, daß er der Obersteiger in der Kuxe Pehrson Dahlsjös sei, und daß er sich's recht angelegen sein lassen werde ihn sorglich in allem zu unterrichten was ihm zu wissen nötig. Elis mußte sich zu ihm setzen, und sogleich begann der Alte beim Kruge Aehl weitläufig über die erste Arbeit der Knappen zu sprechen.
Dem Elis kam wieder der alte Bergmann aus Götaborg in den Sinn und auf besondere Weise wußte er beinahe alles, was der ihm gesagt, zu wiederholen. »Ei«, rief der Obersteiger voll Erstaunen, »Elis Fröbom, wo habt Ihr denn die schönen Kenntnisse her? – Nun da kann es Euch ja gar nicht fehlen, Ihr müßt in kurzer Zeit der tüchtigste Knappe in der Zeche sein!«
Die schöne Ulla, unter den Gästen auf und ab wandelnd und sie bewirtend, nickte oft freundlich dem Elis zu und munterte ihn auf recht froh zu sein. Nun sei er, sprach sie, ja nicht mehr fremd, sondern gehöre ins Haus und nicht mehr das trügerische Meer, nein! – Falun mit seinen reichen Bergen sei seine Heimat! – Ein ganzer Himmel voll Wonne und Seligkeit tat sich dem Jüngling auf bei Ullas Worten. Man merkte es wohl daß Ulla gern bei ihm weilte, und auch Pehrson Dahlsjö betrachtete ihn in seinem stillen ernsten Wesen mit sichtlichem Wohlgefallen.
Das Herz wollte dem Elis doch mächtig schlagen, als er

wieder bei dem rauchenden Höllenschlunde stand und eingehüllt in die Bergmannstracht, die schweren mit Eisen beschlagenen Dalkarlschuhe an den Füßen mit dem Steiger hinabfuhr in den tiefen Schacht. Bald wollten heiße Dämpfe, die sich auf seine Brust legten, ihn ersticken, bald flackerten die Grubenlichter von dem schneidend kalten Luftzuge, der die Abgründe durchströmte. Immer tiefer und tiefer ging es hinab, zuletzt auf kaum ein Fuß breiten eisernen Leitern, und Elis Fröbom merkte wohl, daß alle Geschicklichkeit, die er sich als Seemann im Klettern erworben, ihm hier nichts helfen könne.
Endlich standen sie in der tiefsten Teufe und der Steiger gab dem Elis die Arbeit an die er hier verrichten sollte.
Elis gedachte der holden Ulla, wie ein leuchtender Engel sah er ihre Gestalt über sich schweben und vergaß alle Schrecken des Abgrundes, alle Beschwerden der mühseligen Arbeit. Es stand nun einmal fest in seiner Seele, daß nur dann, wenn er sich bei Pehrson Dahlsjö mit aller Macht des Gemüts, mit aller Anstrengung die nur der Körper dulden wolle, dem Bergbau ergebe, vielleicht dereinst die süßesten Hoffnungen erfüllt werden könnten, und so geschah es, daß er in unglaublich kurzer Zeit es dem geübtesten Bergmann in der Arbeit gleichtat.
Mit jedem Tage gewann der wackre Pehrson Dahlsjö den fleißigen frommen Jüngling mehr lieb und sagte es ihm öfters unverhohlen, daß er in ihm nicht sowohl einen tüchtigen Knappen, als einen geliebten Sohn gewonnen. Auch Ullas innige Zuneigung tat sich immer mehr und mehr kund. Oft, wenn Elis zur Arbeit ging und irgend Gefährliches im Werke war, bat, beschwor sie ihn, die hellen Tränen in den Augen, doch nur ja sich vor jedem Unglück zu hüten. Und wenn er dann zurückkam, sprang sie ihm freudig entgegen, und hatte immer das beste Aehl zur Hand oder sonst ein gut Gericht bereitet ihn zu erquikken.

Das Herz bebte dem Elis vor Freude, als Pehrson Dahlsjö einmal zu ihm sprach, daß, da er ohnedies ein gut Stück Geld mitgebracht, es bei seinem Fleiß, bei seiner Sparsamkeit ihm gar nicht fehlen könne, künftig zum Besitztum eines Berghemmans oder wohl gar einer Bergfrälse zu gelangen, und daß dann wohl kein Bergbesitzer zu Falun ihn abweisen werde, wenn er um die Hand der Tochter werbe. Er hätte nun gleich sagen mögen wie unaussprechlich er Ulla liebe, und wie er alle Hoffnung des Lebens auf ihren Besitz gestellt. Doch unüberwindliche Scheu, mehr aber wohl noch der bange Zweifel, ob Ulla, wie er manchmal ahne, ihn auch wirklich liebe, verschlossen ihm den Mund.

Es begab sich, daß Elis Fröbom einmal in der tiefsten Teufe arbeitete in dicken Schwefeldampf gehüllt, so daß sein Grubenlicht nur schwach durchdämmerte und er die Gänge des Gesteins kaum zu unterscheiden vermochte. Da hörte er, wie aus noch tieferm Schacht ein Klopfen heraustönte als werde mit dem Puchhammer gearbeitet. Da dergleichen Arbeit nun nicht wohl in der Teufe möglich, und Elis wohl wußte, daß außer ihm heute niemand herabgefahren, da der Steiger eben die Leute im Förderschacht anstellte, so wollte ihm das Pochen und Hämmern ganz unheimlich bedünken. Er ließ Handfäustel und Eisen ruhen und horchte zu den hohl anschlagenden Tönen, die immer näher und näher zu kommen schienen. Mit eins gewahrte er dicht neben sich einen schwarzen Schatten und erkannte, da eben ein schneidender Luftstrom den Schwefeldampf verblies, den alten Bergmann von Götaborg, der ihm zur Seite stand. »Glück auf!« rief der Alte, »Glück auf, Elis Fröbom hier unten im Gestein! – Nun wie gefällt dir das Leben, Kamerad?« – Elis wollte fragen, auf welche wunderbare Art der Alte in den Schacht gekommen; *der* schlug aber mit seinem Hammer an das Gestein mit solcher Kraft, daß Feuerfunken umherstoben und es wie ferner Donner im Schacht widerhallte und rief dann mit entsetzlicher Stimme: »Das ist hier ein herrlicher Trappgang, aber du schnöder schuftiger Geselle schauest nichts als einen Trum, der kaum eines Strohhalms mächtig. – Hier unten bist du ein blinder Maulwurf, dem der Metallfürst ewig abhold bleiben wird, und oben vermagst du auch nichts zu unternehmen, und stellst vergebens dem Garkönig* nach. – Hei! des Pehrson Dahlsjö Tochter Ulla willst du zum Weibe gewinnen, deshalb arbeitest du hier ohne Lieb und Gedanken. – Nimm dich in acht du falscher Gesell, daß der Metallfürst, den du verhöhnst, dich nicht faßt und hinabschleudert, daß deine Glieder zerbröckeln am scharfen Gestein. – Und nimmer wird Ulla dein Weib, das sag ich dir!«

Dem Elis wallte der Zorn auf vor den schnöden Worten des Alten. »Was tust du«, rief er, »was tust du hier in dem Schacht meines Herrn Pehrson Dahlsjö, in dem ich arbeite mit aller Kraft und wie es meines Berufs ist? Hebe dich hinweg wie du gekommen oder wir wollen sehen, wer hier unten einer dem andern zuerst das Gehirn einschlägt.« – Damit stellte sich Elis Fröbom trotzig vor den Alten hin und schwang sein eisernes Handfäustel, mit dem er gearbeitet, hoch empor. Der Alte lachte höhnisch auf, und Elis sah mit Entsetzen wie er behende gleich einer Eichkatz die schmalen Sprossen der Leiter heraufhüpfte und in dem schwarzen Geklüft verschwand.

Elis fühlte sich wie gelähmt an allen Gliedern, die Arbeit wollte nicht mehr vonstatten gehen, er stieg herauf. Als der alte Obersteiger der eben aus dem Förderschacht gestiegen, ihn gewahrte, rief er: »Um Christus willen, was ist dir widerfahren, Elis, du siehst blaß und verstört aus wie der Tod! – Gelt! – der Schwefeldampf, den du noch nicht gewohnt, hat es dir angetan? – Nun – trink, guter

---

* Technischer Ausdruck: gereinigtes Kupfer (Anm. d. Hrsg.).

Junge das wird dir wohltun.« – Elis nahm einen tüchtigen Schluck Branntwein aus der Flasche die ihm der Obersteiger darbot, und erzählte dann erkräftigt alles was sich unten im Schacht begeben, sowie, auf welche Weise er die Bekanntschaft des alten unheimlichen Bergmanns in Götaborg gemacht.

Der Obersteiger hörte alles ruhig an, dann schüttelte er aber bedenklich den Kopf und sprach: »Elis Fröbom, das ist der alte Torbern gewesen, dem du begegnet, und ich merke nun wohl, daß das mehr als ein Märlein ist, was wir uns hier von ihm erzählen. Vor mehr als hundert Jahren gab es hier in Falun einen Bergmann, namens Torbern. Er soll einer der ersten gewesen sein, der den Bergbau zu Falun recht in Flor gebracht hat, und zu seiner Zeit war die Ausbeute bei weitem reicher als jetzt. Niemand verstand sich damals auf den Bergbau so als Torbern, der in tiefer Wissenschaft erfahren, dem ganzen Bergwesen in Falun vorstand. Als sei er mit besonderer höherer Kraft ausgerüstet, erschlossen sich ihm die reichsten Gänge und kam noch hinzu, daß er ein finstrer tiefsinniger Mann war, der ohne Weib und Kind, ja ohne eigentliches Obdach in Falun zu haben beinahe niemals ans Tageslicht kam, sondern unaufhörlich in den Teufen wühlte, so konnte es nicht fehlen, daß bald von ihm die Sage ging, er stehe mit der geheimen Macht, die im Schoß der Erde waltet und die Metalle kocht, im Bunde. Auf Torberns strenge Ermahnungen nicht achtend, der unaufhörlich Unglück prophezeite, sobald nicht wahre Liebe zum wunderbaren Gestein und Metall den Bergmann zur Arbeit antreibe, weitete man in gewinnsüchtiger Gier die Gruben immer mehr und mehr aus, bis endlich am Johannistage des Jahres eintausendsechshundertundsiebenundachtzig sich der fürchterliche Bergsturz ereignete, der unsere ungeheure Pinge schuf, und dabei den ganzen Bau dergestalt verwüstete, daß erst nach vielen Mühen und mit vieler Kunst mancher Schacht wieder hergestellt werden konnte. Von Torbern war nichts mehr zu hören und zu sehn, und gewiß schien es, daß er in der Teufe arbeitend durch den Einsturz verschüttet. – Bald darauf, und zwar, als die Arbeit immer besser und besser vonstatten ging, behaupteten die Hauer, sie hätten im Schacht den alten Torbern gesehen, der ihnen derlei guten Rat erteilt und die schönsten Gänge gezeigt. Andere hatten den Alten oben an der Pinge umherstreichend erblickt, bald wehmütig klagend, bald zornig tobend. Andere Jünglinge kamen so wie du hieher und behaupteten, ein alter Bergmann habe sie ermahnt zum Bergbau und hieher gewiesen. Das geschah allemal wenn es an Arbeitern mangeln wollte, und wohl mochte der alte Torbern auch auf diese Weise für den Bergbau sorgen. – Ist es nun wirklich der alte Torbern gewesen, mit dem du Streit gehabt im Schacht, und hat er von einem herrlichen Trappgange gesprochen, so ist es gewiß daß dort eine reiche Eisenader befindlich, der wir morgen nachspüren wollen. – Du hast nämlich nicht vergessen, daß wir hier die eisengehaltige Ader im Gestein, Trappgang nennen, und daß Trum eine Ader von dem Gange ist, die sich in verschiedene Teile zerschlägt und wohl gänzlich auseinandergeht.«

Als Elis Fröbom von mancherlei Gedanken hin und her geworfen eintrat in Pehrson Dahlsjös Haus, kam ihm nicht wie sonst Ulla freundlich entgegen. Mit niedergeschlagenem Blick, und wie Elis zu bemerken glaubte mit verweinten Augen saß Ulla da und neben ihr ein stattlicher junger Mann, der ihre Hand festhielt in der seinigen und sich mühte allerlei Freundliches Scherzhaftes vorzubringen, worauf Ulla aber nicht sonderlich achtete. – Pehrson Dahlsjö zog den Elis, der von trüber Ahnung ergriffen den starren Blick auf das Paar heftete, fort ins andere Gemach und begann: »Nun Elis Fröbom, wirst du bald deine Liebe zu mir, deine Treue beweisen können, denn,

habe ich dich schon immer wie meinen Sohn gehalten, so wirst du es nun wirklich werden ganz und gar. Der Mann, den du bei mir siehst, ist der reiche Handelsherr Eric Olawsen geheißen aus Götaborg. Ich geb ihm auf sein Werben meine Tochter zum Weibe; er zieht mit ihr nach Götaborg und du bleibst dann allein bei mir Elis, meine einzige Stütze im Alter. – Nun Elis, du bleibst stumm? – du erbleichst, ich hoffe nicht daß dir mein Entschluß mißfällt, daß du jetzt, da meine Tochter mich verlassen muß, auch von mir willst! – doch ich höre Herrn Olawsen meinen Namen nennen – ich muß hinein!«
Damit ging Pehrson wieder in das Gemach zurück.
Elis fühlte sein Inneres von tausend glühenden Messern zerfleischt – Er hatte keine Worte, keine Tränen. – In wilder Verzweiflung rannte er aus dem Hause fort – fort – bis zur großen Pinge. Bot das ungeheuere Geklüft schon im Tageslicht einen entsetzlichen Anblick dar, so war vollends jetzt, da die Nacht eingebrochen und die Mondesscheibe erst aufdämmerte, das wüste Gestein anzusehen als wühle und wälze unten eine zahllose Schar gräßlicher Untiere, die scheußliche Ausgeburt der Hölle, sich durcheinander am rauchenden Boden und blitze herauf mit Flammenaugen und strecke die riesigen Krallen aus nach dem armen Menschenvolk. –
»Torbern – Torbern!« schrie Elis mit furchtbarer Stimme, daß die öden Schlüfte widerhallten – »Torbern hier bin ich! – Du hattest recht, ich war ein schuftiger Gesell, daß ich alberner Lebenshoffnung auf der Oberfläche der Erde mich hingab! – Unten liegt mein Schatz, mein Leben, mein alles! – Torbern! – steig herab mit mir, zeig mir die reichsten Trappgänge da will ich wühlen und bohren und arbeiten und das Licht des Tages fürder nicht mehr schauen! – Torbern! – Torbern – steig herab mit mir!«
Elis nahm Stahl und Stein aus der Tasche, zündete sein Grubenlicht an und stieg hinab in den Schacht den er ge-

stern befahren, ohne daß sich der Alte sehen ließ. Wie ward ihm, als er in der tiefsten Teufe deutlich und klar den Trappgang erblickte, so daß er seiner Salbänder* Streichen und Fallen** zu erkennen vermochte.

Doch als er fester und fester den Blick auf die wunderbare Ader im Gestein richtete, war es als ginge ein blendendes Licht durch den ganzen Schacht, und seine Wände wurden durchsichtig wie der reinste Kristall. Jener verhängnisvolle Traum, den er in Götaborg geträumt kam zurück. Er blickte in die paradiesischen Gefilde der herrlichsten Metallbäume und Pflanzen, an denen wie Früchte, Blüten und Blumen feuerstrahlende Steine hingen. Er sah die Jungfrauen, er schaute das hohe Antlitz der mächtigen Königin. Sie erfaßte ihn, zog ihn hinab, drückte ihn an ihre Brust, da durchzuckte ein glühender Strahl sein Inneres und sein Bewußtsein war nur das Gefühl als schwämme er in den Wogen eines blauen durchsichtig funkelnden Nebels. –

»Elis Fröbom, Elis Fröbom!« – rief eine starke Stimme von oben herab und der Widerschein von Fackeln fiel in den Schacht. Pehrson Dahlsjö selbst war es, der mit dem Steiger hinabkam um den Jüngling den sie wie im hellen Wahnsinn nach der Pinge rennen gesehen zu suchen.

Sie fanden ihn wie erstarrt stehend, das Gesicht gedrückt in das kalte Gestein.

»Was«, rief Pehrson ihn an, »was machst du hier unten zur Nachtzeit, unbesonnener junger Mensch! – Nimm deine Kraft zusammen und steige mit uns herauf, wer weiß was du oben Gutes erfahren wirst!«

In tiefem Schweigen stieg Elis herauf, in tiefem Schweigen folgte er dem Pehrson Dahlsjö, der nicht aufhörte ihn tapfer auszuschelten, daß er sich in solche Gefahr begeben.

* Seitliche Stollenwand (Anm. d. Hrsg.).
** Geolog. Fachausdrücke für horizontale bzw. vertikale Gesteinsschichtung (Anm. d. Hrsg.).

Der Morgen war hell aufgegangen als sie ins Haus traten. Ulla stürzte mit einem lauten Schrei dem Elis an die Brust, und nannte ihn mit den süßesten Namen. Aber Pehrson Dahlsjö sprach zu Elis: »Du Tor! mußte ich es denn nicht längst wissen, daß du Ulla liebtest, und wohl nur ihretwegen mit so vielem Fleiß und Eifer in der Grube arbeitetest? Mußte ich nicht längst gewahren, daß auch Ulla dich liebte recht aus dem tiefsten Herzensgrunde? Konnte ich mir einen bessern Eidam wünschen, als einen tüchtigen fleißigen frommen Bergmann, als eben dich, mein braver Elis? – Aber daß ihr schwiegt, das ärgerte, das kränkte mich.« – »Haben wir«, unterbrach Ulla den Vater, »haben wir denn selbst gewußt, daß wir uns so unaussprechlich liebten?« – »Mag«, fuhr Pehrson Dahlsjö fort, »mag dem sein wie ihm wolle, genug ich ärgerte mich, daß Elis nicht offen und ehrlich von seiner Liebe zu mir sprach und deshalb, und weil ich dein Herz auch prüfen wollte, förderte ich gestern das Märchen mit Herrn Eric Olawsen zutage, worüber du bald zugrunde gegangen wärst. Du toller Mensch! – Herr Eric Olawsen ist ja längst verheiratet und dir, braver Elis Fröbom, gebe ich meine Tochter zum Weibe, denn ich wiederhole es, keinen bessern Schwiegersohn konnt ich mir wünschen.«

Dem Elis rannten die Tränen herab vor lauter Wonne und Freude. Alles Lebensglück war so unerwartet auf ihn herabgekommen und es mußte ihm beinahe bedünken, er stehe abermals im süßen Traum! –

Auf Pehrson Dahlsjös Gebot sammelten sich die Bergleute mittags zum frohen Mahl.

Ulla hatte sich in ihren schönsten Schmuck gekleidet und sah anmutiger aus als jemals, so daß alle einmal über das andere riefen: »Ei, welche hochherrliche Braut hat unser wackrer Elis Fröbom erworben! – Nun! – der Himmel segne beide in ihrer Frömmigkeit und Tugend!«

Auf Elis Fröboms bleichem Gesicht lag noch das Entsetzen der Nacht und oft starrte er vor sich hin wie entrückt allem was ihn umgab.

»Was ist dir mein Elis?« fragte Ulla. Elis drückte sie an seine Brust und sprach: »Ja ja! – Du bist wirklich mein und nun ist ja alles gut!«

Mitten in aller Wonne war es dem Elis manchmal als griffe auf einmal eine eiskalte Hand in sein Inneres hinein und eine dunkle Stimme spräche: »Ist es denn nun noch dein Höchstes, daß du Ulla erworben? Du armer Tor! – Hast du nicht das Antlitz der Königin geschaut?«

Er fühlte sich beinahe übermannt von einer unbeschreiblichen Angst, der Gedanke peinigte ihn, es werde nun plötzlich einer von den Bergleuten riesengroß sich vor ihm erheben, und er werde zu seinem Entsetzen den Torbern erkennen, der gekommen ihn fürchterlich zu mahnen an das unterirdische Reich der Steine und Metalle, dem er sich ergeben!

Und doch wußte er wieder gar nicht, warum ihm der gespenstische Alte feindlich sein, was überhaupt sein Bergmannshantieren mit seiner Liebe zu schaffen haben solle.

Pehrson merkte wohl Elis Fröboms verstörtes Wesen und schrieb es dem überstandenen Weh, der nächtlichen Fahrt in den Schacht zu. Nicht so Ulla die von geheimer Ahnung ergriffen in den Geliebten drang, ihr doch nur zu sagen, was ihm denn Entsetzliches begegnet, das ihn ganz von ihr hinwegreiße. Dem Elis wollte die Brust zerspringen. – Vergebens rang er darnach, der Geliebten von dem wunderbaren Gesicht, das sich ihm in der Teufe aufgetan, zu erzählen. Es war als verschlösse ihm eine unbekannte Macht mit Gewalt den Mund, als schaue aus seinem Innern heraus das furchtbare Antlitz der Königin, und nenne er ihren Namen, so würde, wie bei dem Anblick des entsetzlichen Medusenhaupts sich alles um ihn her versteinen zum düstern schwarzen Geklüft! – Alle Herrlichkeit, die

ihn unten in der Teufe mit der höchsten Wonne erfüllt, erschien ihm jetzt wie eine Hölle voll trostloser Qual trügerisch ausgeschmückt zur verderblichsten Verlockung!
Pehrson Dahlsjö gebot, daß Elis Fröbom einige Tage hindurch daheim bleiben solle, um sich ganz von der Krankheit zu erholen, in die er gefallen schien. In dieser Zeit verscheuchte Ullas Liebe, die nun hell und klar aus ihrem kindlichen frommen Herzen ausströmte das Andenken an die verhängnisvollen Abenteuer im Schacht. Elis lebte ganz auf in Wonne und Freude und glaubte an sein Glück, das wohl keine böse Macht mehr verstören könne.
Als er wieder hinabfuhr in den Schacht, kam ihm in der Teufe alles ganz anders vor wie sonst. Die herrlichsten Gänge lagen offen ihm vor Augen, er arbeitete mit verdoppeltem Eifer, er vergaß alles, er mußte sich, auf die Oberfläche hinaufgestiegen, auf Pehrson Dahlsjö, ja auf seine Ulla besinnen, er fühlte sich wie in zwei Hälften geteilt, es war ihm, als stiege sein besseres, sein eigentliches Ich hinab in den Mittelpunkt der Erdkugel und ruhe aus in den Armen der Königin, während er in Falun sein düsteres Lager suche. Sprach Ulla mit ihm von ihrer Liebe und wie sie so glücklich miteinander leben würden, so begann er von der Pracht der Teufen zu reden; von den unermeßlichen reichen Schätzen die dort verborgen lägen und verwirrte sich dabei in solch wunderliche unverständliche Reden, daß Angst und Beklommenheit das arme Kind ergriff und sie gar nicht wußte, wie Elis sich auf einmal so in seinem ganzen Wesen geändert. – Dem Steiger, Pehrson Dahlsjön selbst verkündete Elis unaufhörlich in voller Lust, wie er die reichhaltigsten Adern, die herrlichsten Trappgänge entdeckt, und wenn sie dann nichts fanden als taubes Gestein, so lachte er höhnisch und meinte, freilich verstehe er nur allein die geheimen Zeichen, die bedeutungsvolle Schrift, die die Hand der Königin selbst hineingrabe in das Steingeklüft, und genug sei es auch eigent-

lich, diese Zeichen zu verstehen, ohne das, was sie verkündeten, zu Tage zu fördern.
Wehmütig blickte der alte Steiger den Jüngling an, der mit wild funkelndem Blick von dem glanzvollen Paradiese sprach das im tiefen Schoß der Erde aufleuchte.
»Ach Herr«, lispelte der Alte Pehrson Dahlsjön leise ins Ohr, »ach Herr! dem armen Jungen hat's der böse Torbern angetan!«
»Glaubt«, erwiderte Pehrson Dahlsjö, »glaubt nicht an solche Bergmannsmärlein, Alter! – Dem tiefsinnigen Neriker hat die Liebe den Kopf verrückt, das ist alles. Laßt nur erst die Hochzeit vorüber sein, dann wird's sich schon geben mit den Trappgängen und Schätzen und dem ganzen unterirdischen Paradiese!«
Der von Pehrson Dahlsjö bestimmte Hochzeitstag kam endlich heran. Schon einige Tage vorher war Elis Fröbom stiller, ernster, in sich gekehrter gewesen als jemals, aber auch nie hatte er sich so ganz in Liebe der holden Ulla hingegeben als in dieser Zeit. Er mochte sich keinen Augenblick von ihr trennen, deshalb ging er nicht zur Grube; er schien an sein unruhiges Bergmannstreiben gar nicht zu denken, denn kein Wort von dem unterirdischen Reich kam über seine Lippen. Ulla war ganz voll Wonne; alle Angst, wie vielleicht die bedrohlichen Mächte des unterirdischen Geklüfts, von denen sie oft alte Bergleute reden gehört, ihren Elis ins Verderben locken würden, war verschwunden. Auch Pehrson Dahlsjö sprach lächelnd zum alten Steiger: »Seht Ihr wohl, daß Elis Fröbom nur schwindlicht geworden im Kopfe vor Liebe zu meiner Ulla!«
Am frühen Morgen des Hochzeitstages – es war der Johannistag – klopfte Elis an die Kammer seiner Braut. Sie öffnete und fuhr erschrocken zurück, als sie den Elis erblickte schon in den Hochzeitskleidern, todbleich, dunkel sprühendes Feuer in den Augen. »Ich will«, sprach er mit

leiser schwankender Stimme, »ich will dir nur sagen, meine herzgeliebte Ulla, daß wir dicht an der Spitze des höchsten Glücks stehen, wie es nur dem Menschen hier auf Erden beschieden. Mir ist in dieser Nacht alles entdeckt worden. Unten in der Teufe liegt in Chlorit und Glimmer eingeschlossen der kirschrot funkelnde Almandin, auf den unsere Lebenstafel eingegraben, den mußt du von mir empfangen als Hochzeitsgabe. Er ist schöner als der herrlichste blutrote Karfunkel, und wenn wir in treuer Liebe verbunden hineinblicken in sein strahlendes Licht, können wir es deutlich erschauen, wie unser Inneres verwachsen ist mit dem wunderbaren Gezweige das aus dem Herzen der Königin im Mittelpunkt der Erde emporkeimt. Es ist nur nötig, daß ich diesen Stein hinauffördere zu Tage, und das will ich nunmehro tun. Gehab dich so lange wohl, meine herzgeliebte Ulla! – bald bin ich wieder hier.«
Ulla beschwor den Geliebten mit heißen Tränen doch abzustehen von diesem träumerischen Unternehmen, da ihr großes Unglück ahne; doch Elis Fröbom versicherte, daß er ohne jenes Gestein niemals eine ruhige Stunde haben würde, und daß an irgendeine bedrohliche Gefahr gar nicht zu denken sei. Er drückte die Braut innig an seine Brust und schied von dannen.
Schon waren die Gäste versammelt um das Brautpaar nach der Kopparbergs-Kirche wo nach gehaltenem Gottesdienst die Trauung vor sich gehen sollte, zu geleiten. Eine ganze Schar zierlich geschmückter Jungfrauen, die, nach der Sitte des Landes, als Brautmädchen der Braut voranziehen sollten, lachten und scherzten um Ulla her. Die Musikanten stimmten ihre Instrumente und versuchten einen fröhlichen Hochzeitsmarsch. – Schon war es beinahe Mittag, noch immer ließ sich Elis Fröbom nicht sehen. Da stürzten plötzlich Bergleute herbei Angst und Entsetzen in den bleichen Gesichtern, und meldeten, wie

eben ein fürchterlicher Bergfall die ganze Grube, in der Dahlsjös Kuxe befindlich, verschüttet.
»Elis – mein Elis du bist hin – hin!« – So schrie Ulla laut auf und fiel wie tot nieder. – Nun erfuhr erst Pehrson Dahlsjö von dem Steiger, daß Elis am frühen Morgen nach der großen Pinge gegangen und hinabgefahren, sonst hatte, da Knappen und Steiger zur Hochzeit geladen, niemand in dem Schacht gearbeitet. Pehrson Dahlsjö, alle Bergleute eilten hinaus, aber alle Nachforschungen, so wie sie nur selbst mit der höchsten Gefahr des Lebens möglich, blieben vergebens. Elis Fröbom wurde nicht gefunden. Gewiß war es, daß der Erdsturz den Unglücklichen im Gestein begraben; und so kam Elend und Jammer über das Haus des wackern Pehrson Dahlsjö, in dem Augenblick, als er Ruhe und Frieden für seine alten Tage sich zu bereiten gedacht.

Längst war der wackre Masmeister Altermann Pehrson Dahlsjö gestorben, längst seine Tochter Ulla verschwunden, niemand in Falun wußte von beiden mehr etwas, da seit Fröboms unglückseligem Hochzeitstage wohl an die funfzig Jahre verflossen. Da geschah es, daß die Bergleute, als sie zwischen zwei Schachten einen Durchschlag versuchten, in einer Teufe von dreihundert Ellen im Vitriolwasser den Leichnam eines jungen Bergmanns fanden, der versteinert schien, als sie ihn zu Tage förderten.
Es war anzusehen als läge der Jüngling in tiefem Schlaf, so frisch, so wohlerhalten waren die Züge seines Antlitzes, so ohne alle Spur der Verwesung seine zierlichen Bergmannskleider, ja selbst die Blumen an der Brust. Alles Volk aus der Nähe sammelte sich um den Jüngling, den man heraufgetragen aus der Pinge, aber niemand kannte die Gesichtszüge des Leichnams, und keiner der Bergleute vermochte sich auch zu entsinnen daß irgendeiner der Kameraden verschüttet. Man stand im Begriff den Leichnam

weiter fortzubringen nach Falun, als aus der Ferne ein steinaltes eisgraues Mütterchen auf Krücken hinankeuchte. »Dort kommt das Johannismütterchen!« riefen einige von den Bergleuten. Diesen Namen hatten sie der Alten gegeben, die sie schon seit vielen Jahren bemerkt, wie sie jedesmal am Johannistage erschien, in die Tiefe schauend, die Hände ringend, in den wehmütigsten Tönen ächzend und klagend an der Pinge umherschlich und dann wieder verschwand.
Kaum hatte die Alte den erstarrten Jüngling erblickt, als sie beide Krücken fallen ließ, die Arme hoch emporstreckte zum Himmel und mit dem herzzerschneidendsten Ton der tiefsten Klage rief: »O Elis Fröbom – o mein Elis – mein süßer Bräutigam!« Und damit kauerte sie neben dem Leichnam nieder und faßte die erstarrten Hände und drückte sie an ihre im Alter erkaltete Brust, in der noch, wie heiliges Naphthafeuer unter der Eisdecke, ein Herz voll heißer Liebe schlug. »Ach«, sprach sie dann, sich im Kreise umschauend, »ach niemand, niemand von euch kennt mehr die arme Ulla Dahlsjö, dieses Jünglings glückliche Braut vor funfzig Jahren! – Als ich mit Gram und Jammer fortzog nach Ornäs, da tröstete mich der alte Torbern und sprach, ich würde meinen Elis, den das Gestein begrub am Hochzeitstage, noch wiedersehen hier auf Erden, und da bin ich jahraus jahrein hergekommen und habe ganz Sehnsucht und treue Liebe hinabgeschaut in die Tiefe. – Und heute ist mir ja wirklich solch seliges Wiedersehen vergönnt! – O mein Elis – mein geliebter Bräutigam!«
Aufs neue schlug sie die dürren Arme um den Jüngling, als wolle sie ihn nimmer lassen, und alle standen tiefbewegt ringsumher.
Leiser und leiser wurden die Seufzer, wurde das Schluchzen der Alten, bis es dumpf vertönte.
Die Bergleute traten hinan, sie wollten die arme Ulla auf-

richten, aber sie hatte ihr Leben ausgehaucht auf dem Leichnam des erstarrten Bräutigams. Man bemerkte, daß der Körper des Unglücklichen, der fälschlicherweise für versteinert gehalten, in Staub zu zerfallen begann.

In der Kopparbergs-Kirche, dort wo vor funfzig Jahren das Paar getraut werden sollte, wurde die Asche des Jünglings beigesetzt und mit ihr die Leiche der bis in den bittern Tod getreuen Braut.

RICHARD WAGNER
DIE BERGWERKE ZU FALUN

Oper in drei Akten

Personen
Pehrson, *Altermann und Besitzer einer Bergfrälse*
Ulla, *seine Tochter*
Elis, *Bergknappe*
Joens, *Seemann*
Torbern

Akt I

Der Schauplatz ist Falun, vor dem Hause *Pehrsons*. Der Hintergrund stellt die große Tagesöffnung zu Falun dar. Man hört ein Bergmannsglöckchen in abgemessenen kurzen Pausen. Es ist am Beschluß eines Berggerichtstags (Bergsting), dem *Pehrson* als Obermann vorgesessen. Bergleute sind vor dem Hause versammelt, sie haben den üblichen Umzug gehalten und sind gekommen, um *Pehrson* zum Gedeihen des von ihm so umsichtig und glücklich geleiteten Bergbaus Glück zu wünschen. – *Pehrson* tritt unter sie und dankt ihnen, Ulla besorgt zu essen und zu trinken und heißt alle freundlich willkommen. – Sie vermißt *Elis. Pehrson* ist verwundert, das Glöckchen immer noch läuten zu hören, da doch für den heutigen Festtag schon längst Feierabend gemacht sei: »Wer ist denn noch in der Teufe? Kein andrer kann dies sein als *Elis.*« Man spricht sein Lob; wenngleich der neuste und jüngste unter den Knappen, sei er doch der fleißigste und gelehrigste. *Ulla* drückt leise Besorgnisse um ihn aus. – *Joens* ist ebenfalls zugegen; er ist aus Falun gebürtig und besucht nach langer Abwesenheit seine Vaterstadt zum ersten Male wieder, und zwar, um eine reiche Erbschaft in Empfang zu nehmen. Er ist entfernt verwandt mit *Pehrson*, und wird von ihm wohl aufgenommen. Er freut sich über *Ullas* Schönheit, welche er als Kind verlassen, als er seinem Hange, Seemann zu werden, folgte. – *Pehrson* meint, er habe es sich wohl denken können, daß der wilde, unruhige *Joens* nicht zum Bergmannsleben tauge; dieser entgegnet, daß er die Welt habe sehen wollen, und sich endlich nicht lange besonnen habe, dies als Seemann zu tun. Er preist das Leben auf den Wellen; die Hoffnung der Abfahrt, die fernen Länder, die Rückkunft, den reichen Gewinn, das frische kräftige Leben auf dem Meere, – alles schildert er im lustigen Tone eines Matrosenliedes. Er erwähnt, daß ihm das bald geschmeckt habe, daß er die letzte Fahrt nach Ostindien schon als Steuermann gemacht, und nun durch die reiche Erbschaft in Stand gesetzt sei, selbst ein Schiff auszurüsten. Man wünscht ihm Glück. *Ulla* nimmt kindlichen Sinnes herzlichen Teil an seinem Schicksal. *Pehrson* scheint dies mit Vergnügen zu gewahren. Dennoch wünscht er, *Joens* sei lieber Bergmann geworden. Vom Chore der Bergleute unterstützt, preist er das Bergmannsleben im Gegensatze zum Seemannsleben an. Endlich läßt *Pehrson* die Gäste in sein Haus eintreten. *Joens* bleibt zurück, *Ulla*, welche wieder zurückkommt, um zu spähen, ob *Elis* noch nicht heimkehre, erschrickt, von *Joens* gleichsam belauscht zu sein. Sie fordert ihn verlegen auf, doch ebenfalls einzutreten, und geht ärgerlich wieder ins Haus zurück. – SZENE. DUETT. *Joens* allein. – »Nach wem sah sich *Ulla* um? Galt dies mir? In der Tat, gern möchte ich mir damit schmeicheln. Wie ist sie doch hübsch und traut geworden! Wollte mir das Kind nach dem Hafen folgen, ihr sollte nimmer eine Stunde getrübt werden.« Er will ihr in das Haus folgen. Als er sich umwendet, sieht er *Elis,* welcher aus dem Schacht gestiegen ist, näher kommen. Das Glöckchen hört auf zu läuten. *Elis,* von *Joens* beobachtet, kommt aufgeregten Schrittes und bleich nach dem Vordergrund, ergreift einen Krug, welcher auf einem Tische steht, und trinkt heftig aus ihm; der Trank scheint ihn gestärkt zu haben, er atmet auf und ruft: »Gott sei Dank, ich bin im Freien.« *Joens* hat ihn erkannt und tritt ihm mit herzlicher Aufwallung entgegen. »*Elis Fröbom,* kennst du deinen Steuermann? Was zum Teufel ist aus dir geworden?« *Elis* erkennt *Joens* und reicht ihm die Hand. Beide fragen sich gegenseitig aus, wie sie hierher gekommen, was sie treiben? *Joens* kann sich vor Erstaunen nicht beruhigen, *Elis* aus einem Matrosen zum Bergmann umgewandelt zu sehen: Er soll ihm erzählen, wie dies gekommen. *Elis* berichtet, wie ihm das Leben zur See verleidet worden sei, als er, von der letzten Fahrt heimkehrend, sein altes Mütterchen, sein Teuerstes auf Erden, nicht mehr angetroffen habe. Während seiner langen Abwesenheit sei sie unter fremden Leuten kümmerlich gestorben. Als er im tiefen Schmerz über dieses Ereignis sich verschworen hatte, nie wieder in See zu gehen, habe ihm ein wunderlicher alter Bergmann, der sich zu ihm gesellt, viel sonderbar Anziehendes und Herrliches von dem Leben und den Bemühungen des Bergmanns erzählt, von den wunderbaren Schätzen, die gewöhnlichen Augen verborgen, sich dem Blicke des Eingeweihten erschlössen, er habe ihm gezeigt, wie im Mittelpunkte der Erde ein viel größeres Glück als auf ihrer schalen Oberfläche zu finden sei. Dies und ein wunderbarer Traum, der ihm die namenlosen Herrlichkeiten jener unterirdischen Welt mit verführerischer Gewalt erschlossen und in welchem ihm ein überirdisch schönes Frauenbild erschienen sei, habe ihn mächtig nach den reichen Bergwerken zu Falun hergetrieben. *Joens* schüttelt verwundert den Kopf, er erinnert *Elis* daran, wie dies an die bösen Träume gemahne, in denen sich Seeleuten der ausgetrocknete Grund des Meeres zeige und sie die zahllosen Schätze auf demselben sehen ließe; *Elis* wisse doch, daß ein solcher Traum ihnen den nahen Tod in den Wellen verkünde. *Elis* fährt fort und beschreibt die Gefühle, mit denen er in *Falun* angekommen, die Angst, die ihn befallen. Da aber habe sich bei seinem Eintritte ein Engel gezeigt, ein liebes holdes Mädchen, die ihm freundlich gelächelt und ihn eingeladen habe, hier zu bleiben. Dies Mädchen habe schnell sein ganzes Herz gewonnen, und wenig Wahl sei ihm geblieben; er sei in *Pehrsons* Dienst getreten und werde durch große Liebe von ihm ausgezeichnet. *Joens* meint, dies lasse sich eher hören, er forscht nach seiner Liebe, ob er Hoffnung habe. *Elis* erklärt, noch sei kein Wort deshalb über seine Lippen gekommen. Seine geringe Stellung, die kurze Zeit seines Hierseins, alles hielte ihn ab, sich vorschnellen Hoffnungen zu überlassen. Auch, setzt er düsterer hinzu, fürchte er, daß seine Geschicklichkeit im Bergbau von nun an wohl keine Fortschritte mehr machen werde. Was ihm heute begegnet, verleide es ihm fast gänzlich, wieder in die Teufe hinabzufahren. *Joens* bemerkt, daß *Elis* verblaßt. Er dringt in ihn, ihm mitzuteilen, was vorgefallen. *Elis* erzählt, daß er heute noch allein im Schachte gearbeitet, und seine Gedanken nur auf seine Geliebte gerichtet habe. Da sei ihm plötzlich jener alte seltsame Bergmann erschienen, welcher auf ihn zugetreten und ihm gezürnt habe, indem er ihm Vorwürfe darüber gemacht, daß er sein Herz einem Mädchen zugewandt habe, auf die allein bei der Arbeit sein ganzer Sinn gerichtet sei; er habe ihm gedroht und gesagt, daß, wolle er die wahren Wunder der Tiefe erschauen, und zum Anblick der hohen Königin gelangen, so müsse er sich alle Liebesgedanken aus dem Sinn schlagen. Den Verwegenen habe nun *Elis* hart angelassen, worauf jener mürrisch und drohend verschwunden ist, wie er gekommen war. Fast erdrückt von dem Schwefeldunst, sei er erst wieder zur Besinnung gelangt, als er das Freie erreicht. *Joens* bezeigt seine Teilnahme und Besorgnisse. »Du machst mir selber bange, *Elis.* Weißt du etwas, noch ist es Zeit, lege den Bergmannskittel wieder ab und komme mit mir zur See! Du sollst es nicht schlecht haben; ich bin reich geworden und werde von nun an mein eigenes Schiff fahren. Du sollst mein Steuermann sein. Willst du dich von deinem Liebchen nicht trennen, so nimm sie mit zum Hafen. Auch mir könnte es leicht kommen, daß ich mir ein schmuckes Kind von hier zum Weibe mitnähme. Bin ich nicht Bergmann, so habe ich doch Geld.« *Elis:* »Doch ich?« *Joens:* »Auch du sollst nicht arm sein, gern teile ich mit dir; und hast du Geld und bist du etwas, wär's auch als Seemann, so gibt der Bergmann dir doch gern sein Mädel. Auch ich hoffe ja darauf. Schlag ein! Zur See sollst du wieder der Alte werden. Willst du mit mir halten?« *Elis* atmet auf: »Dürfte er hoffen? Zur See, zur See!« Ach, wie ihm wohl wird bei dem Gedanken! Beide ergießen sich in das Lob das Meeres. »Laßt uns die engen Klüfte fliehen, auf dem Meer, auf dem Meer ist Freiheit allein! usw.« – (*Ensemble*) – TERZETT. *Ulla* ist aufgetreten und hat die letzten Ausrufe vernommen. »Was hör' ich, wie, ihr wollt zur See!« *Elis* erklärt ihr verlegen, daß sie alte Freunde vom Meere her wären, und daß sie sich soeben mit Freuden des früheren Lebens erinnert hätten. *Ulla:* »Wie, Elis, gefällst du dir so wenig in unserm Falun? Hast du den alten wilden Hang noch nicht verloren, der dich auf den Wellen begleitete?« *Joens* spricht Elis das Wort; *Ulla* schmäht ihn in komischem Eifer; sie nennt ihn einen Verführer, der gewiß vom Meere ausgeschickt sei, um dafür zu werben. Wo er so wilde Menschen fände, wie *er* sei, könnte es ihm auch wohl leicht gelingen. *Elis* aber sei fromm und sanft und wisse schon, wo ihm wohl sei. *Joens,* leise zu Elis: »Sie macht sich über dich lustig! Wollen wir sie aushorchen? Wäre sie bereit, einem Seemann zu folgen, so dürfte man es wohl auch von mancher andern hoffen.« *Elis* glaubt, *Joens* errate sein Liebesgeheimnis, und gibt ihm recht. *Joens* hingegen glaubt, sich und seine Absichten auf *Ulla Elis* zu verstehen gegeben zu haben. Er fragt Ulla: wenn ein Seemann um sie werben würde, ob sie ihm folgen könnte? *Ulla:* »Auf die See?« *Joens:* Nach Belieben. Wenn es ihr gefällt, könnte sie mit nach Ostindien fahren. *Ulla:* »Hu, Tag und Nacht zwischen Wasser und Himmel, nimmermehr!« *Joens:* »Ei nun, so bleibe sie zu Hause und erwarte den Mann.« *Ulla:* »Das ist zu langweilig. Ich warte nicht mit.« *Joens:* Wenn nun aber der Mann herrliche Sachen aus der Ferne mitbrächte, schöne Stoffe, Tücher? usw. *Ulla:* »Das kann mich nicht reizen.« *Joens* (in Verzweiflung): »Wenn sich nun aber beide herzlich liebten?« *Ulla* fährt auf, blickt schnell *Elis* ins Auge, wendet sich dann freudig zu *Joens,* mit den Worten: »O, mit Liebe im Herzen folgt man überall hin.« *Elis* und *Joens,* Ullas Erklärung auf sich beziehend, sind darüber hoch erfreut usw. (*Ensemble*) – FINALE. Die Bergleute kommen wieder aus dem Hause. Der Abend ist angebrochen. *Pehrson* grüßt *Elis* und macht ihm Vorwürfe über sein heutiges langes Arbeiten in der Teufe, er warnt ihn, bei seinem zu großen Eifer, nicht einmal mit dem alten *Torbern* zu tun zu bekommen. *Elis* fährt zusammen.

Joens fragt, wer Torbern sei. *Pehrson* (lachend), das sei der älteste Bergmann dieser Gegend, der habe das zäheste Leben; denn obgleich er vor hundert Jahren bei einem großen Bergsturze verschüttet worden, zeige er sich doch noch heutzutage, und zwar besonders den Bergleuten, denen es am eifrigsten um ihr Gewerbe zu tun sei; und denen er oft schöne Trappgänge entdecke. Von Zeit zu Zeit, besonders wenn es an Arbeitern fehle, kämen aus fernen Gegenden junge Leute an, die von einem alten Bergmann (niemand anders als Torbern) zum Bergbau geworben worden seien. *Elis* erblaßt und ist sichtlich angegriffen, *Joens* bemerkt es teilnahmsvoll und voll Verwunderung über *Pehrsons* Erzählung. Er fordert *Elis* auf, seinen Entschluß, wieder Seemann zu werden, sogleich kund zu tun. *Pehrson* ermahnt die Bergleute, auf das dumme Gewäsch von Torbern nicht weiter zu achten, sondern ihr festliches Zusammensein durch ein gutes altes Lied zu beschließen. Alle stimmen einen einfach frommen Gesang an. *Joens* will die Rührung, in die alles versetzt ist, benutzen, um seine Absichten auf Ulla zu fördern. »Heute«, ruft er, »ist bei euch nun einmal Fest und Freude. Gönnt auch unsereinem ein Glück! Vater Pehrson! ein Seemann, dem es an nichts gebricht, und dem Eure Tochter zu folgen sich schon bereit erklärt hat, hält um Ullas Hand an. Wollt Ihr sie ihm geben?« *Pehrson:* »Ein Seemann? Und wer ist denn der?« *Joens:* »Zum Teufel, wer soll's sein? Ich bin der Seemann!« *Ulla* erschrickt heftig; *Elis* fährt zusammen, und glaubt seinen Ohren nicht trauen zu dürfen. *Pehrson* dagegen scheint nicht sehr überrascht zu sein. »Dein Vater war mein Freund. Bist du so brav als er, so wünsch' ich meiner Tochter keinen besseren Mann, und muß dir obendrein das Zeugnis geben, daß du kurz und bündig zu freien verstehst. *Elis* bleibe mir als Sohn, dir, Joens, mag das Mädchen folgen, wenn sie will.« *Joens:* »Triumph, Triumph.« *Elis* schreit auf wie ein Rasender: »Verraten, verraten! Torbern, du hattest recht!« Er stürzt nach dem Hintergrund zu ab. Alles steht im höchsten Erstaunen: »Was ist ihm, ist er von Sinnen?« *Ulla* wirft sich an ihres Vaters Brust. *Joens* steht wie vom Schlag getroffen.

Akt II

SZENE UND ARIE. Das Theater stellt die Tiefe eines völlig unerleuchteten Schachtes dar. Ein matter Lichtstrahl nähert sich von oben. *Elis* kommt die Felsenwendung herab, setzt sein Grubenlicht auf den Boden, und sinkt erschöpft nieder. »Ich bin verraten!« – Wütend rafft er sich wieder auf: »Torbern, Torbern, he, alter Bergmann, wo bist du, komm' zu mir, fahr' mit mir hinab in den Mittelpunkt der Erde! Ich will dir treu sein; nie will ich die Sonne wieder sehen! Zeig' mir deine Schätze, die du mir verhießest. Laß' mich das hohe Angesicht der Königin schauen! Dein bin ich! Ha, wie hattest du recht, mich zu schelten. Ich Tor suchte das ganze Glück meines Lebens, meiner Seele dort oben unter der Sonne, die ich anbetete, weil sie die Wundergestalt eines Engels beschien. Mir graute vor diesen Tiefen und ich durchwühlte sie nur, um meinem Fleiße ein holdes Lächeln, meinen Gefahren eine süße Besorgnis zu gewinnen. Ach, wie verachtete ich deine ganze Herrlichkeit, wie ich sie einst im Traume erschaut, hohe Königin, der ich mich jetzt weihe! Wie verachtete ich deine wundervolle Welt, um einen Blick aus dem Auge jenes Engels. Ha, welch' ein Tor war ich, als ich mich der Lebenshoffnung unter der Sonne hingab. Verraten, meineidig, verlassen und getäuscht bin ich! Zu dir, Torbern, Torbern, rufe ich! Zeige dich mir, Torbern, Torbern!« Er hält erschöpft ein. Lange Pause. Dann hört man leises Klopfen, wie entfernte Hammerschläge auf Stein. Elis springt auf; hastig ergreift er seinen Hammer und schlägt gegen die Steinwand, von woher der Schall kommt. Die entfernten Schläge kommen näher und näher. Ohne daß man die Steinwand sich öffnen sieht, tritt Torbern heraus. – DUETT. *Torbern:* »Wie verlangst du doch so eifrig nach mir; und noch vor wenig Stunden wiesest du mich barsch von dir? Hat dir dein Mädchen den Kopf verrückt, einfältiger Gesell?« *Elis:* »Klage mich nicht an. Ich kenne dich; du bist Torbern! Höre mich, Torbern, ich will dein sein: du hattest recht, mich einfältig zu schelten. Ich Tor, warum erkannte ich nicht längst, wo mir mein wahres Glück blühe? Ha, die über uns sind falsch und verräterisch.« *Torbern:* »Erhitze dich nicht, bleibe gelassen! Ich sehe, du bist auf dem wahren Wege zum Glück. *Elis,* du sollst die Königin schauen. Sieh, euer beschränkter, erbärmlicher Verstand reicht nicht so weit, euch nur die Oberfläche der Wunder zu zeigen, die sich dem kundigen Blicke erschließen. Dein Blick wird aber nur kundig, wenn sich deine ganze Seele diesen Wundern weiht.« *Elis:* »Meine Seele ist ergeben, mein Blick lechzt nach den Herrlichkeiten. Zeige sie mir und nimm meinen Schwur der Treue.« *Torbern:* »Deines Schwurs bedarf's hier nicht. Du bleibst uns auch ohnedem treu, wenn sich dein Blick einmal erschlossen.« (*Ensemble.*) *Torbern:* »Blick' jetzt deutlich auf jene Ader, die sich dort zeigt. Erkennst du sie, nach der ihr gierig schon jahrelang sucht?« – Die hintere Felsenwand beginnt allmählich sich zu lichten und zurückzuweichen. Eine immer zunehmende, bläuliche Helle verbreitet sich überall. Wunderbare Kristallbildungen zeigen sich immer klarer dem Blicke. Sie nehmen allmählich die Gestalten von Blumen und Bäumen an. Blitzende Edelsteine funkeln an ihnen; andere Kristallbildungen zeigen sich in der Gestalt von schönen Jungfrauen, wie im Tanze verschlungen. Endlich erblickt man im fernsten Hintergrunde den Thron einer Königin. Von seltsamem Glanze umgeben sitzt eine schöne, kostbar geschmückte Frauengestalt auf ihm. – – Da hört man von oben her die Stimme *Ullas:* »Elis, Elis, ich bin dein!« In einem Moment ist der Schacht in seinen früheren Zustand zurückversetzt. Torbern ist verschwunden. Elis taumelt betäubt gegen eine Steinwand, in der er sein Gesicht verbirgt. Das Grubenlicht Elis' wirft vom Boden her seinen matten Schein durch den Schacht. – FI-NALE. Durch die Einfahrt fällt immer hellerer Fackelschein herab. Man hört die Rufe Pehrsons, Joens', Ullas und der Bergleute. Sie kommen nacheinander herunter. *Ulla,* die schnell eine enge Bergmannstracht angelegt hat, ist die erste. Ihr folgen zunächst *Joens* und *Pehrson,* nach und nach die Bergleute. Ulla wird zuerst *Elis'* ansichtig; sie eilt auf ihn zu; alle rufen ihn heftig und angstvoll. Endlich kommt er zu sich, er blickt in Ullas Augen, die ihm zuruft: »Elis, mein Elis!« *Pehrson* schilt ihn heftig über die wahnsinnige Verzweiflung, mit der er sich zur Nachtzeit in den gefährlichsten Gang der Teufe gewagt habe. *Joens* zeigt tiefe Bekümmernis. Elis blickt starr einen nach dem andern an. Man unterbricht sich gegenseitig mit dem Bericht dessen, was in seiner Abwesenheit vorgefallen. *Joens* sei der erste gewesen, der Elis' seltsames Betragen zu deuten gewußt, sogleich habe er ausgesagt, daß Elis Ulla bis zum Wahnsinn liebe; er habe sogleich von seinen Ansprüchen auf Ullas Hand abgestanden, und auf seine Fürbitte, sowie auf Ullas Flehen, habe *Pehrson* nicht gezaudert, Elis für seiner Tochter wahren Bräutigam zu erklären. Ulla sinkt in des Geliebten Arme. Dieser, der von seinem Erstarren allmählich zu sich gekommen ist, beginnt heftig zu weinen; er hält alles, was ihm begegnet, für einen Traum, und fürchtet nur, er träume noch. Man wünscht sich Glück, noch zur rechten Zeit über alles aufgeklärt worden zu sein; ehe es vielleicht zu spät war, den unglücklichen Verzweifelnden wohlbehalten wieder aufzufinden. »Fort hier aus der Tiefe!« ruft man von allen Seiten. *Joens* schüttelt sich und wünscht sich lieber auf den Grund des Meeres, als in diesem Schacht länger zu bleiben. Der Chor ruft: »Glück auf!« und ermahnt zum Aufsteigen. (*Ensemble*.)

Akt III

Schauplatz wie im ersten Akt. Morgendämmerung. Ein Trupp von Bergleuten (Musiker und Sänger) haben sich vor dem Hause *Pehrsons* aufgestellt, und bringen der jungen Braut zum Hochzeitsfeste ein Ständchen. Als sie geendet, entfernen sie sich leise. Die Sonne ist aufgegangen; frischer, klarer Tag. Ein Fensterladen öffnet sich am Hause; *Ulla* im Morgengewande sieht heraus, sie hat die Musik gehört; voll Rührung ruft sie: »Habt Dank, habt Dank, ihr süßen Töne; wie wonnig wecktet ihr mich zu dem schönsten Tage meines Lebens.« Sie beginnt ein einfaches, herzliches Gebet zu Gott, der so gütig alles Ungemach von ihr gewendet habe. Noch niemand ist wach. Sie tritt aus dem Hause und benutzt ihr Alleinsein, um sich den beglückendsten Vorstellungen ungestört zu überlassen. Ihr Elis liebt sie, ihre höchste Wonne ist, zu gewahren, wie er täglich mehr und mehr sich ihr in trauter Liebe ergibt. Anfangs nach jenem Unglücksabende, an welchem der wilde Joens ganz allein schuld gewesen, sei sie herzlich betrübt worden, zu gewahren, wie sich Elis ihrer Liebe nur halb zu erfreuen schien. Er sei bleich und düster gewesen, so daß es sie oft vor ihm gegraut habe. Doch wären dies aber wohl nur die nächsten Eindrücke jener bösen Nacht gewesen, die sich nach und nach gänzlich verzogen hätten, besonders seitdem sie nicht mehr zugebe, daß er in die Teufe herniedersteige. Jetzt sei er gänzlich wieder hergestellt; er gehöre nur ihr. Oh, welcher glücklichen Zukunft dürfte sie entgegen sehen. *Pehrson* tritt aus dem Hause. Er ist verwundert, Ulla schon auf und im Freien zu finden; er freut sich, sie glücklich zu wissen. »Elis scheint noch fest zu schlafen. Laß ihn noch ruhen! Er war noch spät in der Nacht auf. Wohl war es sein bevorstehendes Glück, das ihn nicht zum Schlummer kommen ließ. Ein Tor war ich, dich dem Seemann geben zu wollen. Elis ist der bravste und geschickteste im Bergfach, und mir schon deshalb der willkommenste.« Ulla fragt, ob er denn wieder in den Schacht fahren solle, ob nicht für ihn zu fürchten sei. Er könne das Leben unter der Erde nicht vertragen. *Pehrson:* »Laß das gut sein. Bis jetzt spukt ihm die Liebe noch zu sehr im Kopfe. Sehen wir, wie's nach der Hochzeit steht. Sei versichert, er wird nie wieder Anfechtungen, wie vorher, erfahren.« *Pehrson* geht, um in aller Frühe noch einige Bestellungen zu machen, er rät der Tochter, an ihren Anzug zu denken; denn es ließe sich wohl voraussehen, daß bald mancher Gast eintreffen werde, den sie zu empfangen habe. – DUETT. *Ulla* allein: »Wie ist Elis doch so träge! Ach, wie viel unruhiger klopft doch mir das Herz als ihm!« Sie will nach dem Haus gehen. Da tritt ihr *Elis* entgegen, festlich geschmückt, in reicher Bergmannstracht, den Bräutigamstrauß an der Brust. Er ist sehr blaß. Ulla erschrickt ein wenig, als sie ihn sieht. »Wie, du bist schon geschmückt! Wie muß ich dir Unrecht abbitten! Soeben schalt ich dich, weil ich glaubte, du seist noch nicht aufgewacht.« Elis grüßt die junge Braut, und versichert ihr, wie er ihrer heutigen Hochzeit wohl immer eingedenk sei. Wie freue er sich, daß er nun des größten Glückes gewiß sei, welches ihre Ehe bis an das Ende ihres Lebens begleiten werde: worüber er immer nachgesonnen, und was er immer vergeblich gesucht, das habe sich ihm diese Nacht eröffnet. *Ulla* schaudert. »Diese Nacht!« – Sie gewahrt Elis' sonderbaren, brennenden Blick. »Wie ist dir, mein Elis, du bist bleich. Gewiß hast du diese Nacht gewacht. Was ist dir begegnet, du ängstigst mich.« Elis beruhigt sie: »Fürchte nichts, herzliebe Ulla; freue dich vielmehr; denn uns geht ein Glück auf, wie es selten Sterblichen zuteil wird. Denke dir nur: in dieser Nacht ist mir alles entdeckt worden. Da unten tief in der Teufe, da liegt ein wunderbarer herrlicher Stein, röter und schöner als der glänzendste Rubin. Auf diesem Steine, sollst du wissen, steht unsere Lebenstafel in krausen, aber doch verständlichen Zügen, eingegraben.« *Ulla* (in steigender Angst): »Elis, Elis, was sprichst du doch. Sieh, du bist übernächtig; dein Kopf ist heftig angegriffen. Was bedarf es der Metalle und Steine zu unserem Glücke? Genügen unsre Herzen nicht?« *Elis:* »Ganz richtig. Höre mich, lieber Engel, wenn wir diesen kostbaren Stein haben, und in verbundener Liebe und klaren Auges da hinein schauen, da werden wir gewahren, wie unsre Herzen auf das innigste mit dem seltsamen Geäder dieses Steines verwachsen sind.« *Ulla:* »Um Gott, Elis, was ist dir? was willst du beginnen?« *Elis:* »Schweig', schweig', wecke doch noch niemand auf. Erst muß ich den herrlichen Stein holen; dann laß die Gäste kommen; in ihrer Gegenwart will ich den Stein dir feierlich zum Hochzeitsgeschenk machen, denn sei überzeugt, kein König schenkte je seiner Braut solch einen Stein.« *Ulla:* »Ach! Elis! Ich laß' dich nicht! Höre auf meine innigsten Bitten, mein Flehen, meine Beschwörungen, – bleib' bei mir, laß' ab von deinem träumerischen Vorhaben! Mir ahnet großes Unglück!« *Elis* versichert, daß nicht das geringste zu fürchten sei; – ein Kind könne zu dem Stein gelangen, so offen läge er da; nur daß ihn nicht alle zu sehen vermöchten, dazu müsse man das Antlitz der Königin geschaut haben. – Ullas Bitten und Beschwörungen bewegen den Geliebten nicht; nachdem er geschworen, er werde in wenigen Augenblicken wieder zurück sein – es litte ihn nicht, er müsse den Stein haben, reißt er sich los und verschwindet im Eingange des Schachts. *Ulla* weint heftig. FINALE. Da hört man heitere Musik herannahen. *Ulla* ermannt sich und begreift schnell, daß sie sich zunächst ankleiden müsse. Sie geht in das Haus. – Ein großer Aufzug mit Bergleuten erreicht die Bühne; Musik voran. Alle verschiedenen Abstufungen und Klassen lassen sich wahrnehmen, man trägt Fahnen und andere Abzeichen. Jubelndes Volk begleitet den Zug. Als sich derselbe vor dem Hause aufgestellt hat, treten junge Mädchen, festlich geschmückt als Brautjungfern auf, von Brautführern begleitet. Die Mädchen gehen in das Haus, um *Ulla* zu holen. *Pehrson* tritt eilig auf: »Bald käm' ich zu spät!« Er heißt die Gäste willkommen: man bringt ihm und dem Brautpaar ein Vivat, als *Ulla* von den Brautjungfern geführt in großem Putze heraustritt. Sie ist in namenloser Angst um Elis. Man fragt nach dem Bräutigam: *Ulla* antwortet *Pehrson* zagend, er habe versprochen, bald zu erscheinen. – *Joens* tritt auf; er ist in festlicher Seemannstracht; er schwenkt den Hut und ruft Vivat. Reiche Geschenke, die er mitbringt, indische Stoffe und Waren, breitet er vor

Ulla aus. – »Und der Bräutigam, wo ist er? Ei, schläft er noch? – So geht es auf dem Land; – alles wird da träge, zuletzt verschläft der Bräutigam noch den Hochzeitstanz.« – Man lacht. – *Pehrson* drängt in *Ulla,* ihm zu sagen, wo *Elis* sei. – Sie bekennt ihm in großer Angst, daß er in den Schacht gestiegen sei, um ein Brautgeschenk zu holen. *Pehrson* lacht: »Ha, ha! da wird er irgendwo seine paar Dukaten vergraben haben! – Der närrische Junge will doch nicht gar zu arm erscheinen.« Er fordert zur Lustigkeit auf! Der Herr Bräutigam habe sich etwas verspätet usw. – *Joens* bittet sich aus, etwas singen zu dürfen: – er singt ein munteres Lied, welches schildert, wie es hergehen müßte, wenn er Hochzeit halte, was trotz seines von *Ulla* empfangenen Korbes doch auch noch geschehen könnte: – da müßte alles springen, usw. – Die Bergleute wollen hinter seiner Schilderung nicht zurückbleiben: die Musik spielt auf, – man tanzt und jubelt. – Plötzlich hört man einen furchtbaren Krach, dem ein dumpfer Donner nachfolgt: der Schacht im Hintergrunde hat sich bedeutend gesenkt, die Einfahrt ist eingestürzt! – »Elis! Elis!« schreit Ulla; alle stehen in äußerstem Entsetzen: die Bergleute machen sich nach dem ersten Entsetzen in großer Regsamkeit daran, einen Eingang in den Schacht zu entdecken, alles gräbt, hackt und schaufelt. – Ulla stürzt außer sich zum Schacht, sie will zu Elis, zu Elis! – Einstimmig rufen alle ihr entgegen: »Elis ist hin! Keine Hoffnung! Betet zu Gott dem Barmherzigen!« Ulla sinkt wie tot zusammen.

RICHARD WAGNER
DER RAUB DES RHEINGOLDES

[Prosaentwurf des Vorspiels
zum *Ring des Nibelungen*]

Flußgrotte auf dem Grunde des Rheines. Grünliche Dämmerung, nach der Höhe zu lichter, in der Tiefe dunkler. Die Höhe ist von wogendem Gewässer erfüllt, das rastlos dem Hintergrunde zu strömt. Nach dem Grunde zu lösen sich die Fluten in einen immer feineren feuchten Nebel auf, so daß der Raum der Manneshöhe vom Boden auf vom Wasser gänzlich frei zu sein scheint, welches wie in Wolkenzügen darüber hin fließt. Überall ragen felsige Riffe aus dem Grunde auf; der ganze Boden ist durch sie in ein wildes Zackengewirr gespalten, so daß er nirgends vollkommen eben ist und nach allen Seiten tiefere finstre Schlüfte annehmen läßt. – Um ein Riff in der Mitte der Szene, welches mit seiner Spitze bis in die dichtere Wasserflut ragt, kreist in anmutig schwimmender Bewegung eine der *Rheintöchter:* sie singt (ohne Worte) eine wohlige Wellenweise dazu (*Rdb.:* Weia! Waga! Woge du Welle! Walle zur Woge! Waga! laweia! Wallala weia la wei!). Von oben läßt sich eine Stimme vernehmen, die sie beim Namen ruft: sie antwortet. Ein zweites Rheinmädchen taucht aus der Flut herab; sie necken sich, und suchen sich spielend zu erhaschen. Ein drittes ruft, taucht herab und fährt zwischen die spielenden: der neckende Scherz wird immer lebhafter, gleich Fischen schnellen sie von Riff zu Riff durch die Flut. Lautes Gelächter. – Aus einer finstren Bodenschluft steigt *Alberich,* an einem Riffe klimmend, auf. Er hält an und schaut dem Spiele der Wellenkinder zu. Sein Wohlgefallen wächst zur Begierde: in seinen nächtigen Heimatsschluchten hat er nie solchen Reiz. Er ruft sie an und bittet sie, zu ihm herabzukommen. *Die Mädchen* verwundern sich, senken sich etwas tiefer herab: sie erkennen den garstigen Zwerg; die älteste ermahnt, dies könne ein Feind sein, vor dem der Vater sie warnte; sie versammeln sich schnell um das mittlere Riff, und fragen ihn, was er wolle. Er wiederholt seine Bitte mit lüstern begehrlicher Steigerung: sie möchten doch auch mit ihm spielen und scherzen. Dies stimmt allmählich die Mädchen zu muntrer Ausgelassenheit: sie wollen sich den wunderlichen Kauz näher ansehen. Die eine läßt sich auf einem ihm näheren Riffe zu ihm herab: hastig und mit koboldartiger Behendigkeit klettert er zu ihr hin. (Die wachsende Feuchtigkeit ist ihm widerlich.) Er schmeichelt ihr und sucht sie zu erhaschen: sie neckt und verspottet ihn; als er sie schon zum Kosen zu erfassen glaubt, entschlüpft sie ihm nach einem anderen Riff. Eilig will er ihr nachklettern; da ruft ihn von der entgegengesetzten Seite das zweite Mädchen, er solle sich doch zu ihr wenden. Alberich, erfreut, klettert auf sie zu; sie kommt ihm etwas näher. Schon hofft er glücklich zu sein; sie betrachtet ihn näher, schilt sein garstiges Aussehen, und wundert sich über seine Verliebtheit. Als er sie mit Gewalt zu fassen sucht, schwingt sie sich schnell auf. Er steht wieder allein, ärgert sich und zankt der entschwundenen nach. Da ruft ihm die dritte Mut zu: warum verzagen? sei sie nicht noch da? sie wolle ihn trösten. *Alberich* vernimmt das mit Freude; sie taucht zu ihm herab: er wird immer zutraulicher; sie lobt seine schöne Gestalt, seine Anmut und Milde. Er wird ganz feurig, und will sie umfassen. Mit übermütigem Gelächter taucht sie ihm schnell davon; alle drei verspotten ihn. Wütend zankt sie Alberich aus. *Die Mädchen:* »Wir kamen zu dir, du hieltest uns nicht: nun komm zu uns, und wähle [die,] die dir am besten gefällt!« Jetzt macht er sich mit verzweifelter Anstrengung auf die Jagd nach ihnen: mit grauenhafter Behendigkeit springt und klimmt er von Riff zu Riff; mit Lachen und Gespött locken sie ihn dahin und dorthin. Endlich verläßt ihn die Geduld: vor Wut schäumend hält er an und blickt mit geballter Faust zu ihnen auf. – Da haftet plötzlich sein Blick an dem mittleren Riff: durch die Flut ist von oben her ein immer hellerer Schein gedrungen, der sich nun an einer Stelle des Riffes zu einem blendend hell strahlenden Goldglanze entzündet: ein zaubrisch goldnes Licht bricht von hier aus durch die Fluten. Die Mädchen jauchzen in kindischer Lust auf und umschwimmen jubelnd die Spitze des Riffes. Alberichs Auge ist mächtig von dem Glanze angezogen. Er frägt, was das denn sei, das sie mit so strahlendem Glanze erfreue. *Die Mädchen:* wo er denn heim sei, daß er nichts vom Rheingolde wisse? Sie verkünden ihm in heitrem Wechselgesange von der Macht des Goldes, dem leuchtenden Sterne der Wassertiefe, der wechselnd schliefe und erwache, beim Erwachen aber sie mit so herrlichem Gruße begrüße, daß ihnen nirgends wohler sei, als auf dem Flutengrunde, in dem strahlenden Glanze zu spielen. – *Alberich:* zu ihrem Spiele nur taugte das Gold, und niemand frommte es sonst? *Die Mädchen:* der Vater habe ihnen gesagt, sie möchten das Gold wohl hüten, denn große Macht läge in ihm. Wer aus ihm einen Reif zu schmieden wisse, der könne durch seine Gewalt die ganze Welt sich zu eigen machen. – *Alberich:* warum sich denn niemand fände, es zum Reife zu schmieden? – *Die Mädchen:* – nur durch einen Zauber könne der Reif geschmiedet werden, und nur der gewänne den Zauber, der der Liebe entsage. »Doch alles was lebt, will lieben: nach dem Golde geizen wohl viele, doch keiner will die Liebe lassen. Vor dir Alberich, hüten wir wohl auch das Gold: denn dich plagt die Liebe wie einen, und schwerlich entsagst du liebestoller ihr wohl!« Sie singen jauchzend und lachend, und verspotten ihn von neuem. – *Alberichs* innere Wut steigt aufs höchste: er knischt zwischen den Zähnen, das

Auge unverwandt aufs Gold [gerichtet]: »Durch das Gold gewänn' ich die Welt, und zwäng' ich nicht Liebe den Nickern ab, doch zwäng' ich mir sie zur Lust. (Laut:) Sorget um euch, ihr feuchten Spötter!« – Wütend springt er nach dem Riff hinüber und klettert in grausiger Hast hinauf: die Mädchen fahren kreischend auseinander, und tauchen nach verschiedenen Seiten hin auf, um seiner gewaltsamen Umarmung zu entfliehen. Auf der Höhe des Riffes angekommen hört er von neuem ihren Spott über den liebestollen Kobold: Grinsend ruft er ihnen zu: »So buhlt nun im Finstren, freches Gezücht; das Licht lösch' ich euch aus, dem Golde entschmied ich den machtvollen Reif: Denn hört, so verfluch' ich die Liebe!« Er reißt mit furchtbarer Gewalt das Gold aus dem Riffe und fährt damit hastig in die Tiefe, wo er schnell verschwindet. Dicke Nacht bricht überall ein. Die Mädchen schreien laut dem Räuber nach. Die Flut fällt mit ihnen nach der Tiefe hinab: aus dem tiefsten Grunde hört man Alberichs Hohngelächter. In der dichtesten Finsternis verschwinden die Riffe: das schwarze Wassergewoge senkt sich immer tiefer hinab. So verwandelt sich unmerklich die Szene in eine freie Gegend auf Bergeshöhen. Noch ist es Nacht. –

Auf blumigem Grunde liegt *Wodan,* neben ihm *Fricka:* beide schlafend. Der Tag bricht an und beleuchtet mit allmählig immer hellerem Glanze eine Burg mit blinkenden Zinnen, die auf einem Felsgipfel im Hintergrunde steht: zwischen diesem burggekrönten Felsgipfel und dem Vordergrunde der Szene ist ein tiefes Tal anzunehmen, durch welches der Rhein fließt. – *Fricka* erwacht: ihr Blick fällt auf die Burg; sie staunt und erschrickt; »Wodan, Gemahl, erwache!« – *Wodan* spricht leise im Traum: ihm schwebt die Burg vor: Wonne, Glanz, Ehre und Macht! – *Fricka* rüttelt ihn; sie schilt, hier sei nicht mehr Zeit zu träumen u.s.w. – *Wodan* erwacht. Sein Blick wird durch die Burg mächtig gefesselt; er schwelgt in Freude über das

Vollendete. *Fricka* unterbricht ihn, und erinnert an den Lohn, den er den Riesen für die Vollendung der Burg versprochen. Er wisse wohl gar nicht mehr, daß die trotzigen sich Freia (Holda) selbst zum Lohn bedangen? – *Wodan:* »So forderten es die Riesenbrüder für den Bau einer Burg nach meinem Plan.« Doch macht ihm der Vertrag keine Sorge: Loke wisse gegen ihn Rat. *Fricka* wirft ihm Leichtsinn vor: wäre sie damals zugegen gewesen, als der Vertrag abgeschlossen, sie würde ihn nicht zugegeben haben; doch die Männer hätten die Frauen klug entfernt, um mit den Riesen allein zu tagen; so hätten sie ohne Scham die jugendlichste Göttin, Frickas holde Schwester, an die rohen verpfändet: nichts wäre doch Männern heilig und wert, wenn sie nach Macht und Ehre gierten! *Wodan* frägt, ob sie wohl frei von dieser Gier wäre? Sie habe ihm doch selbst zu dem Bau der Burg geraten! *Fricka* bekennt, daß sie leider darauf sinnen müsse, wie sie den Gatten sich treu erhalte und vom Herumschweifen ihn ab und bei sich fest hielte: ein erfreuender Wohnraum und wonniger Hausrat hätte[n] ihn zur Stetigkeit binden sollen; doch er habe bei dem Wohnbau nur Wehr und Wall im Sinne gehabt, um Macht und Herrschaft durch die feste Burg zu gewinnen und zu wahren. *Wodan* lächelt: »Wolltest du in der Burg mich fangen, so mußt du mir schon vergönnen, daß von ihr aus die Welt ich mir zwinge, denn zum Wechsel bedarf ich des Spieles.« *Fricka* schilt ihn lieblos: um Macht und Herrschaft, das sehe sie nun wohl ein, habe er Weib und Liebe verpfändet. *Wodan* erinnert sie daran, daß er, um Fricka einst zu gewinnen, er willig ja sein eigenes eine Auge ihren trotzigen Sippen verpfändet; lieblos soll sie ihn nicht schelten, und wohl ehre er die Frauen: auch Freia werde er nicht opfern, nie habe er ernstlich dies im Sinne gehabt. – *Fricka:* »So schirme sie jetzt! dort läuft sie angstvoll daher!« – *Freia* kommt hastig. Sie ruft nach Hülfe und Schutz: von ihrem einsamen Lager sei sie erwacht; da habe vom fernen Felsen ihr der grimme Fasolt gedroht: er komme nun, sie sich zu holen. *Wodan* frägt nach Loke, ob ihn niemand gesehen? – *Fricka:* »– daß du immer dem listigen vertraust: manch Schlimmes schuf er uns schon, und immer läßt du dich von ihm aufs neue betören.« – *Wodan,* – wo Mut und Wahrheit helfe, da trotze er jedem: doch den Feind sich selbst zum Nutzen zwingen, dies vermöge[n] nur Schlauheit und List, und darin sei keiner Meister wie Loke. Er habe ihm zu dem Vertrage geraten und versprochen, Freia aus der Verpfändung zu lösen: jetzt verlasse er sich auf ihn. – *Fricka:* »Und er verläßt dich! – dort kommt das Riesenpaar trotzigen Trittes: – wo bleibt dein schlauer Helfer?« – *Freia:* »Wo bleiben meine Brüder, mich zu schützen, da mein Schwäher mich verschenkt? – Hülfe! Hülfe! Donner, o eile! Fro, rette mich!« *Fricka:* »Sie alle bergen sich, die schuldigen, die dich mit verrieten!« – – *Fasolt* und *Fafner,* in riesiger Gestalt, treten auf. Sie deuten auf die vollendete Burg, erklären den Vertrag ihrerseits gelöst zu haben, und fordern den vertragenen Lohn. *Wodan:* sie möchten nennen, was sie sich bedangen. *Fasolt:* »Was wir uns bedangen, fordern wir: wahrst du so mattes Gemahnen? Freia, die holde, Holda die freie, sie haben wir uns erbeutet.« – Wodan fährt auf: ob sie bei Troste seien? Um nichts in der Welt sei Holda feil. Sie möchten nur weiter sinnen. *Fasolt* gerät in wütendes Erstaunen über Wodans beabsichtigten Treubruch. *Fafner* verhöhnt den Bruder, der sich von den Göttern habe zum Narren halten lassen. *Wodan:* »Sinnt auf andren Lohn: Holda gewinnt ihr nicht!« – *Fasolt:* »Hüte dich, Lichtsohn, Verträge zu brechen: was du bist, bist du nur durch Verträge. Bedenk, wie du zu uns kamst und was dir hier Macht verlieh. Bist du weiser, als wir und bandest du uns zum Frieden, so verfluch' ich dein Wissen und um allen Frieden ist's getan, wenn du nicht Treue zu wahren weißt: Das sei dir von mir, dem dummen Riesen gesagt.«

– *Wodan:* Das müßten sie doch sehen, daß der Vertrag zum Scherz nur geschlossen sei: »war es euch denn ernst um die schöne Göttin? was soll sie euch plumpen nützen?« –*Fasolt:* »Höhnst du uns? das tust du mit Unrecht! in saurer Mühe plagten wir uns, eine Burg zu baun wie noch kein Licht sie erschaut, um als einz'gen Lohn uns die Gunst zu gewinnen, daß ein schönes Weib in holder Nähe uns weile. Ihr hehren, die ihr durch Schönheit herrscht, wie verkehrt doch strebt ihr nach wehrenden Burgen! Wenn wir um [ein] schönstes Weib uns mühen, wie wollet ihr törig uns nennen?« *Fafner* mahnt ihn, nicht unnütz zu schwatzen: auf Gewinn käme es bei dem Handel doch nicht an, sondern es gälte nur, die übermütigen zu verderben: denn alle sie müßten altern und bleichen, wäre erst Holda ihrer Mitte entführt. – *Wodan* verlangt unruhig nach Loke. Auf das Drängen Fasolts erklärt er, Freia nicht ausliefern zu können. Wütend fordern die Riesen die Erfüllung. *Freia* schreit vor Angst laut auf. –*Donner* und *Fro* kommen eilig: Freia fleht sie um Hülfe. *Fro* schirmt Freia in seinen Armen. *Donner* droht mit seinem Hammer. *Wodan* fährt dazwischen: Nichts durch Gewalt: den Vertrag müsse er schützen. *Fricka* wirft ihm seine Grausamkeit vor. – *Wodan* sieht da endlich Loke ankommen: wo er so lang geblieben? Jetzt möge er den Handel schlichten, den er abgeschlossen. – *Loke* weist es von sich ab, den Handel geschlossen zu haben: ihn habe es nicht nach der Burg gegiert, in der es ihn nicht einmal zu wohnen verlange. Donner und Fro wären lüstern nach schönen Wohnräumen gewesen. – Er betrachtet die Burg, lobt sie und findet sie wohl geraten. »Darin, Wodan, bietest du wohl Trotz allen Verträgen.« *Wodan* droht zürnend Loke, wenn er auch gegen ihn Arglist zeige, der ihn einst, trotz des Einspruches der Götter, in ihre Reihe aufgenommen. Als die Riesen mit ihm wegen des Burgbaues vertrugen und Freia sich zum Entgelt bedangen, habe er nicht einwilligen wollen, und erst dann sei er darauf (zum Schein) eingegangen, als Loke ihm versprochen, Freias Auslösung zu bewirken. *Loke:* darauf zu sinnen, habe er versprochen; was würde er aber dafür können, wenn sich ihm kein Ausweg darböte? – *Fricka:* »Sieh, welchem Schelm du trautest!« *Donner* und *Fro* wollen Loke züchtigen. Er schmäht beide dumm und feig. Als sie schon aneinander geraten und Loke fliehen will, tritt Wodan dazwischen: er kennt Lokes Art, und weiß daß er den Wert seines Rates durch Zögern im Preise steigern will. Da die Riesen aber immer ungeduldiger werden, dringt er nun scharf in ihn mit Drohen. Er sollte [be]kennen, wo er so lange nutzlos schweifte? – *Loke* schilt Wodan undankbar. Nur für ihn sei er in Sorge gewesen, habe aller Welt Winkel durchstöbert, um nach einem Ersatz für Freia zu suchen, der den Riesen genehm sein könnte. Jetzt sehe er wohl, daß nichts in der Welt so reich sei, als Ersatz für das schönste Weib zu gelten. (Bewegung und Ausrüfe aller.) So weit Leben und Weben, wiche nichts von Weib und Liebe: (Schilderung der Liebe in allen lebenden Wesen, in Wasser, Luft und Erde.) Nur einen hab' er gefunden, der hätte dem Weibe entsagt um des Goldes willen. Die Töchter des Rheines hätten ihm ihre Not geklagt: Alberich, da er keine Liebe bei ihnen gefunden, habe ihnen das Rheingold geraubt; das achte er nun höher als alles Gut, das je von Frauen entsprossen. Den armen Mädchen, denen der holde Tand in der Wassertiefe nun fehle, habe er versprochen, ihre Not Wodan zu klagen, daß der zu dem Golde ihnen wieder verhelfe. – *Wodan* verweist ihm das Unzeitige dieses Berichtes: er sei jetzt selbst in Not, und könne andren nicht helfen. – Die Riesen stutzen über den Bericht; *Fasolt* kennt und haßt Alberich: er gönnt ihm den Raub nicht, durch dessen Hilfe er gewiß Böses den Riesen sinne, mit denen er lang in Krieg gelebt. *Fafner* reizt vor allem das Gold, von dem auch er vernommen. Er frägt Loke, was denn so Wichtiges sei mit dem Gold, daß der schlaue Albe mit ihm sich begnügt? – *Loke* schildert die Macht des Goldes: wer es zum Reife zu schmieden vermögte, der könne durch ihn sich Macht über alle Welt gewinnen. Auch *Wodan* reizt nun diese Schilderung. *Wodan* frägt, ob die Kunst, den Reif zu schmieden wohl zu erlernen? Wichtig dünke es ihm, solchen Reif zu besitzen. *Loke* meldet, eines Zaubers bedürfe es dazu, den nur der zu üben vermöge, der der Liebe fluche. – *Wodan* wendet sich ab. *Loke:* zu spät auch würde Wodan zu dem Gewinn des Zaubers sich entschließen; Alberich hab' ihn schon geübt, und den Reif geschmiedet. – *Wodan:* den Reif müsse er haben. *Loke,* für ihn sei's glücklich, daß er ihn jetzt gewinnen könne, ohne der Weibeswonne zu entsagen. *Wodan:* »Wie?« – *Loke:* »durch Raub.« Es gelte nur dem Dieb das Gestohlene zu entwenden; eben darum ließen ihn die Rheintöchter bitten. *Fricka,* von der Schilderung ebenfalls gereizt, frägt Loke nach dem Geschmeide das durch das Gold zu gewinnen? Er preist es: was die Nibelungen schmiedeten, gebe den Frauen hohen Reiz, untreue Gatten zu fesseln. – Auch sie verlangt nach dem Golde. *Fricka* will nichts von den Rheintöchtern, den Buhlerinnen, hören. – *Wodan* kämpft mit dem Entschlusse. – *Fasolt* und *Fafner* haben sich beiseite verständigt: Fafner hat seinen Bruder vollends nach dem Golde umgestimmt. Jetzt treten sie vor, und erklären, sich mit dem Golde des Nibelungen begnügen zu wollen, wenn Wodan es ihnen zum Lohn des Burgbaues biete. *Wodan* fährt auf, und schilt die überbegehrlichen. Die erzürnten fahen nun Freia, wie der Vertrag es ihnen zugestehe: sie wollen sie nun als Pfand mit sich führen und immer behalten, wenn ihnen bis Abend nicht das Nibelungengold als Lösung gezahlt werde. Allgemeiner Schrecken. *Die Riesen:* »Besinnt euch nicht lange: Freia nehmen wir mit; um Abend kehren wir wieder: löst ihr dann sie nicht, so habt ihr sie verloren!« Sie enteilen und schleppen die klagende Freia mit sich fort. –

Große Bestürzung aller. Schnell zunehmende Finsternis bricht ein: die Luft füllt sich mit fahlen Nebeln. Die Götter fühlen sich wie gelähmt; eine schaurige Bangigkeit überfällt alle: dumpfe Schmerzen lassen sich in ihren Gliedern fühlen: ihr Aussehen wird bleich und ältlich. *Loke* ruft den Göttern zurück, daß *Holda* den Zauber der Jugend besitze, den sie über alle ausgieße bei denen sie weile, jetzt müßten sie alt, gram und siech werden: das hätten die Riesen wohl gewußt, die es auf der Götter Verderben absahen; gewännen sie nun Holda nicht wieder, so müßten sie aller Welt zum Gespött jämmerlich altern und vergehen. *Fricka* klagt heftig über das Ungemach, das ihres Gemahles Leichtsinn über alle Götter gebracht. – *Wodan* (mit raschem Entschluß): »Auf, Loke, nach Nibelheim begleite mich hinab: das Gold muß ich gewinnen.« – *Loke:* »Der Rheintöchter Flehen erhörest du denn?« – *Wodan* (heftig): »Schweig mir von ihnen; Freia gilt es zu lösen.« – *Loke:* »Wie du befiehlst, so führe ich dich. Steigen wir durch den Rhein hinab?« – *Wodan:* »Nicht durch den Rhein!« *Loke:* »So wähl' ich den Schwefelweg: In die Kluft dort schlüpfe mit mir!« – Die ganze Szene ist nun in schweflichen Nebel gehüllt: Loke und Wodan verschwinden in der Kluft; die übrigen Götter werden unsichtbar, nachdem Fricka den Scheidenden ängstlich »Glück auf« zugerufen. Dann steigen die Schwefelwolken nach oben: schwarze Dämpfe steigen in die Höhe, die sich dann in finstres Geklüft verwandeln, das sich immer nach aufwärts bewegt, so daß es den Anschein hat, als sänke die Szene immer tiefer in die Erde hinab. Endlich dämmert ein dunkelroter Schein auf: eine unabsehbar weit sich hinziehende unterirdische Schlucht wird erkennbar. –

Alberich zieht den kreischenden *Mime* aus einer Seitenschluft herbei. *Alberich:* »Hierher! so will ich dich zwicken bis du mit dem Geschmeid fertig! Dann, denk' ich, endest du's wohl bald!« *Mime* heult: Der Helm sei fertig, er solle ihn nur loslassen! *Alberich:* »Was zögerst du denn, mir ihn zu geben?« *Mime:* »Doch fehlt noch etwas!« *Alberich:* »Was noch?« *Mime* verlegen: »Hier und da.« *Alberich:* »Was hier und da? Her mit dem Gewirk!« (Er betrachtet ihn genau.) »Schau, du Schelm, alles ist geschmiedet wie ich's befahl. So wolltest du mich betrügen? das Geschmeid, das meine List dir eingab, für dich behalten? [er]kenn' ich dich, Dieb?« Er setzt den Tarnhelm auf: alles fügt sich gut. »Nun laß sehn, ob die Kraft sich bewährt! Nebel und Dunst will ich sein! (*Rdb.:* Nacht und Nebel. Niemand gleich.)« Seine Gestalt verschwindet, statt ihrer gewahrt man eine Nebelsäule. »Siehst du mich, Bruder?« *Mime* blickt sich um. »Wo bist du? Ich gewahre dich nicht!« *Alberich:* »Du Schelm mit dem Diebsgelüst, so fühle mich doch!« *Mime* schreit und windet sich unter empfangenen Geißelhieben, deren Fall man vernimmt ohne die Geißel selbst zu sehen. *Alberich* lachend: »Dir dank' ich, Mime, dein Werk ist gut! Hoho! hoho! auf, ihr Nibelungen, jetzt habt ihr weder Ruh noch Rast mehr!« *Alberich* als Nebelsäule verschwindet dem Hintergrunde zu; man hört ihn in der Ferne toben und zanken: Geheul und Gekreisch antwortet aus den unteren Schluchten. – *Mime* ist vor Schmerz zusammengesunken: sein Wimmern wird von *Wodan* und *Loke* gehört, die aus einer Schluft von oben sich herab senken. Sie treten auf Mime zu; *Loke* richtet ihn auf und frägt, was ihm sei? – *Mime* beklagt sein jämmerliches Los, und berichtet auf weiteres Drängen der beiden Götter, was sich jüngst in Nibelheim zugetragen. Alberich, sein Bruder, habe aus fremdem strahlenden Golde sich einen Reif geschmiedet, den er am Finger trage, und der so große Kraft besitze, daß sein Zauber ihm alles zu Knechten zwinge: wem er mit dem Reife drohe, der muß ihm zitternd gehorchen. So müßten ihm nun die Nibelungen alle frohnen: ihnen lasse er keine Ruh', in die tiefsten Schlüfte müßten sie schlüpfen, nach

Erzen graben, schmelzen und schmieden, und sich Werkzeug schaffen, um neuem Golde nachzuspüren; denn mit des Reifes Golde wisse er überall in der Schachten Tiefen wieder Gold aufzuspüren. Ihn selbst, Mime, habe er gezwungen ihm ein wunderbares Geschmeid zu schaffen: genau hab' er ihm alles befohlen, wie er den Helm herrichten müsse. Er, Mime, habe nun wohl gemerkt, was für Bewandtnis es mit dem Gewirke haben müsse, und daß es nur dazu dienen könne, seine Macht zu mehren: deshalb habe er es auch zurückbehalten, und sich selbst sein bedienen wollen, um Alberichs Zwange zu entgehen, vielleicht – ihn gar zu überwinden und den Reif von ihm zu gewinnen; ach, dann hätte der schlimme ihm so dienen müssen, wie er jetzt ihm! – Die beiden Götter lachen: warum ihm denn sein Wunsch nicht geglückt? *Mime:* »Ach, ich schuf das Werk, doch konnt' ich den Zauber nicht erraten, der es zu Nutzen zwänge.« Alberich hab' es ihm entrissen, sich auf das Haupt gesetzt, und nun sähe er wohl zu was er tauge: ihn habe es unsichtbar gemacht, doch leider nicht (sich den Rücken streichend) unfühlbar. Nun wären sie alle erst ganz geplagt, denn überall könne er [als] Herr in jeder Gestalt nun zugegen sein, und keine List könne mehr gegen seine Härte helfen. Er schluchzt wieder. *Loke* meint zu Wodan: »Gesteh, der Fang wird uns nicht leicht werden?« *Wodan:* »Doch muß er gelingen! Du hilf!« *Mime* betrachtet nun erst die Fremden, und frägt wer sie seien. *Loke:* sie seien gekommen, ihm und den Nibelungen zu helfen! – Sie hören Alberichs Zanken und Züchtigen näherkommen. *Mime* warnt. – *Alberich,* der den Tarnhelm vom Haupte genommen und an den Gürtel gehängt hat, jagt von hinten daher: Er treibt eine Schar Nibelungen vor sich her, welche goldenes und silbernes Geschmeide mit sich schleppen. Alberich, unter stetem Schimpfen und Schelten, läßt von ihnen alles auf einen Haufen speichern, und zu einem Horte häufen. Während dem gewahrt er plötzlich die Fremden, und fährt polternd auf sie zu, was sie hier suchten? »Ließ euch Mime ein? Hat er mit euch geschwatzt? Fort, du fauler! Willst du gleich schmieden und schaffen?« Er treibt Mime mit der Geißel unter den Haufen der Nibelungen hinein; dann gibt er hastig allen neue Arbeit auf: Die angefangenen Schachten müßten schnell zu Ende gegraben werden. Mime solle tüchtig auf Ordnung halten. Da sie zögern, zieht er den Reif vom Finger, küßt ihn und streckt ihn befehlend aus. Heulend und klagend zerstiebt schnell die ganze Nibelungenschar, Mime mit ihnen, in alle Schlüfte. – Grimmig tritt nun Alberich auf *Loke* und *Wodan* zu: was sie hierher nach Nibelheim bringe. – *Wodan* hat sich auf einen Stein niedergelassen; Loke lehnt ihm zur Seite. – *Wodan:* viel hätten sie vernommen von den Wundern, die Alberich in Nibelheim wirke: Neugier triebe sie, sich daran zu weiden. – *Alberich* entgegnet barsch: er bezeigt sein Mißtrauen und fürchtet Diebe. *Loke* schmeichelt ihm; er deutet auf seine ferne Verwandtschaft mit ihm, und sucht ihn auf alle Weise zutraulich zu machen. Dies stachelt Alberichs Eitelkeit; er beginnt jetzt selbst von seiner Macht zu prahlen. Er deutet auf den Hort, den die Nibelungen ihm angehäuft: das sei nur für jetzt; restlos solle der Schatz aber sich mehren. – *Wodan:* zu was ihm denn dies nützen könne? Freudlos sei doch Nibelheim und nichts in ihm mit Schätzen zu erkaufen? – *Alberich:* Schätze zu schaffen und zu bergen sei Nibelheim gut; doch mit den Schätzen denke ich dann erst Wunder zu wirken: die ganze Welt wolle er damit gewinnen. – ›Wie er das anfangen wollte?‹ – *Alberich:* »Die ihr oben im milden Lüftespiel lebt, lacht und liebt; euch fange ich alle mit des Goldes Macht: Wie ich der Liebe abschwur, soll alles Lebende ihr entsagen; nach Gold nur sollt ihr gieren, mit dem Golde will ich euch girren [kirren]. Die ihr auf wonnigen Höhen in seligem Weben euch wiegt, und mich den Schwarzalben verachtet: und dient ihr Männer alle mir erst, wohl zwing ich dann selbst eure Frauen zur Lust, da sie Liebe mir nicht wollten gewähren‹ Nehmt euch in acht vor dem nächtlichen Heer, entsteigt der Nibelungenhort der Tiefe!« – *Wodan* will auffahren, den Frechen zu züchtigen: *Loke* hält ihn zurück. Er stellt sich verwundert über Alberichs Vorhaben, und preist ihn den Mächtigsten, wenn es ihm gelänge, denn auch Sonne, Mond und Sterne würden bald seiner Macht gehorchen müssen. Ob er aber der Nibelungen selbst ganz sicher sei? Wie er es denn angefangen habe, daß seine eignen Brüder ihm zuerst frohnen müßten? – *Alberich:* Die vermöchten sich nicht mehr anders zu rühren, als wie er es wolle: sein Bruder habe ihm selbst das Geschmeid schaffen müssen, durch dessen Kraft er sie überall überwache. – *Loke:* was dies denn sei? – *Alberich* plaudert selbstgefällig das Geheimnis des Tarnhelms aus, das seine List ersonnen; damit im Schlafe ihm der Ring nicht entrissen werde, mache er sich durch den Tarnhelm unsichtbar. Durch seine Tugend könne er überall sein, wo er wolle und zwar in jeder Gestalt die ihm gefalle. – *Loke* stellt sich ungläubig und versichert, wenn dem so sei, dann müsse er Alberich alles zugestehen. – *Alberich:* er prahle nicht, sie sollten selbst sehen: in welcher Gestalt er erscheinen solle? – *Loke:* »Wähle du nach Belieben!« *Alberich* wünscht sich zur Riesenschlange; sogleich verschwindet er, statt seiner windet sich eine furchtbare Schlange am Boden, bäumt sich und sperrt den Rachen auf Wodan und Loke hin. – *Loke* stellt sich, als fürchte er sich und fleht um Schonung. – *Wodan* lacht: »Gut, Schwarzalbe! wie wuchs so schnell doch der Zwerg!« – *Alberich,* wieder in seiner natürlichen Gestalt, frägt lachend, ob *Loke* ihm glaube? – *Loke:* Als furchtbare Schlange habe er ihn nun gesehen: das müsse er also glauben! Doch, ob er eine kleine Gestalt annehmen könne, viel winziger als er selbst sei? Das dünke ihn doch unmöglich! *Alberich:* »Pah, das wäre schlimm? – Wie soll ich sein?«

Loke: »Gleich einer Mutterkröte!« *Alberich:* »Nichts leichter: Kröte krieche!« Er verschwindet, statt seiner gewahren die Götter eine Kröte im Gestein schleichen. *Loke* (zu Wodan): »Greife die Kröte!« – *Wodan* hält die Kröte mit dem Fuße fest. *Loke* greift ihr nach dem Kopfe und hält die Tarnkappe in der Hand. *Alberich* in seiner eigenen Gestalt liegt unter den Fuß Wodans geklemmt, stöhnt und schreit. *Loke* holt einen Bast hervor, bindet damit Alberich Arm und Beine; beide packen dann den geknebelten, der sich noch wütend zu wehren sucht, und schleppen ihn mit sich durch die Schlucht, aus der sie herabgekommen, nach oben. Die Szene scheint nun von oben nach unten zu zu versinken, so daß wir jetzt zu steigen scheinen. Die Verwandlung geschieht in umgekehrter Weise ganz so, wie die vorherige: endlich zeigt sich wieder die Gebirgsgegend der zweiten Szene: nur ist sie jetzt noch in gelblich trübe Schleier gehüllt, wie am Schlusse der 2ten Szene, nachdem Freia abgeführt war. –

Wodan und *Loke* steigen aus der Kluft auf, und bringen Alberich mit sich geschleppt. *Loke:* »Hier, Vetter, bist du nun; dort liegt die Welt, die du dir zu eigen machen willst: welch Stellchen gönnst du mir wohl darin?« *Alberich* wütet über den treulosen, den Räuber und Dieb: er begehrt wild seine Freiheit. – *Wodan:* »Gefangen bist du, in meiner Macht, wie du mich und alles Lebende in deiner Macht schon zu haben wähntest; gebunden liegst du vor mir, du kannst's nicht leugnen; dich zu befreien bedarf's nun der Lösung.« – *Alberich* klagt sich und seine Albernheit an, die ihn die Räuber nicht erkennen lassen und in ihre Macht ihn gegeben habe; er schwört Rache. *Loke:* wenn er sich rächen wolle, müsse [er] vor allem frei sein: Deshalb möge er, um seiner Rache willen, an die Lösung denken. – *Alberich:* was sie begehrten? – *Loke:* den Hort und all Gold was sein eigen. – *Alberich* überlegt, daß, wenn er nur den Ring behalte, er den Hort dann leicht wieder gewinnen und mehren könne: so sei es denn jetzt nur eine Witzigung gewesen, die ihm zu guter Lehre dienen solle, ein andermal vorsichtiger zu sein: daran könne er den Hort wohl schon wagen! – »So rufe ich denn den Hort herbei.« (Zuvor muß ihm der rechte Arm gelöst werden.) – Er küßt den Ring und murmelt leise Worte im Tone eines Befehls. »Wohlan, die Nibelungen hab' ich berufen, schon gehorchen sie, und führen den Hort herauf: jetzt löst mich, ihr Diebe und Schächer!« – *Loke:* »Nicht eh'r, bis die Lösung gezahlt.« Durch die Kluft herauf steigen die Nibelungen; sie tragen die Schätze des Hortes. *Alberich:* »Oh Schmach, daß meine Knechte als Knecht mich sehen.« Er fährt sie barsch an: »Dorthin, alles schichtet auf einen Haufen!« Die Nibelungen gehorchen, und häufen die Geschmeide. Auf Alberichs Befehl steigen sie wieder in die Schlucht hinab. *Alberich:* »Jetzt hab' ich gezahlt: jetzt löst mich und gebt mir den Tarnhelm zurück.« *Loke* wirft den Tarnhelm zum Hort: »Dorthin gehört auch die Beute!« *Alberich* tröstet sich, da ihm ja Mime auch den Tarnhelm wieder schmieden könne: doch seufzt er, seinen Feinden solche Macht geben zu müssen. – »Nun, denn! jetzt entknüpfet die Bande!« – *Loke* zu Wodan: »Bist du befriedigt, darf ich ihn lösen?« *Wodan:* »Einen Reif, Alberich, sah ich an deiner Hand: der, acht' ich, gehört mit zum Hort!« – *Alberich,* entsetzt: »Den Reif?« – *Wodan:* »Zu deiner Lösung ist er vonnöten!« *Alberich:* »Nimmermehr! Das Leben, doch nicht den Reif!« *Wodan:* »Den Reif mußt du lassen; mit dem Leben mach' was du willst!« – *Alberich:* »Hand und Haupt ist nicht mehr mein eigen, als dieser Reif: Lös' ich mir Leib und Leben, so muß ich den Reif auch lösen!« – *Wodan:* »Dein eigen nennst du den Reif: schamloser Albe, sag', hast du das Gold dem Rheine nicht gestohlen?« *Alberich* wirft Wodan wütend die schmählichste Tücke vor: Darauf also wäre es ihm angekommen? Er selbst hätte wohl gern dem Rheine das Gold geraubt, wenn er es nur zu schmieden gewußt hätte: wie sei es ihm nun geglückt, daß er, Alberich, durch Liebesfluch den Zauber gewonnen, den Reif zu schmieden: jetzt solle Wodan das furchtbare Werk mit leichter Mühe zunutze werden; um den Preis der Unseligkeit eines andren genieße er nun die Frucht der schlimmen Tat? »Hüte dich, Gleißner! Frevelte ich, so frevelte ich an mir, doch [du] frevelst an allem, wenn du den Ring mir raubst!« *Wodan:* »Den Reif her, du schwatzest dir kein Recht an ihm zu!« Er entreißt seinem Finger gewaltsam den Reif. *Alberich* schreit furchtbar auf: »Weh, mir unseligstem! jetzt bin ich der Traurigen traurigster Knecht!« *Wodan* steckt den Reif an und betrachtet ihn wohlgefällig: »Jetzt bin ich der Mächtigen mächtigster Herr!« Er befiehlt Loke, Alberich loszubinden. *Loke:* »So, lauf heim, und laß dich nicht vor uns sehen!« – *Alberich* lacht wütend: »Bin ich nun frei? so hört meiner Freiheit erstes Wort: – Verflucht sei dieser Ring! wie er die ungeheurste Macht mir gab, so zeug' er nun den Tod dem der ihn trägt! Kein Glücklicher soll sein genießen, dem Untergang weih' ihn der Reif, bevor zu mir er nicht kehrte! So behalt' ihn denn, stolzer Lichtsohn: der Untergang ist seinem Träger gewiß; so segnet ihn jetzt der Nibelung in seiner höchsten Not!« Er verschwindet in der Kluft. – *Loke:* »Hörtest du den Liebesgruß?« *Wodan,* in die Betrachtung des Ringes versunken: »Laß ihn rasen!« – Die Szene klärt sich allmählich auf. *Loke* sieht in der Ferne die Riesen mit Freia wieder nahen. Von der andern Seite her eilen Fricka, Donner und Fro herbei. *Fricka* frägt, ob das Werk gelungen? *Loke* deutet auf den Hort, den sie gewonnen, um Freia damit zu lösen. Zunehmendes Wohlgefühl stellt sich bei den Göttern ein: – *Fro:* »Seht, wie uns liebliche Lust wieder kommt, da wir Holda zurückkehren sehen: schlimm stünd' es, wenn wir die Jugendspenderin ewig vermissen sollten!« – Der Vordergrund ist wieder hell geworden, nur über den Hintergrund mit der Burg

schwebt noch ein Nebelschleier. Die Riesen treten auf, Freia zwischen sich führend. –
Fricka eilt freudig auf Freia zu: diese will die Schwester umarmen; die Riesen wehren es ihr. *Fasolt:* »Halt, noch bist du unser! – Auf der Grenze von Riesenheim harrten wir getreu unsrem Wort; so sehr mich's reut, bring' ich das Pfand doch zurück, wenn ihr mit Gold es löset!« – *Wodan:* »Bereit ist die Lösung: vertragen wir über des Goldes Maß!« – *Fasolt:* »So viel des Geschmeides, daß es Freia ganz meinem Blicke verdeckt.« *Wodan:* »So richtet das Maß!« Beide Riesen tragen speerartige Pfähle; diese stoßen sie vor Freia so in die Erde, daß sie mit dieser gleiche Höhe und Breite einnehmen; das sei das Maß, das mit Gold ausgefüllt werden müsse. Loke und Fro häufen zwischen den Pfählen den Nibelungenschatz auf. *Fafner* ermuntert, das Geschmeide dicht zu legen: mit roher Kraft drückt er es stark zusammen und lugt häufig durch, ob er Lücken bemerke. *Wodan* fühlt die Schmach, die ihm durch diesen Handel geschieht; *Fricka* ist empört und begegnet ihrem Gatten mit neuen Vorwürfen. *Donner* ärgert sich besonders über Fafners Frechheit: er hat Lust sich mit ihm zu messen. *Wodan* hält ihn zurück: heilig sei der Vertrag. Schon ist Freia fast ganz verdeckt: der Hort ist aufgegangen. *Fafner:* er sehe noch Freias Haare blinken. *Loke* muß den Tarnhelm drauf legen und behauptet, nun sei die Lösung gezahlt. *Fasolt* tritt dicht hinzu, um zu messen: er lugt durch die Ritzen, und gewahrt durch eine solche noch Freias rechtes Auge; dies Auge muß er noch verdeckt sehen, er wolle sonst von dem Weibe nicht lassen. *Fafner* erblickt den Reif an Wodans Finger: dieser, meint er, werde die Klinze füllen; somit gehöre er noch zur Lösung. *Wodan* erzürnt sich, »und müsse er alles fahren lassen, den Ring gewännen die frechen nicht!« *Loke:* »Wißt, den Reif muß Wodan den Rheintöchtern wieder zustellen, denen er gestohlen ward.« *Wodan:* »Schweig, Loke! der Reif ist meine

Beute, und ich will ihn wahren!« *Loke:* »Dann steht es schlimm um mein Versprechen, das ich den klagenden gab!« *Wodan:* »Dein Versprechen bindet mich nicht! Mein bleibt der Reif!« – Die Riesen fahren wütend auf, ziehen Freia hinter dem Maße hervor und nehmen sie zu sich: Nun denn, so bliebe es beim Alten: »du, Holda, folgst uns nun für immer.« Sie wollen mit ihr fort, Fricka und Fro entsetzen sich, und bestürmen Wodan zu weichen: er will nichts hören. Die Bühne verfinstert sich wieder mehr. Ein bläulicher Schein bricht aus der Felskluft hervor. *Erda* (die Wala), eine hohe, edle Frauengestalt, steigt herauf: sie streckt die Hand mahnend gegen Wodan aus: »Weiche, Wodan, weiche! dich mahn' ich zum eigenen Heil! Laß fahren den Reif: nimmer tilgst du den Fluch, der an ihm haftet: er weiht dich dem Verderben!« *Wodan:* »Wer bist du, mahnendes Weib?« *Erda:* »Was war, weiß ich, was sein wird, weiß ich: drei Töchter gebar ich, urerschaffene: sie künden was ich weiß, die ich alles sah und sehe; höre von heut ab der Nornen Rat, die ich dir sende! Schlimm steht's um euch Götter, wenn ihr Verträgen lügt; schlimmer um dich, wahrst du den Reif; langsam nahet euch ein Ende, doch in jähem Sturz ist es da, läßt du den Ring nicht los!« *Wodan:* »Geheimnisvoll sprichst du! So weile, daß ich forsche, und wisse was du weißt!« *Erda:* »Ich warnte dich; du weißt genug!« Sie verschwindet. *Wodan:* »Doch mehr will ich wissen! – sie schwand –: so muß ich sie denn zur Kunde zwingen!« – Alle stehen erschüttert. Wodan steht lange in tiefes Sinnen versunken. Dann ruft er den Riesen: »Erfüllt sei die Lösung! Komm zurück, Freia: Laß uns in Jugend leben und – enden! – Hier ist der Reif!« Er wirft den Reif auf den Hort. Die Riesen lassen Freia los: sie wird freudig von den Göttern begrüßt und geliebkost: die Szene hellt sich immer mehr auf. *Fafner* stürzt hastig über das Gold her: Er zieht einen mächtigen Sack hervor, um den Hort darein zu schichten. *Fasolt:* »Halt, redlich sei die Teilung, und wohlgemessen.« *Fafner* schilt ihn einen verliebten Gecken, dem es mehr an der Maid als an dem Golde gelegen; nur mit Mühe sei es ihm gelungen, ihn zu dem Tausch zu bestimmen; drum, achte er nun, gehöre ihm das Gold zum größten Teile. – *Fasolt* ergrimmt, er begehrt von den Göttern, sie sollen unter ihnen redlich teilen helfen; – *Wodan* wendet sich verächtlich ab. Während dem rafft Fafner immer mehr ein. Wütend fällt nun Fasolt über den Bruder her: Loke hetzt beide; er rät Fasolt vor allem auf den Ring zu halten. *Fafner* greift hastig nach ihm. Beide ringen um den Reif. *Fasolt* hat ihn entwunden; wütend faßt *Fafner* einen Pfahl und erschlägt Fasolt, dem er sterbend den Ring entreißt. – Die Götter stehen entsetzt. *Wodan* erkennt die Gewalt des Fluches: *Loke* wünscht ihm Glück: »Mehr gewannst du, da du den Reif von dir gabest, als wenn du ihn bargest: um ihn würgen sich deine Feinde dahin!« – *Wodan* ist tief erschüttert; er kann einem bangen Gefühle nicht wehren, und verlangt nach Belehrung durch Erda. *Fricka* richtet ihn schmeichelnd auf, und deutet auf die Burg, die jetzt im hellsten Lichte des Abendsonnenscheines erglänzt. Dieser Anblick fesselt ihn: er betrachtet die Burg mit Freude: »Dich, herrlicher Bau, gewann ich mir; als Lohn zahlt' ich mit verfluchtem Golde! So rase der Fluch denn hin, ich kann ihn nicht mehr wenden; doch in euch, ihr hehren Räume, schar' ich mir edle Genossen, die Welt mir froh zu erhalten: gierig und neidisch banden sich selbst Zwerge und Riesen: dorthin nun ruf' ich ein neues Geschlecht, und Walhall tauf' ich die Burg.« – *Fricka* frägt nach der Bedeutung des Namens. – *Wodan:* »Wenn die geboren, die ich dorthin berufe, dann sei dir der Name gedeutet. Fro, schlaget die Brücke über den Rhein!« Auf Donners Hammerschwung fährt aus einer schnell entstandenen Gewitterwolke ein Blitz hernieder; auf dem Boden am Bergesabhange schlägt eine bunte Flamme auf, der Fro mit ausgestrecktem Arm den

Weg über das Tal weist. Schnell rauscht eine Regenbogenbrücke auf, die sich über das Rheintal hinweg nach der Burg zu zieht. – (Während dem hat *Fafner* an der Seite seines erschlagenen Bruders den Sack vollends mit dem Horte gefüllt, über den Rücken geworfen und ist so mit ihm davongegangen.) – *Wodan* reicht Fricka die Hand und geleitet sie zur Brücke; die übrigen folgen: als sie die Brücke betreten, läßt sich aus der Tiefe der Ruf der Rheintöchter vernehmen; ihr klagender Gesang fordert von den Göttern das Gold zurück. *Wodan:* »Was klagen die Frauen?« – *Loke:* »Um das Gold, das Alberich ihnen raubte. Von dir fordern sie's zurück!« *Wodan:* »Wirst du mich immer necken? Laß sie schweigen!« *Loke,* ruft hinab: »Ihr lustigen Frauen, euch läßt Wodan künden, da euch das Gold geraubt, möchtet ihr euch nun im neuen Glanze der Götter sonnen!« – *Die Götter* lachen über den Witz und ziehen über die Brücke. *Stimmen von unten:* »Rheingold, Rheingold! lautres Gold! O weh, daß du uns aus der Tiefe geraubt: und doch in der Tiefe nur ist's traulich und treu; was da oben glänzt ist falsch und feig! O kehrt' uns drum das Licht der Tiefe zurück!« – (Der Vorhang fällt.)

Ende des Vorspieles
R. W.
31. März 52

WILHELM HAUFF
DAS KALTE HERZ

Erste Abteilung

Wer durch Schwaben reist, der sollte nie vergessen, auch ein wenig in den Schwarzwald hineinzuschauen; nicht der Bäume wegen, obgleich man nicht überall solch unermeßliche Menge herrlich aufgeschossener Tannen findet, sondern wegen der Leute, die sich von den andern Menschen ringsumher merkwürdig unterscheiden. Sie sind größer als gewöhnliche Menschen, breitschulterig, von starken Gliedern, und es ist, als ob der stärkende Duft, der morgens durch die Tannen strömt, ihnen von Jugend auf einen freieren Atem, ein klareres Auge und einen festeren, wenn auch rauheren Mut, als den Bewohnern der Stromtäler und Ebenen gegeben hätte. Und nicht nur durch Haltung und Wuchs, auch durch ihre Sitten und Trachten sondern sie sich von den Leuten, die außerhalb des Waldes wohnen, streng ab. Am schönsten kleiden sich die Bewohner des badischen Schwarzwaldes; die Männer lassen den Bart wachsen, wie er von Natur dem Mann ums Kinn gegeben ist, ihre schwarzen Wämser, ihre ungeheuern, enggefalteten Pluderhosen, ihre roten Strümpfe und die spitzen Hüte, von einer weiten Scheibe umgeben, verleihen ihnen etwas Fremdartiges, aber etwas Ernstes, Ehrwürdiges. Dort beschäftigen sich die Leute gewöhnlich mit Glasmachen; auch verfertigen sie Uhren und tragen sie in der halben Welt umher.

Auf der andern Seite des Waldes wohnt ein Teil desselben Stammes, aber ihre Arbeiten haben ihnen andere Sitten und Gewohnheiten gegeben als den Glasmachern. Sie handeln mit ihrem Wald; sie fällen und behauen ihre Tan-

nen, flößen sie durch die Nagold in den Neckar und von dem oberen Neckar den Rhein hinab, bis weit hinein nach Holland, und am Meer kennt man die Schwarzwälder und ihre langen Flöße; sie halten an jeder Stadt, die am Strom liegt, an und erwarten stolz, ob man ihnen Balken und Bretter abkaufen werde; ihre stärksten und längsten Balken aber verhandeln sie um schweres Geld an die Mynheers, welche Schiffe daraus bauen. Diese Menschen nun sind an ein rauhes, wanderndes Leben gewöhnt. Ihre Freude ist, auf ihrem Holz die Ströme hinabzufahren, ihr Leid, am Ufer wieder heraufzuwandeln. Darum ist auch ihr Prachtanzug so verschieden von dem der Glasmänner im andern Teil des Schwarzwaldes. Sie tragen Wämser von dunkler Leinwand, einen handbreiten grünen Hosenträger über die breite Brust, Beinkleider von schwarzem Leder, aus deren Tasche ein Zollstab von Messing wie ein Ehrenzeichen hervorschaut; ihr Stolz und ihre Freude aber sind ihre Stiefeln, die größten wahrscheinlich, welche auf irgendeinem Teil der Erde Mode sind; denn sie können zwei Spannen weit über das Knie hinaufgezogen werden, und die »Flözer« können damit in drei Schuh tiefem Wasser umherwandeln, ohne sich die Füße naß zu machen.
Noch vor kurzer Zeit glaubten die Bewohner dieses Waldes an Waldgeister, und erst in neuerer Zeit hat man ihnen diesen törichten Aberglauben benehmen können. Sonderbar ist es aber, daß auch die Waldgeister, die der Sage nach im Schwarzwalde hausen, in diese verschiedenen Trachten sich geteilt haben. So hat man versichert, daß das Glasmännlein, ein gutes Geistchen von vierthalb Fuß Höhe, sich nie anders zeige, als in einem spitzen Hütlein mit großem Rand, mit Wams und Pluderhöschen und roten Strümpfchen. Der Holländer Michel aber, der auf der andern Seite des Waldes umgeht, soll ein riesengroßer, breitschulteriger Kerl in der Kleidung der Flözer sein, und mehrere, die ihn gesehen haben wollen, versichern, daß sie

die Kälber nicht aus ihrem Beutel bezahlen möchten, deren Felle man zu seinen Stiefeln brauchen würde. »So groß, daß ein gewöhnlicher Mann bis an den Hals hineinstehen könnte,« sagten sie und wollten nichts übertrieben haben.

Mit diesen Waldgeistern soll einmal ein junger Schwarzwälder eine sonderbare Geschichte gehabt haben, die ich erzählen will. Es lebte nämlich im Schwarzwald eine Witwe, Frau Barbara Munkin; ihr Gatte war Kohlenbrenner gewesen, und nach seinem Tode hielt sie ihren sechzehnjährigen Knaben nach und nach zu demselben Geschäft an. Der junge Peter Munk, ein schlanker Bursche, ließ es sich gefallen, weil er es bei seinem Vater auch nicht anders gesehen hatte, die ganze Woche über am rauchenden Meiler zu sitzen oder, schwarz und berußt und den Leuten ein Abscheu, hinab in die Städte zu fahren und seine Kohlen zu verkaufen. Aber ein Köhler hat viel Zeit zum Nachdenken über sich und andere, und wenn Peter Munk an seinem Meiler saß, stimmten die dunkeln Bäume umher und die tiefe Waldesstille sein Herz zu Tränen und unbewußter Sehnsucht. Es betrübte ihn etwas, es ärgerte ihn etwas, er wußte nicht recht was. Endlich merkte er sich ab, was ihn ärgerte, und das war – sein Stand. »Ein schwarzer, einsamer Kohlenbrenner!« sagte er sich. »Es ist ein elend Leben. Wie angesehen sind die Glasmänner, die Uhrmacher, selbst die Musikanten am Sonntag abends! Und wenn Peter Munk, rein gewaschen und geputzt, in des Vaters Ehrenwams mit silbernen Knöpfen und mit nagelneuen roten Strümpfen erscheint, und wenn dann einer hinter mir hergeht und denkt: wer ist wohl der schlanke Bursche? Und lobt bei sich die Strümpfe und meinen stattlichen Gang, – sieh, wenn er vorübergeht und schaut sich um, sagt er gewiß: ach, es ist *nur* der *Kohlenmunkpeter*.«

Auch die Flözer auf der andern Seite waren ein Gegenstand seines Neides. Wenn diese Waldriesen herüberkamen, mit stattlichen Kleidern, und an Knöpfen, Schnallen und Ketten einen halben Zentner Silber auf dem Leib trugen, wenn sie mit ausgespreizten Beinen und vornehmen Gesichtern dem Tanz zuschauten, holländisch fluchten und wie die vornehmsten Mynheers aus ellenlangen kölnischen Pfeifen rauchten, da stellte er sich als das vollendetste Bild eines glücklichen Menschen solch einen Flözer vor. Und wenn diese Glücklichen dann erst in die Taschen fuhren, ganze Hände voll großer Taler herauslangten und um Sechsbätzner würfelten, fünf Gulden hin, zehn her, so wollten ihm die Sinne vergehen, und er schlich trübselig nach seiner Hütte; denn an manchem Feiertagabend hatte er einen oder den andern dieser »Holzherren« mehr verspielen sehen, als der arme Vater Munk in einem Jahr verdiente. Es waren vorzüglich drei dieser Männer, von welchen er nicht wußte, welchen er am meisten bewundern sollte. Der eine war ein dicker, großer Mann mit rotem Gesicht und galt für den reichsten Mann in der Runde. Man hieß ihn den dicken Ezechiel. Er reiste alle Jahre zweimal mit Bauholz nach Amsterdam und hatte das Glück, es immer um so viel teurer als andere zu verkaufen, daß er, wenn die übrigen zu Fuß heimgingen, stattlich herauffahren konnte. Der andere war der längste und magerste Mensch im ganzen Wald, man nannte ihn den langen Schlurker, und diesen beneidete Munk wegen seiner ausnehmenden Kühnheit; er widersprach den angesehensten Leuten, brauchte, wenn man noch so gedrängt im Wirtshaus saß, mehr Platz als vier der Dicksten, denn er stützte entweder beide Ellbogen auf den Tisch oder zog eines seiner langen Beine zu sich auf die Bank, und doch wagte ihm keiner zu widersprechen, denn er hatte unmenschlich viel Geld. Der dritte war ein schöner junger Mann, der am besten tanzte weit und breit, und daher den Namen Tanzbodenkönig hatte. Er war ein armer Mensch gewesen und hatte bei einem Holzherrn als Knecht gedient; da wurde er auf einmal steinreich; die einen sagten, er habe unter einer alten Tanne einen Topf voll Geld gefunden, die andern behaupteten, er habe unweit Bingen im Rhein mit der Stechstange, womit die Flözer zuweilen nach den Fischen stechen, einen Pack mit Goldstücken heraufgefischt, und der Pack gehöre zu dem großen Nibelungenhort, der dort vergraben liegt; kurz, er war auf einmal reich geworden und wurde von jung und alt angesehen wie ein Prinz.

An diese drei Männer dachte Kohlenmunkpeter oft, wenn er einsam im Tannenwald saß. Zwar hatten alle drei einen Hauptfehler, der sie bei den Leuten verhaßt machte; es war dies ihr unmenschlicher Geiz, ihre Gefühllosigkeit gegen Schuldner und Arme, denn die Schwarzwälder sind ein gutmütiges Völklein; aber man weiß, wie es mit solchen Dingen geht: waren sie auch wegen ihres Geizes verhaßt, so standen sie doch wegen ihres Geldes in Ansehen; denn wer konnte Taler wegwerfen wie sie, als ob man das Geld von den Tannen schüttelte?

»So geht es nicht mehr weiter,« sagte Peter eines Tages schmerzlich betrübt zu sich; denn tags zuvor war Feiertag gewesen und alles Volk in der Schenke; »wenn ich nicht bald auf den grünen Zweig komme, so tu' ich mir etwas zuleid; wär' ich doch nur so angesehen und reich, wie der dicke Ezechiel, oder so kühn und so gewaltig, wie der lange Schlurker, oder so berühmt, und könnte den Musikanten Taler statt Kreuzer zuwerfen, wie der Tanzbodenkönig! Wo nur der Bursche das Geld her hat?« Allerlei Mittel ging er durch, wie man sich Geld erwerben könne, aber keines wollte ihm gefallen: endlich fielen ihm auch die Sagen von Leuten bei, die vor alten Zeiten durch den Holländer Michel und durch das Glasmännlein reich geworden waren. Solang sein Vater noch lebte, kamen oft andere arme Leute zum Besuch, und da wurde oft lang und breit von reichen Menschen gesprochen, und wie sie reich geworden; da spielte nun oft das Glasmännlein eine Rolle; ja, wenn er recht nachsann, konnte er sich beinahe noch des Versleins erinnern, das man am Tannenbühl in der Mitte des Waldes sprechen mußte, wenn es erscheinen sollte. Es fing an:

> Schatzhauser im grünen Tannenwald,
> Bist schon viel hundert Jahre alt,
> Dir gehört all' Land, wo Tannen stehn –

Aber er mochte sein Gedächtnis anstrengen, wie er wollte, weiter konnte er sich keines Verses mehr entsinnen. Er dachte oft, ob er nicht diesen oder jenen alten Mann fragen sollte, wie das Sprüchlein heiße; aber immer hielt ihn eine gewisse Scheu, seine Gedanken zu verraten, ab, auch schloß er, es müsse die Sage vom Glasmännlein nicht bekannt sein, und den Spruch müssen nur wenige wissen, denn es gab nicht viele reiche Leute im Wald, und – warum hatten denn nicht sein Vater und die andern armen Leute ihr Glück versucht? Er brachte endlich einmal seine Mutter auf das Männlein zu sprechen, und diese erzählte ihm, was er schon wußte, kannte auch nur noch die erste Zeile von dem Spruch und sagte ihm endlich, nur Leuten, die an einem Sonntag zwischen elf und zwei Uhr geboren seien, zeige sich das Geistchen. Er selbst würde wohl dazu passen, wenn er nur das Sprüchlein wüßte, denn er sei Sonntag* mittags zwölf Uhr geboren.
Als dies der Kohlenmunkpeter hörte, war er vor Freude und vor Begierde, dies Abenteuer zu unternehmen, beinahe außer sich. Es schien ihm hinlänglich, einen Teil des Sprüchleins zu wissen und am Sonntag geboren zu sein, und Glasmännlein mußte sich ihm zeigen. Als er daher eines Tages seine Kohlen verkauft hatte, zündete er keinen neuen Meiler an, sondern zog seines Vaters Staatswams

---

* Bei Schwab steht: schon (Anm. d. Hrsg.)

und neue rote Strümpfe an, setzte den Sonntagshut auf, faßte seinen fünf Fuß hohen Schwarzdornstock in die Hand und nahm von der Mutter Abschied: »Ich muß aufs Amt in die Stadt; denn wir werden bald spielen* müssen, wer Soldat wird, und da will ich dem Amtmann nur noch einmal einschärfen, daß Ihr Witwe seid und ich Euer einziger Sohn.« Die Mutter lobte seinen Entschluß, er aber machte sich auf nach dem Tannenbühl. Der Tannenbühl liegt auf der höchsten Höhe des Schwarzwaldes, und auf zwei Stunden im Umkreis stand damals kein Dorf, ja nicht einmal eine Hütte, denn die abergläubischen Leute meinten, es sei dort unsicher. Man schlug auch, so hoch und prachtvoll dort die Tannen standen, ungern Holz in jenem Revier, denn oft waren den Holzhauern, wenn sie dort arbeiteten, die Äxte vom Stiel gesprungen und in den Fuß gefahren, oder die Bäume waren schnell umgestürzt und hatten die Männer mit umgerissen und beschädigt, oder gar getötet; auch hätte man die schönsten Bäume von dorther nur zu Brennholz brauchen können, denn die Floßherren nahmen nie einen Stamm aus dem Tannenbühl unter ein Floß auf, weil die Sage ging, daß Mann und Holz verunglücke, wenn ein Tannenbühler mit im Wasser sei. Daher kam es, daß im Tannenbühl die Bäume so dicht und so hoch standen, daß es am hellen Tag beinahe Nacht war, und Peter Munk wurde es ganz schaurig dort zu Mut; denn er hörte keine Stimme, keinen Tritt als den seinigen, keine Axt; selbst die Vögel schienen diese dichte Tannennacht zu vermeiden.

Kohlenmunkpeter hatte jetzt den höchsten Punkt des Tannenbühls erreicht und stand vor einer Tanne von ungeheurem Umfang, um die ein holländischer Schiffsherr an Ort und Stelle viele hundert Gulden gegeben hätte. »Hier,« dachte er, »wird wohl der Schatzhauser wohnen,« zog seinen großen Sonntagshut, machte vor dem Baum

* *spielen* – für den Soldatendienst auslosen (Anm. d. Hrsg.).

eine tiefe Verbeugung, räusperte sich und sprach mit zitternder Stimme: »Wünsche glückseligen Abend, Herr Glasmann.« Aber es erfolgte keine Antwort, und alles umher war so still wie zuvor. »Vielleicht muß ich doch das Verslein sprechen,« dachte er weiter und murmelte:

> Schatzhauser im grünen Tannenwald,
> Bist schon viel hundert Jahre alt.
> Dir gehört all' Land, wo Tannen stehn –

Indem er diese Worte sprach, sah er zu seinem großen Schrecken eine ganz kleine, sonderbare Gestalt hinter der dicken Tanne hervorschauen; es war ihm, als habe er das Glasmännlein gesehen, wie man es beschrieben, das schwarze Wämschen, die roten Strümpfchen, das Hütchen, alles war so, selbst das blasse, aber feine und kluge Gesichtchen, wovon man erzählte, glaubte er gesehen zu haben. Aber ach, so schnell es hervorgeschaut hatte, das Glasmännlein, so schnell war es auch wieder verschwunden! »Herr Glasmann,« rief nach einigem Zögern Peter Munk, »seid so gütig und haltet mich nicht für'n Narren. – Herr Glasmann, wenn Ihr meint, ich habe Euch nicht gesehen, so täuschet Ihr Euch sehr, ich sah Euch wohl hinter dem Baum hervorgucken.« – Immer keine Antwort, nur zuweilen glaubte er ein leises, heiseres Kichern hinter dem Baum zu vernehmen. Endlich überwand seine Ungeduld die Furcht, die ihn bis jetzt noch abgehalten hatte. »Warte, du kleiner Bursche,« rief er, »dich will ich bald haben,« sprang mit einem Satz hinter die Tanne, aber da war kein Schatzhauser im grünen Tannenwald, und nur ein kleines, zierliches Eichhörnchen jagte an dem Baum hinauf.
Peter Munk schüttelte den Kopf; er sah ein, daß er die Beschwörung bis auf einen gewissen Grad gebracht habe und daß ihm vielleicht nur noch ein Reim zu dem Sprüchlein fehle, so könne er das Glasmännlein hervorlocken; aber er sann hin, er sann her, und fand nichts. Das Eich-

hörnchen zeigte sich an den untersten Ästen der Tanne und schien ihn aufzumuntern oder zu verspotten. Es putzte sich, es rollte den schönen Schweif, es schaute ihn mit klugen Augen an, aber endlich fürchtete er sich doch beinahe, mit diesem Tier allein zu sein: denn bald schien das Eichhörnchen einen Menschenkopf zu haben und einen dreispitzigen Hut zu tragen, bald war es ganz wie ein anderes Eichhörnchen und hatte nur an den Hinterfüßen rote Strümpfe und schwarze Schuhe. Kurz, es war ein lustiges Tier, aber dennoch graute Kohlenpeter, denn er meinte, es gehe nicht mit rechten Dingen zu.
Mit schnelleren Schritten, als er gekommen war, zog Peter wieder ab. Das Dunkel des Tannenwaldes schien immer schwärzer zu werden, die Bäume standen immer dichter, und ihm fing an so zu grauen, daß er im Trab davonjagte, und erst, als er in der Ferne Hunde bellen hörte und bald darauf zwischen den Bäumen den Rauch einer Hütte erblickte, wurde er wieder ruhiger. Aber als er näher kam und die Tracht der Leute in der Hütte erblickte, fand er, daß er aus Angst gerade die entgegengesetzte Richtung genommen und statt zu den Glasleuten zu den Flözern gekommen sei. Die Leute, die in der Hütte wohnten, waren Holzfäller; ein alter Mann, sein Sohn, der Hauswirt und einige erwachsene Enkel. Sie nahmen Kohlenmunkpeter, der um ein Nachtlager bat, gut auf, ohne nach seinem Namen und Wohnort zu fragen, gaben ihm Apfelwein zu trinken, und abends wurde ein großer Auerhahn, die beste Schwarzwaldspeise, aufgesetzt.
Nach dem Nachtessen setzten sich die Hausfrau und ihre Töchter mit ihren Kunkeln* um den großen Lichtspan, den die Jungen mit dem feinsten Tannenharz unterhielten, der Großvater, der Gast und der Hauswirt rauchten und schauten den Weibern zu, die Bursche aber waren beschäftigt, Löffel und Gabeln aus Holz zu schnitzeln. Draußen

* Spinnrocken (Anm. d. Hrsg.)

im Wald heulte der Sturm und raste in den Tannen, man hörte da und dort sehr heftige Schläge, und es schien oft, als ob ganze Bäume abgeknickt würden und zusammenkrachten. Die furchtlosen Jungen wollten hinaus in den Wald laufen und dieses furchtbar schöne Schauspiel mit ansehen, ihr Großvater aber hielt sie mit strengem Wort und Blick zurück. »Ich will keinem raten, daß er jetzt vor die Tür' geht,« rief er ihnen zu, »bei Gott, der kommt nimmermehr wieder; denn der Holländer Michel haut sich heute nacht ein neues G'stair (Floßgelenk) im Wald.«

Die Kleinen staunten ihn an; sie mochten von dem Holländer Michel schon gehört haben, aber sie baten jetzt den Aehni*, einmal recht schön von jenem zu erzählen. Auch Peter Munk, der vom Holländer Michel auf der andern Seite des Waldes nur undeutlich hatte sprechen hören, stimmte mit ein und fragte den Alten, wer und wo er sei. »Er ist der Herr dieses Waldes, und nach dem zu schließen, daß Ihr in Eurem Alter dies noch nicht erfahren, müßt Ihr drüben über dem Tannenbühl oder wohl gar noch weiter zu Hause sein. Vom Holländer Michel will ich Euch aber erzählen, was ich weiß, und wie die Sage von ihm geht. Vor etwa hundert Jahren, so erzählte es wenigstens mein Aehni, war weit und breit kein ehrlicheres Volk auf Erden als die Schwarzwälder. Jetzt, seit so viel Geld im Land ist, sind die Menschen unredlich und schlecht. Die jungen Burschen tanzen und johlen am Sonntag und fluchen, daß es ein Schrecken ist; damals war es aber anders, und wenn er jetzt zum Fenster dort hereinschaute, so sag' ich's und hab es oft gesagt, der Holländer Michel ist schuld an all dieser Verderbnis. Es lebte also vor hundert Jahren und drüber ein reicher Holzherr, der viel Gesinde hatte; er handelte bis weit in den Rhein hinab, und sein Geschäft war gesegnet, denn er war ein frommer Mann. Kommt

* alemannisch: *Großvater (Ahn)* (Anm. d. Hrsg.)

eines Abends ein Mann an seine Türe, dergleichen er noch nie gesehen. Seine Kleidung war wie die der Schwarzwälder Burschen, aber er war einen guten Kopf höher als alle, und man hatte noch nie geglaubt, daß es einen solchen Riesen geben könne. Dieser bittet um Arbeit bei dem Holzherrn, und der Holzherr, der ihm ansah, daß er stark und zu großen Lasten tüchtig sei, rechnet mit ihm seinen Lohn, und sie schlagen ein. Der Michel war ein Arbeiter, wie selbiger Holzherr noch keinen gehabt. Beim Baumschlagen galt er für drei, und wenn sechs am einen End schleppten, trug er allein das andere. Als er aber ein halbes Jahr Holz geschlagen, trat er eines Tages vor seinen Herrn und begehrte von ihm: ›Hab jetzt lang genug hier Holz gehackt, und so möcht' ich auch sehen, wohin meine Stämme kommen, und wie wär' es, wenn Ihr mich auch 'nmal auf den Floß ließet?‹

Der Holzherr antwortete: ›Ich will dir nicht im Weg sein, Michel, wenn du ein wenig hinaus willst in die Welt; zwar beim Holzfällen brauche ich starke Leute, wie du bist, auf dem Floß aber kommt es auf Geschicklichkeit an, doch es sei für diesmal.‹

Und so war es; der Floß, mit dem er abgehen sollte, hatte acht Glaich (Glieder), und waren im letzten von den größten Zimmerbalken. Aber was geschah? Am Abend zuvor bringt der lange Michel noch acht Balken ans Wasser, so dick und lang, als man keinen je sah, und jeden trug er so leicht auf der Schulter, wie eine Flözerstange, so daß sich alles entsetzte. Wo er sie gehauen, weiß bis heute noch niemand. Dem Holzherrn lachte das Herz, als er dies sah, denn er berechnete, was diese Balken kosten könnten; Michel aber sagte: ›So, die sind für mich zum Fahren; auf den kleinen Spänen dort kann ich nicht fortkommen;‹ sein Herr wollte ihm zum Dank ein Paar Flözerstiefel schenken, aber er warf sie auf die Seite und brachte ein Paar hervor, wie es sonst noch keine gab; mein Großvater hat versichert, sie haben hundert Pfund gewogen und seien fünf Fuß lang gewesen.

Der Floß fuhr ab, und hatte der Michel früher die Holzhauer in Verwunderung gesetzt, so staunten jetzt die Flözer; denn statt daß der Floß, wie man wegen der ungeheuern Balken geglaubt hatte, langsamer auf dem Fluß ging, flog er, sobald sie in den Neckar kamen, wie ein Pfeil; machte der Neckar eine Wendung und hatten sonst die Flözer Mühe gehabt, den Floß in der Mitte zu halten, um nicht auf Kies oder Sand zu stoßen, so sprang jetzt Michel allemal ins Wasser, rückte mit einem Zug den Floß links oder rechts, so daß er ohne Gefahr vorüberglitt, und kam dann eine gerade Stelle, so lief er aufs erste G'stair vor, ließ alle ihre Stangen beisetzen, steckte seinen ungeheuren Weberbaum in den Kies, und mit *einem* Druck flog der Floß dahin, daß das Land und Bäume und Dörfer vorbeizujagen schienen. So waren sie in der Hälfte der Zeit, die man sonst brauchte, nach Köln am Rhein gekommen, wo sie sonst ihre Ladung verkauft hatten; aber hier sprach Michel: ›Ihr seid mir rechte Kaufleute, und versteht euern Nutzen! Meinet ihr denn, die Kölner brauchen all dies Holz, das aus dem Schwarzwald kommt, für sich? Nein, um den halben Wert kaufen sie es euch ab und verhandeln es teuer nach Holland. Lasset uns die kleinen Balken hier verkaufen, und mit den großen nach Holland gehen; was wir über den gewöhnlichen Preis lösen, ist unser eigener Profit.‹

So sprach der arglistige Michel, und die andern waren es zufrieden, die einen, weil sie gerne nach Holland gezogen wären, es zu sehen, die andern des Geldes wegen. Nur ein einziger war redlich und mahnte sie ab, das Gut ihres Herrn der Gefahr auszusetzen, oder ihn um den höheren Preis zu betrügen, aber sie hörten nicht auf ihn und vergaßen seine Worte, aber der Holländer Michel vergaß sie nicht. Sie fuhren auch mit dem Holz den Rhein hinab, Michel leitete den Floß und brachte sie schnell bis nach Rotterdam. Dort bot man ihnen das Vierfache von dem früheren Preis, und besonders die ungeheuern Balken des Michel wurden mit schwerem Gelde bezahlt. Als die Schwarzwälder so viel Geld sahen, wußten sie sich vor Freude nicht zu fassen. Michel teilte ab, einen Teil dem Holzherrn, die drei andern unter die Männer. Und nun setzten sie sich mit Matrosen und anderem schlechtem Gesindel in die Wirtshäuser, verschlemmten und verspielten ihr Geld, den braven Mann aber, der ihnen abgeraten, verkaufte der Holländer Michel an einen Seelenverkäufer*, und man hat nichts mehr von ihm gehört. Von da an war den Burschen im Schwarzwald Holland das Paradies, und Holländer Michel ihr König; die Holzherren erfuhren lange nichts von dem Handel, und unvermerkt kam Geld, Flüche, schlechte Sitten, Trunk und Spiel aus Holland herauf.

Der Holländer Michel war, als die Geschichte herauskam, nirgends zu finden, aber tot ist er auch nicht; seit hundert Jahren treibt er seinen Spuk im Wald, und man sagt, daß er schon vielen behilflich gewesen sei, reich zu werden, aber – auf Kosten ihrer armen Seele, und mehr will ich nicht sagen. Aber so viel ist gewiß, daß er noch jetzt in solchen Sturmnächten im Tannenbühl, wo man nicht hauen soll, überall die schönsten Tannen aussucht, und mein Vater hat ihn eine vier Schuh dicke umbrechen sehen, wie ein Rohr. Mit diesen beschenkt er die, welche sich vom Rechten abwenden und zu ihm gehen; um Mitternacht bringen sie dann die G'stair ins Wasser, und er rudert mit ihnen nach Holland. Aber wäre ich Herr und König in Holland, ich ließe ihn mit Kartätschen in den Boden schmettern, denn alle Schiffe, die von dem Holländer Michel auch nur *einen* Balken haben, müssen untergehen. Daher kommt es, daß man von so vielen Schiffbrüchen hört; wie könnte

* Werbeoffizier (Anm. d. Hrsg.)

denn sonst ein schönes, starkes Schiff, so groß als eine Kirche, zu Grunde gehen auf dem Wasser? Aber sooft Holländer Michel in einer Sturmnacht im Schwarzwald eine Tanne fällt, springt eine seiner alten aus den Fugen des Schiffes; das Wasser dringt ein, und das Schiff ist mit Mann und Maus verloren. Das ist die Sage vom Holländer Michel, und wahr ist es, alles Böse im Schwarzwald schreibt sich von ihm her; oh! er kann einen reich machen!« setzte der Greis geheimnisvoll hinzu, »aber ich möchte nichts von ihm haben, ich möchte um keinen Preis in der Haut des dicken Ezechiel und des langen Schlurkers stecken; auch der Tanzbodenkönig soll sich ihm ergeben haben!«

Der Sturm hatte sich während der Erzählung des Alten gelegt; die Mädchen zündeten schüchtern die Lampen an und gingen weg; die Männer aber legten Peter Munk einen Sack voll Laub als Kopfkissen auf die Ofenbank und wünschten ihm gute Nacht.

Kohlenmunkpeter hatte noch nie so schwere Träume gehabt wie in dieser Nacht; bald glaubte er, der finstere, riesige Holländer Michel reiße die Stubenfenster auf und reiche mit seinem ungeheuer langen Arm einen Beutel voll Goldstücke herein, die er untereinander schüttelte, daß es hell und lieblich klang; bald sah er wieder das kleine, freundliche Glasmännlein auf einer ungeheuern grünen Flasche im Zimmer umherreiten, und er meinte das heisere Lachen wieder zu hören, wie im Tannenbühl; dann brummte es ihm wieder ins linke Ohr:

> »In Holland gibt's Gold,
> Könnet's haben, wenn Ihr wollt
> Um geringen Sold,
> Gold, Gold!«

Dann hörte er wieder in sein rechtes Ohr das Liedchen vom Schatzhauser im grünen Tannenwald, und eine zarte

Stimme flüsterte: »Dummer Kohlenpeter, dummer Peter Munk kannst kein Sprüchlein reimen auf *stehen,* und bist doch am Sonntag geboren Schlag zwölf Uhr. Reime, dummer Peter, reime!«

Er ächzte, er stöhnte im Schlaf, er mühte sich ab, einen Reim zu finden, aber da er in seinem Leben noch keinen gemacht hatte, war seine Mühe im Traume vergebens. Als er aber mit dem ersten Frührot erwachte, kam ihm doch sein Traum sonderbar vor; er setzte sich mit verschränkten Armen hinter den Tisch und dachte über die Einflüsterungen nach, die ihm noch immer im Ohr lagen: »Reime, dummer Kohlenmunkpeter, reime,« sprach er zu sich und pochte mit dem Finger an seine Stirne; aber es wollte kein Reim hervorkommen. Als er noch so da saß und trübe vor sich hinschaute und an den Reim auf *stehen* dachte, da zogen drei Burschen vor dem Hause vorbei in den Wald, und einer sang im Vorübergehen:

> »Am Berge tat ich stehen,
> Und schaute in das Tal,
> Da hab ich sie gesehen
> Zum allerletztenmal.«

Das fuhr wie ein leuchtender Blitz durch Peters Ohr, und hastig raffte er sich auf, stürzte aus dem Haus, weil er meinte, nicht recht gehört zu haben, sprang den drei Burschen nach und packte den Sänger hastig und unsanft beim Arm. »Halt, Freund,« rief er, »was habt Ihr da auf *stehen* gereimt? Tut mir die Liebe und sprecht, was Ihr gesungen!«

»Was ficht's dich an, Bursche?« entgegnete der Schwarzwälder. »Ich kann singen, was ich will, und laß gleich meinen Arm los, oder –«

»Nein, sagen sollst du, was du gesungen hast!« schrie Peter beinahe außer sich und packte ihn noch fester an; die zwei andern aber, als sie dies sahen, zögerten nicht lange, sondern fielen mit derben Fäusten über den armen Peter her und walkten ihn derb, bis er vor Schmerzen das Gewand des dritten ließ und erschöpft in die Knie sank. »Jetzt hast du dein Teil,« sprachen sie lachend, »und merk' dir, toller Bursche, daß du Leute, wie wir sind, nimmer anfällst auf offenem Wege.«

»Ach, ich will mir es gewißlich merken!« erwiderte Kohlenpeter seufzend. »Aber so ich die Schläge habe, seid so gut und saget deutlich, was jener gesungen.«

Da lachten sie aufs neue und spotteten ihn aus; aber der das Lied gesungen, sagte es ihm vor, und lachend und singend zogen sie weiter.

»Also *sehen*«, sprach der arme Geschlagene, indem er sich mühsam aufrichtete; »*sehen* auf *stehen,* jetzt, Glasmännlein, wollen wir wieder ein Wort zusammen sprechen.« Er ging in die Hütte, holte seinen Hut und den langen Stock, nahm Abschied von den Bewohnern der Hütte und trat seinen Rückweg nach dem Tannenbühl an. Er ging langsam und sinnend seine Straße, denn er mußte ja einen Vers ersinnen; endlich, als er schon in dem Bereich des Tannenbühls ging, und die Tannen höher und dichter wurden, hatte er auch seinen Vers gefunden und machte vor Freuden einen Sprung in die Höhe. Da trat ein riesengroßer Mann in Flözerkleidung, und eine Stange so lang wie ein Mastbaum in der Hand, hinter den Tannen hervor. Peter Munk sank beinahe in die Knie, als er jenen langsamen Schrittes neben sich wandeln sah; denn er dachte, das ist der Holländer Michel, und kein anderer. Noch immer schwieg die furchtbare Gestalt, und Peter schielte zuweilen furchtsam nach ihm hin. Er war wohl einen Kopf größer als der längste Mann, den Peter je gesehen, sein Gesicht war nicht mehr jung, doch auch nicht alt, aber voll Furchen und Falten; er trug ein Wams von Leinwand, und die ungeheuren Stiefeln, über die Lederbeinkleider heraufgezogen, waren Peter aus der Sage wohl bekannt.

»Peter Munk, was tust du im Tannenbühl?« fragte der Waldkönig endlich mit tiefer, dröhnender Stimme.
»Guten Morgen, Landsmann,« antwortete Peter, indem er sich unerschrocken zeigen wollte, aber heftig zitterte, »ich will durch den Tannenbühl nach Haus zurück.«
»Peter Munk,« erwiderte jener und warf einen stechenden, furchtbaren Blick nach ihm herüber, »dein Weg geht nicht durch diesen Hain.«
»Nun, so gerade just nicht,« sagte jener, »aber es macht heute warm, da dachte ich, es wird hier kühler sein.«
»Lüge nicht, du Kohlenpeter!« rief Holländer Michel mit donnernder Stimme, »oder ich schlag dich mit der Stange zu Boden; meinst, ich hab' dich nicht betteln sehen bei dem Kleinen?« setzte er sanft hinzu. »Geh, geh, das war ein dummer Streich, und gut ist es, daß du das Sprüchlein nicht wußtest; er ist ein Knauser, der kleine Kerl, und gibt nicht viel, und wem er gibt, der wird seines Lebens nicht froh. – Peter, du bist ein armer Tropf und dauerst mich in der Seele; so ein munterer, schöner Bursche, der in der Welt was anfangen könnte, und sollst Kohlen brennen! Wenn andere große Taler oder Dukaten aus dem Ärmel schütteln, kannst du kaum ein paar Sechser aufwenden; 's ist ein ärmlich Leben.«
»Wahr ist's, und recht habt Ihr, ein elendes Leben.«
»Na, mir soll's nicht darauf ankommen,« fuhr der schreckliche Michel fort, »hab' schon manchem braven Kerl aus der Not geholfen, und du wärest nicht der erste. Sag' einmal, wieviel hundert Taler brauchst du fürs erste?«
Bei diesen Worten schüttelte er das Geld in seiner ungeheuren Tasche untereinander, und es klang wieder wie diese Nacht im Traum. Aber Peters Herz zuckte ängstlich und schmerzhaft bei diesen Worten, es wurde ihm kalt und warm, und der Holländer Michel sah nicht aus, wie wenn er aus Mitleid Geld wegschenkte, ohne etwas dafür

zu verlangen. Es fielen ihm die geheimnisvollen Worte des alten Mannes über die reichen Menschen ein, und von unerklärlicher Angst und Bangigkeit gejagt, rief er: »Schön Dank, Herr! Aber mit Euch will ich nichts zu schaffen haben, und ich kenn' Euch schon,« und lief, was er laufen konnte. – Aber der Waldgeist schritt mit ungeheuern Schritten neben ihm her und murmelte dumpf und drohend: »Wirst's noch bereuen, Peter, auf deiner Stirne steht's geschrieben, in deinem Auge ist's zu lesen, du entgehst mir nicht. – Lauf' nicht so schnell, höre nur noch *ein* vernünftig Wort, dort ist schon meine Grenze.« Aber als Peter dies hörte und unweit vor ihm einen kleinen Graben sah, beeilte er sich nur noch mehr, über die Grenze zu kommen, so daß Michel am Ende schneller laufen mußte und unter Flüchen und Drohungen ihn verfolgte. Der junge Mann setzte mit einem verzweifelten Sprung über den Graben, denn er sah, wie der Waldgeist mit seiner Stange ausholte und sie auf ihn niederschmettern lassen wollte; er kam glücklich jenseits an, und die Stange zersplitterte in der Luft, wie an einer unsichtbaren Mauer, und ein langes Stück fiel zu Peter herüber.

Triumphierend hob er es auf, um es dem groben Holländer Michel zuzuwerfen; aber in diesem Augenblick fühlte er das Stück Holz in seiner Hand sich bewegen, und zu seinem Entsetzen sah er, daß es eine ungeheure Schlange sei, was er in der Hand hielt, die sich schon mit geifernder Zunge und mit blitzenden Augen an ihm hinaufbäumte. Er ließ sie los, aber sie hatte sich schon fest um seinen Arm gewickelt und kam mit schwankendem Kopfe seinem Gesicht immer näher; da rauschte auf einmal ein ungeheurer Auerhahn nieder, packte den Kopf der Schlange mit dem Schnabel, erhob sich mit ihr in die Lüfte, und Holländer Michel, der dies alles von dem Graben aus gesehen hatte, heulte und schrie und raste, als die Schlange von einem Gewaltigern entführt ward.

Erschöpft und zitternd setzte Peter seinen Weg fort; der Pfad wurde steiler, die Gegend wilder, und bald befand er sich an der ungeheuern Tanne. Er machte wieder wie gestern seine Verbeugungen gegen das unsichtbare Glasmännlein und hub dann an:

> »Schatzhauser im grünen Tannenwald,
> Bist schon viel hundert Jahre alt.
> Dein ist all' Land, wo Tannen stehn,
> Läßt dich nur Sonntagskindern sehn.«

»Hast's zwar nicht ganz getroffen, aber weil du es bist, Kohlenmunkpeter, so soll es so hingehen,« sprach eine zarte, feine Stimme neben ihm. Erstaunt sah er sich um, und unter einer schönen Tanne saß ein kleines, altes Männlein in schwarzem Wams und roten Strümpfen, und den großen Hut auf dem Kopfe. Er hatte ein feines, freundliches Gesichtchen und ein Bärtchen so zart wie aus Spinnweben; er rauchte, was sonderbar anzusehen war, aus einer Pfeife von blauem Glas, und als Peter näher trat, sah er zu seinem Erstaunen, daß auch Kleider, Schuhe und Hut des Kleinen aus gefärbtem Glas bestanden; aber es war geschmeidig, als ob es noch heiß wäre, denn es schmiegte sich wie Tuch nach jeder Bewegung des Männleins.

»Du hast dem Flegel begegnet, dem Holländer Michel?« sagte der Kleine, indem er zwischen jedem Wort sonderbar hüstelte. »Er hat dich recht ängstigen wollen, aber seinen Kunstprügel habe ich ihm abgejagt, den soll er nimmer wiederkriegen.«

»Ja, Herr Schatzhauser,« erwiderte Peter mit einer tiefen Verbeugung, »es war mir recht bange. Aber Ihr seid wohl der Herr Auerhahn gewesen, der die Schlange totgebissen; da bedanke ich mich schönstens. – Ich komme aber, um mir Rats zu erholen bei Euch; es geht mir gar schlecht und hinderlich; ein Kohlenbrenner bringt es nicht weit, und da ich noch jung bin, dächte ich doch, es könnte noch was Besseres aus mir werden; und wenn ich oft andere sehe, wie weit die es in kurzer Zeit gebracht haben: wenn ich nur den Ezechiel nehme und den Tanzbodenkönig; die haben Geld wie Heu.«

»Peter,« sagte der Kleine sehr ernst und blies den Rauch aus seiner Pfeife weit hinweg; »Peter, sag' mir nichts von *diesen*. Was haben sie davon, wenn sie hier ein paar Jahre dem Schein nach glücklich und dann nachher desto unglücklicher sind? Du mußt dein Handwerk nicht verachten; dein Vater und Großvater waren Ehrenleute und haben es auch getrieben, Peter Munk! Ich will nicht hoffen, daß es Liebe zum Müßiggang ist, was dich zu mir führt.«

Peter erschrak vor dem Ernst des Männleins und errötete. »Nein,« sagte er, »Müßiggang, weiß ich wohl, Herr Schatzhauser im Tannenwald, Müßiggang ist aller Laster Anfang, aber das könnet Ihr mir nicht übelnehmen, wenn mir ein anderer Stand besser gefällt als der meinige. Ein Kohlenbrenner ist halt so gar etwas Geringes auf der Welt, und die Glasleute und Flözer und Uhrmacher und alle sind angesehener.«

»Hochmut kommt oft vor dem Fall,« erwiderte der kleine Herr vom Tannenwald etwas freundlicher. »Ihr seid ein sonderbar Geschlecht, ihr Menschen! Selten ist einer mit dem Stand ganz zufrieden, in dem er geboren und erzogen ist, und was gilt's, wenn du ein Glasmann wärest, möchtest du gern ein Holzherr sein, und wärest du Holzherr, so stünde dir des Försters Dienst oder des Amtmanns Wohnung an? Aber es sei; wenn du versprichst, brav zu arbeiten, so will ich dir zu etwas Besserem verhelfen, Peter. Ich pflege jedem Sonntagskind, das sich zu mir zu finden weiß, drei Wünsche zu gewähren. Die ersten zwei sind frei. Den dritten kann ich verweigern, wenn er töricht ist. So wünsche dir also jetzt etwas. Aber – Peter, etwas Gutes und Nützliches.«

»Heisa! Ihr seid ein treffliches Glasmännlein, und mit
Recht nennt man Euch Schatzhauser, denn bei Euch sind
die Schätze zu Hause. Nu – und also darf ich wünschen,
wonach mein Herz begehrt, so will ich denn fürs erste, daß
ich noch besser tanzen könne, als der Tanzbodenkönig,
und immer so viel Geld in der Tasche habe, als der dicke
Ezechiel.«

»Du Tor!« erwiderte der Kleine zürnend. »Welch' ein erbärmlicher Wunsch ist dies, gut tanzen zu können und
Geld zum Spiel zu haben! Schämst du dich nicht, dummer
Peter, dich selbst so um dein Glück zu betrügen? Was
nützt es dir und deiner armen Mutter, wenn du tanzen
kannst? Was nützt dir dein Geld, das nach deinem Wunsch
nur für das Wirtshaus ist, und wie das des elenden Tanzbodenkönigs dort bleibt? Dann hast du wieder die ganze
Woche nichts und darbst wie zuvor. Noch *einen* Wunsch
gebe ich dir frei, aber sieh' dich vor, daß du vernünftiger
wünschest.«

Peter kratzte sich hinter den Ohren und sprach nach einigem Zögern: »Nun, so wünsche ich mir die schönste und
reichste Glashütte im ganzen Schwarzwald mit allem Zu-
gehör und Geld, sie zu leiten.«

»Sonst nichts?« fragte der Kleine mit besorglicher Miene.
»Peter, sonst nichts?«

»Nun – Ihr könnet noch ein Pferd dazutun und ein Wägelchen –«

»O, du dummer Kohlenmunkpeter!« rief der Kleine, und
warf seine gläserne Pfeife im Unmut an eine dicke Tanne,
daß sie in hundert Stücke sprang. »Pferde? Wägelchen?
Verstand, sag' ich dir, Verstand, gesunden Menschenver-
stand und Einsicht hättest du wünschen sollen, aber nicht
ein Pferdchen und Wägelchen. Nun, werde nur nicht so
traurig, wir wollen sehen, daß es auch so nicht zu deinem
Schaden ist; denn der zweite Wunsch war im ganzen nicht
töricht. Eine gute Glashütte nährt auch ihren Mann und

Meister, nur hättest du Einsicht und Verstand dazu mitnehmen können, Wagen und Pferde wären dann wohl von selbst gekommen.«

»Aber, Herr Schatzhauser«, erwiderte Peter, »ich habe ja noch einen Wunsch übrig. Da könnte ich ja Verstand wünschen, wenn er mir so überaus nötig ist, wie Ihr meinet.«

»Nichts da. Du wirst noch in manche Verlegenheit kommen, wo du froh sein wirst, wenn du noch einen Wunsch frei hast. Und nun mache dich auf den Weg nach Hause. Hier sind«, sprach der kleine Tannengeist, indem er ein kleines Beutelein aus der Tasche zog, »hier sind zweitausend Gulden, und damit genug, und komm' mir nicht wieder, um Geld zu fordern; denn dann müßte ich dich an die höchste Tanne aufhängen. So hab ich's gehalten, seit ich in dem Wald wohne. Vor drei Tagen aber ist der alte Winkfritz gestorben, der die große Glashütte gehabt hat im Unterwald. Dorthin gehe morgen frühe und mach' ein Bot* auf das Gewerbe, wie es recht ist. Halt' dich wohl, sei fleißig, und ich will dich zuweilen besuchen und dir mit Rat und Tat an die Hand gehen, weil du dir doch keinen Verstand erbeten. Aber, das sag ich dir ernstlich, dein erster Wunsch war böse. Nimm dich in acht vor dem Wirtshauslaufen. Peter! 's hat noch bei keinem lange gut getan.« Das Männlein hatte, während es dies sprach, eine neue Pfeife vom schönsten Beinglas hervorgezogen, sie mit gedörrten Tannenzapfen gestopft und in den kleinen, zahnlosen Mund gesteckt. Dann zog es sein ungeheures Brennglas hervor, trat in die Sonne und zündete seine Pfeife an. Als er damit fertig war, bot er dem Peter freundlich die Hand, gab ihm noch ein paar gute Lehren auf den Weg, rauchte und blies immer schneller und verschwand endlich in einer Rauchwolke, die nach echtem holländischen Tabak

---

* Angebot (Anm. d. Hrsg.)

roch und, langsam sich kräuselnd, in den Tannenwipfeln* verschwebte.

Als Peter nach Hause kam fand er seine Mutter sehr in Sorgen um ihn, denn die gute Frau glaubte nicht anders, als ihr Sohn sei zum Soldaten ausgehoben worden. Er aber war fröhlich und guter Dinge und erzählte ihr, wie er im Walde einen guten Freund getroffen, der ihm Geld vorgeschossen habe, um ein anderes Geschäft als Kohlenbrennen anzufangen. Obgleich seine Mutter schon seit dreißig Jahren in der Köhlerhütte wohnte und an den Anblick berußter Leute so gewöhnt war als jede Müllerin an das Mehlgesicht ihres Mannes, so war sie doch eitel genug, sobald ihr Peter ein glänzenderes Los zeigte, ihren früheren Stand zu verachten, und sprach: »Ja, als Mutter eines Mannes, der eine Glashütte besitzt, bin ich doch was anderes als Nachbarin Grete und Bete, und setze mich in Zukunft vornehin in der Kirche, wo rechte Leute sitzen.« Ihr Sohn aber wurde mit den Erben der Glashütte bald handelseinig. Er behielt die Arbeiter, die er vorfand, bei sich und ließ nun Tag und Nacht Glas machen. Anfangs gefiel ihm das Handwerk wohl. Er pflegte gemächlich in die Glashütte hinabzusteigen, ging dort mit vornehmen Schritten, die Hände in die Taschen gesteckt, hin und her, guckte dahin, guckte dorthin, sprach dies und jenes, worüber seine Arbeiter oft nicht wenig lachten, und seine größte Freude war, das Glas blasen zu sehen, und oft machte er sich selbst an die Arbeit und formte aus der noch weichen Masse die sonderbarsten Figuren. Bald aber war ihm die Arbeit entleidet, und er kam zuerst nur noch eine Stunde des Tages in die Hütte, dann nur alle zwei Tage, endlich die Woche nur einmal, und seine Gesellen machten, was sie wollten. Das alles kam aber nur vom Wirtshauslaufen. Den Sonntag, nachdem er vom Tannenbühl zurückgekommen war, ging er ins Wirtshaus, und wer

* bei Schwab: Tannenwispeln

schon auf dem Tanzboden sprang, war der Tanzbodenkönig, und der dicke Ezechiel saß auch schon hinter der Maßkanne und knöchelte* um Kronentaler. Da fuhr Peter schnell in die Tasche, zu sehen, ob ihm das Glasmännlein Wort gehalten, und siehe, seine Tasche strotzte von Silber und Gold. Auch in seinen Beinen zuckte und drückte es, wie wenn sie tanzen und springen wollten, und als der erste Tanz zu Ende war, stellte er sich mit seiner Tänzerin obenan neben den Tanzbodenkönig, und sprang dieser drei Schuh hoch, so flog Peter vier, und machte dieser wunderliche und zierliche Schritte, so verschlang und drehte Peter seine Füße, daß alle Zuschauer vor Lust und Verwunderung beinahe außer sich kamen. Als man aber auf dem Tanzboden vernahm, daß Peter eine Glashütte gekauft habe, als man sah, daß er, sooft er an den Musikanten vorbeitanzte, ihnen einen Sechsbätzner zuwarf, da war des Staunens kein Ende. Die einen glaubten, er habe einen Schatz im Walde gefunden, die andern meinten, er habe ein Erbschaft getan, aber alle verehrten ihn jetzt und hielten ihn für einen gemachten Mann, nur weil er Geld hatte. Verspielte er doch noch an demselben Abend zwanzig Gulden, und nichtsdestominder rasselte und klang es in seiner Tasche, wie wenn noch hundert Taler darin wären.

Als Peter sah, wie angesehen er war, wußte er sich vor Freude und Stolz nicht zu fassen. Er warf das Geld mit vollen Händen weg und teilte es den Armen reichlich mit, wußte er doch, wie ihn selbst einst die Armut gedrückt hatte. Des Tanzbodenkönigs Künste wurden vor den übernatürlichen Künsten des neuen Tänzers zuschanden, und Peter führte jetzt den Namen Tanzkaiser. Die unternehmendsten Spieler am Sonntag wagten nicht so viel wie er, aber sie verloren auch nicht so viel. Und je mehr er verlor, desto mehr gewann er. Das verhielt sich aber ganz so,

* würfelte (Anm. d. Hrsg.)

wie er es vom kleinen Glasmännlein verlangt hatte. Er hatte sich gewünscht, immer so viel Geld in der Tasche zu haben wie der dicke Ezechiel, und gerade dieser war es, an welchen er sein Geld verspielte. Und wenn er zwanzig, dreißig Gulden auf einmal verlor, so hatte er sie alsobald wieder in der Tasche, wenn sie Ezechiel einstrich. Nach und nach brachte er es aber im Schlemmen und Spielen weiter als die schlechtesten Gesellen im Schwarzwald, und man nannte ihn öfter Spielpeter, als Tanzkaiser, denn er spielte jetzt auch beinahe an allen Werktagen. Darüber kam aber seine Glashütte nach und nach in Verfall, und daran war Peters Unverstand schuld. Glas ließ er machen, so viel man immer machen konnte, aber er hatte mit der Hütte nicht zugleich das Geheimnis gekauft, wohin man es am besten verschleißen* könne. Er wußte am Ende mit der Menge Glas nichts anzufangen und verkaufte es um den halben Preis an herumziehende Händler, nur um seine Arbeiter bezahlen zu können.

Eines Abends ging er auch wieder vom Wirtshaus heim und dachte trotz des vielen Weines, den er getrunken, um sich fröhlich zu machen, mit Schrecken und Gram an den Verfall seines Vermögens. Da bemerkte er auf einmal, daß jemand neben ihm gehe, er sah sich um, und siehe da – es war das Glasmännlein. Da geriet er in Zorn und Eifer, vermaß sich hoch und teuer und schwur, der Kleine sei an all seinem Unglück schuld. »Was tu' ich nun mit Pferd und Wägelchen?« rief er. »Was nützt mich die Hütte und all' mein Glas? Selbst als ich noch ein elender Köhlerbursch war, lebte ich froher und hatte keine Sorgen. Jetzt weiß ich nicht, wann der Amtmann kommt und meine Habe schätzt und mir vergantet** der Schulden wegen!« »So?« entgegnete das Glasmännlein. »So? Ich also soll schuld daran sein, wenn du unglücklich bist? Ist dies der

* bei Schwab: verschließen
** bei Schwab: und mich pfändet der Schulden wegen

Dank für meine Wohltaten? Wer hieß dich so töricht wünschen? Ein Glasmann wolltest du sein und wußtest nicht, wohin dein Glas verkaufen? Sagte ich dir nicht, du solltest behutsam wünschen? Verstand, Peter, Klugheit hat dir gefehlt.«

»Was Verstand und Klugheit?« rief jener, »ich bin ein so kluger Bursche als irgendeiner und will es dir zeigen, Glasmännlein,« und bei diesen Worten faßte er das Männlein unsanft am Kragen und schrie: »Hab' ich dich jetzt, Schatzhauser im grünen Tannenwald? Und den dritten Wunsch will ich jetzt tun, den sollst du mir gewähren. Und so will ich hier auf der Stelle zweimalhunderttausend harte Taler, und ein Haus und – o weh!« schrie er und schüttelte die Hand, denn das Waldmännlein hatte sich in glühendes Glas verwandelt und brannte in seiner Hand wie sprühendes Feuer. Aber von dem Männlein war nichts mehr zu sehen.

Mehrere Tage lang erinnerte ihn seine geschwollene Hand an seine Undankbarkeit und Torheit. Dann aber übertäubte er sein Gewissen und sprach: »Und wenn sie mir die Glashütte und alles verkaufen, so bleibt mir doch immer der dicke Ezechiel. Solange der Geld hat am Sonntag, kann es mir nicht fehlen.«

Ja, Peter! Aber wenn er keines hat? Und so geschah es eines Tages, und war ein wunderliches Rechenexempel. Denn eines Sonntags kam er angefahren ans Wirtshaus, und die Leute streckten die Köpfe durch die Fenster, und der eine sagte: Da kommt der Spielpeter, und der andere: Ja, der Tanzkaiser, der reiche Glasmann, und ein dritter schüttelte den Kopf und sprach: »Mit dem Reichtum kann man es machen, man sagt allerlei von seinen Schulden, und in der Stadt hat einer gesagt: der Amtmann werde nicht mehr lange säumen zum Auspfänden.« Indessen grüßte der reiche Peter die Gäste am Fenster vornehm und gravitätisch, stieg vom Wagen und schrie: »Sonnenwirt, guten Abend, ist der dicke Ezechiel schon da?« Und eine tiefe Stimme rief: »Nur herein, Peter! Dein Platz ist dir aufbehalten, wir sind schon da und bei den Karten.« So trat Peter Munk in die Wirtsstube, fuhr gleich in die Tasche und merkte, daß Ezechiel gut versehen sein müsse, denn seine Tasche war bis oben angefüllt.

Er setzte sich hinter den Tisch zu den andern, und gewann und verlor hin und her, und so spielten sie, bis andere ehrliche Leute, als es Abend wurde, nach Hause gingen, und spielten bei Licht, bis zwei andere Spieler sagten: »Jetzt ist's genug, und wir müssen heim zu Frau und Kind.« Aber Spielpeter forderte den dicken Ezechiel auf, zu bleiben. Dieser wollte lange nicht, endlich aber rief er: »Gut, jetzt will ich mein Geld zählen, und dann wollen wir knöcheln, den Satz um fünf Gulden; denn niederer ist es doch nur Kinderspiel.« Er zog den Beutel und zählte und fand hundert Gulden bar, und Spielpeter wußte nun, wieviel er selbst habe, und brauchte es nicht erst zu zählen. Aber hatte Ezechiel vorher gewonnen, so verlor er jetzt Satz für Satz und fluchte greulich dabei. Warf er einen Pasch*, gleich warf Spielpeter auch einen, und immer zwei Augen höher. Da setzte er endlich die letzten fünf Gulden auf den Tisch und rief: »Noch einmal, und wenn ich auch den noch verliere, so höre ich doch nicht auf, dann leihst du mir von deinem Gewinn, Peter, ein ehrlicher Kerl hilft dem andern!«

»Soviel du willst, und wenn es hundert Gulden sein sollten,« sprach der Tanzkaiser, fröhlich über seinen Gewinn, und der dicke Ezechiel schüttelte die Würfel und warf fünfzehn. »Pasch!« rief er, »jetzt wollen wir sehen!« Peter aber warf achtzehn, und eine heisere bekannte Stimme hinter ihm sprach: »So, das war der *letzte*.«

Er sah sich um, und riesengroß stand der Holländer Mi-

* Wurf, bei dem alle Würfel die gleiche Augenzahl zeigen (Anm. d. Hrsg.).

chel hinter ihm. Erschrocken ließ er das Geld fallen, das er schon eingezogen hatte. Aber der dicke Ezechiel sah den Waldmann nicht, sondern verlangte, der Spielpeter solle ihm zehn Gulden vorstrecken zum Spiel. Halb im Traum fuhr dieser mit der Hand in die Tasche, aber da war kein Geld, er suchte in der andern Tasche, aber auch da fand sich nichts, er kehrte den Rock um, aber es fiel kein roter Heller heraus, und jetzt erst gedachte er seines eigenen ersten Wunsches, immer so viel Geld zu haben, als der dicke Ezechiel. Wie Rauch war alles verschwunden.

Der Wirt und Ezechiel sahen ihn staunend an, als er immer suchte und sein Geld nicht finden konnte; sie wollten ihm nicht glauben, daß er keines mehr habe; aber als sie endlich selbst in seinen Taschen suchten, wurden sie zornig und schwuren, der Spielpeter sei ein böser Zauberer und habe all' das gewonnene Geld und sein eigenes nach Hause gewünscht. Peter verteidigte sich standhaft, aber der Schein war gegen ihn. Ezechiel sagte, er wolle die schreckliche Geschichte allen Leuten im Schwarzwald erzählen, und der Wirt versprach ihm, morgen mit dem frühesten in die Stadt zu gehen, und Peter Munk als Zauberer anzuklagen, und er wolle es erleben, setzte er hinzu, daß man ihn verbrenne. Dann fielen sie wütend über ihn her, rissen ihm das Wams vom Leib und warfen ihn zur Tür hinaus.

Kein Stern schien am Himmel, als Peter trübselig seiner Wohnung zuschlich, aber dennoch konnte er eine dunkle Gestalt erkennen, die neben ihm herschritt und endlich sprach: »Mit dir ist's aus, Peter Munk, all' deine Herrlichkeit ist zu Ende, und das hätt' ich dir schon damals sagen können, als du nichts von mir hören wolltest und zu dem dummen Glaszwerg liefst. Da siehst du jetzt, was man davon hat, wenn man meinen Rat verachtet. Aber versuch es einmal mit mir, ich habe Mitleiden mit deinem Schicksal. Noch keinen hat es gereut, der sich an mich wandte, und

wenn du den Weg nicht scheust, morgen den ganzen Tag
bin ich am Tannenbühl zu sprechen, wenn du mich rufst.«
Peter merkte wohl, wer so zu ihm spreche, aber es kam ihn
ein Grauen an. Er antwortete nichts, sondern lief seinem
Haus zu.

Zweite Abteilung

Als Peter am Montag morgen in seine Glashütte ging, da
waren nicht nur seine Arbeiter da, sondern auch andere
Leute, die man nicht gerne sieht, nämlich der Amtmann
und drei Gerichtsdiener. Der Amtmann wünschte Petern
einen guten Morgen, fragte, wie er geschlafen, und zog
dann ein langes Register heraus, und darauf waren Peters
Gläubiger verzeichnet. »Könnt Ihr zahlen oder nicht?«
fragte der Amtmann mit strengem Blick. »Und macht es
nur kurz, denn ich habe nicht viel Zeit zu versäumen, und
in den Turm ist es drei gute Stunden.« Da verzagte Peter,
gestand, daß er nichts mehr habe, und überließ es dem
Amtmann, Haus und Hof, Hütte und Stall, Wagen und
Pferde zu schätzen; und als die Gerichtsdiener und der
Amtmann umhergingen und prüften und schätzten,
dachte er, bis zum Tannenbühl ist's nicht weit; hat mir der
Kleine nicht geholfen, so will ich es einmal mit dem *Großen* versuchen. Er lief dem Tannenbühl zu, so schnell, als
ob die Gerichtsdiener ihm auf den Fersen wären; es war
ihm, als er an dem Platz vorbeirannte, wo er das Glas-
männlein zuerst gesprochen, als halte ihn eine unsichtbare
Hand auf, aber er riß sich los und lief weiter bis an die
Grenze, die er sich früher wohl gemerkt hatte, und kaum
hatte er, beinahe atemlos, »Holländer Michel! Herr Holländer Michel!« gerufen, als auch schon der riesengroße
Flözer mit seiner Stange vor ihm stand.
»Kommst du?« sprach dieser lachend. »Haben sie dir die
Haut abziehen und deinen Gläubigern verkaufen wollen?

Nu, sei ruhig: Dein ganzer Jammer kommt, wie gesagt, von dem kleinen Glasmännlein, von dem Separatisten und Frömmler her. Wenn man schenkt, muß man gleich recht schenken, und nicht wie dieser Knauser. Doch komm,« fuhr er fort und wandte sich gegen den Wald, »folge mir in mein Haus, dort wollen wir sehen, ob wir handelseinig werden.«

»Handelseinig?« dachte Peter. »Was kann er denn von mir verlangen, was kann ich an ihn verhandeln? Soll ich ihm etwa dienen, oder was will er?« Sie gingen zuerst über einen steilen Waldsteig hinan und standen dann mit einem Male an einer dunkeln, tiefen, abschüssigen Schlucht; Holländer Michel sprang den Felsen hinab, wie wenn es eine sanfte Marmortreppe wäre; aber bald wäre Peter in Ohnmacht gesunken, denn als jener unten angekommen war, machte er sich so groß wie ein Kirchturm und reichte ihm einen Arm, so lange als ein Weberbaum, und eine Hand daran, so breit als der Tisch im Wirtshaus, und rief mit einer Stimme, die heraufschallte wie eine tiefe Totenglocke: »Setz dich nur auf meine Hand und halte dich an den Fingern, so wirst du nicht fallen.« Peter tat zitternd, wie jener befohlen, nahm Platz auf der Hand und hielt sich am Daumen des Riesen.

Es ging weit und tief hinab, aber dennoch ward es zu Peters Verwunderung nicht dunkler; im Gegenteile, die Tageshelle schien sogar zuzunehmen in der Schlucht, aber er konnte sie lange in den Augen nicht ertragen. Der Holländer Michel hatte sich, je weiter Peter herabkam, wieder kleiner gemacht, und stand nun in seiner früheren Gestalt vor einem Haus, so gering oder gut, als es reiche Bauern auf dem Schwarzwald haben. Die Stube, worein* Peter geführt wurde, unterschied sich durch nichts von den Stuben anderer Leute, als dadurch, daß sie einsam schien.

---

* bei Schwab: in welche

Die hölzerne Wanduhr, der ungeheure Kachelofen, die breiten Bänke, die Gerätschaften auf den Gesimsen waren hier wie überall. Michel wies ihm einen Platz hinter dem großen Tisch an, ging dann hinaus und kam bald mit einem Krug Wein und Gläsern wieder. Er goß ein, und nun schwatzten sie, und Holländer Michel erzählte von den Freuden der Welt, von fremden Ländern, schönen Städten und Flüssen, daß Peter, am Ende große Sehnsucht darnach bekommend, dies auch offen dem Holländer sagte.

»Wenn du im ganzen Körper Mut und Kraft, etwas zu unternehmen, hattest, da konnten ein paar Schläge des dummen Herzens dich zittern machen; und dann die Kränkungen der Ehre, das Unglück, wozu soll sich ein vernünftiger Kerl um dergleichen bekümmern? Hast du's im Kopfe empfunden, als dich letzthin einer einen Betrüger und schlechten Kerl nannte? Hat es dir im Magen wehe getan, als der Amtmann kam, dich aus dem Haus zu werfen? Was, sag' an, was hat dir wehe getan?«

»Mein Herz,« sprach Peter, indem er die Hand auf die pochende Brust preßte; denn es war ihm, als ob sein Herz sich ängstlich hin und her wendete.

»Du hast, nimm es mir nicht übel, du hast viele hundert Gulden an schlechte Bettler und anderes Gesindel weggeworfen; was hat es dir genützt? Sie haben dir dafür Segen und einen gesunden Leib gewünscht; ja, bist du deswegen gesünder geworden? Um die Hälfte des verschleuderten Geldes hättest du einen Arzt gehalten. Segen, ja ein schöner Segen, wenn man ausgepfändet und ausgestoßen wird! Und was war es, das dich getrieben, in die Tasche zu fahren, sooft ein Bettelmann seinen zerlumpten Hut hinstreckte? – Dein Herz, auch wieder dein Herz, und weder deine Augen, noch deine Zunge, deine Arme, noch deine Beine, sondern dein Herz; du hast dir es, wie man richtig sagt, zu sehr zu Herzen genommen.«

»Aber wie kann man sich denn angewöhnen, daß es nicht

mehr so ist? Ich gebe mir jetzt alle Mühe, es zu unterdrücken, und dennoch pocht mein Herz und tut mir wehe.«

»Du freilich,« rief jener mit Lachen, »du armer Schelm, kannst nichts dagegen tun; aber gib mir das kaum pochende Ding, und du wirst sehen, wie gut du es dann hast.«

»Euch, mein Herz?« schrie Peter mit Entsetzen, »da müßte ich ja sterben auf der Stelle! Nimmermehr!«

»Ja, wenn dir einer eurer Herren Chirurgen das Herz aus dem Leibe operieren wollte, da müßtest du wohl sterben; bei mir ist dies ein anderes Ding; doch komm herein und überzeuge dich selbst!« Er stand bei diesen Worten auf, öffnete eine Kammertüre und führte Peter hinein. Sein Herz zog sich krampfhaft zusammen, als er über die Schwelle trat, aber er achtete es nicht, denn der Anblick, der sich ihm bot, war sonderbar und überraschend. Auf mehreren Gesimsen von Holz standen Gläser, mit durchsichtiger Flüssigkeit gefüllt, und in jedem dieser Gläser lag ein Herz; auch waren an den Gläsern Zettel angeklebt und Namen darauf geschrieben, die Peter neugierig las; da war das Herz des Amtmanns in F., das Herz des dicken Ezechiel, das Herz des Tanzbodenkönigs, das Herz des Oberförsters; da waren sechs Herzen von Kornwucherern, acht von Werboffizieren, drei von Geldmäklern – kurz, es war eine Sammlung der angesehensten Herzen in der Umgegend von zwanzig Stunden.

»Schau!« sprach Holländer Michel, »diese alle haben des Lebens Ängsten und Sorgen weggeworfen; keines dieser Herzen schlägt mehr ängstlich und besorgt, und ihre ehemaligen Besitzer befinden sich wohl dabei, daß sie den unruhigen Gast aus dem Hause haben.«

»Aber was tragen sie denn jetzt dafür in der Brust?« fragte Peter, den dies alles, was er gesehen, beinahe schwindeln machte.

»Dies,« antwortete jener und reichte ihm aus einem Schubfach – ein steinernes Herz.

»So?« erwiderte er und konnte sich eines Schauers, der ihm über die Haut ging, nicht erwehren. »Ein Herz von Marmelstein? Aber, horch einmal, Herr Holländer Michel, das muß doch gar kalt sein in der Brust.«

»Freilich, aber ganz angenehm kühl. Warum soll denn ein Herz warm sein? Im Winter nützt dir die Wärme nichts, da hilft ein guter Kirschgeist mehr als ein warmes Herz, und im Sommer, wenn alles schwül und heiß ist, – du glaubst nicht, wie dann ein solches Herz abkühlt. Und wie gesagt, weder Angst noch Schrecken, weder törichtes Mitleiden noch anderer Jammer pocht an solch ein Herz.«

»Und das ist alles, was Ihr mir geben könnet?« fragte Peter unmutig; »ich hoff' auf Geld, und Ihr wollet mir einen Stein geben!«

»Nu, ich denke, an hunderttausend Gulden hättest du fürs erste genug. Wenn du es geschickt umtreibst, kannst du bald ein Millionär werden.«

»Hunderttausend?« rief der arme Köhler freudig. »Nun, so poche doch nicht so ungestüm in meiner Brust, wir werden bald fertig sein miteinander. Gut, Michel; gebt mir den Stein und das Geld, und die Unruh' könnet Ihr aus dem Gehäuse nehmen.«

»Ich dachte es doch, daß du ein vernünftiger Bursche seist,« antwortete der Holländer, freundlich lächelnd: »komm, laß uns noch eins trinken, und dann will ich das Geld auszahlen.«

So setzten sie sich wieder in die Stube zum Wein, tranken und tranken wieder, bis Peter in einen tiefen Schlaf verfiel.

Kohlenmunkpeter erwachte beim fröhlichen Schmettern eines Posthorns, und siehe da, er saß in einem schönen Wagen, fuhr auf einer breiten Straße dahin, und als er sich aus dem Wagen bog, sah er in blauer Ferne hinter sich den Schwarzwald liegen. Anfänglich wollte er gar nicht glauben, daß er es selbst sei, der in diesem Wagen sitze. Denn auch seine Kleider waren gar nicht mehr dieselben, die er gestern getragen, aber er erinnerte sich doch an alles so deutlich, daß er endlich sein Nachsinnen aufgab und rief: »Der Kohlenmunkpeter bin ich, das ist ausgemacht, und kein anderer.«

Er wunderte sich über sich selbst, daß er gar nicht wehmütig werden konnte, als er jetzt zum erstenmal aus der stillen Heimat, aus den Wäldern, wo er so lange gelebt, auszog. Selbst nicht, als er an seine Mutter dachte, die jetzt wohl hilflos und im Elend saß, konnte er eine Träne aus dem Auge pressen oder nur seufzen; denn es war ihm alles so gleichgültig. »Ach freilich,« sagte er dann, »Tränen und Seufzer, Heimweh und Wehmut kommen ja aus dem Herzen, und Dank dem Holländer Michel, – das meine ist kalt und von Stein.«

Er legte seine Hand auf die Brust, und es war ganz ruhig dort, und rührte sich nichts. »Wenn er mit den Hunderttausenden so gut Wort hielt wie mit dem Herz, so soll es mich freuen,« sprach er und fing an, seinen Wagen zu untersuchen. Er fand Kleidungsstücke von aller Art, wie sie nur wünschen konnte, aber kein Geld. Endlich stieß er auf eine Tasche, und fand viele tausend Taler in Gold und Scheinen auf Handlungshäuser in allen großen Städten. »Jetzt hab' ich's, wie ich's wollte,« dachte er, setzte sich bequem in die Ecke des Wagens und fuhr in die weite Welt.

Er fuhr zwei Jahre in der Welt umher und schaute aus seinem Wagen links und rechts an den Häusern hinauf, schaute, wenn er anhielt, nichts als den Schild seines Wirtshauses an, lief dann in der Stadt umher und ließ sich die schönsten Merkwürdigkeiten zeigen. Aber es freute ihn nichts, kein Bild, kein Haus, keine Musik, kein Tanz, sein Herz war von Stein, nahm an nichts Anteil, und seine Augen, seine Ohren waren abgestumpft für alles Schöne. Nichts war ihm mehr geblieben als die Freude an Essen und Trinken und der Schlaf, und so lebte er, indem er ohne Zweck durch die Welt reiste, zu seiner Unterhaltung speiste und aus Langeweile schlief. Hie und da erinnerte er sich zwar, daß er fröhlicher, glücklicher gewesen sei, als er noch arm war und arbeiten mußte, um sein Leben zu fristen. Da hatte ihn jede schöne Aussicht ins Tal, Musik und Gesang hatten ihn ergötzt, da hatte er sich stundenlang auf die einfache Kost, die ihm die Mutter zu dem Meiler bringen sollte, gefreut. Wenn er so über die Vergangenheit nachdachte, so kam es ihm ganz sonderbar vor, daß er jetzt nicht einmal lachen konnte, und sonst hatte er über den kleinsten Scherz gelacht. Wenn andere lachten, so verzog er nur aus Höflichkeit den Mund, aber sein Herz – lächelte nicht mit. Er fühlte dann, daß er zwar überaus ruhig sei, aber zufrieden fühlte er sich doch nicht. Es war nicht Heimweh oder Wehmut, sondern Öde, Überdruß, freudenloses Leben, was ihn endlich wieder zur Heimat trieb.

Als er von Straßburg herüberfuhr und den dunkeln Wald seiner Heimat erblickte, als er zum erstenmal wieder jene kräftigen Gestalten, jene freundlichen, treuen Gesichter der Schwarzwälder sah, als sein Ohr die heimatlichen Klänge stark, tief, aber wohltönend vernahm, da fühlte er schnell an sein Herz; denn sein Blut wallte stärker, und er glaubte, er müsse sich freuen und müsse weinen zugleich, aber – wie konnte er nur so töricht sein, er hatte ja ein Herz von Stein. Und Steine sind tot und lächeln und weinen nicht.

Sein erster Gang war zum Holländer Michel, der ihn mit alter Freundlichkeit aufnahm. »Michel,« sagte er zu ihm, »gereist bin ich nun, und habe alles gesehen, ist aber alles dummes Zeug, und ich hatte nur Langeweile. Überhaupt,

Euer steinernes Ding, das ich in der Brust trage, schützt mich zwar vor manchem. Ich erzürne mich nie, bin nie traurig, aber ich freue mich auch nie, und es ist mir, als wenn ich nur halb lebte. Könnet Ihr das Steinherz nicht ein wenig beweglicher machen? Oder – gebt mir lieber mein altes Herz. Ich hatte mich in fünfundzwanzig Jahren daran gewöhnt, und wenn es zuweilen auch einen dummen Streich machte, so war es doch munter und ein fröhliches Herz.«
Der Waldgeist lachte grimmig und bitter. »Wenn du einmal tot bist, Peter Munk,« antwortete er, »dann soll es dir nicht fehlen; dann sollst du dein weiches, rührbares Herz wiederhaben, und du kannst dann fühlen, was kommt, Freud' oder Leid. Aber hier oben kann es nicht mehr dein werden! Doch, Peter! gereist bist du wohl, aber, so wie du lebtest, konnte es dir nichts nützen. Setze dich jetzt hier irgendwo im Wald, bau' ein Haus, heirate, treibe dein Vermögen um, es hat dir nur an Arbeit gefehlt; weil du müßig warst, hattest du Langeweile, und schiebst jetzt alles auf dieses unschuldige Herz.« Peter sah ein, daß Michel recht habe, was den Müßiggang beträfe, und nahm sich vor, reich und immer reicher zu werden. Michel schenkte ihm noch einmal hunderttausend Gulden und entließ ihn als seinen guten Freund.
Bald vernahm man im Schwarzwald die Märe, der Kohlenmunkpeter oder Spielpeter sei wieder da, und noch viel reicher als zuvor. Es ging auch jetzt wie immer; als er am Bettelstab war, wurde er in der Sonne zur Türe hinausgeworfen, und als er jetzt an einem Sonntagnachmittag seinen ersten Einzug dort hielt, schüttelten sie ihm die Hand, lobten sein Pferd, fragten nach seiner Reise, und als er wieder mit dem dicken Ezechiel um harte Taler spielte, stand er in der Achtung so hoch, als je. Er trieb jetzt aber nicht mehr das Glashandwerk, sondern den Holzhandel, aber nur zum Schein. Sein Hauptgeschäft war, mit Korn

und Geld zu handeln. Der halbe Schwarzwald wurde ihm nach und nach schuldig, aber er lieh Geld nur auf zehn Prozente aus, oder verkaufte Korn an die Armen, die nicht gleich zahlen konnten, um den dreifachen Wert. Mit dem Amtmann stand er jetzt in enger Freundschaft, und wenn einer Herrn Peter Munk nicht auf den Tag bezahlte, so ritt der Amtmann mit seinen Schergen hinaus, schätzte Haus und Hof, verkaufte flugs und trieb Vater, Mutter und Kind in den Wald. Anfangs machte dies dem reichen Peter einige Unlust, denn die armen Ausgepfändeten belagerten dann haufenweise seine Türe, die Männer flehten um Nachsicht, die Weiber suchten das steinerne Herz zu erweichen, und die Kinder winselten um ein Stücklein Brot. Aber als er sich ein paar tüchtige Fleischerhunde angeschafft hatte, hörte diese Katzenmusik, wie er es nannte, bald auf. Er pfiff und hetzte, und die Bettelleute flogen schreiend auseinander. Am meisten Beschwerde machte ihm das »alte Weib«. Das war aber niemand anders, als Frau Munkin, Peters Mutter. Sie war in Not und Elend geraten, als man ihr Haus und Hof verkauft hatte, und ihr Sohn, als er reich zurückgekehrt war, hatte nicht mehr nach ihr umgesehen. Da kam sie nun zuweilen, alt, schwach und gebrechlich an einem Stock vor das Haus. Hinein wagte sie sich nimmer*, denn er hatte sie einmal weggejagt; aber es tat ihr wehe, von den Guttaten anderer Menschen leben zu müssen, da der eigene Sohn ihr ein sorgenloses Alter hätte bereiten können. Aber das kalte Herz wurde nimmer gerührt von dem Anblicke der bleichen, wohlbekannten Züge, von den bittenden Blicken, von der welken, ausgestreckten Hand, von der hinfälligen Gestalt. Mürrisch zog er, wenn sie sonnabends an die Türe pochte, einen Sechsbätzner hervor, schlug ihn in ein Papier und ließ ihn hinausreichen durch einen Knecht. Er vernahm ihre zitternde Stimme, wenn sie dankte und

* bei Schwab: nicht mehr

wünschte, es möge ihm wohlgehen auf Erden; er hörte sie hüstelnd von der Türe schleichen, aber er dachte weiter nicht mehr daran, als daß er wieder sechs Batzen umsonst ausgegeben.

Endlich kam Peter auf den Gedanken, zu heiraten. Er wußte, daß im ganzen Schwarzwald jeder Vater ihm gerne seine Tochter geben würde; aber er war schwierig in seiner Wahl, denn er wollte, daß man auch hierin sein Glück und seinen Verstand preisen sollte; daher ritt er umher im ganzen Wald, schaute hier, schaute dort, und keine der schönen Schwarzwälderinnen deuchte ihm schön genug. Endlich, nachdem er auf allen Tanzböden umsonst nach der Schönsten ausgeschaut hatte, hörte er eines Tages, die Schönste und Tugendsamste im ganzen Wald sei eines armen Holzhauers Tochter. Sie lebe still und für sich, besorge geschickt und emsig ihres Vaters Haus, und lasse sich nie auf dem Tanzboden sehen, nicht einmal zu Pfingsten oder Kirchweih. Als Peter von diesem Wunder des Schwarzwalds hörte, beschloß er, um sie zu werben, und ritt nach der Hütte, die man ihm bezeichnet hatte. Der Vater der schönen Lisbeth empfing den vornehmen Herrn mit Staunen und erstaunte noch mehr, als er hörte, es sei dies der reiche Herr Peter und er wolle sein Schwiegersohn werden. Er besann sich auch nicht lange, denn er meinte, all' seine Sorge und Armut werde nun ein Ende haben, sagte zu, ohne die schöne Lisbeth zu fragen, und das gute Kind war so folgsam, daß sie ohne Widerrede Frau Peter Munkin wurde.

Aber es wurde der Armen nicht so gut, wie sie sich geträumt hatte. Sie glaubte ihr Hauswesen wohl zu verstehen, aber sie konnte Herrn Peter nichts zu Dank machen, sie hatte Mitleiden mit armen Leuten, und da ihr Eheherr reich war, dachte sie, es sei keine Sünde, einem armen Bettelweib einen Pfennig oder einem alten Mann einen Schnaps zu reichen; aber als Herr Peter dies eines Tages merkte, sprach er mit zürnenden Blicken und rauher Stimme: »Warum verschleuderst du mein Vermögen an Lumpen und Straßenläufer? Hast du was mitgebracht ins Haus, das du wegschenken könntest? Mit deines Vaters Bettelstab kann man keine Suppe wärmen, und du wirfst das Geld aus, wie eine Fürstin. Noch einmal laß dich betreten, so sollst du meine Hand fühlen!« Die schöne Lisbeth weinte in ihrer Kammer über den harten Sinn ihres Mannes, und sie wünschte oft lieber daheim zu sein in ihres Vaters ärmlicher Hütte, als bei dem reichen, aber geizigen, hartherzigen Peter zu hausen. Ach, hätte sie gewußt, daß er ein Herz von Marmor habe und weder sie noch irgendeinen Menschen lieben könne, so hätte sie sich wohl nicht gewundert. Sooft sie aber jetzt unter der Türe saß, und es ging ein Bettelmann vorüber und zog den Hut und hub an seinen Spruch, so drückte sie die Augen zu, das Elend nicht zu schauen, sie ballte die Hand fester, damit sie nicht unwillkürlich in die Tasche fahre, ein Kreuzerlein herauszulangen. So kam es, daß die schöne Lisbeth im ganzen Wald verschrien wurde, und es hieß, sie sei noch geiziger als Peter Munk. Aber eines Tages saß Frau Lisbeth wieder vor dem Haus und spann und murmelte ein Liedchen dazu, denn sie war munter, weil es schönes Wetter und Herr Peter ausgeritten war über Feld. Da kommt ein altes Männlein des Weges daher, das trägt einen großen, schweren Sack, und sie hört es schon von weitem keuchen. Teilnehmend sieht ihm Frau Lisbeth zu und denkt, einem so alten, kleinen Mann sollte man nicht mehr so schwer aufladen.

Indes keucht und wankt das Männlein heran, und als es gegenüber von Frau Lisbeth war, brach es unter dem Sacke beinahe zusammen. »Ach, habt die Barmherzigkeit, Frau, und reichet mir nur einen Trunk Wasser,« sprach das Männlein; »ich kann nicht weiter, muß elend verschmachten.«

»Aber Ihr solltet in Eurem Alter nicht mehr so schwer tragen,« sagte Frau Lisbeth.
»Ja, wenn ich nicht Boten gehen müßte, der Armut halber und um mein Leben zu fristen,« antwortete er; »ach, so eine reiche Frau wie Ihr weiß nicht, wie wehe Armut tut, und wie wohl ein frischer Trunk bei solcher Hitze.«
Als sie dies hörte, eilte sie in das Haus, nahm einen Krug vom Gesims und füllte ihn mit Wasser; doch als sie zurückkehrte und nur noch wenige Schritte von ihm war, und das Männlein sah, wie es so elend und verkümmert auf dem Sack saß, da fühlte sie inniges Mitleid, bedachte, daß ja ihr Mann nicht zu Hause sei, und so stellte sie den Wasserkrug beiseite, nahm einen Becher und füllte ihn mit Wein, legte ein gutes Roggenbrot darauf und brachte es dem Alten. »So, und ein Schluck Wein mag Euch besser frommen als Wasser, da Ihr schon so gar alt seid,« sprach sie; »aber trinket nicht so hastig und esset auch Brot dazu.«
Das Männlein sah sie staunend an, bis große Tränen in seinen alten Augen standen, es trank und sprach dann: »Ich bin alt geworden, aber ich hab' wenige Menschen gesehen, die so mitleidig wären und ihre Gaben so schön und herzig zu spenden wüßten, wie Ihr, Frau Lisbeth. Aber es wird Euch dafür auch recht wohl gehen auf Erden; solch ein Herz bleibt nicht unbelohnt.«
»Nein, und den Lohn soll sie zur Stelle haben,« schrie eine schreckliche Stimme, und als sie sich umsahen, war es Herr Peter mit blutrotem Gesicht.
»Und sogar meinen Ehrenwein gießest du aus an Bettelleute, und meinen Mundbecher gibst du an die Lippen der Straßenläufer? Da nimmt deinen Lohn!« Frau Lisbeth stürzte zu seinen Füßen und bat um Verzeihung, aber das steinerne Herz kannte kein Mitleid, er drehte die Peitsche um, die er in der Hand hielt, und schlug sie mit dem Handgriff von Ebenholz so heftig vor die schöne Stirne,

daß sie leblos dem alten Mann in die Arme sank. Als er dies sah, war es doch, als reute ihn die Tat auf der Stelle; er bückte sich herab, zu schauen, ob noch Leben in ihr sei, aber das Männlein sprach mit wohlbekannter Stimme: »Gib dir keine Mühe, Kohlenpeter; es war die schönste und lieblichste Blume im Schwarzwald, aber du hast sie zertreten, und nie mehr wird sie wieder blühen.«

Da wich alles Blut aus Peters Wangen und er sprach: »Also Ihr seid es, Herr Schatzhauser? Nun, was geschehen ist, ist geschehen, und es hat wohl so kommen müssen. Ich hoffe aber, Ihr werdet mich nicht bei dem Gericht anzeigen als Mörder.«

»Elender!« erwiderte das Glasmännlein. »Was würde es mir frommen, wenn ich deine sterbliche Hülle an den Galgen brächte? Nicht irdische Gerichte sind es, die du zu fürchten hast, sondern andere und strengere; denn du hast deine Seele an den Bösen verkauft.«

»Und hab' ich mein Herz verkauft,« schrie Peter, »so ist niemand daran schuld als du und deine betrügerischen Schätze; du tückischer Geist hast mich ins Verderben geführt, mich getrieben, daß ich bei einem andern Hülfe suchte, und auf dir liegt die ganze Verantwortung.« Aber kaum hatte er dies gesagt, so wuchs und schwoll das Glasmännlein und wurde hoch und breit, und seine Augen sollen so groß geworden sein wie Suppenteller, und sein Mund war wie ein geheizter Backofen, und Flammen blitzten daraus hervor. Peter warf sich auf die Knie, und sein steinernes Herz schützte ihn nicht, daß nicht seine Glieder zitterten wie eine Espe. Mit Geierskrallen packte ihn der Waldgeist im Nacken, drehte ihn um wie ein Wirbelwind dürres Laub, und warf ihn dann zu Boden, daß ihm alle Rippen knackten. »Erdenwurm!« rief er mit einer Stimme, die wie der Donner rollte; »ich könnte dich zerschmettern, wenn ich wollte, denn du hast gegen den Herrn des Waldes gefrevelt. Aber um dieses toten Weibes willen, die mich gespeist und getränkt hat, gebe ich dir acht Tage Frist. Bekehrst du dich nicht zum Guten, so komme ich und zermalme dein Gebein, und du fährst hin in deinen Sünden.«

Es war schon Abend, als einige Männer, die vorbeigingen, den reichen Peter Munk an der Erde liegen sahen. Sie wandten ihn hin und her und suchten, ob noch Atem in ihm sei, aber lange war ihr Suchen vergebens. Endlich ging einer in das Haus und brachte Wasser herbei und besprengte ihn. Da holte Peter tief Atem, stöhnte und schlug die Augen auf, schaute lange um sich her und fragte dann nach Frau Lisbeth, aber keiner hatte sie gesehen. Er dankte den Männern für ihre Hülfe, schlich sich in sein Haus und suchte überall, aber Frau Lisbeth war weder im Keller noch auf dem Boden, und das, was er für einen schrecklichen Traum gehalten, war bittere Wahrheit. Wie er nun so ganz allein war, da kamen ihm sonderbare Gedanken; er fürchtete sich vor nichts, denn sein Herz war ja kalt; aber wenn er an den Tod seiner Frau dachte, kam ihm sein eigenes Hinscheiden in den Sinn, und wie belastet er dahinfahren werde, schwer belastet mit Tränen der Armen, mit tausend ihrer Flüche, die sein Herz nicht erweichen konnten, mit dem Jammer der Elenden, auf die er seine Hunde gehetzt, belastet mit der stillen Verzweiflung seiner Mutter, mit dem Blute der schönen guten Lisbeth; und konnte er doch nicht einmal dem alten Manne, ihrem Vater, Rechenschaft geben, wenn er käme und fragte: »Wo ist meine Tochter, dein Weib?« Wie wollte er einem Andern Frage stehen, dem alle Wälder, alle Seen, alle Berge gehören und die Leben der Menschen?

Es quälte ihn auch nachts im Traume, und alle Augenblicke wachte er auf an einer süßen Stimme, die ihm zurief: »Peter, schaff' dir ein wärmeres Herz!« Und wenn er erwacht war, schloß er doch schnell wieder die Augen, denn der Stimme nach mußte es Frau Lisbeth sein, die ihm

diese Warnung zurief. Den andern Tag ging er ins Wirtshaus, um seine Gedanken zu zerstreuen, und dort traf er den dicken Ezechiel. Er setzte sich zu ihm, sie sprachen dies und jenes, vom schönen Wetter, vom Krieg, von den Steuern und endlich auch vom Tod, und wie da und dort einer so schnell gestorben sei. Da fragte Peter den Dicken, was er denn vom Tod halte, und wie es nachher sein werde. Ezechiel antwortete ihm, daß man den Leib begrabe, die Seele aber fahre entweder auf zum Himmel oder hinab in die Hölle.
»Also begräbt man das Herz auch?« fragte der Peter gespannt.
»Ei freilich, das wird auch begraben.«
»Wenn aber einer sein Herz nicht mehr hat?« fuhr Peter fort.
Ezechiel sah ihn bei diesen Worten schrecklich an. »Was willst du damit sagen? Willst du mich foppen? Meinst du, ich habe kein Herz?«
»O, Herz genug, so fest wie Stein,« erwiderte Peter.
Ezechiel sah ihn verwundert an, schaute sich um, ob es niemand gehört habe, und sprach dann: »Woher weißt du es? Oder pocht vielleicht das deinige auch nicht mehr?«
»Pocht nicht mehr, wenigstens nicht hier in meiner Brust!« antwortete Peter Munk. »Aber sag' mir, da du jetzt weißt, was ich meine, wie wird es gehen mit *unseren* Herzen?«
»Was kümmert dich dies, Gesell?« fragte Ezechiel lachend. »Hast ja auf Erden vollauf zu leben und damit genug. Das ist ja gerade das Bequeme an unsern kalten Herzen, daß uns keine Furcht befällt vor solchen Gedanken.«
»Wohl wahr, aber man denkt doch daran, und wenn ich auch jetzt keine Furcht mehr kenne, so weiß ich doch wohl noch, wie sehr ich mich vor der Hölle gefürchtet, als ich noch ein kleiner unschuldiger Knabe war.«
»Nun – gut wird es uns gerade nicht gehen,« sagte Eze-

chiel. »Hab' mal einen Schulmeister darüber gefragt, der sagte mir, daß nach dem Tode die Herzen gewogen werden, wie schwer sie sich versündigt hätten. Die leichten steigen auf, die schweren sinken hinab, und ich denke, unsere Steine werden ein gutes Gewicht haben.«
»Ach freilich,« erwiderte Peter, »und es ist mir oft selbst so unbequem, daß mein Herz so teilnahmlos und ganz gleichgültig ist, wenn ich an solche Dinge denke.«
So sprachen sie; aber in der nächsten Nacht hörte er fünf- oder sechsmal die bekannte Stimme in sein Ohr lispeln: »Peter, schaff' dir ein wärmeres Herz!« Er empfand keine Reue, daß er sie getötet, aber wenn er dem Gesinde sagte, seine Frau sei verreist, so dachte er immer dabei: »Wohin mag sie wohl gereist sein?« Sechs Tage hatte er es so getrieben, und immer hörte er nachts diese Stimme, und immer dachte er an den Waldgeist und seine schreckliche Drohung; aber am siebenten Morgen sprang er von seinem Lager und rief: »Nun ja, will sehen, ob ich mir ein wärmeres schaffen kann, denn der gleichgültige Stein in meiner Brust macht mir das Leben nur langweilig und öde.« Er zog schnell seinen Sonntagsstaat an und setzte sich auf sein Pferd und ritt dem Tannenbühl zu.
Im Tannenbühl, wo die Bäume dichter standen, saß er ab, band sein Pferd an und ging schnellen Schrittes dem Gipfel des Hügels zu, und als er vor der dicken Tanne stand, hub er seinen Spruch an:

> »Schatzhauser im grünen Tannenwald,
> Bist viele hundert Jahre alt.
> Dein ist all' Land, wo Tannen stehn,
> Läßt dich nur Sonntagskindern sehn.«

Da kam das Glasmännlein hervor, aber nicht freundlich und traulich wie sonst, sondern düster und traurig; es hatte ein Röcklein an von schwarzem Glas, und ein langer Trauerflor flatterte herab vom Hut, und Peter wußte wohl, um wen es traure.

»Was willst du von mir, Peter Munk?« fragte es mit dumpfer Stimme.
»Ich hab' noch einen Wunsch, Herr Schatzhauser,« antwortete Peter mit niedergeschlagenen Augen.
»Können Steinherzen noch wünschen?« sagte jener. »Du hast alles, was du für deinen schlechten Sinn bedarfst, und ich werde schwerlich deinen Wunsch erfüllen.«
»Aber Ihr habt mir doch drei Wünsche zugesagt; einen hab' ich immer noch übrig.«
»Doch kann ich ihn versagen, wenn er töricht ist,« fuhr der Waldgeist fort; »aber wohlan, ich will hören, was du willst?«
»So nehmet mir den toten Stein heraus und gebet mir mein lebendiges Herz,« sprach Peter.
»Hab' ich den Handel mit dir gemacht?« fragte das Glasmännlein. »Bin ich der Holländer Michel, der Reichtum und kalte Herzen schenkt? Dort, bei ihm mußt du dein Herz suchen.«
»Ach, er gibt es nimmer zurück,« antwortete Peter.
»Du dauerst mich, so schlecht du auch bist,« sprach das Männlein nach einigem Nachdenken. »Aber weil dein Wunsch nicht töricht ist, so kann ich dir wenigstens meine Hülfe nicht versagen. So höre, dein Herz kannst du mit keiner Gewalt mehr bekommen, wohl aber durch List, und es wird vielleicht nicht schwer halten, denn Michel bleibt doch nur der dumme Michel, obgleich er sich ungemein klug dünkt. So gehe denn geraden Weges zu ihm hin und tue, wie ich dir heiße.« Und nun unterrichtete er ihn in allem und gab ihm ein Kreuzlein aus reinem Glas: »Am Leben kann er dir nicht schaden, und er wird dich freilassen, wenn du ihm dies vorhalten und dazu beten wirst. Und hast du dann, was du verlangt hast, erhalten, so komm wieder zu mir an diesen Ort.«
Peter Munk nahm das Kreuzlein, prägte sich alle Worte ins Gedächtnis und ging weiter nach Holländer Michels

Behausung. Er rief dreimal seinen Namen, und alsobald stand der Riese vor ihm. »Du hast dein Weib erschlagen?« fragte er ihn mit schrecklichem Lachen. »Hätt' es auch so gemacht, sie hat dein Vermögen an das Bettelvolk gebracht. Aber du wirst auf einige Zeit außer Landes gehen müssen, denn es wird Lärm machen, wenn man sie nicht findet; und du brauchst wohl Geld und kommst, um es zu holen?«
»Du hast's erraten«, erwiderte Peter, »und nur recht viel diesmal; denn nach Amerika ist's weit.«
Michel ging voran und brachte ihn in seine Hütte, dort schloß er eine Truhe auf, worin viel Geld lag, und langte ganze Rollen Goldes heraus. Während er es so auf den Tisch hinzählte, sprach Peter: »Du bist ein loser Vogel, Michel, daß du mich belogen hast, ich hätte einen Stein in der Brust, und du habest mein Herz!«
»Und ist es denn nicht so?« fragte Michel staunend. »Fühlst du denn dein Herz? Ist es nicht kalt wie Eis? Hast du Furcht oder Gram, kann dich etwas reuen?«
»Du hast mein Herz nur stille stehen lassen, aber ich hab' es noch wie sonst in meiner Brust und Ezechiel auch, der hat es mir gesagt, daß du uns angelogen hast; du bist nicht der Mann dazu, der einem das Herz so unbemerkt und ohne Gefahr aus der Brust reißen könnte; da müßtest du zaubern können.«
»Aber ich versichere dich,« rief Michel unmutig, »du und Ezechiel und alle reichen Leute, die es mit mir gehalten, haben solche kalte Herzen wie du, und ihre rechten Herzen habe ich hier in meiner Kammer.«
»Ei, wie dir das Lügen von der Zunge geht!« lachte Peter. »Das mach' du einem andern weis! Meinst du, ich hab auf meinen Reisen nicht solche Kunststücke zu Dutzenden gesehen? Aus Wachs nachgeahmt sind deine Herzen hier in der Kammer. Du bist ein reicher Kerl, das geb' ich zu; aber zaubern kannst du nicht.«

Da ergrimmte der Riese und riß die Kammertüre auf. »Komm herein und lies die Zettel alle, und jenes dort, schau, das ist Peter Munks Herz; siehst du, wie es zuckt? Kann man das auch aus Wachs machen?«
»Und doch ist es aus Wachs,« antwortete Peter. »So schlägt ein rechtes Herz nicht; ich habe das meinige noch in der Brust. Nein, zaubern kannst du nicht!«
»Aber ich will es dir beweisen!« rief jener ärgerlich. »Du sollst es selbst fühlen, daß dies dein Herz ist.« Er nahm es, riß Peters Wams auf und nahm einen Stein aus seiner Brust und zeigte ihn vor. Dann nahm er das Herz, hauchte es an und setzte es behutsam an seine Stelle, und alsobald fühlte Peter, wie es pochte, und er konnte sich wieder darüber freuen.
»Wie ist es dir jetzt?« fragte Michel lächelnd.
»Wahrhaftig, du hast doch recht gehabt,« antwortete Peter, indem er behutsam sein Kreuzlein aus der Tasche zog. »Hätt' ich doch nicht geglaubt, daß man dergleichen tun könne!«
»Nicht wahr? Und zaubern kann ich, das siehst du; aber komm', jetzt will ich dir den Stein wieder hineinsetzen.«
»Gemach, Herr Michel!« rief Peter, trat einen Schritt zurück und hielt ihm das Kreuzlein entgegen. »Mit Speck fängt man Mäuse, und diesmal bist du der Betrogene.« Und zugleich fing er an zu beten, was ihm nur beifiel.
Da wurde Michel kleiner und immer kleiner, fiel nieder und wand sich hin und her wie ein Wurm und ächzte und stöhnte, und alle Herzen umher fingen an zu zucken und zu pochen, daß es tönte wie in der Werkstatt eines Uhrmachers. Peter aber fürchtete sich, und es wurde ihm ganz unheimlich zu Mut, er rannte zur Kammer und zum Haus hinaus und klimmte, von Angst getrieben, die Felsenwand hinan, denn er hörte, daß Michel sich aufraffte, stampfte und tobte, und ihm schreckliche Flüche nach-

schickte. Als er oben war, lief er dem Tannenbühl zu; ein schreckliches Gewitter zog auf, Blitze fielen links und rechts an ihm nieder und zerschmetterten die Bäume, aber er kam wohlbehalten in dem Revier des Glasmännleins an.

Sein Herz pochte freudig, und nur darum, *weil es pochte*. Dann aber sah er mit Entsetzen auf sein Leben zurück, wie auf das Gewitter, das hinter ihm rechts und links den schönen Wald zersplitterte. Er dachte an Frau Lisbeth, sein schönes, gutes Weib, das er aus Geiz gemordet, er kam sich selbst wie der Auswurf der Menschen vor, und er weinte heftig, als er an Glasmännleins Hügel kam.

Schatzhauser saß schon unter dem Tannenbaum und rauchte aus einer kleinen Pfeife; doch sah er munterer aus, als zuvor. »Warum weinst du, Kohlenpeter?« fragte er. »Hast du dein Herz nicht erhalten? Liegt noch das kalte in deiner Brust?«

»Ach Herr!« seufzte Peter. »Als ich noch das kalte Steinherz trug, da weinte ich nie, meine Augen waren so trokken als das Land im Juli; jetzt aber will es mir beinahe das alte Herz zerbrechen, was ich getan! Meine Schuldner habe ich ins Elend gejagt, auf Arme und Kranke die Hunde gehetzt, und Ihr wißt es ja selbst – wie meine Peitsche auf ihre schöne Stirn fiel!«

»Peter! Du warst ein großer Sünder!« sprach das Männlein. »Das Geld und der Müßiggang haben dich verderbt, bis dein Herz zu Stein wurde, nicht Freud, nicht Leid, keine Reue, kein Mitleid mehr kannte. Aber Reue versöhnt, und wenn ich nur wüßte, daß dir dein Leben recht leid tut, so könnte ich schon noch etwas für dich tun.«

»Will nichts mehr,« antwortete Peter und ließ traurig sein Haupt sinken. »Mit mir ist es aus, kann mich mein Lebtag nicht mehr freuen; was soll ich so allein auf der Welt tun? Meine Mutter verzeiht mir nimmer, was ich ihr getan, und vielleicht hab' ich sie unter den Boden gebracht, ich

Ungeheuer! Und Lisbeth, meine Frau! Schlaget mich lieber auch tot, Herr Schatzhauser, dann hat mein elend Leben mit einmal ein Ende.«
»Gut,« erwiderte das Männlein, »wenn du nicht anders willst, so kannst du es haben; meine Axt habe ich bei der Hand.« Er nahm ganz ruhig sein Pfeiflein aus dem Mund, klopfte es aus und steckte es ein. Dann stand er langsam auf und ging hinter die Tannen. Peter aber setzte sich weinend ins Gras, sein Leben war ihm nichts mehr, und er erwartete geduldig den Todesstreich. Nach einiger Zeit hörte er leise Tritte hinter sich und dachte: »Jetzt wird er kommen.«
»Schau dich noch einmal um, Peter Munk!« rief das Männlein. Er wischte sich die Tränen aus den Augen und schaute sich um, und sah – seine Mutter und Lisbeth, seine Frau, die ihn freundlich anblickten. Da sprang er freudig auf: »So bist du nicht tot, Lisbeth? Und auch Ihr seid da, Mutter, und habt mir vergeben?«
»Sie wollen dir verzeihen!« sprach das Glasmännlein, »weil du wahre Reue fühlst, und alles soll vergessen sein. Zieh jetzt heim in deines Vaters Hütte und sei ein Köhler wie zuvor; bist du brav und bieder, so wirst du dein Handwerk ehren, und deine Nachbarn werden dich mehr lieben und achten, als wenn du zehn Tonnen Goldes hättest.« So sprach das Glasmännlein und nahm Abschied von ihnen.
Die drei lobten und segneten es und gingen heim.
Das prachtvolle Haus des reichen Peters stand nicht mehr; der Blitz hatte es angezündet und mit all seinen Schätzen niedergebrannt; aber nach der väterlichen Hütte war es nicht weit; dorthin ging jetzt ihr Weg, und der große Verlust bekümmerte sie nicht.
Aber wie staunten sie, als sie an die Hütte kamen! Sie war zu einem schönen Bauernhaus geworden, und alles darin war einfach, aber gut und reinlich.

»Das hat das gute Glasmännlein getan!« rief Peter.
»Wie schön!« sagte Frau Lisbeth. »Und hier ist mir viel heimlicher, als in dem großen Haus mit dem vielen Gesinde.«
Von jetzt an wurde Peter Munk ein fleißiger und wackerer Mann. Er war zufrieden mit dem, was er hatte, trieb sein Handwerk unverdrossen, und so kam es, daß er durch eigene Kraft wohlhabend wurde und angesehen und beliebt im ganzen Wald. Er zankte nie mehr mit Frau Lisbeth, ehrte seine Mutter und gab den Armen, die an seine Türe pochten. Als nach Jahr und Tag Frau Lisbeth von einem schönen Knaben genas, ging Peter nach dem Tannenbühl und sagte sein Sprüchlein. Aber das Glasmännlein zeigte sich nicht. »Herr Schatzhauser!« rief er laut. »Hört mich doch; ich will ja nichts anderes, als Euch zu Gevatter bitten bei meinem Söhnlein!« Aber er gab keine Antwort; nur ein kurzer Windstoß sauste durch die Tannen und warf einige Tannenzapfen herab ins Gras. »So will ich dies zum Andenken mitnehmen, weil Ihr Euch doch nicht sehen lassen wollet,« rief Peter, steckte die Zapfen in die Tasche und ging nach Hause; aber als er zu Hause das Sonntagswams auszog und seine Mutter die Taschen umwandte und das Wams in den Kasten legen wollte, da fielen vier stattliche Geldrollen heraus, und als man sie öffnete, waren es lauter gute, neue, badische Taler, und kein einziger falscher darunter. Und das war das Patengeschenk des Männleins im Tannenwald für den kleinen Peter.
So lebten sie still und unverdrossen fort, und noch oft nachher, als Peter Munk schon graue Haare hatte, sagte er: »Es ist doch besser, zufrieden zu sein mit wenigem, als Gold und Güter haben, und ein *kaltes Herz*.«

E. T. A. HOFFMANN
DER SANDMANN

Nathanael an Lothar

Gewiß seid Ihr alle voll Unruhe, daß ich so lange – lange nicht geschrieben. Mutter zürnt wohl, und Clara mag glauben, ich lebe hier in Saus und Braus und vergesse mein holdes Engelsbild, so tief mir in Herz und Sinn eingeprägt, ganz und gar. – Dem ist aber nicht so; täglich und stündlich gedenke ich Eurer aller und in süßen Träumen geht meines holden Clärchens freundliche Gestalt vorüber und lächelt mich mit ihren hellen Augen so anmutig an, wie sie wohl pflegte, wenn ich zu Euch hineintrat. – Ach wie vermochte ich denn Euch zu schreiben, in der zerrissenen Stimmung des Geistes, die mir bisher alle Gedanken verstörte! – Etwas Entsetzliches ist in mein Leben getreten! – Dunkle Ahnungen eines gräßlichen mir drohenden Geschicks breiten sich wie schwarze Wolkenschatten über mich aus, undurchdringlich jedem freundlichen Sonnenstrahl. – Nun soll ich Dir sagen, was mir widerfuhr. Ich muß es, das sehe ich ein, aber nur es denkend, lacht es wie toll aus mir heraus. – Ach mein herzlieber Lothar! wie fange ich es denn an, Dich nur einigermaßen empfinden zu lassen, daß das, was mir vor einigen Tagen geschah, denn wirklich mein Leben so feindlich zerstören konnte! Wärst Du nur hier, so könntest Du selbst schauen; aber jetzt hältst Du mich gewiß für einen aberwitzigen Geisterseher. – Kurz und gut, das Entsetzliche, was mir geschah, dessen tödlichen Eindruck zu vermeiden ich mich vergebens bemühe, besteht in nichts anderm, als daß vor einigen Tagen, nämlich am 30. Oktober mittags um 12 Uhr, ein Wetterglashändler in meine Stube trat und mir seine Ware anbot. Ich kaufte nichts und drohte, ihn die Treppe herabzuwerfen, worauf er aber von selbst fortging.

Du ahnest, daß nur ganz eigne, tief in mein Leben eingreifende Beziehungen diesem Vorfall Bedeutung geben können, ja, daß wohl die Person jenes unglückseligen Krämers gar feindlich auf mich wirken muß. So ist es in der Tat. Mit aller Kraft fasse ich mich zusammen, um ruhig und geduldig Dir aus meiner frühern Jugendzeit so viel zu erzählen, daß Deinem regen Sinn alles klar und deutlich in leuchtenden Bildern aufgehen wird. Indem ich anfangen will, höre ich Dich lachen und Clara sagen: »Das sind ja rechte Kindereien!« – Lacht, ich bitte Euch, lacht mich recht herzlich aus! – ich bitt Euch sehr! – Aber Gott im Himmel! die Haare sträuben sich mir und es ist, als flehe ich Euch an, mich auszulachen, in wahnsinniger Verzweiflung, wie Franz Moor den Daniel. – Nun fort zur Sache!

Außer dem Mittagessen sahen wir, ich und mein Geschwister, tagüber den Vater wenig. Er mochte mit seinem Dienst viel beschäftigt sein. Nach dem Abendessen, das alter Sitte gemäß schon um sieben Uhr aufgetragen wurde, gingen wir alle, die Mutter mit uns, in des Vaters Arbeitszimmer und setzten uns um einen runden Tisch. Der Vater rauchte Tabak und trank ein großes Glas Bier dazu. Oft erzählte er uns viele wunderbare Geschichten und geriet darüber so in Eifer, daß ihm die Pfeife immer ausging, die ich, ihm brennend Papier hinhaltend, wieder anzünden mußte, welches mir denn ein Hauptspaß war. Oft gab er uns aber Bilderbücher in die Hände, saß stumm und starr in seinem Lehnstuhl und blies starke Dampfwolken von sich, daß wir alle wie im Nebel schwammen. An solchen Abenden war die Mutter sehr traurig und kaum schlug die Uhr neun, so sprach sie: »Nun Kinder! – zu Bette! zu Bette! der Sandmann kommt, ich merk es schon.« Wirklich hörte ich dann jedesmal etwas schweren langsamen Tritts die Treppe heraufpoltern; das mußte der Sandmann sein. Einmal war mir jenes dumpfe Treten und

Poltern besonders graulich; ich frug die Mutter, indem sie uns fortführte: »Ei Mama! wer ist denn der böse Sandmann, der uns immer von Papa forttreibt? – wie sieht er denn aus?« – »Es gibt keinen Sandmann, mein liebes Kind«, erwiderte die Mutter: »wenn ich sage, der Sandmann kommt, so will das nur heißen, ihr seid schläfrig und könnt die Augen nicht offen behalten, als hätte man euch Sand hineingestreut.« – Der Mutter Antwort befriedigte mich nicht, ja in meinem kindischen Gemüt entfaltete sich deutlich der Gedanke, daß die Mutter den Sandmann nur verleugne, damit wir uns vor ihm nicht fürchten sollten, ich hörte ihn ja immer die Treppe heraufkommen. Voll Neugierde, Näheres von diesem Sandmann und seiner Beziehung auf uns Kinder zu erfahren, frug ich endlich die alte Frau, die meine jüngste Schwester wartete: was denn das für ein Mann sei, der Sandmann? »Ei Thanelchen«, erwiderte diese, »weißt du das noch nicht? Das ist ein böser Mann, der kommt zu den Kindern, wenn sie nicht zu Bett gehen wollen und wirft ihnen Händevoll Sand in die Augen, daß sie blutig zum Kopf herausspringen, die wirft er dann in den Sack und trägt sie in den Halbmond zur Atzung für seine Kinderchen; die sitzen dort im Nest und haben krumme Schnäbel, wie die Eulen, damit picken sie der unartigen Menschenkindlein Augen auf.« – Gräßlich malte sich nun im Innern mir das Bild des grausamen Sandmanns aus; sowie es abends die Treppe heraufpolterte, zitterte ich vor Angst und Entsetzen. Nichts als den unter Tränen hergestotterten Ruf: »Der Sandmann! der Sandmann!« konnte die Mutter aus mir herausbringen. Ich lief darauf in das Schlafzimmer, und wohl die ganze Nacht über quälte mich die fürchterliche Erscheinung des Sandmanns. – Schon alt genug war ich geworden, um einzusehen, daß das mit dem Sandmann und seinem Kindernest im Halbmonde, so wie es mir die Wartefrau erzählt hatte, wohl nicht ganz seine Richtigkeit haben könne; indessen blieb mir der Sandmann ein fürchterliches Gespenst, und Grauen – Entsetzen ergriff mich, wenn ich ihn nicht allein die Treppe heraufkommen, sondern auch meines Vaters Stubentür heftig aufreißen und hineintreten hörte. Manchmal blieb er lange weg, dann kam er öfter hintereinander. Jahrelang dauerte das, und nicht gewöhnen konnte ich mich an den unheimlichen Spuk, nicht bleicher wurde in mir das Bild des grausigen Sandmanns. Sein Umgang mit dem Vater fing an meine Fantasie immer mehr und mehr zu beschäftigen: den Vater darum zu befragen hielt mich eine unüberwindliche Scheu zurück, aber selbst – selbst das Geheimnis zu erforschen, den fabelhaften Sandmann zu sehen, dazu keimte mit den Jahren immer mehr die Lust in mir empor. Der Sandmann hatte mich auf die Bahn des Wunderbaren, Abenteuerlichen gebracht, das so schon leicht im kindlichen Gemüt sich einnistet. Nichts war mir lieber, als schauerliche Geschichten von Kobolten, Hexen, Däumlingen usw. zu hören oder zu lesen; aber obenan stand immer der Sandmann, den ich in den seltsamsten, abscheulichsten Gestalten überall auf Tische, Schränke und Wände mit Kreide, Kohle, hinzeichnete. Als ich zehn Jahre alt geworden, wies mich die Mutter aus der Kinderstube in ein Kämmerchen, das auf dem Korridor unfern von meines Vaters Zimmer lag. Noch immer mußten wir uns, wenn auf den Schlag neun Uhr sich jener Unbekannte im Hause hören ließ, schnell entfernen. In meinem Kämmerchen vernahm ich, wie er bei dem Vater hineintrat und bald darauf war es mir dann, als verbreite sich im Hause ein feiner seltsam riechender Dampf. Immer höher mit der Neugierde wuchs der Mut, auf irgend eine Weise des Sandmanns Bekanntschaft zu machen. Oft schlich ich schnell aus dem Kämmerchen auf den Korridor, wenn die Mutter vorübergegangen, aber nichts konnte ich erlauschen, denn immer war der Sandmann schon zur Türe hinein, wenn ich den Platz erreicht hatte, wo er mir sichtbar werden mußte. Endlich von unwiderstehlichem Drange getrieben, beschloß ich, im Zimmer des Vaters selbst mich zu verbergen und den Sandmann zu erwarten.

An des Vaters Schweigen, an der Mutter Traurigkeit merkte ich eines Abends, daß der Sandmann kommen werde; ich schützte daher große Müdigkeit vor, verließ schon vor neun Uhr das Zimmer und verbarg mich dicht neben der Türe in einen Schlumpfwinkel. Die Haustür knarrte, durch den Flur ging es, langsamen, schweren, dröhnenden Schrittes nach der Treppe. Die Mutter eilte mit dem Geschwister mir vorüber. Leise – leise öffnete ich des Vaters Stubentür. Er saß, wie gewöhnlich, stumm und starr den Rücken der Türe zugekehrt, er bemerkte mich nicht, schnell war ich hinein und hinter der Gardine, die einem gleich neben der Türe stehenden offenen Schrank, worin meines Vaters Kleider hingen, vorgezogen war. – Näher – immer näher dröhnten die Tritte – es hustete und scharrte und brummte seltsam draußen. Das Herz bebte mir vor Angst und Erwartung. – Dicht, dicht vor der Türe ein scharfer Tritt – ein heftiger Schlag auf die Klinke, die Tür springt rasselnd auf! – Mit Gewalt mich ermannend gucke ich behutsam hervor. Der Sandmann steht mitten in der Stube vor meinem Vater, der helle Schein der Lichter brennt ihm ins Gesicht! – Der Sandmann, der fürchterliche Sandmann ist der alte Advokat Coppelius, der manchmal bei uns zu Mittage ißt!

Aber die gräßlichste Gestalt hätte mir nicht tieferes Entsetzen erregen können als eben dieser Coppelius. – Denke Dir einen großen breitschultrigen Mann mit einem unförmlich dicken Kopf, erdgelbem Gesicht, buschigten grauen Augenbrauen, unter denen ein Paar grünliche Katzenaugen stechend hervorfunkeln, großer, starker über die Oberlippe gezogener Nase. Das schiefe Maul verzieht sich oft zum hämischen Lachen; dann werden auf den Backen ein paar dunkelrote Flecke sichtbar und ein seltsam zischender Ton fährt durch die zusammengekniffenen Zähne. Coppelius erschien immer in einem altmodisch zugeschnittenen aschgrauen Rocke, ebensolcher Weste und gleichen Beinkleidern, aber dazu schwarze Strümpfe und Schuhe mit kleinen Steinschnallen. Die kleine Perücke reichte kaum bis über den Kopfwirbel heraus, die Kleblocken standen hoch über den großen roten Ohren und ein breiter verschlossener Haarbeutel starrte von dem Nacken weg, so daß man die silberne Schnalle sah, die die gefältelte Halsbinde schloß. Die ganze Figur war überhaupt widrig und abscheulich; aber vor allem waren uns Kindern seine großen knotigten, haarigten Fäuste zuwider, so daß wir, was er damit berührte, nicht mehr mochten. Das hatte er bemerkt und nun war es seine Freude, irgend ein Stückchen Kuchen, oder eine süße Frucht, die uns die gute Mutter heimlich auf den Teller gelegt, unter diesem, oder jenem Vorwande zu berühren, daß wir, helle Tränen in den Augen, die Näscherei, der wir uns erfreuen sollten, nicht mehr genießen mochten vor Ekel und Abscheu. Ebenso machte er es, wenn uns an Feiertagen der Vater ein klein Gläschen süßen Weins eingeschenkt hatte. Dann fuhr er schnell mit der Faust herüber, oder brachte wohl gar das Glas an die blauen Lippen und lachte recht teuflisch, wenn wir unsern Ärger nur leise schluchzend äußern durften. Er pflegte uns nur immer die kleinen Bestien zu nennen; wir durften, war er zugegen, keinen Laut von uns geben und verwünschten den häßlichen, feindlichen Mann, der uns recht mit Bedacht und Absicht auch die kleinste Freude verdarb. Die Mutter schien ebenso, wie wir, den widerwärtigen Coppelius zu hassen; denn sowie er sich zeigte, war ihr Frohsinn, ihr heiteres unbefangenes Wesen umgewandelt in traurigen, düstern Ernst. Der Vater betrug sich gegen ihn, als sei er

ein höheres Wesen, dessen Unarten man dulden und das man auf jede Weise bei guter Laune erhalten müsse. Er durfte nur leise andeuten und Lieblingsgerichte wurden gekocht und seltene Weine kredenzt.
Als ich nun diesen Coppelius sah, ging es grausig und entsetzlich in meiner Seele auf, daß ja niemand anders, als er, der Sandmann sein könne, aber der Sandmann war mir nicht mehr jener Popanz aus dem Ammenmärchen, der dem Eulennest im Halbmonde Kinderaugen zur Atzung holt – nein! – ein häßlicher gespenstischer Unhold, der überall, wo er einschreitet, Jammer – Not – zeitliches, ewiges Verderben bringt.
Ich war festgezaubert. Auf die Gefahr entdeckt, und, wie ich deutlich dachte, hart gestraft zu werden, blieb ich stehen, den Kopf lauschend durch die Gardine hervorgestreckt. Mein Vater empfing den Coppelius feierlich. »Auf! – zum Werk«, rief dieser mit heiserer, schnarrender Stimme und warf den Rock ab. Der Vater zog still und finster seinen Schlafrock aus und beide kleideten sich in lange schwarze Kittel. Wo sie *die* hernahmen, hatte ich übersehen. Der Vater öffnete die Flügeltür eines Wandschranks; aber ich sah, daß das, was ich so lange dafür gehalten, kein Wandschrank, sondern vielmehr eine schwarze Höhlung war, in der ein kleiner Herd stand. Coppelius trat hinzu und eine blaue Flamme knisterte auf dem Herde empor. Allerlei seltsames Geräte stand umher. Ach Gott! – wie sich nun mein alter Vater zum Feuer herabbückte, da sah er ganz anders aus. Ein gräßlicher krampfhafter Schmerz schien seine sanften ehrlichen Züge zum häßlichen widerwärtigen Teufelsbilde verzogen zu haben. Er sah dem Coppelius ähnlich. Dieser schwang die glutrote Zange und holte damit hellblinkende Massen aus dem dicken Qualm, die er dann emsig hämmerte. Mir war es als würden Menschengesichter ringsumher sichtbar, aber ohne Augen – scheußliche, tiefe

schwarze Höhlen statt ihrer. »Augen her, Augen her!« rief Coppelius mit dumpfer dröhnender Stimme. Ich kreischte auf von wildem Entsetzen gewaltig erfaßt und stürzte aus meinem Versteck heraus auf den Boden. Da ergriff mich Coppelius, »kleine Bestie! – kleine Bestie!« meckerte er zähnefletschend! – riß mich auf und warf mich auf den Herd, daß die Flamme mein Haar zu sengen begann: »Nun haben wir Augen – Augen – ein schön Paar Kinderaugen.« So flüsterte Coppelius, und griff mit den Fäusten glutrote Körner aus der Flamme, die er mir in die Augen streuen wollte. Da hob mein Vater flehend die Hände empor und rief: »Meister! Meister! laß meinem Nathanael die Augen – laß sie ihm!« Coppelius lachte gellend auf und rief: »Mag denn der Junge die Augen behalten und sein Pensum flennen in der Welt; aber nun wollen wir doch den Mechanismus der Hände und der Füße recht observieren.« Und damit faßte er mich gewaltig, daß die Gelenke knackten, und schrob mir die Hände ab und die Füße und setzte sie bald hier, bald dort wieder ein. »'s steht doch überall nicht recht! 's gut so wie es war! – Der Alte hat's verstanden!« So zischte und lispelte Coppelius; aber alles um mich her wurde schwarz und finster, ein jäher Krampf durchzuckte Nerv und Gebein – ich fühlte nichts mehr. Ein sanfter warmer Hauch glitt über mein Gesicht, ich erwachte wie aus dem Todesschlaf, die Mutter hatte sich über mich hingebeugt. »Ist der Sandmann noch da?« stammelte ich. »Nein, mein liebes Kind, der ist lange, lange fort, der tut dir keinen Schaden!« – So sprach die Mutter und küßte und herzte den wiedergewonnenen Liebling.

Was soll ich Dich ermüden, mein herzlieber Lothar! was soll ich so weitläufig einzelnes hererzählen, da noch so vieles zu sagen übrig bleibt? Genug! – ich war bei der Lauscherei entdeckt, und von Coppelius gemißhandelt worden. Angst und Schrecken hatten mir ein hitziges Fieber

zugezogen, an dem ich mehrere Wochen krank lag. »Ist der Sandmann noch da?« – Das war mein erstes gesundes Wort und das Zeichen meiner Genesung, meiner Rettung. – Nur noch den schrecklichsten Moment meiner Jugendjahre darf ich Dir erzählen; dann wirst Du überzeugt sein, daß es nicht meiner Augen Blödigkeit ist, wenn mir nun alles farblos erscheint, sondern, daß ein dunkles Verhängnis wirklich einen trüben Wolkenschleier über mein Leben gehängt hat, den ich vielleicht nur sterbend zerreiße.
Coppelius ließ sich nicht mehr sehen, es hieß, er habe die Stadt verlassen.
Ein Jahr mochte vergangen sein, als wir der alten unveränderten Sitte gemäß abends an dem runden Tische saßen. Der Vater war sehr heiter und erzählte viel Ergötzliches von den Reisen, die er in seiner Jugend gemacht. Da hörten wir, als es neune schlug, plötzlich die Haustür in den Angeln knarren und langsame eisenschwere Schritte dröhnten durch den Hausflur die Treppe herauf. »Das ist Coppelius«, sagte meine Mutter erblassend. »Ja! – es ist Coppelius«, wiederholte der Vater mit matter gebrochener Stimme. Die Tränen stürzten der Mutter aus den Augen. »Aber Vater, Vater!« rief sie, »muß es denn so sein?« – »Zum letzten Male!« erwiderte dieser, »zum letzten Male kommt er zu mir, ich verspreche es dir. Geh nur, geh mit den Kindern! – Geht – geht zu Bette! Gute Nacht!«
Mir war es, als sei ich in schweren kalten Stein eingepreßt – mein Atem stockte! – Die Mutter ergriff mich beim Arm als ich unbeweglich stehen blieb: »Komm Nathanael, komme nur!« – Ich ließ mich fortführen, ich trat in meine Kammer. »Sei ruhig, sei ruhig, lege dich ins Bette! – schlafe – schlafe«, rief mir die Mutter nach; aber von unbeschreiblicher innerer Angst und Unruhe gequält, konnte ich kein Auge zutun. Der verhaßte abscheuliche Coppelius stand vor mir mit funkelnden Augen und lachte mich

hämisch an, vergebens trachtete ich sein Bild los zu werden. Es mochte wohl schon Mitternacht sein, als ein entsetzlicher Schlag geschah, wie wenn ein Geschütz losgefeuert würde. Das ganze Haus erdröhnte, es rasselte und rauschte bei meiner Türe vorüber, die Haustüre wurde klirrend zugeworfen. »Das ist Coppelius!« rief ich entsetzt und sprang aus dem Bette. Da kreischte es auf in schneidendem trostlosen Jammer, fort stürzte ich nach des Vaters Zimmer, die Türe stand offen, erstickender Dampf quoll mir entgegen, das Dienstmädchen schrie: »Ach, der Herr! – der Herr!« – Vor dem dampfenden Herde auf dem Boden lag mein Vater tot mit schwarz verbranntem gräßlich verzerrtem Gesicht, um ihn herum heulten und winselten die Schwestern – die Mutter ohnmächtig daneben! – »Coppelius, verruchter Satan, du hast den Vater erschlagen!« – So schrie ich auf; mir vergingen die Sinne. Als man zwei Tage darauf meinen Vater in den Sarg legte, waren seine Gesichtszüge wieder mild und sanft geworden, wie sie im Leben waren. Tröstend ging es in meiner Seele auf, daß sein Bund mit dem teuflischen Coppelius ihn nicht ins ewige Verderben gestürzt haben könne.
Die Explosion hatte die Nachbarn geweckt, der Vorfall wurde ruchtbar und kam vor die Obrigkeit, welche den Coppelius zur Verantwortung vorfordern wollte. Der war aber spurlos vom Orte verschwunden.
Wenn ich Dir nun sage, mein herzlieber Freund! daß jener Wetterglashändler eben der verruchte Coppelius war, so wirst Du mir es nicht verargen, daß ich die feindliche Erscheinung als schweres Unheil bringend deute. Er war anders gekleidet, aber Coppelius' Figur und Gesichtszüge sind zu tief in mein Innerstes eingeprägt, als daß hier ein Irrtum möglich sein sollte. Zudem hat Coppelius nicht einmal seinen Namen geändert. Er gibt sich hier, wie ich höre, für einen piemontesischen Mechanikus aus, und nennt sich Giuseppe Coppola.

Ich bin entschlossen es mit ihm aufzunehmen und des Vaters Tod zu rächen, mag es denn nun gehen wie es will. Der Mutter erzähle nichts von dem Erscheinen des gräßlichen Unholds – Grüße meine liebe holde Clara, ich schreibe ihr in ruhigerer Gemütsstimmung. Lebe wohl etc. etc.

Clara an Nathanael

Wahr ist es, daß Du recht lange mir nicht geschrieben hast, aber dennoch glaube ich, daß Du mich in Sinn und Gedanken trägst. Denn meiner gedachtest Du wohl recht lebhaft, als Du Deinen letzten Brief an Bruder Lothar absenden wolltest und die Aufschrift, statt an ihn an mich richtetest. Freudig erbrach ich den Brief und wurde den Irrtum erst bei den Worten inne: »Ach mein herzlieber Lothar!« – Nun hätte ich nicht weiter lesen, sondern den Brief dem Bruder geben sollen. Aber, hast Du mir auch sonst manchmal in kindischer Neckerei vorgeworfen, ich hätte solch ruhiges, weiblich besonnenes Gemüt, daß ich wie jene Frau, drohe das Haus den Einsturz, noch vor schneller Flucht ganz geschwinde einen falschen Kniff in der Fenstergardine glattstreichen würde, so darf ich doch wohl kaum versichern, daß Deines Briefes Anfang mich tief erschütterte. Ich konnte kaum atmen, es flimmerte mir vor den Augen. – Ach, mein herzgeliebter Nathanael! was konnte so Entsetzliches in Dein Leben getreten sein! Trennung von Dir, Dich niemals wiedersehen, der Gedanke durchfuhr meine Brust wie ein glühender Dolchstich. – Ich las und las! – Deine Schilderung des widerwärtigen Coppelius ist gräßlich. Erst jetzt vernahm ich, wie Dein guter alter Vater solch entsetzlichen, gewaltsamen Todes starb. Bruder Lothar, dem ich sein Eigentum zustellte, suchte mich zu beruhigen, aber es gelang ihm schlecht. Der fatale Wetterglashändler Giuseppe Coppola verfolgte mich auf Schritt und Tritt und beinahe schäme ich mich, es zu gestehen, daß er selbst meinen gesunden, sonst so ruhigen Schlaf in allerlei wunderlichen Traumgebilden zerstören konnte. Doch bald, schon den andern Tag, hatte sich alles anders in mir gestaltet. Sei mir nur nicht böse, mein Inniggeliebter, wenn Lothar Dir etwa sagen möchte, daß ich trotz Deiner seltsamen Ahnung, Coppelius werde Dir etwas Böses antun, ganz heitern unbefangenen Sinnes bin, wie immer.

Geradeheraus will ich es Dir nur gestehen, daß, wie ich meine, alles Entsetzliche und Schreckliche, wovon Du sprichst, nur in Deinem Innern vorging, die wahre wirkliche Außenwelt aber daran wohl wenig teilhatte. Widerwärtig genug mag der alte Coppelius gewesen sein, aber daß er Kinder haßte, das brachte in Euch Kindern wahren Abscheu gegen ihn hervor.

Natürlich verknüpfte sich nun in Deinem kindischen Gemüt der schreckliche Sandmann aus dem Ammenmärchen mit dem alten Coppelius, der Dir, glaubtest Du auch nicht an den Sandmann, ein gespenstischer, Kindern vorzüglich gefährlicher, Unhold blieb. Das unheimliche Treiben mit Deinem Vater zur Nachtzeit war wohl nichts anders, als daß beide insgeheim alchimistische Versuche machten, womit die Mutter nicht zufrieden sein konnte, da gewiß viel Geld unnütz verschleudert und obendrein, wie es immer mit solchen Laboranten der Fall sein soll, des Vaters Gemüt ganz von dem trügerischen Drange nach hoher Weisheit erfüllt, der Familie abwendig gemacht wurde. Der Vater hat wohl gewiß durch eigne Unvorsichtigkeit seinen Tod herbeigeführt, und Coppelius ist nicht schuld daran: Glaubst Du, daß ich den erfahrnen Nachbar Apotheker gestern frug, ob wohl bei chemischen Versuchen eine solche augenblicklich tötende Explosion möglich sei? Der sagte: »Ei allerdings« und beschrieb mir nach seiner Art gar weitläuftig und umständlich, wie das zugehen könne, und nannte dabei so viel sonderbar klingende Namen, die ich gar nicht zu behalten vermochte. – Nun wirst Du wohl unwillig werden über Deine Clara, Du wirst sagen: »In dies kalte Gemüt dringt kein Strahl des Geheimnisvollen, das den Menschen oft mit unsichtbaren Armen umfaßt; sie erschaut nur die bunte Oberfläche der Welt und freut sich, wie das kindische Kind über die goldgleißende Frucht, in deren Innerm tödliches Gift verborgen.«

Ach mein herzgeliebter Nathanael! glaubst Du denn nicht, daß auch in heitern – unbefangenen – sorglosen Gemütern die Ahnung wohnen könne von einer dunklen Macht, die feindlich uns in unserm eignen Selbst zu verderben strebt? – Aber verzeih es mir, wenn ich einfältig Mädchen mich unterfange, auf irgend eine Weise anzudeuten, was ich eigentlich von solchem Kampfe im Innern glaube. – Ich finde wohl gar am Ende nicht die rechten Worte und Du lachst mich aus, nicht, weil ich was Dummes meine, sondern weil ich mich so ungeschickt anstelle, es zu sagen.

Gibt es eine dunkle Macht, die so recht feindlich und verräterisch einen Faden in unser Inneres legt, woran sie uns dann festpackt und fortzieht auf einem gefahrvollen verderblichen Wege, den wir sonst nicht betreten haben würden – gibt es solche Macht, so muß sie in uns sich, wie wir selbst gestalten, ja unser Selbst werden; denn nur *so* glauben wir an sie und räumen ihr den Platz ein, dessen sie bedarf, um jenes geheime Werk zu vollbringen. Haben wir festen, durch das heitre Leben gestärkten, Sinn genug, um fremdes feindliches Einwirken als solches stets zu erkennen und den Weg, in den uns Neigung und Beruf geschoben, ruhigen Schrittes zu verfolgen, so geht wohl jene unheimliche Macht unter in dem vergeblichen Ringen nach der Gestaltung, die unser eignes Spiegelbild sein sollte. Es ist auch gewiß, fügt Lothar hinzu, daß die dunkle psychische Macht, haben wir uns durch uns selbst ihr hingegeben, oft fremde Gestalten, die die Außenwelt uns in

den Weg wirft, in unser Inneres hineinzieht, so, daß wir selbst nur den Geist entzünden, der, wie wir in wunderlicher Täuschung glauben, aus jener Gestalt spricht. Es ist das Phantom unseres eigenen Ichs, dessen innige Verwandtschaft und dessen tiefe Einwirkung auf unser Gemüt uns in die Hölle wirft, oder in den Himmel verzückt. – Du merkst, mein herzlieber Nathanael! daß wir, ich und Bruder Lothar uns recht über die Materie von dunklen Mächten und Gewalten ausgesprochen haben, die mir nun, nachdem ich nicht ohne Mühe das Hauptsächlichste aufgeschrieben, ordentlich tiefsinnig vorkommt. Lothars letzte Worte verstehe ich nicht ganz, ich ahne nur, was er meint, und doch ist es mir, als sei alles sehr wahr. Ich bitte Dich, schlage Dir den häßlichen Advokaten Coppelius und den Wetterglasmann Giuseppe Coppola ganz aus dem Sinn. Sei überzeugt, daß diese fremden Gestalten nichts über Dich vermögen; nur der Glaube an ihre feindliche Gewalt kann sie Dir in der Tat feindlich machen. Spräche nicht aus jeder Zeile Deines Briefes die tiefste Aufregung Deines Gemüts, schmerzte mich nicht Dein Zustand recht in innerster Seele, wahrhaftig, ich könnte über den Advokaten Sandmann und den Wetterglashändler Coppelius scherzen. Sei heiter – heiter! – Ich habe mir vorgenommen, bei Dir zu erscheinen, wie Dein Schutzgeist, und den häßlichen Coppola, sollte er es sich etwa beikommen lassen, Dir im Traum beschwerlich zu fallen, mit lautem Lachen fortzubannen. Ganz und gar nicht fürchte ich mich vor ihm und vor seinen garstigen Fäusten, er soll mir weder als Advokat eine Näscherei, noch als Sandmann die Augen verderben.
Ewig, mein herzinnigstgeliebter Nathanael etc. etc. etc.

Nathanael an Lothar
Sehr unlieb ist es mir, daß Clara neulich den Brief an Dich aus, freilich durch meine Zerstreutheit veranlaßtem, Irr-

tum erbrach und las. Sie hat mir einen sehr tiefsinnigen philosophischen Brief geschrieben, worin sie ausführlich beweiset, daß Coppelius und Coppola nur in meinem Innern existieren und Phantome meines Ichs sind, die augenblicklich zerstäuben, wenn ich sie als solche erkenne. In der Tat, man sollte gar nicht glauben, daß der Geist, der aus solch hellen holdlächelnden Kindesaugen, oft wie ein lieblicher süßer Traum, hervorleuchtet, so gar verständig, so magistermäßig distinguieren könne. Sie beruft sich auf Dich. Ihr habt über mich gesprochen. Du liesest ihr wohl logische Kollegia, damit sie alles fein sichten und sondern lerne. – Laß das bleiben! – Übrigens ist es wohl gewiß, daß der Wetterglashändler Giuseppe Coppola keinesweges der alte Advokat Coppelius ist. Ich höre bei dem erst neuerdings angekommenen Professor der Physik, der, wie jener berühmte Naturforscher, Spalanzani heißt und italienischer Abkunft ist, Kollegia. Der kennt den Coppola schon seit vielen Jahren und überdem hört man es auch seiner Aussprache an, daß er wirklich Piemonteser ist. Coppelius war ein Deutscher, aber wie mich dünkt, kein ehrlicher. Ganz beruhigt bin ich nicht. Haltet Ihr, Du und Clara, mich immerhin für einen düstern Träumer, aber nicht los kann ich den Eindruck werden, den Coppelius' verfluchtes Gesicht auf mich macht. Ich bin froh, daß er fort ist aus der Stadt, wie mir Spalanzani sagt. Dieser Professor ist ein wunderlicher Kauz. Ein kleiner rundlicher Mann, das Gesicht mit starken Backenknochen, feiner Nase, aufgeworfenen Lippen, kleinen stechenden Augen. Doch besser, als in jeder Beschreibung, siehst Du ihn, wenn Du den Cagliostro, wie er von Chodowiecki in irgend einem berlinischen Taschenkalender steht, anschauest. – So sieht Spalanzani aus. – Neulich steige ich die Treppe herauf und nehme wahr, daß die sonst einer Glastüre dicht vorgezogene Gardine zur Seite einen kleinen Spalt läßt. Selbst weiß ich nicht, wie ich dazu kam, neugie-

rig durchzublicken. Ein hohes, sehr schlank im reinsten Ebenmaß gewachsenes, herrlich gekleidetes Frauenzimmer saß im Zimmer vor einem kleinen Tisch, auf den sie beide Ärme, die Hände zusammengefaltet, gelegt hatte. Sie saß der Türe gegenüber, so, daß ich ihr engelschönes Gesicht ganz erblickte. Sie schien mich nicht zu bemerken, und überhaupt hatten ihre Augen etwas Starres, beinahe möcht ich sagen, keine Sehkraft, es war mir so, als schliefe sie mit offnen Augen. Mir wurde ganz unheimlich und deshalb schlich ich leise fort ins Auditorium, das daneben gelegen. Nachher erfuhr ich, daß die Gestalt, die ich gesehen, Spalanzanis Tochter, Olimpia war, die er sonderbarer und schlechter Weise einsperrt, so daß durchaus kein Mensch in ihre Nähe kommen darf. – Am Ende hat es eine Bewandtnis mit ihr, sie ist vielleicht blödsinnig oder sonst. – Weshalb schreibe ich Dir aber das alles? Besser und ausführlicher hätte ich Dir das mündlich erzählen können. Wisse nämlich, daß ich über vierzehn Tage bei Euch bin. Ich muß mein süßes liebes Engelsbild, meine Clara, wiedersehen. Weggehaucht wird dann die Verstimmung sein, die sich (ich muß das gestehen) nach dem fatalen verständigen Briefe meiner bemeistern wollte. Deshalb schreibe ich auch heute nicht an sie.
Tausend Grüße etc. etc. etc.

Seltsamer und wunderlicher kann nichts erfunden werden, als dasjenige ist, was sich mit meinem armen Freunde, dem jungen Studenten Nathanael, zugetragen, und was ich dir, günstiger Leser! zu erzählen unternommen. Hast du, Geneigtester! wohl jemals etwas erlebt, das deine Brust, Sinn und Gedanken ganz und gar erfüllte, alles andere daraus verdrängend? Es gärte und kochte in dir, zur siedenden Glut entzündet sprang das Blut durch die Adern und färbte höher deine Wangen. Dein Blick war so seltsam als wolle er Gestalten, keinem andern Auge sichtbar, im leeren Raum erfassen und die Rede zerfloß in dunkle Seufzer. Da frugen dich die Freunde: »Wie ist Ihnen, Verehrter? – Was haben Sie, Teurer?« Und nun wolltest du das innere Gebilde mit allen glühenden Farben und Schatten und Lichtern aussprechen und mühtest dich ab, Worte zu finden, um nur anzufangen. Aber es war dir, als müßtest du nun gleich im ersten Wort alles Wunderbare, Herrliche, Entsetzliche, Lustige, Grauenhafte, das sich zugetragen, recht zusammengreifen, so daß es, wie ein elektrischer Schlag, alle treffe. Doch jedes Wort, alles was Rede vermag, schien dir farblos und frostig und tot. Du suchst und suchst, und stotterst und stammelst, und die nüchternen Fragen der Freunde schlagen, wie eisige Windeshauche, hinein in deine innere Glut, bis sie verlöschen will. Hattest du aber, wie ein kecker Maler, erst mit einigen verwegenen Strichen, den Umriß deines innern Bildes hingeworfen, so trugst du mit leichter Mühe immer glühender und glühender die Farben auf und das lebendige Gewühl mannigfacher Gestalten riß die Freunde fort und sie sahen, wie du, sich selbst mitten im Bilde, das aus deinem Gemüt hervorgegangen! – Mich hat, wie ich es dir, geneigter Leser! gestehen muß, eigentlich niemand nach der Geschichte des jungen Nathanael gefragt; du weißt ja aber wohl, daß ich zu dem wunderlichen Geschlechte der Autoren gehöre, denen, tragen sie etwas so in sich, wie ich es vorhin beschrieben, so zu Mute wird, als frage jeder, der in ihre Nähe kommt und nebenher auch wohl noch die ganze Welt: »Was ist es denn? Erzählen Sie Liebster?« – So trieb es mich denn gar gewaltig, von Nathanaels verhängnisvollem Leben zu dir zu sprechen. Das Wunderbare, Seltsame davon erfüllte meine ganze Seele, aber eben deshalb und weil ich dich, o mein Leser! gleich geneigt machen mußte, Wunderliches zu ertragen, welches nichts Geringes ist, quälte ich mich ab, Nathanaels Geschichte, bedeutend – originell, ergreifend, anzufangen: »Es war einmal« – der schönste Anfang jeder Erzählung, zu nüchtern! – »In der kleinen Provinzialstadt S. lebte« – etwas besser, wenigstens ausholend zum Klimax. – Oder gleich medias in res: »›Scher er sich zum Teufel‹, rief, Wut und Entsetzen im wilden Blick, der Student Nathanael, als der Wetterglashändler Giuseppe Coppola« – Das hatte ich in der Tat schon aufgeschrieben, als ich in dem wilden Blick des Studenten Nathanael etwas Possierliches zu verspüren glaubte; die Geschichte ist aber gar nicht spaßhaft. Mir kam keine Rede in den Sinn, die nur im mindesten etwas von dem Farbenglanz des innern Bildes abzuspiegeln schien. Ich beschloß gar nicht anzufangen. Nimm, geneigter Leser! die drei Briefe, welche Freund Lothar mir gütigst mitteilte, für den Umriß des Gebildes, in das ich nun erzählend immer mehr und mehr Farbe hineinzutragen mich bemühen werde. Vielleicht gelingt es mir, manche Gestalt, wie ein guter Porträtmaler, so aufzufassen, daß du es ähnlich findest, ohne das Original zu kennen, ja daß es dir ist, als hättest du die Person recht oft schon mit leibhaftigen Augen gesehen. Vielleicht wirst du, o mein Leser! dann glauben, daß nichts wunderlicher und toller sei, als das wirkliche Leben und daß dieses der Dichter doch nur, wie in eines matt geschliffnen Spiegels dunklem Widerschein, auffassen könne.

Damit klarer werde, was gleich anfangs zu wissen nötig, ist jenen Briefen noch hinzuzufügen, daß bald darauf, als Nathanaels Vater gestorben, Clara und Lothar, Kinder eines weitläufigen Verwandten, der ebenfalls gestorben und sie verwaist nachgelassen, von Nathanaels Mutter ins Haus genommen wurden. Clara und Nathanael faßten eine heftige Zuneigung zueinander, wogegen kein Mensch auf Erden etwas einzuwenden hatte; sie waren daher Verlobte, als Nathanael den Ort verließ um seine Studien in G. – fortzusetzen. Da ist er nun in seinem letzten Briefe und hört Kollegia bei dem berühmten Professor Physices, Spalanzani.

Nun könnte ich getrost in der Erzählung fortfahren; aber in dem Augenblick steht Claras Bild so lebendig mir vor Augen, daß ich nicht wegschauen kann, so wie es immer geschah, wenn sie mich holdlächelnd anblickte. – Für schön konnte Clara keinesweges gelten; das meinten alle, die sich von Amtswegen auf Schönheit verstehen. Doch lobten die Architekten die reinen Verhältnisse ihres Wuchses, die Maler fanden Nacken, Schultern und Brust beinahe zu keusch geformt, verliebten sich dagegen sämtlich in das wunderbare Magdalenenhaar und faselten überhaupt viel von Battonischem Kolorit. Einer von ihnen, ein wirklicher Fantast, verglich aber höchstseltsamer Weise Claras Augen mit einem See von Ruisdael, in dem sich des wolkenlosen Himmels reines Azur, Wald- und Blumenflur, der reichen Landschaft ganzes buntes, heitres Leben spiegelt. Dichter und Meister gingen aber weiter und sprachen: »Was See – was Spiegel! – Können wir denn das Mädchen anschauen, ohne daß uns aus ihrem Blick wunderbare himmlische Gesänge und Klänge entgegenstrahlen, die in unser Innerstes dringen, daß da alles wach und rege wird? Singen wir selbst dann nichts wahrhaft Gescheutes, so ist überhaupt nicht viel an uns und das lesen wir denn auch deutlich in dem um Claras Lippen schwebenden feinen Lächeln, wenn wir uns unterfangen, ihr etwas vorzuquinkelieren, das so tun will als sei es Gesang, unerachtet nur einzelne Töne verworren durcheinander springen.« Es war dem so. Clara hatte die lebenskräftige Fantasie des heitern unbefangenen, kindischen Kindes, ein tiefes weiblich zartes Gemüt, einen gar hellen scharf sichtenden Verstand. Die Nebler und Schwebler hatten bei ihr böses Spiel; denn ohne zu viel zu reden, was überhaupt in Claras schweigsamer Natur nicht lag, sagte ihnen der helle Blick, und jenes feine ironische Lächeln: Lieben Freunde!

wie möget ihr mir denn zumuten, daß ich eure verfließende Schattengebilde für wahre Gestalten ansehen soll, mit Leben und Regung? – Clara wurde deshalb von vielen kalt, gefühllos, prosaisch gescholten; aber andere, die das Leben in klarer Tiefe aufgefaßt, liebten ungemein das gemütvolle, verständige, kindliche Mädchen, doch keiner so sehr, als Nathanael, der sich in Wissenschaft und Kunst kräftig und heiter bewegte. Clara hing an dem Geliebten mit ganzer Seele; die ersten Wolkenschatten zogen durch ihr Leben, als er sich von ihr trennte. Mit welchem Entzücken flog sie in seine Arme, als er nun, wie er im letzten Briefe an Lothar es verheißen, wirklich in seiner Vaterstadt ins Zimmer der Mutter eintrat. Es geschah so wie Nathanael geglaubt; denn in dem Augenblick, als er Clara wiedersah, dachte er weder an den Advokaten Coppelius, noch an Claras verständigen Brief, jede Verstimmung war verschwunden.

Recht hatte aber Nathanael doch, als er seinem Freunde Lothar schrieb, daß des widerwärtigen Wetterglashändlers Coppola Gestalt recht feindlich in sein Leben getreten sei. Alle fühlten das, da Nathanael gleich in den ersten Tagen in seinem ganzen Wesen durchaus verändert sich zeigte. Er versank in düstre Träumereien, und trieb es bald so seltsam, wie man es niemals von ihm gewohnt gewesen. Alles, das ganze Leben war ihm Traum und Ahnung geworden; immer sprach er davon, wie jeder Mensch, sich frei wähnend, nur dunklen Mächten zum grausamen Spiel diene, vergeblich lehne man sich dagegen auf, demütig müsse man sich dem fügen, was das Schicksal verhängt habe. Er ging so weit, zu behaupten, daß es töricht sei, wenn man glaube, in Kunst und Wissenschaft nach selbsttätiger Willkür zu schaffen; denn die Begeisterung, in der man nur zu schaffen fähig sei, komme nicht aus dem eignen Innern, sondern sei das Einwirken irgend eines außer uns selbst liegenden höheren Prinzips.

Der verständigen Clara war diese mystische Schwärmerei im höchsten Grade zuwider, doch schien es vergebens, sich auf Widerlegung einzulassen. Nur dann, wenn Nathanael bewies, daß Coppelius das böse Prinzip sei, was ihn in dem Augenblick erfaßt habe, als er hinter dem Vorhange lauschte, und daß dieser widerwärtige *Dämon* auf entsetzliche Weise ihr Liebesglück stören werde, da wurde Clara sehr ernst und sprach: »Ja Nathanael! du hast recht, Coppelius ist ein böses feindliches Prinzip, er kann Entsetzliches wirken, wie eine teuflische Macht, die sichtbarlich in das Leben trat, aber nur dann, wenn du ihn nicht aus Sinn und Gedanken verbannst. Solange du an ihn glaubst, *ist* er auch und wirkt, nur dein Glaube ist seine Macht.« – Nathanael, ganz erzürnt, daß Clara die Existenz des *Dämons* nur in seinem eignen Innern statuiere, wollte dann hervorrücken mit der ganzen mystischen Lehre von Teufeln und grausen Mächten, Clara brach aber verdrüßlich ab, indem sie irgend etwas Gleichgültiges dazwischen schob, zu Nathanaels nicht geringem Ärger. *Der* dachte kalten, unempfänglichen Gemütern erschließen sich nicht solche tiefe Geheimnisse, ohne sich deutlich bewußt zu sein, daß er Clara eben zu solchen untergeordneten Naturen zähle, weshalb er nicht abließ mit Versuchen, sie in jene Geheimnisse einzuweihen. Am frühen Morgen, wenn Clara das Frühstück bereiten half, stand er bei ihr und las ihr aus allerlei mystischen Büchern vor, daß Clara bat: »Aber lieber Nathanael, wenn ich *dich* nun das böse Prinzip schelten wollte, das feindlich auf meinen Kaffee wirkt? – Denn, wenn ich, wie du es willst, alles stehen und liegen lassen und dir, indem du liesest, in die Augen schauen soll, so läuft mir der Kaffee ins Feuer und ihr bekommt alle kein Frühstück!« – Nathanael klappte das Buch heftig zu und rannte voll Unmut fort in sein Zimmer. Sonst hatte er eine besondere Stärke in anmutigen, lebendigen Erzählungen, die er aufschrieb, und die Clara mit dem innigsten Vergnügen anhörte, jetzt waren seine Dichtungen düster, unverständlich, gestaltlos, so daß, wenn Clara schonend es auch nicht sagte, er doch wohl fühlte, wie wenig sie davon angesprochen wurde. Nichts war für Clara tötender, als das Langweilige; in Blick und Rede sprach sich dann ihre nicht zu besiegende geistige Schläfrigkeit aus. Nathanaels Dichtungen waren in der Tat sehr langweilig. Sein Verdruß über Claras kaltes prosaisches Gemüt stieg höher, Clara konnte ihren Unmut über Nathanaels dunkle, düstere, langweilige Mystik nicht überwinden, und so entfernten beide im Innern sich immer mehr voneinander, ohne es selbst zu bemerken. Die Gestalt des häßlichen Coppelius war, wie Nathanael selbst es sich gestehen mußte, in seiner Fantasie erbleicht und es kostete ihm oft Mühe, ihn in seinen Dichtungen, wo er als grauser Schicksalspopanz auftrat, recht lebendig zu kolorieren. Es kam ihm endlich ein, jene düstere Ahnung, daß Coppelius sein Liebesglück stören werde, zum Gegenstande eines Gedichts zu machen. Er stellte sich und Clara dar, in treuer Liebe verbunden, aber dann und wann war es, als griffe eine schwarze Faust in ihr Leben und risse irgend eine Freude heraus, die ihnen aufgegangen. Endlich, als sie schon am Traualtar stehen, erscheint der entsetzliche Coppelius und berührt Claras holde Augen; *die* springen in Nathanaels Brust wie blutige Funken sengend und brennend, Coppelius faßt ihn und wirft ihn in einen flammenden Feuerkreis, der sich dreht mit der Schnelligkeit des Sturmes und ihn sausend und brausend fortreißt. Es ist ein Tosen, als wenn der Orkan grimmig hineinpeitscht in die schäumenden Meereswellen, die sich wie schwarze, weißhauptige Riesen emporbäumen in wütendem Kampfe. Aber durch dies wilde Tosen hört er Claras Stimme: »Kannst du mich denn nicht erschauen? Coppelius hat dich getäuscht, das waren ja nicht meine Augen, die so in deiner Brust brannten, das waren ja glühende

Tropfen deines eignen Herzbluts – ich habe ja meine Augen, sieh mich doch nur an!« – Nathanael denkt: Das ist Clara, und ich bin ihr eigen ewiglich. – Da ist es, als faßt der Gedanke gewaltig in den Feuerkreis hinein, daß er stehen bleibt, und im schwarzen Abgrund verrauscht dumpf das Getöse. Nathanael blickt in Claras Augen; aber es ist der Tod, der mit Claras Augen ihn freundlich anschaut.

Während Nathanael dies dichtete, war er sehr ruhig und besonnen, er feilte und besserte an jeder Zeile und da er sich dem metrischen Zwange unterworfen, ruhte er nicht, bis alles rein und wohlklingend sich fügte. Als er jedoch nun endlich fertig worden, und das Gedicht für sich laut las, da faßte ihn Grausen und wildes Entsetzen und er schrie auf: »Wessen grauenvolle Stimme ist das?« – Bald schien ihm jedoch das Ganze wieder nur eine sehr gelungene Dichtung, und es war ihm, als müsse Claras kaltes Gemüt dadurch entzündet werden, wiewohl er nicht deutlich dachte, wozu denn Clara entzündet, und wozu es denn nun eigentlich führen solle, sie mit den grauenvollen Bildern zu ängstigen, die ein entsetzliches, ihre Liebe zerstörendes Geschick weissagten. Sie, Nathanael und Clara, saßen in der Mutter kleinem Garten, Clara war sehr heiter, weil Nathanael sie seit drei Tagen, in denen er an jener Dichtung schrieb, nicht mit seinen Träumen und Ahnungen geplagt hatte. Auch Nathanael sprach lebhaft und froh von lustigen Dingen wie sonst, so, daß Clara sagte: »Nun erst habe ich dich ganz wieder, siehst du es wohl, wie wir den häßlichen Coppelius vertrieben haben?« Da fiel dem Nathanael erst ein, daß er ja die Dichtung in der Tasche trage, die er habe vorlesen wollen. Er zog auch sogleich die Blätter hervor und fing an zu lesen: Clara, etwas Langweiliges wie gewöhnlich vermutend und sich darein ergebend, fing an, ruhig zu stricken. Aber so wie immer schwärzer und schwärzer das düstre Gewölk aufstieg, ließ sie den Strickstrumpf sinken und blickte starr dem Nathanael ins Auge. *Den* riß seine Dichtung unaufhaltsam fort, hochrot färbte seine Wangen die innere Glut, Tränen quollen ihm aus den Augen. – Endlich hatte er geschlossen, er stöhnte in tiefer Ermattung – er faßte Claras Hand und seufzte wie aufgelöst in trostlosem Jammer: »Ach! – Clara – Clara!« – Clara drückte ihn sanft an ihren Busen und sagte leise, aber sehr langsam und ernst: »Nathanael – mein herzlieber Nathanael! – wirf das tolle – unsinnige – wahnsinnige Märchen ins Feuer.« Da sprang Nathanael entrüstet auf und rief, Clara von sich stoßend: »Du lebloses, verdammtes Automat!« Er rannte fort, bittre Tränen vergoß die tief verletzte Clara: »Ach er hat mich niemals geliebt, denn er versteht mich nicht«, schluchzte sie laut. – Lothar trat in die Laube; Clara mußte ihm erzählen was vorgefallen; er liebte seine Schwester mit ganzer Seele, jedes Wort ihrer Anklage fiel wie ein Funke in sein Inneres, so, daß der Unmut, den er wider den träumerischen Nathanael lange im Herzen getragen, sich entzündete zum wilden Zorn. Er lief zu Nathanael, er warf ihm das unsinnige Betragen gegen die geliebte Schwester in harten Worten vor, die der aufbrausende Nathanael ebenso erwiderte. Ein fantastischer, wahnsinniger Geck wurde mit einem miserablen, gemeinen Alltagsmenschen erwidert. Der Zweikampf war unvermeidlich. Sie beschlossen, sich am folgenden Morgen hinter dem Garten nach dortiger akademischer Sitte mit scharfgeschliffenen Stoßrapieren zu schlagen. Stumm und finster schlichen sie umher, Clara hatte den heftigen Streit gehört und gesehen, daß der Fechtmeister in der Dämmerung die Rapiere brachte. Sie ahnte was geschehen sollte. Auf dem Kampfplatz angekommen hatten Lothar und Nathanael soeben düsterschweigend die Röcke abgeworfen, blutdürstige Kampflust im brennenden Auge wollten sie gegeneinander ausfallen, als Clara durch die Gartentür herbeistürzte. Schluchzend rief sie laut: »Ihr wilden entsetzlichen Men-

schen! – stoßt mich nur gleich nieder, ehe ihr euch anfallt; denn wie soll ich denn länger leben auf der Welt, wenn der Geliebte den Bruder, oder wenn der Bruder den Geliebten ermordet hat!« – Lothar ließ die Waffe sinken und sah schweigend zur Erde nieder, aber in Nathanaels Innern ging in herzzerreißender Wehmut alle Liebe wieder auf, wie er sie jemals in der herrlichen Jugendzeit schönsten Tagen für die holde Clara empfunden. Das Mordgewehr entfiel seiner Hand, er stürzte zu Claras Füßen. »Kannst du mir denn jemals verzeihen, du meine einzige, meine herzgeliebte Clara! – Kannst du mir verzeihen, mein herzlieber Bruder Lothar!« – Lothar wurde gerührt von des Freundes tiefem Schmerz; unter tausend Tränen umarmten sich die drei versöhnten Menschen und schwuren, nicht voneinander zu lassen in steter Liebe und Treue.
Dem Nathanael war es zu Mute, als sei eine schwere Last, die ihn zu Boden gedrückt, von ihm abgewälzt, ja als habe er, Widerstand leistend der finstern Macht, die ihn befangen, sein ganzes Sein, dem Vernichtung drohte, gerettet. Noch drei selige Tage verlebte er bei den Lieben, dann kehrte er zurück nach G., wo er noch ein Jahr zu bleiben, dann aber auf immer nach seiner Vaterstadt zurückzukehren gedachte.
Der Mutter war alles, was sich auf Coppelius bezog, verschwiegen worden; denn man wußte, daß sie nicht ohne Entsetzen an ihn denken konnte, weil sie, wie Nathanael, ihm den Tod ihres Mannes schuld gab.

Wie erstaunte Nathanael, als er in seine Wohnung wollte und sah, daß das ganze Haus niedergebrannt war, so daß aus dem Schutthaufen nur die nackten Feuermauern hervorragten. Unerachtet das Feuer in dem Laboratorium des Apothekers, der im untern Stock wohnte, ausgebrochen war, das Haus daher von unten herauf gebrannt hatte, so war es doch den kühnen, rüstigen Freunden gelungen, noch zu rechter Zeit in Nathanaels im obern Stock gelegenes Zimmer zu dringen, und Bücher, Manuskripte, Instrumente zu retten. Alles hatten sie unversehrt in ein anderes Haus getragen, und dort ein Zimmer in Beschlag genommen, welches Nathanael nun sogleich bezog. Nicht sonderlich achtete er darauf, daß er dem Professor Spalanzani gegenüber wohnte, und ebensowenig schien es ihm etwas Besonderes, als er bemerkte, daß er aus seinem Fenster gerade hinein in das Zimmer blickte, wo oft Olimpia einsam saß, so, daß er ihre Figur deutlich erkennen konnte, wiewohl die Züge des Gesichts undeutlich und verworren blieben. Wohl fiel es ihm endlich auf, daß Olimpia oft stundenlang in derselben Stellung, wie er sie einst durch die Glastüre entdeckte, ohne irgend eine Beschäftigung an einem kleinen Tische saß und daß sie offenbar unverwandten Blickes nach ihm herüberschaute; er mußte sich auch selbst gestehen, daß er nie einen schöneren Wuchs gesehen; indessen, Clara im Herzen, blieb ihm die steife, starre Olimpia höchst gleichgültig und nur zuweilen sah er flüchtig über sein Kompendium herüber nach der schönen Bildsäule, das war alles. – Eben schrieb er an Clara, als es leise an die Türe klopfte; sie öffnete sich auf seinen Zuruf und Coppolas widerwärtiges Gesicht sah hinein. Nathanael fühlte sich im Innersten erbeben; eingedenk dessen, was ihm Spalanzani über den Landsmann Coppola gesagt und was er auch rücksichts des Sandmanns Coppelius der Geliebten so heilig versprochen, schämte er sich aber selbst seiner kindischen Gespensterfurcht, nahm sich mit aller Gewalt zusammen und sprach so sanft und gelassen, als möglich: »Ich kaufe kein Wetterglas, mein lieber Freund! gehen Sie nur!« Da trat aber Coppola vollends in die Stube und sprach mit heiserem Ton, indem sich das weite Maul zum häßlichen Lachen verzog und die kleinen Augen unter den grauen langen Wimpern stechend hervorfunkelten: »Ei, nix Wetterglas,

nix Wetterglas! – hab auch sköne Oke – sköne Oke!« –
Entsetzt rief Nathanael: »Toller Mensch, wie kannst du
Augen haben? – Augen – Augen? –« Aber in dem Augenblick hatte Coppola seine Wettergläser beiseite gesetzt,
griff in die weiten Rocktaschen und holte Lorgnetten und
Brillen heraus, die er auf den Tisch legte. – »Nu – Nu –
Brill – Brill auf der Nas su setze, das sein meine Oke –
sköne Oke!« – Und damit holte er immer mehr und mehr
Brillen heraus, so, daß es auf dem ganzen Tisch seltsam zu
flimmern und zu funkeln begann. Tausend Augen blickten und zuckten krampfhaft und starrten auf zum Nathanael; aber er konnte nicht wegschauen von dem Tisch,
und immer mehr Brillen legte Coppola hin, und immer
wilder und wilder sprangen flammende Blicke durcheinander und schossen ihre blutrote Strahlen in Nathanaels
Brust. Übermannt von tollem Entsetzen schrie er auf:
»Halt ein! halt ein, fürchterlicher Mensch!« – Er hatte
Coppola, der eben in die Tasche griff, um noch mehr Brillen herauszubringen, unerachtet schon der ganze Tisch
überdeckt war, beim Arm festgepackt. Coppola machte
sich mit heiserem widrigen Lachen sanft los und mit den
Worten: »Ah! – nix für Sie – aber hier sköne Glas« – hatte
er alle Brillen zusammengerafft, eingesteckt und aus der
Seitentasche des Rocks eine Menge großer und kleiner
Perspektive hervorgeholt. Sowie die Brillen fort waren,
wurde Nathanael ganz ruhig und an Clara denkend sah er
wohl ein, daß der entsetzliche Spuk nur aus seinem Innern
hervorgegangen, sowie daß Coppola ein höchst ehrlicher
Mechanikus und Optikus, keineswegs aber Coppelii
verfluchter Doppeltgänger und Revenant sein könne. Zudem hatten alle Gläser, die Coppola nun auf den Tisch gelegt, gar nichts Besonderes, am wenigsten so etwas Gespenstisches wie die Brillen und, um alles wieder gutzumachen, beschloß Nathanael dem Coppola jetzt wirklich
etwas abzukaufen. Er ergriff ein kleines sehr sauber gear-

beitetes Taschenperspektiv und sah, um es zu prüfen, durch das Fenster. Noch im Leben war ihm kein Glas vorgekommen, das die Gegenstände so rein, scharf und deutlich dicht vor die Augen rückte. Unwillkürlich sah er hinein in Spalanzanis Zimmer; Olimpia saß, wie gewöhnlich, vor dem kleinen Tisch, die Ärme darauf gelegt, die Hände gefaltet. – Nun erschaute Nathanael erst Olimpias wunderschön geformtes Gesicht. Nur die Augen schienen ihm gar seltsam starr und tot. Doch wie er immer schärfer und schärfer durch das Glas hinschaute, war es, als gingen in Olimpias Augen feuchte Mondesstrahlen auf. Es schien, als wenn nun erst die Sehkraft entzündet würde; immer lebendiger und lebendiger flammten die Blicke. Nathanael lag wie festgezaubert im Fenster, immer fort und fort die himmlisch-schöne Olimpia betrachtend. Ein Räuspern und Scharren weckte ihn, wie aus tiefem Traum. Coppola stand hinter ihm: »Tre Zechini – drei Dukat« – Nathanael hatte den Optikus rein vergessen, rasch zahlte er das Verlangte. »Nick so? – sköne Glas – sköne Glas!« frug Coppola mit seiner widerwärtigen heisern Stimme und dem hämischen Lächeln. »Ja ja, ja!« erwiderte Nathanael verdrießlich. »Adieu, lieber Freund!« – Coppola verließ nicht ohne viele seltsame Seitenblicke auf Nathanael, das Zimmer. Er hörte ihn auf der Treppe laut lachen. »Nun ja«, meinte Nathanael, »er lacht mich aus, weil ich ihm das kleine Perspektiv gewiß viel zu teuer bezahlt habe – zu teuer bezahlt!« – Indem er diese Worte leise sprach, war es, als halle ein tiefer Todesseufzer grauenvoll durch das Zimmer, Nathanaels Atem stockte vor innerer Angst. – Er hatte ja aber selbst so aufgeseufzt, das merkte er wohl. »Clara«, sprach er zu sich selber, »hat wohl recht, daß sie mich für einen abgeschmackten Geisterseher hält; aber närrisch ist es doch – ach wohl mehr, als närrisch, daß mich der dumme Gedanke, ich hätte das Glas dem Coppola zu teuer bezahlt, noch jetzt so sonderbar ängstigt; den

Grund davon sehe ich gar nicht ein.« – Jetzt setzte er sich hin, um den Brief an Clara zu enden, aber ein Blick durchs Fenster überzeugte ihn, daß Olimpia noch dasäße und im Augenblick, wie von unwiderstehlicher Gewalt getrieben, sprang er auf, ergriff Coppolas Perspektiv und konnte nicht los von Olimpias verführerischem Anblick, bis ihn Freund und Bruder Siegmund abrief ins Kollegium bei dem Professor Spalanzani. Die Gardine vor dem verhängnisvollen Zimmer war dicht zugezogen, er konnte Olimpia ebensowenig hier, als die beiden folgenden Tage hindurch in ihrem Zimmer, entdecken, unerachtet er kaum das Fenster verließ und fortwährend durch Coppolas Perspektiv hinüberschaute. Am dritten Tage wurden sogar die Fenster verhängt. Ganz verzweifelt und getrieben von Sehnsucht und glühendem Verlangen lief er hinaus vors Tor. Olimpias Gestalt schwebte vor ihm her in den Lüften und trat aus dem Gebüsch, und guckte ihn an mit großen strahlenden Augen, aus dem hellen Bach. Claras Bild war ganz aus seinem Innern gewichen, er dachte nichts, als Olimpia und klagte ganz laut und weinerlich: »Ach du mein hoher herrlicher Liebesstern, bist du mir denn nur aufgegangen, um gleich wieder zu verschwinden, und mich zu lassen in finstrer hoffnungsloser Nacht?«
Als er zurückkehren wollte in seine Wohnung, wurde er in Spalanzanis Hause ein geräuschvolles Treiben gewahr. Die Türen standen offen, man trug allerlei Geräte hinein, die Fenster des ersten Stocks waren ausgehoben, geschäftige Mägde kehrten und stäubten mit großen Haarbesen hin und her fahrend, inwendig klopften und hämmerten Tischler und Tapezierer. Nathanael blieb in vollem Erstaunen auf der Straße stehen; da trat Siegmund lachend zu ihm und sprach: »Nun, was sagst du zu unserem alten Spalanzani?« Nathanael versicherte, daß er gar nichts sagen könne, da er durchaus nichts vom Professor wisse, vielmehr mit großer Verwunderung wahrnehme, wie in

dem stillen düstern Hause ein tolles Treiben und Wirtschaften losgegangen; da erfuhr er denn von Siegmund, daß Spalanzani morgen ein großes Fest geben wolle, Konzert und Ball, und daß die halbe Universität eingeladen sei. Allgemein verbreite man, daß Spalanzani seine Tochter Olimpia, die er so lange jedem menschlichen Auge recht ängstlich entzogen, zum erstenmal erscheinen lassen werde.

Nathanael fand eine Einladungskarte und ging mit hochklopfendem Herzen zur bestimmten Stunde, als schon die Wagen rollten und die Lichter in den geschmückten Sälen schimmerten, zum Professor. Die Gesellschaft war zahlreich und glänzend. Olimpia erschien sehr reich und geschmackvoll gekleidet. Man mußte ihr schöngeformtes Gesicht, ihren Wuchs bewundern. Der etwas seltsam eingebogene Rücken, die wespenartige Dünne des Leibes schien von zu starkem Einschnüren bewirkt zu sein. In Schritt und Stellung hatte sie etwas Abgemessenes und Steifes, das manchem unangenehm auffiel; man schrieb es dem Zwange zu, den ihr die Gesellschaft auflegte. Das Konzert begann. Olimpia spielte den Flügel mit großer Fertigkeit und trug ebenso eine Bravour-Arie mit heller, beinahe schneidender Glasglockenstimme vor. Nathanael war ganz entzückt; er stand in der hintersten Reihe und konnte im blendenden Kerzenlicht Olimpias Züge nicht ganz erkennen. Ganz unvermerkt nahm er deshalb Coppolas Glas hervor und schaute hin nach der schönen Olimpia. Ach! – da wurde er gewahr, wie sie voll Sehnsucht nach ihm herübersah, wie jeder Ton erst deutlich aufging in dem Liebesblick, der zündend sein Inneres durchdrang. Die künstlichen Rouladen schienen dem Nathanael das Himmelsjauchzen des in Liebe verklärten Gemüts, und als nun endlich nach der Kadenz der lange Trillo recht schmetternd durch den Saal gellte, konnte er wie von glühenden Ärmen plötzlich erfaßt sich nicht mehr halten, er mußte vor Schmerz und Entzücken laut aufschreien: »Olimpia!« – Alle sahen sich um nach ihm, manche lachten. Der Domorganist schnitt aber noch ein finstreres Gesicht, als vorher und sagte bloß: »Nun nun!« – Das Konzert war zu Ende, der Ball fing an. »Mit ihr zu tanzen! – mit ihr!« das war nun dem Nathanael das Ziel aller Wünsche, alles Strebens; aber wie sich erheben zu dem Mut, sie, die Königin des Festes, aufzufordern? Doch! – er selbst wußte nicht wie es geschah, daß er, als schon der Tanz angefangen, dicht neben Olimpia stand, die noch nicht aufgefordert worden, und daß er, kaum vermögend einige Worte zu stammeln, ihre Hand ergriff. Eiskalt war Olimpias Hand, er fühlte sich durchbebt von grausigem Todesfrost, er starrte Olimpia ins Auge, das strahlte ihm voll Liebe und Sehnsucht entgegen und in dem Augenblick war es auch, als fingen an in der kalten Hand Pulse zu schlagen und des Lebensblutes Ströme zu glühen. Und auch in Nathanaels Innerm glühte höher auf die Liebeslust, er umschlang die schöne Olimpia und durchflog mit ihr die Reihen. – Er glaubte sonst recht taktmäßig getanzt zu haben, aber an der ganz eignen rhythmischen Festigkeit, womit Olimpia tanzte und die ihn oft ordentlich aus der Haltung brachte, merkte er bald, wie sehr ihm der Takt gemangelt. Er wollte jedoch mit keinem andern Frauenzimmer mehr tanzen und hätte jeden, der sich Olimpia näherte, um sie aufzufordern, nur gleich ermorden mögen. Doch nur zweimal geschah dies, zu seinem Erstaunen blieb darauf Olimpia bei jedem Tanze sitzen und er ermangelte nicht, immer wieder sie aufzuziehen. Hätte Nathanael außer der schönen Olimpia noch etwas anders zu sehen vermocht, so wäre allerlei fataler Zank und Streit unvermeidlich gewesen; denn offenbar ging das halbleise, mühsam unterdrückte Gelächter, was sich in diesem und jenem Winkel unter den jungen Leuten erhob, auf die schöne Olimpia, die sie mit ganz kuriosen Blicken verfolgten, man konnte gar nicht wissen, warum? Durch den Tanz und durch den reichlich genossenen Wein erhitzt, hatte Nathanael alle ihm sonst eigne Scheu abgelegt. Er saß neben Olimpia, ihre Hand in der seinigen und sprach hochentflammt und begeistert von seiner Liebe in Worten, die keiner verstand, weder er, noch Olimpia. Doch diese vielleicht; denn sie sah ihm unverrückt ins Auge und seufzte einmal übers andere: »Ach – Ach – Ach!« – worauf denn Nathanael also sprach: »O du herrliche, himmlische Frau! – du Strahl aus dem verheißenen Jenseits der Liebe – du tiefes Gemüt, in dem sich mein ganzes Sein spiegelt« und noch mehr dergleichen, aber Olimpia seufzte bloß immer wieder: »Ach, Ach!« – Der Professor Spalanzani ging einigemal bei den Glücklichen vorüber und lächelte sie ganz seltsam zufrieden an. Dem Nathanael schien es, unerachtet er sich in einer ganz andern Welt befand, mit einemmal, als würd es hienieden beim Professor Spalanzani merklich finster; er schaute um sich und wurde zu seinem nicht geringen Schreck gewahr, daß eben die zwei letzten Lichter in dem leeren Saal herniederbrennen und ausgehen wollten. Längst hatten Musik und Tanz aufgehört. »Trennung, Trennung«, schrie er ganz wild und verzweifelt, er küßte Olimpias Hand, er neigte sich zu ihrem Munde, eiskalte Lippen begegneten seinen glühenden! – So wie, als er Olimpias kalte Hand berührte, fühlte er sich von innerem Grausen erfaßt, die Legende von der toten Braut ging ihm plötzlich durch den Sinn; aber fest hatte ihn Olimpia an sich gedrückt, und in dem Kuß schienen die Lippen zum Leben zu erwarmen. – Der Professor Spalanzani schritt langsam durch den leeren Saal, seine Schritte klangen hohl wider und seine Figur, von flackernden Schlagschatten umspielt, hatte ein grauliches gespenstisches Ansehen. »Liebst du mich – liebst du mich Olimpia? – Nur dies Wort! – Liebst du mich?« So flüsterte Nathanael, aber Olimpia seufzte, indem sie aufstand, nur:

»Ach – Ach!« – »Ja du mein holder, herrlicher Liebesstern«, sprach Nathanael, »bist mir aufgegangen und wirst leuchten, wirst verklären mein Inneres immerdar!« – »Ach, ach!« replizierte Olimpia fortschreitend. Nathanael folgte ihr, sie standen vor dem Professor. »Sie haben sich außerordentlich lebhaft mit meiner Tochter unterhalten«, sprach dieser lächelnd: »Nun, nun, lieber Herr Nathanael, finden Sie Geschmack daran, mit dem blöden Mädchen zu konversieren, so sollen mir Ihre Besuche willkommen sein.« – Einen ganzen hellen strahlenden Himmel in der Brust schied Nathanael von dannen. Spalanzanis Fest war der Gegenstand des Gesprächs in den folgenden Tagen. Unerachtet der Professor alles getan hatte, recht splendid zu erscheinen, so wußten doch die lustigen Köpfe von allerlei Unschicklichem und Sonderbarem zu erzählen, das sich begeben, und vorzüglich fiel man über die todstarre, stumme Olimpia her, der man, ihres schönen Äußern unerachtet, totalen Stumpfsinn andichten und darin die Ursache finden wollte, warum Spalanzani sie so lange verborgen gehalten. Nathanael vernahm das nicht ohne innern Grimm, indessen schwieg er; denn, dachte er, würde es wohl verlohnen, diesen Burschen zu beweisen, daß eben ihr eigner Stumpfsinn es ist, der sie Olimpias tiefes herrliches Gemüt zu erkennen hindert? »Tu mir den Gefallen, Bruder«, sprach eines Tages Siegmund, »tu mir den Gefallen und sage, wie es dir gescheuten Kerl möglich war, dich in das Wachsgesicht, in die Holzpuppe da drüben zu vergaffen?« Nathanael wollte zornig auffahren, doch schnell besann er sich und erwiderte: »Sage *du* mir Siegmund, wie deinem, sonst alles Schöne klar auffassenden Blick, deinem regen Sinn, Olimpias himmlischer Liebreiz entgehen konnte? Doch eben deshalb habe ich, Dank sei es dem Geschick, dich nicht zum Nebenbuhler; denn sonst müßte einer von uns blutend fallen.« Siegmund merkte wohl, wie es mit dem Freunde stand, lenkte geschickt ein, und fügte, nachdem er geäußert, daß in der Liebe niemals über den Gegenstand zu richten sei, hinzu: »Wunderlich ist es doch, daß viele von uns über Olimpia ziemlich gleich urteilen. Sie ist uns – nimm es nicht übel, Bruder! – auf seltsame Weise starr und seelenlos erschienen. Ihr Wuchs ist regelmäßig, so wie ihr Gesicht, das ist wahr! – Sie könnte für schön gelten, wenn ihr Blick nicht so ganz ohne Lebensstrahl, ich möchte sagen, ohne Sehkraft wäre. Ihr Schritt ist sonderbar abgemessen, jede Bewegung scheint durch den Gang eines aufgezogenen Räderwerks bedingt. Ihr Spiel, ihr Singen hat den unangenehm richtigen geistlosen Takt der singenden Maschine und ebenso ist ihr Tanz. Uns ist diese Olimpia ganz unheimlich geworden, wir mochten nichts mit ihr zu schaffen haben, es war uns als tue sie nur so wie ein lebendiges Wesen und doch habe es mit ihr eine eigne Bewandtnis.« – Nathanael gab sich dem bittern Gefühl, das ihn bei diesen Worten Siegmunds ergreifen wollte, durchaus nicht hin, er wurde Herr seines Unmuts und sagte bloß sehr ernst: »Wohl mag euch, ihr kalten prosaischen Menschen, Olimpia unheimlich sein. Nur dem poetischen Gemüt entfaltet sich das gleich organisierte! – Nur *mir* ging ihr Liebesblick auf und durchstrahlte Sinn und Gedanken, nur in Olimpias Liebe finde ich mein Selbst wieder. Euch mag es nicht recht sein, daß sie nicht in platter Konversation faselt, wie die andern flachen Gemüter. Sie spricht wenig Worte, das ist wahr; aber diese wenigen Worte erscheinen als echte Hieroglyphe der innern Welt voll Liebe und hoher Erkenntnis des geistigen Lebens in der Anschauung des ewigen Jenseits. Doch für alles das habt ihr keinen Sinn und alles sind verlorne Worte.« – »Behüte dich Gott, Herr Bruder«, sagte Siegmund sehr sanft, beinahe wehmütig, »aber mir scheint es, du seist auf bösem Wege. Auf mich kannst du rechnen, wenn alles – Nein, ich mag nichts weiter sagen! –« Dem Nathanael war es plötzlich, als meine der

kalte prosaische Siegmund es sehr treu mit ihm, er schüttelte daher die ihm dargebotene Hand recht herzlich.
Nathanael hatte rein vergessen, daß es eine Clara in der Welt gebe, die er sonst geliebt; – die Mutter – Lothar – alle waren aus seinem Gedächtnis entschwunden, er lebte nur für Olimpia, bei der er täglich stundenlang saß und von seiner Liebe, von zum Leben erglühter Sympathie, von psychischer Wahlverwandtschaft fantasierte, welches alles Olimpia mit großer Andacht anhörte. Aus dem tiefsten Grunde des Schreibpults holte Nathanael alles hervor, was er jemals geschrieben. Gedichte, Fantasien, Visionen, Romane, Erzählungen, das wurde täglich vermehrt mit allerlei ins Blaue fliegenden Sonetten, Stanzen, Kanzonen, und das alles las er der Olimpia stundenlang hintereinander vor, ohne zu ermüden. Aber auch noch nie hatte er eine solche herrliche Zuhörerin gehabt. Sie stickte und strickte nicht, sie sah nicht durchs Fenster, sie fütterte keinen Vogel, sie spielte mit keinem Schoßhündchen, mit keiner Lieblingskatze, sie drehte keine Papierschnitzchen, oder sonst etwas in der Hand, sie durfte kein Gähnen durch einen leisen erzwungenen Husten bezwingen – kurz! – stundenlang sah sie mit starrem Blick unverwandt dem Geliebten ins Auge, ohne sich zu rücken und zu bewegen und immer glühender, immer lebendiger wurde dieser Blick. Nur wenn Nathanael endlich aufstand und ihr die Hand, auch wohl den Mund küßte, sagte sie: »Ach, Ach!« – dann aber: »Gute Nacht, mein Lieber!« – »O du herrliches, du tiefes Gemüt«, rief Nathanael auf seiner Stube: »nur von dir, von dir allein werd ich ganz verstanden.« Er erbebte vor innerm Entzücken, wenn er bedachte, welch wunderbarer Zusammenklang sich in seinem und Olimpias Gemüt täglich mehr offenbare; denn es schien ihm, als habe Olimpia über seine Werke, über seine Dichtergabe überhaupt recht tief aus seinem Innern gesprochen, ja als habe die Stimme aus seinem Innern selbst

herausgetönt. Das mußte denn wohl auch sein; denn mehr Worte als vorhin erwähnt, sprach Olimpia niemals. Erinnerte sich aber auch Nathanael in hellen nüchternen Augenblicken, z. B. morgens gleich nach dem Erwachen, wirklich an Olimpias gänzliche Passivität und Wortkargheit, so sprach er doch: »Was sind Worte – Worte! – Der Blick ihres himmlischen Auges sagt mehr als jede Sprache hienieden. Vermag denn überhaupt ein Kind des Himmels sich einzuschichten in den engen Kreis, den ein klägliches irdisches Bedürfnis gezogen?« – Professor Spalanzani schien hocherfreut über das Verhältnis seiner Tochter mit Nathanael; er gab diesem allerlei unzweideutige Zeichen seines Wohlwollens und als es Nathanael endlich wagte von ferne auf eine Verbindung mit Olimpia anzuspielen, lächelte dieser mit dem ganzen Gesicht und meinte: er werde seiner Tochter völlig freie Wahl lassen. – Ermutigt durch diese Worte, brennendes Verlangen im Herzen, beschloß Nathanael, gleich am folgenden Tage Olimpia anzuflehen, daß sie das unumwunden in deutlichen Worten ausspreche, was längst ihr holder Liebesblick ihm gesagt, daß sie sein eigen immerdar sein wolle. Er suchte nach dem Ringe, den ihm beim Abschiede die Mutter geschenkt, um ihn Olimpia als Symbol seiner Hingebung, seines mit ihr aufkeimenden, blühenden Lebens darzureichen. Claras, Lothars Briefe fielen ihm dabei in die Hände; gleichgültig warf er sie beiseite, fand den Ring, steckte ihn ein und rannte herüber zu Olimpia. Schon auf der Treppe, auf dem Flur, vernahm er ein wunderliches Getöse; es schien aus Spalanzanis Studierzimmer herauszuschallen. – Ein Stampfen – ein Klirren – ein Stoßen – Schlagen gegen die Tür, dazwischen Flüche und Verwünschungen. Laß los – laß los – Infamer – Verruchter! – Darum Leib und Leben daran gesetzt? – ha ha ha ha! – so haben wir nicht gewettet – ich, ich hab die Augen gemacht – ich das Räderwerk – dummer Teufel mit deinem Räderwerk –

verfluchter Hund von einfältigem Uhrmacher – fort mit dir – Satan – halt – Peipendreher – teuflische Bestie! – halt – fort – laß los! – Es waren Spalanzanis und des gräßlichen Coppelius Stimmen, die so durcheinander schwirrten und tobten. Hinein stürzte Nathanael von namenloser Angst ergriffen. Der Professor hatte eine weibliche Figur bei den Schultern gepackt, der Italiener Coppola bei den Füßen, die zerrten und zogen sie hin und her, streitend in voller Wut um den Besitz. Voll tiefen Entsetzens prallte Nathanael zurück, als er die Figur für Olimpia erkannte; aufflammend in wildem Zorn wollte er den Wütenden die Geliebte entreißen, aber in dem Augenblick wand Coppola sich mit Riesenkraft drehend die Figur dem Professor aus den Händen und versetzte ihm mit der Figur selbst einen fürchterlichen Schlag, daß er rücklings über den Tisch, auf dem Phiolen, Retorten, Flaschen, gläserne Zylinder standen, taumelte und hinstürzte; alles Gerät klirrte in tausend Scherben zusammen. Nun warf Coppola die Figur über die Schulter und rannte mit fürchterlich gellendem Gelächter rasch fort die Treppe herab, so daß die häßlich herunterhängenden Füße der Figur auf den Stufen hölzern klapperten und dröhnten. – Erstarrt stand Nathanael – nur zu deutlich hatte er gesehen, Olimpias toderbleichtes Wachsgesicht hatte keine Augen, statt ihrer schwarze Höhlen; sie war eine leblose Puppe. Spalanzani wälzte sich auf der Erde, Glasscherben hatten ihm Kopf, Brust und Arm zerschnitten, wie aus Springquellen strömte das Blut empor. Aber er raffte seine Kräfte zusammen. – »Ihm nach – ihm nach, was zauderst du? – Coppelius – Coppelius, mein bestes Automat hat er mir geraubt – Zwanzig Jahre daran gearbeitet – Leib und Leben daran gesetzt – das Räderwerk – Sprache – Gang – mein – die Augen – die Augen dir gestohlen. – Verdammter – Verfluchter – ihm nach – hol mir Olimpia – da hast du die Augen! –« Nun sah Nathanael, wie ein Paar blutige

Augen auf dem Boden liegend ihn anstarrten, die ergriff Spalanzani mit der unverletzten Hand und warf sie nach ihm, daß sie seine Brust trafen. – Da packte ihn der Wahnsinn mit glühenden Krallen und fuhr in sein Inneres hinein Sinn und Gedanken zerreißend. »Hu – hui – hui! – *Feuerkreis – Feuerkreis!* dreh dich *Feuerkreis* – lustig – lustig! – Holzpüppchen hui schön Holzpüppchen dreh dich –« damit warf er sich auf den Professor und drückte ihm die Kehle zu. Er hätte ihn erwürgt, aber das Getöse hatte viele Menschen herbeigelockt, die drangen ein, rissen den wütenden Nathanael auf und retteten so den Professor, der gleich verbunden wurde. Siegmund, so stark er war, vermochte nicht den Rasenden zu bändigen; der schrie mit fürchterlicher Stimme immerfort: »Holzpüppchen dreh dich« und schlug um sich mit geballten Fäusten. Endlich gelang es der vereinten Kraft mehrerer, ihn zu überwältigen, indem sie ihn zu Boden warfen und banden. Seine Worte gingen unter in entsetzlichem tierischen Gebrüll. So in gräßlicher Raserei tobend wurde er nach dem Tollhause gebracht.
Ehe ich, günstiger Leser! dir zu erzählen fortfahre, was sich weiter mit dem unglücklichen Nathanael zugetragen, kann ich dir, solltest du einigen Anteil an dem geschickten Mechanikus und Automat-Fabrikanten Spalanzani nehmen, versichern, daß er von seinen Wunden völlig geheilt wurde. Er mußte indes die Universität verlassen, weil Nathanaels Geschichte Aufsehen erregt hatte und es allgemein für gänzlich unerlaubten Betrug gehalten wurde, vernünftigen Teezirkeln (Olimpia hatte sie mit Glück besucht) statt der lebendigen Person eine Holzpuppe einzuschwärzen. Juristen nannten es sogar einen feinen und um so härter zu bestrafenden Betrug, als er gegen das Publikum gerichtet und so schlau angelegt worden, daß kein Mensch (ganz kluge Studenten ausgenommen) es gemerkt habe, unerachtet jetzt alle weise tun und sich auf al-

lerlei Tatsachen berufen wollten, die ihnen verdächtig vorgekommen. Diese letzteren brachten aber eigentlich nichts Gescheutes zutage. Denn konnte z. B. wohl irgend jemanden verdächtig vorgekommen sein, daß nach der Aussage eines eleganten Teeisten Olimpia gegen alle Sitte öfter genieset, als gegähnt hatte? Ersteres, meinte der Elegant, sei das Selbstaufziehen des verborgenen Triebwerks gewesen, merklich habe es dabei geknarrt u.s.w. Der Professor der Poesie und Beredsamkeit nahm eine Prise, klappte die Dose zu, räusperte sich und sprach feierlich: »Hochzuverehrende Herren und Damen! merken Sie denn nicht, wo der Hase im Pfeffer liegt? Das Ganze ist eine Allegorie – eine fortgeführte Metapher! – Sie verstehen mich! – Sapienti sat!« Aber viele hochzuverehrende Herren beruhigten sich nicht dabei; die Geschichte mit dem Automat hatte tief in ihrer Seele Wurzel gefaßt und es schlich sich in der Tat abscheuliches Mißtrauen gegen menschliche Figuren ein. Um nun ganz überzeugt zu werden, daß man keine Holzpuppe liebe, wurde von mehreren Liebhabern verlangt, daß die Geliebte etwas taktlos singe und tanze, daß sie beim Vorlesen sticke, stricke, mit dem Möpschen spiele u.s.w. vor allen Dingen aber, daß sie nicht bloß höre, sondern auch manchmal in *der* Art spreche, daß dies Sprechen wirklich ein Denken und Empfinden voraussetze. Das Liebesbündnis vieler wurde fester und dabei anmutiger, andere dagegen gingen leise auseinander. »Man kann wahrhaftig nicht dafür stehen«, sagte dieser und jener. In den Tees wurde unglaublich gegähnt und niemals genieset, um jedem Verdacht zu begegnen. – Spalanzani mußte, wie gesagt, fort, um der Kriminaluntersuchung wegen des der menschlichen Gesellschaft betrüglicherweise eingeschobenen Automats zu entgehen. Coppola war auch verschwunden.
Nathanael erwachte wie aus schwerem, fürchterlichem Traum, er schlug die Augen auf und fühlte wie ein unbe-

schreibliches Wonnegefühl mit sanfter himmlischer Wärme ihn durchströmte. Er lag in seinem Zimmer in des Vaters Haus auf dem Bette, Clara hatte sich über ihn hingebeugt und unfern standen die Mutter und Lothar. »Endlich, endlich, o mein herzlieber Nathanael – nun bist du genesen von schwerer Krankheit – nun bist du wieder mein!« – So sprach Clara recht aus tiefer Seele und faßte den Nathanael in ihre Arme. Aber dem quollen vor lauter Wehmut und Entzücken die hellen glühenden Tränen aus den Augen und er stöhnte tief auf: »Meine – meine Clara!« – Siegmund, der getreulich ausgeharrt bei dem Freunde in großer Not, trat herein. Nathanael reichte ihm die Hand: »Du treuer Bruder hast mich doch nicht verlassen.« – Jede Spur des Wahnsinns war verschwunden, bald erkräftigte sich Nathanael in der sorglichen Pflege der Mutter, der Geliebten, der Freunde. Das Glück war unterdessen in das Haus eingekehrt; denn ein alter karger Oheim, von dem niemand etwas gehofft, war gestorben und hatte der Mutter nebst einem nicht unbedeutenden Vermögen ein Gütchen in einer angenehmen Gegend unfern der Stadt hinterlassen. Dort wollten sie hinziehen, die Mutter, Nathanael mit seiner Clara, die er nun zu heiraten gedachte, und Lothar. Nathanael war milder, kindlicher geworden, als er je gewesen und erkannte nun erst recht Claras himmlisch reines, herrliches Gemüt. Niemand erinnerte ihn auch nur durch den leisesten Anklang an die Vergangenheit. Nur, als Siegmund von ihm schied, sprach Nathanael: »Bei Gott Bruder! ich war auf schlimmen Wege, aber zu rechter Zeit leitete mich ein Engel auf den lichten Pfad! – Ach es war ja Clara! –« Siegmund ließ ihn nicht weiter reden, aus Besorgnis, tief verletzende Erinnerungen möchten ihm zu hell und flammend aufgehen. – Es war an der Zeit, daß die vier glücklichen Menschen nach dem Gütchen ziehen wollten. Zur Mittagsstunde gingen sie durch die Straßen der Stadt. Sie hatten manches eingekauft, der hohe Rats-

turm warf seinen Riesenschatten über den Markt. »Ei!« sagte Clara: »steigen wir doch noch einmal herauf und schauen in das ferne Gebirge hinein!« Gesagt, getan! Beide, Nathanael und Clara, stiegen herauf, die Mutter ging mit der Dienstmagd nach Hause, und Lothar, nicht geneigt, die vielen Stufen zu erklettern, wollte unten warten. Da standen die beiden Liebenden Arm in Arm auf der höchsten Galerie des Turmes und schauten hinein in die duftigen Waldungen, hinter denen das blaue Gebirge, wie eine Riesenstadt, sich erhob.
»Sieh doch den sonderbaren kleinen grauen Busch, der ordentlich auf uns los zu schreiten scheint«, frug Clara. – Nathanael faßte mechanisch nach der Seitentasche; er fand Coppolas Perspektiv, er schaute seitwärts – Clara stand vor dem Glase! – Da zuckte es krampfhaft in seinen Pulsen und Adern – totenbleich starrte er Clara an, aber bald gähnten und sprühten Feuerströme durch die rollenden Augen, gräßlich brüllte er auf, wie ein gehetztes Tier; dann sprang er hoch in die Lüfte und grausig dazwischen lachend schrie er in schneidendem Ton: »Holzpüppchen dreh dich – Holzpüppchen dreh dich« – und mit gewaltiger Kraft faßte er Clara und wollte sie herabschleudern, aber Clara krallte sich in verzweifelnder Todesangst fest an das Geländer. Lothar hörte den Rasenden toben, er hörte Claras Angstgeschrei, gräßliche Ahnung durchflog ihn, er rannte herauf, die Tür der zweiten Treppe war verschlossen – stärker hallte Claras Jammergeschrei. Unsinnig vor Wut und Angst stieß er gegen die Tür, die endlich aufsprang – Matter und matter wurden nun Claras Laute: »Hülfe – rettet – rettet – « so erstarb die Stimme in den Lüften. »Sie ist hin – ermordet von dem Rasenden«, so schrie Lothar. Auch die Tür zur Galerie war zugeschlagen. – Die Verzweiflung gab ihm Riesenkraft, er sprengte die Tür aus den Angeln. Gott im Himmel – Clara schwebte von dem rasenden Nathanael erfaßt über der Galerie in den

Lüften – nur mit einer Hand hatte sie noch die Eisenstäbe umklammert. Rasch wie der Blitz erfaßte Lothar die Schwester, zog sie hinein, und schlug im demselben Augenblick mit geballter Faust dem Wütenden ins Gesicht, daß er zurückprallte und die Todesbeute fahren ließ.

Lothar rannte herab, die ohnmächtige Schwester in den Armen. – Sie war gerettet. – Nun raste Nathanael herum auf der Galerie und sprang hoch in die Lüfte und schrie »*Feuerkreis* dreh dich – *Feuerkreis* dreh dich« – Die Menschen liefen auf das wilde Geschrei zusammen; unter ihnen ragte riesengroß der Advokat Coppelius hervor, der eben in die Stadt gekommen und gerades Weges nach dem Markt geschritten war. Man wollte herauf, um sich des Rasenden zu bemächtigen, da lachte Coppelius sprechend: »Ha ha – wartet nur, der kommt schon herunter von selbst«, und schaute wie die übrigen hinauf. Nathanael blieb plötzlich wie erstarrt stehen, er bückte sich herab, wurde den Coppelius gewahr und mit dem gellenden Schrei: »Ha! Sköne Oke – Sköne Oke«, sprang er über das Geländer.

Als Nathanael mit zerschmettertem Kopf auf dem Steinpflaster lag, war Coppelius im Gewühl verschwunden.

Nach mehreren Jahren will man in einer entfernten Gegend Clara gesehen haben, wie sie mit einem freundlichen Mann, Hand in Hand vor der Türe eines schönen Landhauses saß und vor ihr zwei muntere Knaben spielten. Es wäre daraus zu schließen, daß Clara das ruhige häusliche Glück noch fand, das ihrem heitern lebenslustigen Sinn zusagte und das ihr der im Innern zerrissene Nathanael niemals hätte gewähren können.

HANS CHRISTIAN ANDERSEN
DIE SCHNEEKÖNIGIN
Ein Märchen in sieben Geschichten

Erste Geschichte
Die von dem Spiegel und den Scherben handelt

So! nun fangen wir an. Wenn wir am Ende der Geschichte sind, wissen wir mehr, als wir jetzt wissen, denn es war ein böser Kobold! Es war einer der allerärgsten, es war der Teufel! Eines Tages war er bei richtig guter Laune, denn er hatte einen Spiegel gemacht, welcher die Eigenschaft besaß, daß alles Gute und Schöne, was sich darin spiegelte, fast zu nichts zusammenschwand, aber das, was nichts taugte und sich schlecht ausnahm, das trat recht hervor und wurde noch ärger. Die herrlichsten Landschaften sahen darin wie gekochter Spinat aus, und die besten Menschen wurden widerlich oder standen ohne Rumpf auf dem Kopfe; die Gesichter wurden so verdreht, daß sie nicht zu erkennen waren, und hatte man eine Sommersprosse, so konnte man gewiß sein, daß sie über Mund und Nase lief. Das sei äußerst belustigend, sagte der Teufel. Ging nun ein guter, frommer Gedanke durch einen Menschen, dann kam ein Grinsen in den Spiegel, so daß der Teufel über seine kunstvolle Erfindung lachen mußte. Alle, die in die Koboldschule gingen, denn er hielt Koboldschule ab, erzählten ringsumher, daß ein Wunder geschehen sei; nun könne man erst sehen, meinten sie, wie die Welt und die Menschen wirklich aussähen. Sie liefen mit dem Spiegel umher, und zuletzt gab es kein Land oder keinen Menschen mehr, der nicht verdreht darin gesehen wurde. Nun wollten sie auch zum Himmel selbst hinauffliegen, um sich über die Engel und den lieben Gott lustig zu machen. Je höher sie mit dem Spiegel flogen, um so mehr grinste er, sie konnten ihn kaum festhalten, sie flogen höher und höher, Gott und den Engeln näher; da erzitterte der Spiegel so fürchterlich in seinem Grinsen, daß er ihnen aus den Händen fiel und zur Erde stürzte, wo er in hundert Millionen, Billionen und noch mehr Stücke ging. Und da gerade richtete er viel größeres Unglück an als zuvor, denn einige Stücke waren kaum so groß wie ein Sandkorn, und diese flogen ringsumher in der weiten Welt, und wo sie den Leuten ins Auge kamen, da blieben sie sitzen, und da sahen die Menschen alles verkehrt oder hatten nur Augen für das, was an einer Sache verkehrt war, denn jede kleine Spiegelscherbe hatte dieselben Kräfte behalten, die der ganze Spiegel besessen hatte. Einige Menschen bekamen sogar eine kleine Spiegelscherbe ins Herz, und dann war es ganz entsetzlich, das Herz wurde genau wie ein Klumpen Eis. Einige Spiegelscherben waren so groß, daß sie zu Fensterscheiben gebraucht wurden; aber es war nicht gut, durch diese Scheiben seine Freunde anzusehen; andere Stücke kamen in Brillen, und wenn die Leute diese Brillen aufsetzten, ging es schwer, recht zu sehen und gerecht zu sein; der Böse lachte, daß ihm der Bauch wackelte, und das kitzelte ihn so schön. Aber draußen flogen noch kleine Glasscherben in der Luft umher. Nun, wir werden es hören!

Zweite Geschichte
Ein kleiner Knabe und ein kleines Mädchen
Drinnen in der großen Stadt, wo so viele Menschen und Häuser sind und nicht Platz genug ist, daß alle Leute einen kleinen Garten haben können und wo sich darum die meisten mit Blumen in Blumentöpfen begnügen müssen, lebten zwei arme Kinder, die einen etwas größeren Garten hatten als nur einen Blumentopf. Sie waren nicht Bruder und Schwester, aber sie waren sich ebenso gut, als wenn sie es gerade gewesen wären. Die Eltern wohnten einander gerade gegenüber; sie wohnten in zwei Dachkammern; wo das Dach des einen Nachbarhauses gegen das

andere stieß und die Wasserrinne zwischen den Dächern entlanglief, dort war in jedem Hause ein kleines Fenster; man brauchte nur über die Rinne zu steigen, so konnte man von dem einen Fenster zum andern kommen.
Die Eltern hatten draußen jeder einen Holzkasten, und darin wuchsen Küchenkräuter, die sie brauchten, und ein kleiner Rosenstock; es stand in jedem Kasten einer, die wuchsen so herrlich! Nun fiel es den Eltern ein, die Kästen quer über die Rinne zu stellen, so daß sie fast von dem einen Fenster zum andern reichten und ganz leibhaftig wie zwei Blumenwälle aussahen. Erbsenranken hingen über die Kästen herunter, und die Rosenstöcke trieben lange Zweige, die sich um die Fenster rankten und einander entgegenbogen, es war fast wie eine Ehrenpforte von Grün und Blüten. Da die Kästen sehr hoch waren und die Kinder wußten, daß sie nicht hinaufklettern durften, so bekamen sie oft die Erlaubnis, zueinander hinauszusteigen und auf ihren kleinen Schemeln unter den Rosen zu sitzen, und dort spielten sie dann so prächtig.
Im Winter war ja dieses Vergnügen vorbei. Die Fenster waren oft ganz zugefroren, aber dann wärmten sie Kupferschillinge auf dem Ofen und legten den warmen Schilling gegen die gefrorene Scheibe, und so entstand ein schönes Guckloch, so rund, so rund; dahinter guckte ein liebes, sanftes Auge hervor, eines aus jedem Fenster; das waren der kleine Knabe und das kleine Mädchen. Er hieß Kay und sie hieß Gerda. Im Sommer konnten sie mit einem Sprunge zueinander gelangen, im Winter mußten sie erst die vielen Treppen hinunter und die vielen Treppen hinauf; draußen fegte der Schnee.
»Das sind die weißen Bienen, die schwärmen«, sagte die alte Großmutter.
»Haben sie auch eine Bienenkönigin?« fragte der kleine Knabe, denn er wußte, daß unter den wirklichen Bienen eine solche ist.

»Die haben sie!« sagte die Großmutter. »Sie fliegt dort, wo sie am dichtesten schwärmen! Es ist die größte von allen, und nie bleibt sie still auf der Erde, sie fliegt wieder hinauf in die schwarze Wolke. Manche Mitternacht fliegt sie durch die Straßen der Stadt und blickt zu den Fenstern hinein, und dann frieren sie so wunderbar zu und sehen wie Blumen aus.«

»Ja, das haben wir gesehen«, sagten beide Kinder und wußten nun, daß es wahr sei.

»Kann die Schneekönigin hier hereinkommen?« fragte das kleine Mädchen.

»Laß sie nur kommen!« sagte der Knabe, »dann setze ich sie auf den warmen Ofen, und dann schmilzt sie.«

Aber die Großmutter glättete sein Haar und erzählte andere Geschichten.

Am Abend, als der kleine Kay zu Hause und halb entkleidet war, kletterte er auf den Stuhl am Fenster und guckte durch das kleine Loch; ein paar Schneeflocken fielen draußen, und eine von ihnen, die allergrößte blieb auf dem Rande des einen Blumenkastens liegen; die Schneeflocke wuchs mehr und mehr und wurde zuletzt ein ganzes Frauenzimmer, in den feinsten weißen Flor gekleidet, der wie aus Millionen sternartiger Flokken zusammengesetzt war. Sie war so schön und fein, aber aus Eis, aus blendendem, blinkendem Eis, doch sie war lebendig; die Augen blitzten wie zwei klare Sterne, aber es war weder Rast noch Ruh in ihnen. Sie nickte zum Fenster und winkte mit der Hand. Der kleine Knabe erschrak und sprang vom Stuhl herunter, da war es, als ob draußen ein großer Vogel am Fenster vorbeiflöge.

Am nächsten Tage gab es klaren Frost, und dann gab es Tauwetter – und dann kam der Frühling; die Sonne schien, das Grün guckte hervor, die Schwalben bauten Nester, die Fenster wurden geöffnet, und die kleinen Kin-

der saßen wieder in ihrem kleinen Garten hoch oben in der Dachrinne über allen Stockwerken.
Die Rosen blühten diesen Sommer so unvergleichlich; das kleine Mädchen hatte ein Lied gelernt, in dem von Rosen die Rede war, und bei den Rosen dachte sie an ihre eigenen; und sie sang es dem kleinen Knaben vor, und er sang mit:

>»Die Rosen, sie blühn und verwehen,
> Wir werden das Christkindlein sehen!«

Und die kleinen hielten einander bei der Hand, küßten die Rosen, blickten in Gottes hellen Sonnenschein hinein und sprachen zu ihm, als ob das Jesuskind da wäre. Was waren das für herrliche Sommertage, wie schön war es draußen bei den frischen Rosenstöcken, die blühten, als wollten sie niemals damit aufhören!
Kay und Gerda saßen und sahen in das Bilderbuch mit Tieren und Vögeln, da geschah es – die Uhr schlug gerade fünf vom großen Kirchturm –, daß Kay sagte: »Au! Es stach mich ins Herz, und nun bekam ich etwas ins Auge hinein!«
Das kleine Mädchen faßte ihn um den Hals; er blinzelte mit den Augen; nein, es war gar nichts zu sehen.
»Ich glaube, es ist weg!« sagte er; aber weg war es nicht. Es war gerade eins von jenen Glaskörnern, die vom Spiegel gesprungen waren, dem Zauberspiegel, wir erinnern uns noch an ihn, an das häßliche Glas, das alles Große und Gute, das sich darin spiegelte, klein und häßlich machte; aber das Böse und Schlechte trat ordentlich hervor, und jeder Fehler an einer Sache war gleich zu bemerken. Der arme Kay hatte auch ein Körnchen gerade ins Herz hineinbekommen. Das würde bald wie ein Eisklumpen werden. Nun tat es nicht mehr weh, aber das Körnchen war da.
»Warum weinst du?« fragte er. »Du siehst so häßlich aus!

Mir fehlt ja nichts! Pfui!« rief er auf einmal; »die Rose dort hat einen Wurmstich! Und sieh, diese da ist ja ganz schief! Im Grunde sind es häßliche Rosen! Sie gleichen dem Kasten, in dem sie stehen!« Und dann stieß er mit dem Fuße gegen den Kasten und riß die beiden Rosen ab.

»Kay, was machst du?« rief das kleine Mädchen; und als er ihren Schrecken sah, riß er noch eine Rose ab und sprang dann in sein Fenster hinein von der kleinen lieben Gerda fort.

Wenn sie später mit dem Bilderbuche kam, sagte er, daß das für Wickelkinder sei; und erzählte die Großmutter Geschichten, so kam er immer mit einem Aber; – und wenn es ihm gerade einfiel, dann ging er hinter ihr her, setzte eine Brille auf und sprach ebenso wie sie; das war ganz treffend, und die Leute lachten über ihn. Bald konnte er sprechen und gehen wie alle Menschen in der ganzen Straße. Alles, was an ihnen eigentümlich und unschön war, das wußte Kay nachzumachen, und die Leute sagten: »Das ist bestimmt ein ausgezeichneter Kopf, den der Knabe hat!« Aber es war das Glas, das er ins Auge bekommen hatte, das Glas, das ihm im Herzen saß; daher kam es auch, daß er selbst die kleine Gerda neckte, die ihm doch von ganzer Seele gut war.

Seine Spiele wurden nun anders als früher, sie waren so verständig. – An einem Wintertage, als die Schneeflocken fegten, kam er mit einem großen Brennglas, hielt seinen blauen Rockzipfel hinaus und ließ die Schneeflocken darauf fallen.

»Sieh nur in das Glas, Gerda«, sagte er, und jede Schneeflocke wurde viel größer und sah aus wie eine prächtige Blume oder ein zehneckiger Stern, es war herrlich anzusehen. »Siehst du, wie kunstvoll!« sagte Kay. »Das ist viel interessanter als die wirklichen Blumen! Und es ist kein einziger Fehler daran, sie sind ganz gleichmäßig, wenn sie nur nicht schmelzen würden.«

Bald darauf kam Kay mit großen Handschuhen und seinem Schlitten auf dem Rücken; er rief Gerda in die Ohren: »Ich habe Erlaubnis bekommen, auf den großen Platz zu fahren, wo die andern Knaben spielen!« und weg war er.

Dort auf dem Platze banden die kecksten Knaben oft ihre Schlitten an die Bauernwagen, und dann fuhren sie ein gutes Stück mit. Das war gerade lustig. Als sie am besten spielten, kam ein großer Schlitten; der war ganz weiß gestrichen, und in ihm saß jemand, in einen rauhen weißen Pelz gehüllt und mit einer weißen rauhen Mütze auf dem Kopfe; der Schlitten fuhr zweimal um den Platz herum, und Kay band seinen kleinen Schlitten schnell daran fest und fuhr mit. Es ging rascher und rascher, gerade hinein in die nächste Straße; die Gestalt, die fuhr, drehte sich um und nickte Kay freundlich zu, es war, als ob sie einander kannten; jedesmal, wenn Kay seinen kleinen Schlitten lösen wollte, nickte die Gestalt wieder, und dann blieb Kay sitzen; sie fuhren gerade zum Stadttor hinaus. Da begann der Schnee so herabzufallen, daß der kleine Knabe keine Hand vor den Augen sehen konnte, aber er fuhr weiter; nun ließ er schnell die Schnur fahren, um von dem großen Schlitten loszukommen, aber das half nichts, sein kleines Fuhrwerk hing fest, und es ging mit Windeseile vorwärts. Da rief er ganz laut, aber niemand hörte ihn, und der Schnee stob, und der Schlitten flog von dannen; mitunter gab es einen Sprung; es war, als führte er über Gräben und Hecken. Der Knabe war ganz erschrocken, er wollte sein Vaterunser beten, aber er konnte sich nur auf das große Einmaleins besinnen.

Die Schneeflocken wurden größer und größer, zuletzt sahen sie aus wie große weiße Hühner; auf einmal sprangen sie zur Seite, der große Schlitten hielt, und die Gestalt, die ihn fuhr, erhob sich; der Pelz und die Mütze waren lauter Schnee; es war eine Dame, so hoch und rank, so glänzend

weiß, es war die Schneekönigin. »Wir sind gut vorangekommen«, sagte sie, »aber wer wird denn frieren! Krieche in meinen Bärenpelz hinein!«
Und sie setzte ihn neben sich in den Schlitten und schlug den Pelz um ihn, es war, als versinke er in einem Schneetreiben.
»Friert dich noch?« fragte sie, und dann küßte sie ihn auf die Stirn. Uh, das war kälter als Eis! Das ging ihm gerade ins Herz hinein, das ja schon halb ein Eisklumpen war; es war, als sollte er sterben; – aber nur einen Augenblick, dann tat es ihm recht wohl; er spürte nichts mehr von der Kälte ringsumher.
»Meinen Schlitten! Vergiß nicht meinen Schlitten!« Daran dachte er zuerst, und der wurde an eins der weißen Hühnchen gebunden, und dieses flog mit dem Schlitten auf dem Rücken hinterher. Die Schneekönigin küßte Kay noch einmal, und da hatte er die kleine Gerda, die Großmutter und alle daheim vergessen.
»Nun bekommst du keine Küsse mehr!« sagte sie; »denn sonst küßte ich dich tot!«
Kay sah sie an; sie war so hübsch, ein klügeres, schöneres Antlitz konnte er sich nicht denken; nun schien sie nicht aus Eis zu sein wie damals, als sie draußen vor dem Fenster saß und ihm winkte; in seinen Augen war sie vollkommen, er spürte gar keine Angst, er erzählte ihr, daß er kopfrechnen könne, und sogar mit Brüchen, er wisse die Quadratmeilen des Landes und die Einwohnerzahl, und sie lächelte immer; da kam es ihm vor, als wäre es doch nicht genug, was er wisse, und er sah hinauf in den großen, großen Himmelsraum; und sie flog mit ihm, flog hoch hinauf auf die schwarze Wolke, und der Sturm sauste und brauste; es war, als sänge er alte Lieder. Sie flogen über Wälder und Seen, über Meere und Länder; unter ihnen sauste der kalte Wind, die Wölfe heulten, der Schnee funkelte; über ihm flogen die schwarzen schreienden Krähen

dahin, aber hoch oben schien der Mond so groß und klar, und auf ihn sah Kay die lange, lange Winternacht hindurch; am Tage schlief er zu den Füßen der Schneekönigin.

Dritte bis sechste Geschichte

Aber wie erging es der kleinen Gerda, als Kay nicht mehr kam? Wo war er nur?
Tot, ertrunken im Fluß, so glauben alle außer Gerda, die sich – von Frühlingshoffnung gestärkt, vom Flusse halb freiwillig, halb unfreiwillig entführt – auf die Suche nach Kay begeben hat.
In dem Zaubergarten der alten Frau verdämmert sie den Sommer unter den Erzählungen der Blumen. Mit den in die Erde verwünschten Rosen steht jedoch das Bild der Erinnerung getreu wieder auf, und aus der unbestimmten Sehnsucht reift der feste Entschluß, Kay gegen alle Widerstände zurückzugewinnen.
So beginnt Gerdas Wanderung in den Winter, deren Stationen sie immer weiter nordwärts und damit ihrem Ziel näher bringen. Freilich gibt es noch manchen Verzug. Eine Reihe von Abenteuern sind zu bestehen, die – nach Andersens Manier – neben rührenden auch komische, parodistische oder groteske Züge tragen.
Die geschwätzigen Hofkrähen führen die Suchende auf eine Fehlfährte: Im Gemach der Prinzessin findet sie den Jugendgespielen nicht. Es wird ihr durch den Prinzen und die Prinzessin reichlich gutgemeinte Unterstützung zuteil, doch dient sie zu nichts anderem, als die Gier der Räuber zu reizen.
Die goldene Kutsche wird überfallen, und Gerda rettet kaum das nackte Leben, als sie zum Spielzeug eines Räubermädchens wird. Doch selbst dies kleine halbwilde Geschöpf empfindet Rührung über Gerdas Geschichte und ihre Liebe zu Kay.
Tiere und Menschen müssen Gerda dienen. Je kälter und feindseliger die umgebende Natur, desto schneller geht die Reise vonstatten, desto williger spendet man der Treuen Rat und Hilfe.
Das Rentier des Räubermädchens trägt sie in Windeseile zur Lappin, von dort zur Finnin, die den Aufenthaltsort der Schneekönigin endlich zu benennen weiß.
Dort allerdings, am Endziel der Wanderung, müssen die Gefährten sich zurückziehen und Gerda ihrer eigenen Macht überlassen. Die sitzt »in ihrem Herzen« und besteht darin, »daß sie ein süßes, unschuldiges Kind ist«.

Auch die geschenkten Kleidungsstücke müssen zurückbleiben. Da stand nun also die arme Gerda, ohne Schuhe, ohne Handschuhe, mitten in dem fürchterlichen, eiskalten Finnmarken.

Sie lief vorwärts, so schnell sie konnte; da kam ein ganzes Regiment Schneeflocken; aber die fielen nicht vom Himmel herunter, der war ganz klar und leuchtete von Nordlichtern: die Schneeflocken liefen gerade auf der Erde hin, und je näher sie kamen, desto größer wurden sie. Gerda erinnerte sich noch, wie groß und kunstvoll die Schneeflocken damals ausgesehen hatten, als sie sie durch ein Brennglas sah, aber hier waren sie freilich noch weit größer und fürchterlicher, sie lebten, sie waren die Vorposten der Schneekönigin, sie hatten die wunderlichsten Gestalten. Einige sahen aus wie häßliche große Stachelschweine, andere wie ganze Knoten von Schlangen, welche die Köpfe hervorstreckten, und andere wie kleine dicke Bären, deren Haare sich sträubten, alle waren glänzend weiß alle waren lebendige Schneeflocken.

Da betete die kleine Gerda ihr Vaterunser, und die Kälte war so groß, daß sie ihren eigenen Atem sehen konnte; wie Rauch ging er ihr aus dem Munde. Der Atem wurde dichter und dichter und formte sich zu kleinen Engeln, die mehr und mehr wuchsen, wenn sie die Erde berührten; und alle hatten sie Helme auf dem Kopf und Spieße und Schilde in den Händen; es wurden immer mehr, und als Gerda ihr Vaterunser beendet hatte, war eine ganze Legion um sie; sie stachen mit ihren Spießen gegen die greulichen Schneeflocken, so daß diese in hundert Stücke zersprangen, und die kleine Gerda ging ganz sicher und frischen Mutes vorwärts. Die Engel streichelten ihr Hände und Füße, und da empfand sie weniger, wie kalt es war, und ging rasch zum Schlosse der Schneekönigin.

Aber nun müssen wir erst sehen, wie es Kay ergeht. Er dachte freilich nicht an die kleine Gerda, und am wenigsten daran, daß sie draußen vor dem Schlosse stände.

Siebente Geschichte
*Was im Schlosse der Schneekönigin geschehen war
und was dort später geschah*

Die Wände des Schlosses waren aus treibendem Schnee und Fenster und Türen aus schneidenden Winden; es waren über hundert Säle darin, ganz wie sie der Schnee zusammengeweht hatte; der größte erstreckte sich viele Meilen lang, alle wurden von dem starken Nordlicht beleuchtet, und sie waren so groß, so leer, so eisig kalt und so glänzend! Niemals gab es hier Fröhlichkeit, nicht einmal soviel wie einen kleinen Bärenball, wozu der Sturm hätte blasen und wobei die Eisbären hätten auf den Hinterfüßen gehen und ihre feinen Manieren zeigen können; niemals eine kleine Spielgesellschaft mit Maulklapp und Tatzenschlag; nie ein kleines bißchen Kaffeeklatsch der Weißfuchsfräulein; leer, groß und kalt war es in den Sälen der Schneekönigin. Die Nordlichter flammten so deutlich, daß man zählen konnte, wann sie am höchsten und wann sie am niedrigsten standen. Mitten in diesem leeren unendlichen Schneesaale war ein zugefrorener See, der war in tausend Stücke zersprungen, aber jedes Stück glich dem anderen so genau, daß es ein ganzes Kunstwerk war; und mitten auf dem See saß die Schneekönigin, wenn sie zu Hause war, und dann sagte sie, daß sie im Spiegel des Verstandes sitze und daß er der einzige und beste in dieser Welt sei.

Der kleine Kay war ganz blau vor Kälte, ja fast schwarz, aber er merkte es nicht, denn sie hatte ihm den Kälteschauer abgeküßt, und sein Herz war so gut wie ein Eisklumpen. Er schleppte einige scharfe flache Eisstücke hin und her, die er auf alle mögliche Weise aneinanderlegte, denn er wollte damit etwas herausbringen. Es war gerade, als wenn wir anderen kleine Holztafeln haben und sie in Figuren zusammenlegen, was man das chinesische Spiel nennt. Kay ging auch und legte Figuren, und zwar die al-

lerkunstvollsten. Das war das Verstandeseisspiel. In seinen Augen waren die Figuren ganz ausgezeichnet und von allerhöchster Wichtigkeit; das machte das Glaskörnchen, das ihm im Auge saß! Er legte ganze Figuren, die ein geschriebenes Wort waren, aber nie konnte er es dahin bringen, das Wort zu legen, das er gerade haben wollte, das Wort: Ewigkeit, und die Schneekönigin hatte gesagt: »Kannst du diese Figur herausfinden, dann sollst du dein eigener Herr sein, und ich schenke dir die ganze Welt und ein paar neue Schlittschuhe.« Aber er konnte es nicht.
»Nun sause ich fort nach den warmen Ländern!« sagte die Schneekönigin. »Ich will hinfahren und in die schwarzen Töpfe hinuntersehen!« – Das waren die feuerspeienden Berge Ätna und Vesuv, wie man sie nennt. »Ich werde sie ein wenig weißen! Das gehört dazu, das tut den Zitronen und Weintrauben gut!« Und die Schneekönigin flog davon, und Kay saß ganz allein in dem viele Meilen großen, leeren Eissaal, sah die Eisstücke an und dachte und dachte, so daß es in ihm knackte; ganz steif und still saß er, man hätte glauben sollen, er wäre erfroren.
Da trat die kleine Gerda durch das große Tor in das Schloß. Dort waren schneidende Winde, aber sie betete ein Abendgebet, und da legten sich die Winde, als ob sie schlafen wollten, und sie trat in die großen, leeren, kalten Säle hinein – da sah sie Kay, sie erkannte ihn, sie flog ihm um den Hals, hielt ihn so fest und rief: »Kay! Lieber kleiner Kay! Da habe ich dich gefunden!«
Aber er saß ganz still, steif und kalt – da weinte die kleine Gerda heiße Tränen, sie fielen auf seine Brust, sie drangen in sein Herz, sie tauten den Eisklumpen auf und verzehrten das kleine Spiegelstück darin; er sah sie an, und sie sang das Lied:

>»Die Rosen, sie blühn und verwehen
>Wir werden das Christkindlein sehen!«

Da brach Kay in Tränen aus; er weinte so, daß das Spiegelkörnchen aus dem Auge rollte, er erkannte sie und jubelte: »Gerda! Liebe kleine Gerda! – Wo bist du nur so lange gewesen? Und wo bin ich gewesen?« Und er blickte rings um sich her. »Wie kalt es hier ist! Wie weit und leer es hier ist!« Und er hielt sich an Gerda fest, und sie lachte und weinte vor Freude; das war so herrlich, daß selbst die Eisstücke vor Freude ringsherum tanzten, und als sie müde waren und sich niederlegten, lagen sie gerade in den Buchstaben, von denen die Schneekönigin gesagt hatte, er solle sie herausfinden, dann wäre er sein eigener Herr, und sie wollte ihm die ganze Welt und ein Paar Schlittschuhe geben.

Und Gerda küßte seine Wangen, und sie wurden blühend; sie küßte seine Augen, und sie leuchteten wie die ihrigen; sie küßte seine Hände und Füße, und er war gesund und munter. Die Schneekönigin mochte nun nach Hause kommen, sein Freibrief stand da mit glänzenden Eisstücken geschrieben.

Und sie faßten einander bei der Hand und wanderten aus dem großen Schlosse hinaus; sie sprachen von der Großmutter und von den Rosen oben auf dem Dache; und wo sie gingen, lagen die Winde ganz still, und die Sonne brach hervor; und als sie den Busch mit den roten Beeren erreichten, stand das Rentier da und wartete; es hatte ein anderes junges Rentier mit sich, dessen Euter voll war, und das gab den Kleinen seine warme Milch und küßte sie auf den Mund. Dann trugen sie Kay und Gerda zuerst zur Finnin, wo sie sich in der heißen Stube aufwärmten und über die Heimreise Bescheid erhielten, dann zur Lappin, die ihnen neue Kleider genäht und ihren Schlitten instand gesetzt hatte.

Das Rentier und das Junge sprangen zur Seite und folgten gerade bis zur Grenze des Landes, dort guckte das erste Grün hervor; da nahmen sie Abschied vom Rentier und von der Lappin. »Lebt wohl!« sagten sie alle. Und die ersten kleinen Vögel begannen zu zwitschern, der Wald hatte grüne Knospen, und aus ihm kam auf einem prächtigen Pferde, das Gerda kannte – es war vor die Goldkutsche gespannt gewesen –, ein junges Mädchen geritten, mit einer glänzenden roten Mütze auf dem Kopfe und Pistolen vor sich; es war das kleine Räubermädchen, das es satt hatte, zu Hause zu sein, und nun zuerst nach Norden und später, wenn es kein Vergnügen daran hätte, in andere Richtung wollte. Es erkannte Gerda sogleich, und Gerda erkannte es auch, das war eine Freude!

»Du bist ja ein schöner Bursche, so herumzuschweifen!« sagte es zum kleinen Kay. »Ich möchte wissen, ob du verdienst, daß man deinetwegen bis ans Ende der Welt läuft!«

Aber Gerda streichelte seine Wangen und fragte nach dem Prinzen und der Prinzessin.

»Die sind nach fremden Ländern gereist!« sagte das Räubermädchen.

»Aber die Krähe?« sagte Gerda.

»Ja, die Krähe ist tot!« antwortete es. »Die zahme Liebste ist Witwe geworden und geht mit einem Endchen schwarzen Wollgarns um das Bein umher; sie klagt ganz jämmerlich, Geschwätz ist das Ganze! – Aber erzähle mir nun, wie es dir ergangen ist und wie du ihn erwischt hast.«

Und Gerda und Kay erzählten.

»Schnipp-Schnapp-Schnurre-Basselurre!« sagte das Räubermädchen, nahm beide bei der Hand und versprach, wenn es einmal durch ihre Stadt käme, so wollte es hinaufkommen, um sie zu besuchen. Und dann ritt es in die weite Welt hinein, aber Kay und Gerda gingen Hand in Hand, und wie sie gingen, war es herrlicher Frühling mit Blumen und Grün; die Kirchenglocken läuteten, und sie erkannten die hohen Türme, die große Stadt, es war die, in

der sie wohnten, und sie gingen hinein und zu Großmutters Tür, die Treppe hinauf, in die Stube hinein, wo alles auf derselben Stelle stand wie früher, und die Uhr sagte »Tick! Tack!«, und die Zeiger drehten sich; aber als sie durch die Tür gingen, merkten sie, daß sie erwachsene Menschen geworden waren. Die Rosen aus der Dachrinne blühten zum offenen Fenster herein, und da standen die kleinen Kinderstühle, und Kay und Gerda setzten sich jedes auf den seinen und hielten einander bei der Hand; die kalte, leere Herrlichkeit bei der Schneekönigin hatten sie vergessen wie einen schweren Traum. Die Großmutter saß in Gottes hellem Sonnenschein und las aus der Bibel vor: »Werdet ihr nicht wie die Kinder, so werdet ihr nicht in das Himmelreich kommen!«
Und Kay und Gerda sahen einander in die Augen, und sie verstanden auf einmal den alten Gesang:

>»Die Rosen, sie blühn und verwehen,
>Wir werden das Christkindlein sehen!«

Da saßen sie beide, erwachsen und doch Kinder, Kinder im Herzen, und es war Sommer, warmer herrlicher Sommer.

NATHANIEL HAWTHORNE
ETHAN BRAND

Ein Kapitel aus einem aufgegebenen Roman

Der Kalkbrenner Bartram, ein derber, grobschlächtiger Mann, geschwärzt von Kohlenstaub, saß bei Einbruch der Nacht wartend vor seinem Ofen, während sich sein kleiner Sohn damit vergnügte, aus den umherliegenden Marmorstücken Häuser zu bauen, als von dem Hang, der sich unten erstreckte, ein schallendes Gelächter empordrang, das nicht fröhlich, sondern schwerfällig und sogar feierlich klang, wie ein Windstoß, der das Astwerk des Waldes schüttelt.

»Vater, was ist das?« fragte der Kleine, der sein Spiel unterbrach und sich zwischen die Knie seines Vaters drückte.

»Oh, ein Betrunkener, nehme ich an«, erwiderte der Kalkbrenner, »ein ausgelassener Bursche, der aus der Schenke im Dorf kommt und sich drinnen nicht richtig zu lachen traute, weil er Angst hatte, das Dach könnte davonfliegen. Da steht er nun am Fuße des Graylock und hält sich die Seiten vor Lachen.«

»Aber, Vater«, sagte das Kind, das feinfühliger war als der stumpfsinnige, nicht mehr ganz junge Grobian, »er lacht aber nicht so wie ein Mann, der sich freut. Darum erschreckt der Lärm mich so!«

»Sei kein Narr, Kleiner!« rief der Vater verdrießlich. »Aus dir wird nie ein Mann, glaube ich; du hast zuviel von deiner Mutter. Ich habe erlebt, wie du dich schon über ein raschelndes Blatt aufgeregt hast. Horch! Da kommt ja der lustige Bursche. Du wirst sehen, daß er ganz harmlos ist.«

Als Bartram und sein kleiner Sohn so miteinander sprachen, saßen sie vor demselben Kalkofen, der die Kulisse von Ethan Brands einsamem und grüblerischem Leben gewesen war, bevor dieser sich aufmachte, die Unvergebbare Sünde zu suchen. Viele Jahre waren, wie wir gesehen haben, seit jener unheilvollen Nacht vergangen, in der die Idee erstmals aufkeimte. Der Ofen auf dem Berg war jedoch unerschütterlich stehengeblieben und hatte sich nicht im geringsten verändert, seitdem Ethan Brand seine finsteren Gedanken in die heftige Glut des Feuerlochs geworfen und sie gleichsam zu dem einen Gedanken verschmolzen hatte, der fortan sein Leben beherrschte. Es war ein rohes, rundes, turmähnliches Gebilde, ungefähr zwanzig Fuß hoch, erbaut aus schweren, unbehauenen Steinen und zum größten Teil von einem hoch aufgeschütteten Erdwall umgeben, so daß man die Marmorblöcke und -stücke mit einer Karre heranschaffen und von oben hineinwerfen konnte. Am Fuße des Turms befand sich eine Öffnung wie ein Ofenloch, aber groß genug, um einen Mann in gebückter Haltung einzulassen, und versehen mit einer massiven Eisentür. Wenn der Rauch und die Flammenstrahlen durch die Spalten und Ritzen dieser Tür drangen, die in den Berg hineinzuführen schien, glich sie beinahe dem Privateingang der Hölle, den die Hirten auf den »Köstlichen Bergen« den Pilgern zu zeigen pflegten.

Es gibt viele solche Kalköfen in dieser Gegend, die dazu dienen, den weißen Marmor zu verbrennen, aus dem die Berge zu einem großen Teil bestehen. Manche von ihnen, die schon vor vielen Jahren errichtet wurden und seit langem verlassen dastehen, in deren leerem, oben offenem Innenraum Unkraut wächst und wo sich in den Ritzen zwischen den Steinen Gras und wilde Blumen festgesetzt haben, sehen bereits wie Überreste aus dem Altertum aus und werden vielleicht dennoch von den Flechten kommender Jahrhunderte überzogen werden. Andere, in denen der Kalkbrenner noch tagaus, tagein sein Feuer unterhält, locken den Bergwanderer an, der sich auf einem Baumstamm oder Marmorblock niederläßt, um mit dem Einsamen ein bißchen zu plaudern. Es ist eine weltfremde und womöglich, wenn der Kalkbrenner zum Sinnieren neigt, eine überaus beschauliche Tätigkeit, wie sich im Fall von Ethan Brand zeigte, dessen Gedanken in längst verflossenen Tagen so seltsame Wege gingen, während das Feuer in ebendiesem Ofen brannte.

Der Mann, der jetzt das Feuer hütete, war von anderem Schlag und belastete sich mit keinen anderen Gedanken als den wenigen, die zu seinem Gewerbe notwendig waren. In kurzen Abständen riß er krachend die schwere Eisentür auf und warf, das Gesicht von der unerträglichen Glut abwendend, gewaltige Eichenklötze hinein oder schürte das mächtige Feuer mit einer langen Stange. Im Ofen erblickte man die züngelnden und zischenden Flammen und den brennenden Marmor, den die starke Hitze schon fast geschmolzen hatte, während draußen der Widerschein des Feuers zitternde Schatten auf das Gewirr der Waldbäume warf und im Vordergrund das leuchtende, rötliche Bild der Hütte, den Brunnen neben der Tür, die athletische, kohlebeschmierte Gestalt des Kalkbrenners und das halb erschreckte Kind erhellte, das im Schatten seines Vaters Schutz suchte. Und wenn sich dann die Tür wieder schloß, war alles in das milde Licht des Halbmonds getaucht, das sich vergebens bemühte, die verschwommenen Umrisse der umliegenden Berge nachzuzeichnen; und hoch am Himmel glitt eine Wolkenansammlung vorüber, die noch rosig überhaucht war von der untergehenden Sonne, obwohl hier unten, wo sich der Hang talwärts senkte, das Sonnenlicht schon längst verschwunden war.

Der kleine Junge kroch jetzt noch näher an seinen Vater heran, als sich von unten Schritte näherten und eine menschliche Gestalt das Buschwerk beiseite schob, das sich unter den Bäumen zusammendrängte.

»Hallo! wer ist da?« rief der Kalkbrenner, verärgert über die Ängstlichkeit seines Sohnes und doch zugleich halb von ihr angesteckt. »Kommt her und zeigt Euch wie ein Mann, oder ich schmeiße Euch diesen Marmorbrocken hier an den Kopf!«

»Ihr entbietet mir einen groben Willkommensgruß«, entgegnete eine düstere Stimme, als der Unbekannte näher kam. »Doch ich verlange und erwarte keinen freundlicheren, nicht einmal an meinem eigenen Herd.«

Um besser sehen zu können, riß Bartram die Eisentür des Ofens auf, aus dem sogleich ein greller Lichtschein hervorbrach, der das Gesicht und die Gestalt des Fremdlings voll traf. Für ein unaufmerksames Auge hatte dessen äußere Erscheinung nichts besonders Auffälliges an sich; es war ein Mann in einem derben, braunen ländlichen Anzug, hochgewachsen und hager, mit dem Stab und den schweren Schuhen eines Wandersmanns. Als er näher trat, richtete er seine Augen, die ungewöhnlich leuchteten, angestrengt auf die helle Glut des Ofens, als ob er in ihm etwas Bedeutsames erblickte oder zu erblicken hoffte.

»Guten Abend, Fremdling«, sagte der Kalkbrenner. »Woher kommt Ihr so spät am Tage?«

»Ich kehre heim von meiner Suche«, antwortete der Wandersmann; »denn sie ist nun endlich zu Ende.«

»Betrunken oder verrückt!« murmelte Bartram vor sich hin. »Mit dem Kerl werde ich noch Ärger bekommen. Je eher ich ihn davonjage, desto besser.«

Der kleine Junge, der am ganzen Leibe zitterte, flüsterte seinem Vater etwas zu und bat ihn, die Ofentür zu schließen, damit es nicht mehr so hell sei; denn im Gesicht des Mannes war etwas, was anzuschauen er sich fürchtete und wovon er trotzdem den Blick nicht abwenden konnte. Ja, selbst der dumpfe und träge Geist des Kalkbrenners erkannte allmählich ein unbeschreibliches Etwas in diesem hageren, durchfurchten und gedankenverlorenen Antlitz, das von wirrem grauem Haar eingerahmt war, und in diesen tief eingesunkenen Augen, die wie Feuerbrände im Eingang einer geheimnisvollen Höhle flackerten. Doch als er die Tür zugemacht hatte, wandte sich der Fremde ihm zu und sprach mit so ruhiger, vertrauter Stimme, daß Bartram das Gefühl hatte, er habe es schließlich doch mit einem gesunden und vernünftigen Mann zu tun.

»Eure Arbeit geht dem Ende zu, wie ich sehe«, sagte der Fremde. »Dieser Marmor ist schon seit drei Tagen im Feuer. In ein paar Stunden wird sich der Stein in Kalk verwandeln.«

»Wer seid Ihr denn?« rief der Kalkbrenner aus. »Ihr kennt Euch anscheinend in meinem Gewerbe genauso gut aus wie ich.«

»Das mag wohl sein«, sagte der Fremde, »denn ich habe denselben Beruf viele lange Jahre ausgeübt, und zwar hier, an ebendieser Stelle. Aber Ihr seid neu in dieser Gegend. Habt Ihr noch nie etwas von Ethan Brand gehört?«

»Von dem Mann, der sich aufmachte, um die Unvergebbare Sünde zu suchen?« fragte Bartram lachend.

»Ja, den meine ich«, entgegnete der Fremde. »Er hat gefunden, was er suchte, und deshalb ist er zurückgekommen.«

»Was? dann seid Ihr Ethan Brand persönlich?« rief der Kalkbrenner verwundert. »Ich bin neu hier, wie Ihr sagt; und es soll achtzehn Jahre her sein, seitdem Ihr den Hang des Graylock-Berges verlassen habt. Aber ich kann Euch versichern, die Leute da unten im Dorf reden noch immer von Ethan Brand und von dem seltsamen Auftrag, der ihn bewog, seinen Kalkofen aufzugeben. Nun, habt Ihr also die Unvergebbare Sünde gefunden?«

»So ist es«, sagte der Fremde ruhig.

»Wenn die Frage erlaubt ist«, fuhr Bartram fort, »wo könnte sie sein?«

Ethan Brand legte einen Finger auf sein Herz. »Hier!« erwiderte er.
Und dann brach er in ein höhnisches Lachen aus, ohne daß Freude seine Züge erhellte, sondern als bewege ihn vielmehr die unfreiwillige Einsicht in sein unsäglich widersinniges Tun, weil er in der ganzen Welt etwas, was ihm von allen Dingen am nächsten war, gesucht und in allen Herzen, außer seinem eigenen, nach etwas ausgeschaut hatte, was sich in keiner anderen Brust verbarg. Es war das gleiche bedächtige, schwerfällige Lachen, das den Kalkbrenner fast erschreckt hatte, als es den Auftritt des Wandersmanns ankündigte.
Es tönte schaurig über den Hang dahin. Ein Lachen, das fehl am Platze ist, zur unrechten Zeit erklingt oder einem verworrenen Gefühlszustand entspricht, gehört wohl zu den schrecklichsten Ausdrucksformen der menschlichen Stimme. Das Lachen eines Schlafenden, und sei es auch nur ein kleines Kind – das Gelächter eines Wahnsinnigen – das wilde, kreischende Gelächter eines Idioten, all dies sind Laute, die wir zuweilen nur mit Entsetzen hören und stets am liebsten wieder vergessen würden. Die Dichter können sich bei Teufeln und bösen Geistern keine Lautäußerung vorstellen, die zu diesen furchtbaren Wesen besser paßte als ein Lachen. Und sogar der stumpfsinnige Kalkbrenner spürte, wie es an seinen Nerven zerrte, als der Fremdling in sein eigenes Herz schaute und ein Lachen ausstieß, das in die Nacht hinaus scholl und in den Bergen undeutlich widerhallte.
»Joe«, sagte er zu seinem kleinen Sohn, »spring hinunter in die Dorfschenke und erzähle dort den lustigen Gesellen, daß Ethan Brand zurückgekommen ist und daß er die Unvergebbare Sünde gefunden hat!«
Der Knabe lief davon, um seinen Auftrag auszuführen, gegen den Ethan Brand keinen Einwand erhob, ja, den er kaum zu beachten schien. Er setzte sich auf einen Baum-

stamm und starrte unverwandt auf die Eisentür des Ofens. Als das Kind außer Sichtweite war und das Geräusch seiner flinken, leichten Füße verstummte, die zuerst auf welkem Laub und dann auf dem steinigen Bergpfad dahinliefen, begann es dem Kalkbrenner leid zu tun, daß er es hatte gehen lassen. Er merkte, daß die Gegenwart des Kleinen eine Schranke zwischen dem Gast und ihm selber errichtet hatte und daß er sich nun von Mann zu Mann mit einem Menschen auseinandersetzen mußte, der, seinem eigenen Eingeständnis zufolge, die einzige Untat begangen hatte, mit welcher der Himmel kein Erbarmen kennt. Die unbestimmte Schwärze dieser Untat lag gleichsam wie ein Schatten auf ihm. Die eigenen Sünden regten sich in der Seele des Kalkbrenners und erfüllten sein Gedächtnis mit einer dichtgedrängten Schar böser Schemen, die ihre Verwandtschaft mit der Größten Sünde bekundeten – was immer das auch sein mochte –, welche die verderbte menschliche Natur sich auszudenken und zu lieben vermochte. Sie alle gehörten einer Familie an; sie wanderten zwischen Bartrams und Ethan Brands Brust hin und her und überbrachten dunkle Grüße von dem einen zum anderen.

Dann fielen Bartram die Geschichten ein, die sich um diesen seltsamen Mann rankten, welcher über ihn gekommen war wie ein Schatten der Nacht und sich an seiner alten Wirkungsstätte wieder häuslich einrichtete, nachdem er so lange fort gewesen war, daß die Toten, die schon vor Jahren dahingeschieden und begraben waren, ein größeres Recht als er gehabt hätten, in ihre vertraute Umgebung zurückzukehren. Ethan Brand, so hieß es, hatte sich im gespenstischen Feuerschein ebendieses Ofens mit dem Satan selbst eingelassen. Die Legende hatte bisher nur Heiterkeit ausgelöst, aber jetzt wirkte sie eher unheimlich. Dieser Erzählung zufolge hatte Ethan Brand, bevor er sich auf die Suche machte, Nacht für Nacht einen Teufel aus der hei-

ßen Glut des Kalkofens hervorgelockt, um sich mit ihm über die Unvergebbare Sünde zu besprechen; Mensch und Teufel hätten sich gemeinsam bemüht, eine Form der Schuld ausfindig zu machen, die weder gesühnt noch vergeben werden konnte. Und wenn der erste Lichtschimmer den Gipfel des Berges berührt habe, sei der Teufel durch die Eisentür in den Ofen gekrochen und habe im stärksten Element, dem Feuer, so lange ausgeharrt, bis er wieder hervorgerufen worden sei, um an dem schrecklichen Auftrag mitzuwirken, die Schuldfähigkeit des Menschen so zu erweitern, daß sie selbst die ansonsten unendliche Gnade des Himmels übersteigen würde.
Während der Kalkbrenner noch mit diesen entsetzlichen Gedanken rang, erhob sich Ethan Brand von dem Baumstamm und riß die Tür des Ofens auf. Die Handlung paßte so sehr zu dem, was in Bartrams Geist vorging, daß dieser fast damit rechnete, er werde den Bösen rotglühend aus den tobenden Flammen hervorgehen sehen.
»Halt, halt!« schrie er und versuchte sich zu einem Lächeln zu zwingen, denn er schämte sich seiner Ängste, obwohl sie ihn überwältigten. »Holt jetzt um Gottes willen nicht Euren Teufel heraus!«
»Mann!« entgegnete Ethan Brand ungerührt, »wozu brauche ich den Teufel? Ich habe ihn auf meinem Weg zurückgelassen. Er gibt sich nur mit solchen halbherzigen Sündern ab, wie Ihr einer seid. Fürchtet Euch nicht, weil ich die Tür geöffnet habe. Ich tue das nur aus alter Gewohnheit und will Euer Feuer ein wenig schüren, wie ein Kalkbrenner, der ich ja einmal war.«
Er stocherte in den dicken Kohlen herum, legte Holz nach und beugte sich dann vor, um in das hohle Gefängnis des Feuers zu blicken, ohne die starke Glut zu beachten, die sein Gesicht rötete. Der Kalkbrenner saß da und beobachtete ihn, und ihm kam halb der Verdacht, sein seltsamer Gast habe die Absicht, zwar nicht einen Teufel zu be-

schwören, aber sich wenigstens in die Flammen zu stürzen und sich auf solche Weise den Augen des Menschen zu entziehen. Ethan Brand trat indes ruhig zurück und machte die Ofentür zu.

»Ich habe«, sagte er, »schon in manches Menschenherz geblickt, das vor sündigen Leidenschaften siebenmal heißer brannte als der Feuerofen dort drüben. Doch ich habe dort nicht gefunden, was ich suchte. Nein, nicht die Unvergebbare Sünde!«

»Was ist das, die Unvergebbare Sünde?« fragte der Kalkbrenner und wich ein Stückchen weiter von seinem Gefährten zurück, zitternd vor Angst, daß seine Frage beantwortet würde.

»Das ist eine Sünde, die in meiner eigenen Brust gedieh«, erwiderte Ethan Brand und richtete sich hoch auf, erfüllt von jenem Stolz, der alle Schwärmer seines Schlages auszeichnet. »Eine Sünde, die sonst nirgendwo gedieh! Die Sünde eines Verstandes, der über die menschliche Brüderlichkeit und die Anbetung Gottes triumphierte und alles ihren eigenen mächtigen Forderungen unterordnete! Die einzige Sünde, die als Belohnung ewige Qualen verdient! Ehrlich gesagt, wenn ich sie noch einmal begehen könnte, ich würde die Schuld auf mich laden. Ohne Zögern nehme ich die Strafe an!«

»Der Mann ist wirr im Kopf«, murmelte der Kalkbrenner vor sich hin. »Er mag ja ein Sünder sein, wie wir alle – nichts wäre wahrscheinlicher –, aber ich möchte schwören, daß er außerdem verrückt ist.«

Dennoch fühlte er sich unbehaglich in seiner Lage, allein mit Ethan Brand auf diesem abgeschiedenen Hang, und er war ganz froh, als er das rauhe Stimmengewirr und die Schritte einer offensichtlich recht großen Menschengruppe vernahm, die über die Steine stolperte und sich einen Weg durch das Unterholz bahnte. Bald erschien auch die ganze Bande der Müßiggänger, die zu den Stammkunden der Dorfschenke gehörten, darunter drei oder vier Individuen, die seit Ethan Brands Aufbruch Winter für Winter am Kamin des Schankraums ihren Flip* getrunken und Sommer für Sommer auf der Veranda ihre Pfeife geraucht hatten. Laut lachend und mit allen Stimmen wild durcheinanderredend, tauchten sie jetzt im Mondlicht und in den schmalen Streifen des Feuerscheins auf, die den freien Platz vor dem Kalkofen erhellten. Bartram öffnete die Tür wieder einen Spaltbreit, damit die ganze Gesellschaft Ethan Brand und dieser sie genauer in Augenschein nehmen konnte.

Unter den alten Bekannten befand sich ein einstmals weitverbreiteter, inzwischen fast ausgestorbener Typ, den man früher mit Sicherheit im Hotel eines jeden aufstrebenden Dorfes im ganzen Land antraf. Das war der Posthalter. Der gegenwärtige Vertreter dieser Gattung war ein verwelkter und verdorrter runzliger und rotnasiger Mann in einer elegant geschnittenen kurzschößigen braunen Jacke mit Messingknöpfen, der seit unvordenklichen Zeiten sein Pult in einer Ecke der Schankstube stehen hatte und noch immer dieselbe Zigarre zu paffen schien, die er sich vor zwanzig Jahren angesteckt hatte. Er war berühmt für seinen trockenen Witz, den er allerdings wohl weniger einer echten humoristischen Begabung als einer gewissen würzigen Mischung aus Grog und Tabakrauch verdankte, welche nicht nur alle seine Gedanken und Äußerungen, sondern auch seine ganze Person durchdrang. Ein anderes wohlbekanntes, wenngleich merkwürdig verändertes Gesicht war das von Advokat Giles, wie ihn die Leute aus Höflichkeit noch immer anredeten – ein zerlumpter ältlicher Mann mit schmutzigen Manschetten und Werghosen. Dieser arme Teufel war in seinen besseren Tagen, wie er es nannte, einmal ein Rechtsanwalt gewesen, ein ge-

* *Flip* = ein heißes alkohol. Mischgetränk mit Ei (Anm. d. Hrsg.)

wiegter Fachmann, der bei den Litiganten* des Dorfes
großes Ansehen genoß; doch Flip und Grog und Punsch
und Cocktails hatten bewirkt, daß er seine geistige Tätigkeit mit den verschiedensten Arten und Graden körperlicher Arbeit vertauschen mußte, bis er zuletzt, wie er sich
selber ausdrückte, in einem Seifenfaß landete. Mit anderen
Worten: Giles war jetzt ein kleiner Seifensieder. Er stellte
nur noch den Torso eines menschlichen Wesens dar, denn
ein Teil des Fußes war durch eine Axt abgehauen worden,
und der teuflische Zugriff einer Dampfmaschine hatte ihm
eine ganze Hand weggerissen. Doch obgleich die körperliche Hand fehlte, blieb eine geistige Gliedmaße erhalten;
wenn Giles nämlich den Armstumpf ausstreckte, fühlte
er, wie er beharrlich beteuerte, die unsichtbaren Finger
noch genauso intensiv wie vor der Amputation. Ein verkrüppelter und bedauernswerter Kerl war er, aber trotzdem keiner, auf dem die Welt herumtrampeln konnte und
den zu verachten sie das Recht hatte, weder in diesem noch
in irgendeinem früheren Stadium seines Unglücks, weil er
sich den Mut und Geist eines Mannes bewahrt hatte, weil
er nichts geschenkt haben wollte und weil er mit der einen
Hand – und das war die linke – einen verbissenen Kampf
gegen Not und widrige Umstände führte.

Mit der Gruppe war auch noch eine andere Person gekommen, die zwar in gewisser Hinsicht Advokat Giles
glich, aber im übrigen sich stark von ihm unterschied. Es
war der Dorfarzt, ein Mann von etwa fünfzig Jahren, den
wir in einem früheren Abschnitt seines Lebens in seiner
beruflichen Eigenschaft anläßlich eines Krankenbesuchs
bei Ethan Brand hätten vorstellen können, zu der Zeit, als
der letztere angeblich dem Wahnsinn verfallen war. Jetzt
war er ein rotgesichtiger, roher und brutaler, doch
gleichwohl noch halbwegs herrenhaft wirkender Mann,

---

* *Litiganten* = Prozessierende (Anm. d. Hrsg.)

in dessen Redeweise, Gesten und Manieren etwas Wildes, Hinfälliges und Verzweifeltes lag. Der Branntwein beherrschte diesen Mann wie ein böser Geist und machte ihn so bösartig und ungestüm wie ein wildes Tier und so elend wie eine verlorene Seele; aber er besaß anscheinend eine solche wunderbare Geschicklichkeit, eine solche naturgegebene Heilbegabung, die alles, was die medizinische Wissenschaft zu vermitteln vermochte, weit übersteigt, daß die Gesellschaft an ihm festhielt und ihn nicht völlig untergehen ließ. Im Sattel hin und her schwankend und mit schwerer Zunge lallend, besuchte er im Umkreis von vielen Meilen alle Krankenzimmer in den Bergstädten; und manchmal brachte er einen Sterbenden wie durch ein Wunder wieder auf die Beine, doch zweifellos schickte er ebensooft einen Patienten in ein Grab, das um Jahre zu früh geschaufelt worden war. Der Doktor hatte ständig eine Pfeife im Mund, die er stets, wie jemand in Anspielung auf sein gewohnheitsmäßiges Fluchen meinte, am Höllenfeuer anzündete.

Diese drei Ehrenmänner drängten sich vor, begrüßten Ethan Brand, jeder auf seine Weise, und forderten ihn auf, am Inhalt einer gewissen schwarzen Flasche teilzuhaben, in welcher er, wie sie versicherten, etwas finden werde, was zu suchen sich mehr lohne als die Unvergebbare Sünde. Kein Geist, der sich durch angestrengte, einsame Meditation auf eine hohe Stufe der Schwärmerei emporgeschwungen hat, vermag die Berührung mit niedrigen und vulgären Gesinnungen und Gefühlen zu ertragen, der Ethan Brand jetzt ausgesetzt war. Er begann zu zweifeln – und seltsamerweise war es ein schmerzhafter Zweifel –, ob er tatsächlich die Unvergebbare Sünde gefunden und ob er sie in seinem eigenen Ich gefunden habe. Die große Frage, der er sein Leben, und mehr als sein Leben, gewidmet hatte, erschien ihm jetzt wie eine Täuschung.

»Verlaßt mich«, sagte er bitter, »ihr wüsten Unmenschen,

die ihr euch selber dazu gemacht habt, indem ihr eure Seele durch üble Trunksucht zerstört! Ich bin fertig mit euch. Vor vielen, vielen Jahren habe ich in euren Herzen herumgetastet und nichts gefunden, was mir weitergeholfen hätte. Geht jetzt!«

»Na, na, Ihr ungehobelter Kerl«, rief der hitzige Doktor, »erwidert Ihr so die Freundlichkeit Eurer besten Freunde? Dann will ich Euch einmal die Wahrheit sagen. Ihr habt die Unvergebbare Sünde ebensowenig gefunden wie der kleine Joe da drüben. Ihr seid nichts weiter als ein Verrückter – das habe ich Euch schon vor zwanzig Jahren gesagt –, weder besser noch schlechter als ein Verrückter, und der rechte Kumpan für den alten Humphrey dort!«

Damit zeigte er auf einen schäbig gekleideten alten Mann mit langem weißen Haar, hagerem Gesicht und unsteten Augen. Schon seit einigen Jahren wanderte dieser Alte in den Bergen umher und erkundigte sich bei allen Reisenden, denen er begegnete, nach seiner Tochter. Das Mädchen hatte sich offenbar einer Gruppe von Zirkusartisten angeschlossen; gelegentlich gelangten Berichte über sie ins Dorf, und man erzählte sich herrliche Geschichten über ihre glänzenden Auftritte, bei denen sie hoch zu Roß in die Manege einritt oder wundervolle Drahtseilakte vorführte.

Der weißhaarige Vater trat nun auf Ethan Brand zu und starrte ihm unsicher ins Gesicht.

»Man hat mir erzählt, Ihr wärt auf der ganzen Erde herumgekommen«, sagte er und rang flehentlich die Hände. »Ihr müßt meine Tochter gesehen haben, denn sie spielt eine große Rolle in der Welt, und alle wollen sie sehen. Hat sie Euch eine Nachricht für ihren alten Vater mitgegeben oder gesagt, wann sie zurückkommen will?«

Ethan Brands Augen wichen dem Blick des alten Mannes aus. Diese Tochter, von der er so sehnlichst einen Gruß erwartete, war nämlich die Esther unserer Erzählung –

dasselbe Mädchen, das Ethan Brand mit solch kalter und erbarmungsloser Zielstrebigkeit zum Gegenstand eines psychologischen Experiments gemacht und dessen Seele er dabei mißbraucht, ausgenutzt und vielleicht sogar zugrundegerichtet hatte.
»Ja«, murmelte er, indem er sich von dem greisen Wanderer abwandte; »es ist keine Täuschung. Es gibt eine Unvergebbare Sünde!«
Während all dies vor sich ging, spielte sich im Umkreis des heiteren Lichts, neben dem Brunnen und vor der Hüttentür, eine fröhliche Szene ab. In großer Zahl war die Dorfjugend, junge Männer und Mädchen, den Hang hinaufgeeilt, neugierig darauf, Ethan Brand kennenzulernen, den Helden so vieler Legenden, die ihr von Kindesbeinen an vertraut waren. Da die jungen Leute jedoch nichts Besonderes an ihm entdeckten – er war nichts weiter als ein sonnverbrannter Wandersmann in einem schlichten Gewand und mit staubigen Schuhen, der dasaß und ins Feuer starrte, als ob aus der Kohlenglut Phantasiegebilde aufstiegen –, wurden sie seines Anblicks rasch müde. Es traf sich, daß ein anderes Amüsement ihre Aufmerksamkeit fesselte. Ein alter deutscher Jude, der mit einem Diorama auf dem Rücken umherzog, hatte sich gerade dem Dorf auf der Bergstraße genähert, als die Gesellschaft von ihr abbog; und in der Hoffnung, das Geschäft des Tages zu machen, hatte der Schausteller die Gruppe bis zum Kalkofen begleitet.
»Kommt schon, alter Deutscher«, rief ein junger Mann, »zeigt uns Eure Bilder, wenn Ihr beschwören könnt, daß es sich lohnt, sie anzuschauen!«
»O ja, Captain«, antwortete der Jude, der jedermann, ob aus Höflichkeit oder Berechnung, mit dem Titel Captain anredete. »Ich werde euch allerdings ein paar einmalige Bilder zeigen!«
Also baute er seinen Kasten auf, lud die jungen Männer

und Mädchen ein, durch die Glasöffnungen des Apparats zu blicken, und schickte sich an, als Meisterwerke der bildenden Kunst eine Serie der jämmerlichsten Kritzeleien und Schmierereien vorzuführen, die jemals ein wandernder Schausteller seinem Publikum zuzumuten gewagt hatte. Die Bilder waren abgenutzt, ja sogar zerfleddert, voller Risse und Eselsohren, von Tabakrauch verfärbt und insgesamt in einem höchst beklagenswerten Zustand. Einige zeigten angeblich Städte, öffentliche Gebäude und Burgruinen in Europa; andere stellten Napoleons Schlachten und Nelsons Seegefechte dar; und zwischendrin erschien eine riesenhafte, braune, behaarte Hand – man hätte sie für die Hand des Schicksals halten können, obgleich es in Wahrheit nur die des Schaustellers war –, die mit dem Zeigefinger auf verschiedene Szenen der Schlachtenbilder deutete, während ihr Besitzer dazu einen historischen Kommentar abgab. Als die Vorstellung, deren schäbige Qualität große Heiterkeit hervorgerufen hatte, beendet war, forderte der Deutsche den kleinen Joe auf, seinen Kopf in den Kasten zu stecken. Durch die Vergrößerungsgläser betrachtet, nahm das runde, rosige Gesicht des Jungen das höchst befremdliche Aussehen eines unermeßlich großen Titanenkindes an; sein Mund grinste breit, und die Augen und die ganze Miene strahlten vor Freude über diesen Scherz. Doch plötzlich erbleichte das fröhliche Gesicht, und sein Ausdruck schlug in Entsetzen um; denn dieser leicht beeindruckbare und erregbare Knabe spürte, daß ihn Ethan Brands Auge durch das Glas anstarrte.

»Ihr macht dem kleinen Mann Angst, Captain«, sagte der deutsche Jude und richtete sich aus seiner gebückten Haltung auf, so daß die dunklen, festen Umrisse seines Gesichts deutlicher hervortraten. »Doch blickt noch einmal hinein, und auf mein Wort, ich kann Euch zufällig etwas sehr Schönes zeigen!«

Ethan Brand schaute einen Augenblick lang in den Kasten, dann fuhr er zurück und blickte den Deutschen starr an. Was hatte er gesehen? Offenbar nichts; denn ein neugieriger Jüngling, der fast gleichzeitig hineinlugte, erkannte nur ein leeres Stück Leinwand.
»Jetzt weiß ich, wer Ihr seid«, flüsterte Ethan Brand dem Schausteller zu.
»Ach, Captain«, wisperte der Jude aus Nürnberg mit einem geheimnisvollen Lächeln, »ich finde, das war eine große Belastung für meinen Schaukasten – diese Unvergebbare Sünde! Meiner Treu, Captain, meine Schultern sind ganz müde, nachdem ich sie den lieben langen Tag über den Berg geschleppt habe.«
»Still!« versetzte Ethan Brand streng, »oder verfügt Euch dort drüben in den Brennofen!«
Die Vorführung des Juden war kaum zu Ende, als ein großer, älterer Hund – der offensichtlich sein eigener Herr war, da keiner der Anwesenden Anspruch auf ihn erhob – den Augenblick für gekommen hielt, die allgemeine Aufmerksamkeit auf sich zu lenken. Bislang hatte er sich wie ein sehr ruhiger, braver alter Hund benommen, der von einem zum anderen gegangen war und sein Anschlußbedürfnis dadurch zeigte, daß er seinen rauhen Kopf jeder freundlichen Hand darbot, die sich die Mühe nahm, ihn zu tätscheln. Doch jetzt begann dieser gesetzte und ehrwürdige Vierbeiner urplötzlich aus eigenem Antrieb, und ohne daß ihn jemand auch nur im geringsten dazu aufgefordert hätte, hinter seinem eigenen Schwanz herzurennen, der, was die Widersinnigkeit seines Unterfangens noch erhöhte, ein gutes Stück kürzer war, als er hätte sein sollen. Noch nie hat man einen so überstürzten Eifer bei der Verfolgung eines unerreichbaren Ziels gesehen; noch nie hat man ein so aufgeregtes Knurren, Jaulen, Bellen und Fauchen vernommen – es war, als bestünde zwischen den beiden Körperenden des albernen Viehs eine

unversöhnliche Todfeindschaft. Immer schneller drehte sich der Köter im Kreise; und immer schneller flog sein unerreichbarer kurzer Schwanz; und immer lauter und böser wurde sein wütendes, feindseliges Gebell, bis der verrückte alte Hund völlig erschöpft war und, ohne seinem Ziel auch nur im mindesten nähergekommen zu sein, seine Vorführung ebenso plötzlich beendete, wie er sie begonnen hatte. Im nächsten Augenblick war er wieder der sanfte, ruhige, vernünftige und ehrenwerte Hund, der sich am Anfang bemüht hatte, Anschluß an die Gesellschaft zu finden.

Wie nicht anders zu erwarten, wurde die Darbietung mit allgemeinem Gelächter, Händeklatschen und Dacapo-Rufen bedacht; darauf antwortete der vierbeinige Schauspieler mit Schwanzwedeln, sofern man die Bewegungen seines kurzen Schwanzes überhaupt als Wedeln bezeichnen darf, doch er schien völlig außerstande zu sein, seine sehr erfolgreiche Vorstellung zum Ergötzen der Zuschauer noch einmal zu wiederholen.

Unterdessen hatte Ethan Brand wieder auf seinem Baumstamm Platz genommen; und möglicherweise betroffen durch die Erkenntnis, daß zwischen seinem eigenen Fall und dem des sich selber verfolgenden Köters eine entfernte Ähnlichkeit bestand, stieß er sein entsetzliches Lachen aus, das mehr als jedes andere äußere Zeichen seinen inneren Zustand verriet. Von diesem Augenblick an war es mit der Fröhlichkeit der Leute aus; sie standen entgeistert da und befürchteten, daß der unheimliche Laut die Luft bis zum Horizont erfüllen und als donnerndes Echo von Berg zu Berg springen könne, um ihre Ohren endlos zu quälen. Indem sie einander zuflüsterten, daß es schon spät sei, daß der Mond schon untergehen wolle und daß diese Augustnacht kühl zu werden drohe, eilten sie nach Hause und überließen es dem Kalkbrenner und dem kleinen Joe, mit dem ungebetenen Gast fertigzuwerden, so gut sie es vermochten. Abgesehen von diesen drei menschlichen Wesen, lag der freie Platz auf dem Hang jetzt einsam da, eingebettet in die unermeßliche Düsternis des Waldes. Wo dessen dunkler Saum verlief, fiel der flackernde Feuerschein auf die mächtigen Stämme und das schwärzliche Blattwerk der Kiefern, unter die sich das hellere Grün junger Eichen, Ahornbäume und Pappeln mischte, während hier und da die Riesenrümpfe abgestorbener Bäume auf der laubbedeckten Erde vermoderten. Und der kleine Joe – ein furchtsames und phantasievolles Kind – hatte das Gefühl, als hielte der schweigende Wald den Atem an, bevor sich irgend etwas Furchtbares ereignete.

Ethan Brand warf noch mehr Holz ins Feuer und schloß die Tür des Ofens; dann blickte er über die Schulter den Kalkbrenner und dessen Sohn an und riet oder vielmehr befahl ihnen, sich schlafen zu legen.

»Ich kann nämlich nicht schlafen«, sagte er. »Da sind ein paar Dinge, über die ich nachdenken muß. Ich werde auf das Feuer aufpassen, so wie ich es in den alten Zeiten gewohnt war.«

»Und dann holt Ihr vermutlich den Teufel aus dem Ofen heraus, damit er Euch Gesellschaft leistet«, murmelte Bartram, der mit der oben erwähnten schwarzen Flasche nähere Bekanntschaft gemacht hatte. »Aber paßt nur auf, wenn es Euch beliebt, und ruft so viele Teufel, wie Ihr wollt! Ich meinerseits kann jetzt ein Schläfchen ganz gut gebrauchen. Komm, Joe!«

Als der Junge seinem Vater in die Hütte folgte, blickte er sich noch einmal nach dem Wandersmann um, und Tränen stiegen ihm in die Augen; denn sein sanftes Gemüt spürte intuitiv die öde, schreckliche Einsamkeit, in die sich dieser Mann selber gehüllt hatte.

Sowie die beiden fort waren, setzte Ethan Brand sich hin, um dem Knacken des brennenden Holzes zu lauschen und die kleinen Feuergeister zu beobachten, die durch die Spalten der Tür drangen. Diese einst so vertrauten Kleinigkeiten fesselten indes seine Aufmerksamkeit kaum, während er tief in seiner Seele den allmählichen, aber wunderlichen Wandel bedachte, den die Suche, welcher er sein Leben geweiht hatte, bewirkt hatte. Er erinnerte sich, wie sich der Tau der Nacht auf ihn herniedergesenkt hatte – wie der dunkle Wald ihm zugeflüstert hatte – wie die Sterne ihm geleuchtet hatten –, damals vor vielen Jahren, als er, ein einfacher und von Liebe erfüllter Mann, sein Feuer hütete und dabei seinen Gedanken nachhing. Er erinnerte sich, mit wieviel Zärtlichkeit, Anteilnahme und Menschheitsliebe und wieviel Mitleid mit menschlicher Schuld und Not er erstmals über jene Ideen nachzudenken begonnen hatte, die später sein Leben bestimmten; mit wieviel Ehrfurcht er damals in das Herz der Menschen geblickt hatte, das für ihn ein ursprünglich göttlicher Tempel war, der aller Entweihung zum Trotz einem Bruder heilig sein mußte; mit wieviel entsetzlicher Angst er das Gelingen seines Vorhabens abzuwenden versucht und darum gebetet hatte, daß ihm die Unvergebbare Sünde niemals enthüllt werden möge. Dann folgte jene mächtige geistige Entwicklung, die nach und nach das Gleichgewicht zwischen seinem Verstand und seinem Herzen zerstörte. Die Idee, die sein Dasein beherrschte, hatte sich als ein Mittel der Erziehung erwiesen; sie hatte seine Fähigkeiten so fortentwickelt, bis sie den höchsten Gipfel erreicht hatten, der ihnen zugänglich war; sie hatte ihn von der Stufe eines ungebildeten Arbeiters zu jener sternenhellen Höhe emporgetragen, welche die Philosophen der Welt, beladen mit dem Wissen der Universitäten, vergebens zu erklimmen trachteten. Soviel über den Verstand! Aber wo war das Herz geblieben? Das war allerdings verdorrt – zusammengeschrumpft – verhärtet – vernichtet! Es hatte aufgehört, im Gleichtakt mit dem Universum zu schlagen. Er hatte die magnetische Kette der Menschheit losgelassen. Er war kein Menschenbruder mehr, der die Kammern oder Kerker der allgemeinen Menschennatur mit dem Schlüssel heiliger Sympathie öffnete, die ihm das Recht gab, an all ihren Geheimnissen teilzuhaben; vielmehr war er jetzt ein kalter Beobachter, der in der Menschheit das Objekt seines Experiments erblickte und am Ende Mann und Frau in seine Marionetten verwandelte, an deren Drähten er so lange zog, bis sie solche Verbrechen begingen, wie er sie für seine Untersuchung brauchte. So wurde aus Ethan Brand ein vom Teufel Besessener. Das begann in dem Augenblick, als seine moralische Natur mit der Aufwärtsbewegung seines Verstandes nicht mehr Schritt zu halten vermochte. Und jetzt hatte er als seine höchste Leistung und letzte Entwicklungsstufe – als die leuchtende, üppige Blüte und die reiche, köstliche Frucht seines lebenslangen Strebens – die Unvergebbare Sünde hervorgebracht!

»Was soll ich noch suchen? Was noch vollbringen?« sprach Ethan Brand zu sich selbst. »Meine Aufgabe ist erledigt, und gut erledigt!«

Mit einer gewissen Behendigkeit sprang er von dem Baumstamm hoch, stieg auf den Erdwall, der vor der steinernen Umfassungsmauer des Kalkofens aufgeschüttet war, und erreichte so die Spitze des Bauwerks. Die Öffnung hatte von Rand zu Rand eine Weite von vielleicht zehn Fuß und gab den Blick frei auf die oberste Schicht des gewaltigen Marmorhaufens, mit welcher der Ofen beschickt worden war. All diese unzähligen Marmorblöcke und -stücke waren rotglühend und brannten lichterloh, und aus ihnen schossen blaue Flammen hoch empor, die aufflackerten und wild umhertanzten, wie in einem magischen Kreis, und dann in sich zusammensanken und von neuem emporstiegen, in einer rastlosen, vielgestaltigen Bewegung. Als sich der einsame Mann über diese feurige

Masse beugte, traf ihn die sengende Hitze mit einem Anhauch, der ihn, so sollte man meinen, in einem Nu hätte verbrennen und vernichten müssen.

Ethan Brand richtete sich auf und reckte seine Arme hoch empor. Die blauen Flammen spielten auf seinem Gesicht und tauchten es in das irre, grausige Licht, das allein zu seinem Ausdruck paßte; es war das Gesicht eines Teufels, der sich in den Abgrund der schlimmsten Qualen hinabstürzen will.

»O Mutter Erde«, rief er, »die du nicht mehr meine Mutter bist und in deren Schoß dieser Leib niemals zurückkehren wird! O Menschheit, deren brüderliche Gemeinschaft ich verlassen und deren großes Herz ich mit Füßen getreten habe! O Sterne des Himmels, die mir einst leuchteten, als wollten sie mir den Weg nach vorne und nach oben weisen! – lebt wohl auf immer! Komm, todbringendes Element des Feuers – sei fortan mein treuer Freund! Umarme mich, wie ich dich umarme!«

In dieser Nacht durchdrang ein gräßliches Gelächter den Schlaf des Kalkbrenners und seines kleinen Sohns; undeutliche Bilder des Schreckens und der Angst suchten sie in ihren Träumen heim und schienen in der elenden Hütte noch immer gegenwärtig zu sein, als die beiden beim ersten Licht des Tages die Augen aufschlugen.

»Auf, Junge, auf!« rief der Kalkbrenner und blickte sich um. »Dem Himmel sei Dank, daß die Nacht endlich vorbei ist; lieber würde ich ein ganzes Jahr lang hellwach an meinem Kalkofen sitzen, als so eine Nacht noch einmal zu erleben. Dieser Ethan mit seiner albernen Unvergebbaren Sünde hat mir keinen besonderen Gefallen getan, indem er meinen Platz einnahm!«

Er verließ die Hütte, gefolgt von dem kleinen Joe, der die Hand seines Vaters fest umklammert hielt. Die frühe Sonne ergoß bereits ihr Gold über die Berggipfel, und obgleich die Täler noch im Schatten lagen, lächelten sie heiter in der Erwartung eines strahlenden Tages, der es sehr eilig zu haben schien. Das Dorf, das ringsum von sanft anschwellenden Hügeln eingeschlossen war, sah aus, als hätte es in der großen hohlen Hand der Vorsehung friedlich geruht. Alle Häuser waren deutlich zu erkennen; die kleinen Türme der beiden Kirchen reckten sich empor und fingen mit ihren vergoldeten Wetterhähnen einen ersten Schimmer des von der Sonne vergoldeten Himmels ein. In der Schenke herrschte schon reges Leben, und die Gestalt des alten verdorrten Posthalters, die Zigarre im Mund, zeigte sich auf der Veranda. Das Haupt des alten Graylock war von einer goldenen Wolke gekrönt. Auch über die Brüste der umliegenden Berge waren graue Nebelschwaden in phantastischen Formen verstreut, von denen einige weit ins Tal hinabreichten, andere bis zu den Gipfeln emporstiegen und wieder andere, die derselben Dunst- oder Wolkenfamilie zugehörten, im goldenen Glanz der oberen Atmosphäre schwebten. Schweifte der Blick über die Wolken hin, die auf den Hügeln ruhten, und von dort aus hinauf zu den vornehmeren Geschwistern, die durch die Lüfte segelten, so hatte man fast das Gefühl, als könnte ein sterblicher Mensch auf diese Weise zu den himmlischen Gefilden emporsteigen. Erde und Himmel vermischten sich dergestalt, daß man ein Traumbild zu schauen meinte.

Um den Zauber des Vertrauten und Anheimelnden zu erhöhen, den die Natur so gern über einer derartigen Landschaft ausbreitet, rasselte die Postkutsche die Bergstraße hinab, und der Kutscher stieß in sein Horn; das Echo bemächtigte sich der Töne und verwob sie zu einer prächtigen und abwechslungsreichen und kunstvollen Melodie, an welcher der eigentliche Urheber nur geringen Anteil hatte. Die hohen Berge führten miteinander ein Konzert auf, zu dem jeder eine Tonfolge von ätherischer Lieblichkeit beitrug.

Das Gesicht des kleinen Joe hellte sich sogleich auf.
»Lieber Vater«, rief er und hüpfte ausgelassen hin und her, »dieser fremde Mann ist verschwunden, und der Himmel und die Berge scheinen sich darüber zu freuen!«
»Ja«, brummte der Kalkbrenner und fluchte dazu, »aber er hat das Feuer ausgehen lassen, und wir haben es bestimmt nicht ihm zu verdanken, wenn die fünfhundert Scheffel Kalk nicht verdorben sind. Sollte ich den Kerl hier noch einmal zu fassen bekommen, dann würde ich ihn am liebsten in den Ofen stecken!«
Er nahm die lange Stange in die Hand und stieg auf den Ofen. Nach einer Weile rief er seinen Sohn.
»Komm herauf, Joe!« befahl er.
Also kletterte der kleine Joe auf den Erdwall und stellte sich neben seinen Vater. Der gesamte Marmor war zu makellosem, schneeweißem Kalk verbrannt. Doch obenauf, in der Mitte des Kreises, lag – ebenfalls schneeweiß und ganz und gar zu Kalk geworden – ein menschliches Skelett in der Haltung eines Menschen, der sich nach langer schwerer Arbeit zum Schlafen ausstreckt. Zwischen den Rippen – höchst merkwürdig – befand sich etwas, was die Form eines Menschenherzens hatte.
»Bestand denn das Herz dieses Burschen aus Marmor?« rief Bartram, einigermaßen verwirrt bei diesem Anblick.
»Jedenfalls ist es anscheinend zu einem besonders guten Kalk verbrannt; und wenn ich die ganzen Knochen zusammenrechne, ist mein Ofen um einen halben Scheffel reicher.«
Mit diesen Worten hob der grobe Kalkbrenner seine Stange, und als er sie auf das Skelett warf, zerfielen die Überreste von Ethan Brand zu Staub.

MANFRED FRANK
STEINHERZ UND GELDSEELE
Ein Symbol im Kontext

Die Tradition*

Symbole haben ihre Geschichte so gut wie Nationen und soziale Ordnungen. Wie sollten sie dem entgehen, da sie Bestandteile von Weltanschauungen sind und mit ihnen das Schicksal teilen, auf den Wogen der Zeit zu schwimmen? Was der einen Epoche ein Licht aufsetzte, kann seinen Sinn im Übergang zur anderen verdunkeln: so will es das Gesetz der diskontinuierlichen Einheit, das vom einen bis zum anderen Ende unserer geschichtlichen Welt herrscht.

Vertrauter als der plötzliche Verlust ist freilich der allmähliche Wandel des Orientierungsrahmens, in dem uns unsere Welt erschlossen ist. Das hängt nicht nur mit der Beschränktheit der Blickwinkel zusammen, die wir – in der Kürze eines Lebens – nach einander gegenüber der Geschichte einnehmen können. Schwerer wiegt, daß jede

---

* Der folgende Versuch faßt die Diskussion eines Düsseldorfer Seminars aus dem WS 1976/77 zusammen. Ich danke an dieser Stelle allen Teilnehmern, die mir halfen, aus dem Ritual der Lehrveranstaltung ein Stück fröhlicher Wissenschaft werden zu lassen. Der Dank schließt Anregungen und Funde ein, die nicht von mir herrühren und in diesen Essay mit einfließen durften.
Seine jetzige Gestalt erinnert an eine Vorlage, die seither in der Zeitschrift *Euphorion* (Band 71/1977, 383–405) erschienen ist. Dort trägt sie den Titel *Das Motiv des ›kalten Herzens‹ in der romantisch-symbolistischen Dichtung* und wurde für den Zweck dieses Bändchens stark überarbeitet, erweitert und vereinfacht.
Um der Lesbarkeit willen verzichte ich nach Möglichkeit auf Anmerkungen und gebe Zitatnachweise abgekürzt und eingeklammert im laufenden Text. Bücher oder Werkausgaben, die vielfach zitiert wurden, sind nach der ersten Erwähnung durch Siglen vertreten. Seitenangaben, die auf hier abgedruckte Texte verweisen, sind kursiv gesetzt.

Weltansicht wie eine Sprache beschaffen ist. Ja, streng genommen ist sie gar nichts anderes als die jeweilige Sprache, in der wir uns miteinander über unsere Welt und so mittelbar über uns selbst verständigen. Nun sind Sprachen verschlungene Gewebe: es wird nicht sofort und nicht an allen Orten mit gleicher Gewalt spürbar, wenn irgendwo ein Faden gelockert oder ein neuer Sinn eingezogen wird. Wer auf Neuerungen im Zentrum aus ist, muß gegen die Trägheit des Gesamtrahmens ankämpfen. Zerrisse der mit einem Schlag, wie sollte man den neuen Einschlag noch finden? Ohne die fortbestehende Einheit eines sozialen Gedächtnisses wäre gar kein schöpferisches Verhältnis zur Tradition denkbar.

Das gilt auch für Neuerungen im Bereich des Symbolischen. Symbole appellieren an »Vertrautheitshorizonte« (wie Blumenberg sagt), die kollektives Gut einer Sprach- und Handlungsgemeinschaft sind. Wie Lichtstrahlen durch Linsen gebündelt werden, so verdichten Symbole das gesellschaftliche Einverständnis, das zwischen den Teilnehmern besteht. Viele der sogenannten ›Bilder‹, in denen die Dichter sprechen, sind zwar kaum mehr als Treibgut oder leichtes Geröll im Fluß der Wirkungsgeschichte. Einige werden bis zur Unkenntlichkeit abgeschliffen, andere ans Ufer ausgesondert. Einigen aber gelingt es – vermöge der Widerstandsfähigkeit ihres Materials –, lange Zeit Profil und Umriß zu bewahren, ja den Flußlauf in gewissen Grenzen zu bestimmen. Das sind die wirkungsmächtigen und verbreiteten Symbole, in denen die Ordnung eines ganzen Kulturzusammenhanges gleichsam am einzelnen Element aufleuchtet und sich die zugehörige Tradition als Einheit im Wandel zu erkennen gibt.

Beide Momente, die Einheit und der Wandel, sind dem Symbol gleich wesentlich. Hätte es nicht seinen bestimmten Platz im epochalen System einer Weltansicht: niemand könnte es identifizieren und mit ihm, wie man im Angelsächsischen sagt, ›Sinn machen‹. Wäre es nicht zugleich in gewissen Grenzen verschiebbar und mithin nicht ein für alle Zeit festgelegt, so könnte es sich im Lauf der Geschichte nicht mit neuen, von seiner Vergangenheit unvorhergesehenen Sinnhorizonten bereichern. Das Symbol ist ein komplexes Zeichen, das zwar immer schon irgendwie verstanden, doch aber nie endgültig begriffen wird: es sei denn am Ende seiner Tage, in dem Augenblick, da die Todesstunde einer ganzen Kultur geschlagen hat.

Ein langlebiges und verbreitetes Symbol, in dem die Strahlen eines ganzen Säkulums zusammenschießen, ist zweifellos das ›Herz‹. Jeder, der in diesem Kulturkreis zu sprechen gelernt hat, kann seinen ›bildlichen‹ Sinn in wechselnden Verwendungszusammenhängen (noch) unmittelbar einlösen. Und doch: darf man behaupten, dieser Sinn sei begriffen (und damit abgeschlossen, außer Geltung gesetzt)?

»Wer wüßte nicht oder glaubte nicht zu wissen, was das ist: das Herz?« So fragte vor etwa 150 Jahren die vom wissenschaftlichen Ehrgeiz des Frühsozialismus begründete *Encyclopédie Nouvelle* von Pierre Leroux und J. Reynaud unter dem Schlagwort *Cœur*. »Hat nicht unter allen inneren Organen das Herz seit undenklichen Zeiten die Aufmerksamkeit des Ungebildetsten wie des Gelehrtesten auf sich gezogen?«

Die Fragen sind nicht rein rhetorisch: sie wollen den ›klinischen Blick‹ des »savant« auf ein vor-wissenschaftliches Erfahrungsniveau zurückbringen, um ihn mit dem Blick des »ignorant« auszusöhnen. Ist doch die reflexive Aufmerksamkeit auf das pochende Organ in der Brust höherer Lebewesen kaum merklich überlagert von unabtragbaren Schichten lebensweltlich-symbolischer Sinnfülle, denen auch die wissenschaftliche Rede nicht entkommt.

Von jeher trägt der Ausdruck »Herz« – in seiner übertragenen, aber längst lexikalisch starr gewordenen Verwendung – typische Funktionsmerkmale dessen, was die klassische Rhetorik als Metapher zu kennzeichnen pflegt (vgl. schon Augustinus, *De trin*. 10.7,7). Die Phantasie ersetzt durch ihn – und das nicht nur im europäischen Kulturkreis – den Mangel eines strengen Begriffs der Einheit sowohl unserer seelisch-geistigen wie unserer körperlichen Funktionen. Nach alttestamentischer Vorstellung ist das »Herz« nicht nur der Sitz des Gefühls, sondern ebenso des Verstandes und der Willenskräfte. Wenn Jahwe in der Sintfluterzählung bemerkt, »daß das Sinnen und Trachten der Menschenherzen böse ist allezeit«, so ist mit diesem Urteil der ganze Mensch gerichtet. Die Alten kennen das ›Herz‹ als die »sedes animae *sive* vitae«. Origines hatte es als Lebensprinzip (hegemonikón) gefaßt, wie vor ihm der antike Mythos, der allein aus dem unversehrt gebliebenen Herz des von den Titanen zerrissenen Dionysos-Zagreus den zweiten Dionysos wiederaufleben läßt (es gibt zahlreiche ähnliche Beispiele). Ebenso dachte das Mittelalter. Im Herzen glimmt der Funke der alten heraklitischen Urkraft, des Feuers, auch im geistlich übertragenen Sinne als »Fünklein der göttlichen Liebe oder Wärme« (scintilla charitatis Divinae sive caloris Divini). Je nach dem wissenschaftsgeschichtlichen Stand der Leib-Seele-Diskussion verschiebt sich entsprechend auch das metaphorische Schema. Bei Schiller z. B. ist das Herz bald der Ort naturhafter Triebe, bald die Quelle gegennatürlicher (sittlicher) Bestrebungen. Dieser Hof von semantischer Unbestimmtheit veranlaßte Schopenhauer zu einer definitorischen Engführung: »Herz« sei der Name für »alle jene Vorgänge im Inneren des Menschen, welche die Vernunft in den weiten negativen Begriff Gefühl wirft« (§ 11 und § 52 der *Welt als Wille und Vorstellung*).
Aber das Gefühl hat zwei Seiten. Mit der einen neigt es

sich gegen den Körper. »Des ganzen Körpers Erhaltung hängt vom HERZEN ab«, schreibt Benedikt van Haeften in seiner *Schola cordis* (1629). Ebenso alt ist jedoch die Tradition, die das Herz als »Sitz der Seele, der verzehrenden Liebe Ofen« (Animae sedes, rapidi ... amoris furnus), oder – christlich – als Wohnstätte des göttlichen Geistes begreift: »Es hat nämlich die Seele so gut ein geistliches HERZ, in welchem ihr Leben begründet ist, wie der Körper ein stoffliches Herz hat, aus dem sein Leben hervorgeht« (l. c. 2/3). – Beidemale hat ›Herz‹ die Bedeutung einer Grundkraft, und beider Definitionen Sinn wird zusammengehalten durch die beständig erfahrene Gleichzeitigkeit des Organgefühls und des Seelenzustands. Außerdem waltet zwischen der tödlichen Verwundung des Herzens und der Zerrüttung der Einheit des Bewußtseins ein offenbarer Zusammenhang, der in der metaphorischen Übertragung des Namens ›Leben‹ auf seelisch-geistige und kulturelle Phänomene seine Fortsetzung findet und das ganze Imaginationssystem des ›Herzens‹ in Opposition zum Tod, zum Leblosen, zum Anorganischen definiert. Auch im geistlichen Sinne kann das Herz absterben oder zerrüttet werden: »Ist aber das Fünklein der göttlichen Liebe erloschen, so *friert* die Seele geradezu, und alle Handlungen entbehren der lebendigen *Wärme;* darum wird sie, ist ihr HERZ versehrt, des Lebens der Gnade beraubt« (Extinctâ vero charitatis [Divinae] scintillâ, Anima prorsus friget, et omnes actiones vivaci calore destituuntur; itaque Anima ipsa, laeso eius CORDE, vitâ gratiae privatur [l. c. 3]).

Wenn das Herz von Natur warm ist,* so ist von vornher-

*So auch für Aristoteles, dem das Gehirn als eine Art »Abkühlungsorgan drüsiger Natur« galt: es mußte durch schleimige Katarrhe »dem heißen Seelensitz, dem liebebrennenden Herzen (...) kühlend entgegen wirken«. Aus der aristotelischen Ansicht erklären sich viele Wendungen und Sprichwörter in den abendländischen Sprachen, z. B.: »Das kälteste Herz

ein klar, worin der grundlegende Fehler eines widernatürlichen Herzens besteht und wie man ihn zu bezeichnen hat: z. B. dadurch, daß man ihm Ausdrücke aus der Bedeutungssphäre kalter und undurchdringlicher Materien zuspricht (»Einen schlimmen *Fehler* [vitium] trag' ich im verhärteten Herzen«, heißt es geradezu im Phaedrus [2 *epil.* 187]). Wenn man diese Sinn-Verknüpfung nicht für das Merkmal einer grundlegenden Daseinsstruktur halten will, kann man in gezielterer Fragestellung die klassische Humoralpathologie und Temperamentenlehre befragen. Walter Benjamin hat auf die Bedeutung des Stein-Sinnbilds im Zusammenhang der »melancholischen Complexion« hingewiesen und als Beleg eine Passage des Aegidius Albertinus (*Lucifers Königreich und Seelengejaidt: Oder Narrenhatz,* Augsburg 1617, 406) angeführt:

»Die Trübsal, als welche sonsten das Herz in Demut erweichet, machet ihn [den Melancholiker] nur immer störrischer in seinem verkehrten Gedanken, denn seine Tränen fallen ihm nicht ins Herz hinein, daß sie die Härtigkeit erweichten, sondern es ist mit ihm wie mit dem Stein, der nur von außen schwitzt, wenn das Wetter feucht ist.«*

Sollte die Herzenshärtigkeit des Melancholikers die Bedingungen der Acedia, der Trägheit des Herzens, erfüllen, so ist sie einer der Todsünden gleich zu erachten (bei

ist wärmer, denn das wärmeste Gehirn« (vgl. W. R. Corti, *Gesammelte Schriften,* Bd. I, Schaffhausen 1979, 182).

*Es gibt weitere Affinitäten: Die Melancholie ist charakterologisch oft durch den Zug der Lieblosigkeit, des Geizes und der Geldgier ausgezeichnet worden. »Wer keinen Menschen liebet«, heißt es beispielsweise im Christian Thomasius, »muß nothwendig an geringeren Creaturen/als Hunden, Pferden, Pflanzen, Steinen u.s.w. sein Vergnügen haben. Diese können alle mit Geld angeschaffet werden, und concentriren sich gleichsam im Gelde. (...) Wo aber kein Geld ist / und wo man Tauschens an statt des Kauffens und Verkauffens sich bedienet, da fället wohl das Hertz eines Geitzigen auf die Erde, daraus das Gold genommen ist (...).« Vgl. Hans-Jürgen Schings, *Melancholie und Aufklärung,* Stuttgart 1977, 42 ff., dem auch das Zitat entnommen ist. (Ich bedanke mich für den Hinweis bei Franz Loquai.)

Dante ist die Acedia das 5. Glied in der Ordnung der Hauptsünden).
Aufschlußreich ist auch die mittelalterlich-mystische Elementar-, Natur- und Gesundheitslehre. Sie geht mit Reihen paariger Ausdrücke um (heiß-kalt, trocken-feucht, dürr-geschmeidig usw.), die in der Vorstellung eines fundamentalen Gegensatzes von kontraktiven und expansiven Naturkräften ihren einigen Erklärungsgrund haben. (Die Assoziation an das Wechselspiel von Systole und Diastole spielt natürlich ebenso herein wie diejenige an die Tag-Nacht-Polarität: In der *Edda* heißt die Riesin Thöck – d. i. »Dunkel« – hartherzig, da sie als einziges Wesen um den Verlust von Baldurs Sonne nicht trauert.) Wie die Erstarrung einer Materie einem Entzug an Energie parallel geht, so ihre Erwärmung einer Energiezuwendung. Im Kristallgitter sind die Elementarteilchen an ihre Plätze gebannt; sie bewegen sich beim Erwärmen und verflüssigen sich bei der kritischen Temperatur *(cor contractum* versus *cor contabescens / cor liquescens;* auch das Symbol vom »Wasser des Lebens« zehrt von dieser Vorstellung). Warm, feucht, auch tauend oder weit – ja im Extrem brennend* oder, wie oft im Pietismus, schmelzflüssig/glühend – ist das Herz, das liebend sich nach außen öffnet: Ein drastisches Beispiel liefert die 42. Strophe der elisabethanischen Schäferdichtung *A Lover's Complaint* (Einer Liebenden Klage): »Vor solcher Augen-

---

* »Kamst du endlich, du Schöne, ... / Überströmen läßt du mein Herz, das in Sehnsucht brennt« (»Älthes, ka ⟨1⟩ ...: éphlyxas éman phréna kaioménan póthōi« [Sappho, nach Ps.-Julian *ep.* 60; 48 D, 48 L P]). »Mir brennt das Herz« (uritur cor mihi [Plaut., *Persa* 801 f.; vgl. Sen., *Ag.* 132; Mart. 12, 49, 9; Ps. Ambr. *apol. Dav.* II,3, 13; Aug. *civ.* 19,8]).
Das »heilig glühend(e) Herz« (Goethe, *Prometheus*) wird zum symbolischen Inbegriff des Sturm und Drang. Vgl. Fr. L. Stolbergs beschwingten Aufsatz *Über die Fülle des Herzens* (1777). – Kant entwarf eine Klassifikation der Leidenschaften in *passiones ardentes* und *passiones frigidae* (Einl. zum § 78 der *Anthropologie*).

überschwemmung (inundation of the eyes) fließt / Verwitternd hin ein Herz von Kieselstein (rocky heart), / Und eine Brust von Eis fühlt Flammenpein. / O Doppelwirkung! heißer Zorn wird kühl / Und Herzenskälte loderndes Gefühl.« Dagegen wird das Herz dürr, starr oder kalt, steinern (der lateinische Stamm *frig [Z. B. in *frigere* und in *frigêre*] bewahrt beide Bedeutungen; Richard Wagner kennt den Ausdruck »verdorrtes Herz« [*Gesammelte Schriften und Dichtungen*, hinfort zit.: *GSD*, Leipzig ⁵1911, XII, 249], und die Franzosen – z. B. Flaubert – sprechen von der »sécheresse du cœur«), wenn es entweder Energien von außen abzieht, um warm zu werden, oder unter Energieverlust sich zusammenzieht, um zu erkalten.*
Weit verbreitet ist die in solchen Traditionen gewachsene Ansicht, daß die Eigenliebe (ob sie in zehrendem Gram um Eigentum sich äußert – »ein grimmiges, hartes Herz« hat Fafner, der auf dem Hort ›liegt und besitzt‹ [*GSD* VI,

---

* Ein wirksames Mittel, die beengte Brust zu erweitern, ist außer der Liebe natürlich der Wein, wie oft in den *Erzählungen aus den tausendundein Nächten:* »Mir wurde die Brust so eng, und da wollte ich etwas Wein trinken, um mir die Brust zu weiten« (Vollständige deutsche Ausgabe. [Insel], 1953, I, 138).
Ich will im Vorbeigehen anmerken, daß das »gläserne Herz« – eine im Orientalischen verbreitete Metapher für die äußerste Empfindlichkeit und Zerbrechlichkeit der Seele (vgl. z. B. l. c. 654) – trotz seines anorganischen Materials nicht in den Zusammenhang dieser Untersuchung gehört. Gelegentlich hat es auch die Bedeutung der Durchsichtigkeit des Innern für die Blicke der anderen, wie bei Chr. H. Spieß, *Der gläserne Ökonom das ist: Die Geschichte von Jakob W...r*, in: ders., *Biographien der Wahnsinnigen*, ed. W. Promies, 1966, 44–61. Den Hinweis verdanke ich Norbert Haas. Vgl. auch die ausgezeichnete Analyse der Kristall-Transparenz-Metaphorik im Werk Rousseaus bei Jean Starobinski, *J.-J. Rousseau. La transparence et l'obstacle*, Paris 1971, 301 ff.
Ich werde ebensowenig auf das Motiv des anderswo als in der Brust seines ›Besitzers‹ aufbewahrten Herzens eingehen, wie es z. B. im *Mann ohne Herz* oder in *Seelenlos* (zwei Märchen von Bechstein) erzählt wird: dies Motiv gehorcht anderen Strukturgesetzen als denen, um die es mir hier – zu tun sein wird.

131, 128] –, in Eigensinn, Egoismus, Menschenhaß, Narzißmus oder in der Sterilität der ästhetischen Faszination) – daß die Eigenliebe das Herz kontrakt macht, indem sie seine Energien entweder von Räumen jenseits seiner selbst auf sich zurückzieht oder gegen das Außen abschottet, wie Hegel es von der »harten Sprödigkeit und eigensinnigen Punktualität« des Für-sich-Seins sagt: »Es stößt die... Gemeinschaft von sich und ist das harte Herz, das für sich ist und die Kontinuität mit den anderen verwirft« (*Phänomenologie des Geistes,* ed. Hoffmeister, 469). Dem liebenden Herz dagegen, dessen egozentrische Härte im Augenblick »seiner Erhebung zur Allgemeinheit« gebrochen ist (l. c. 470), hat die Natur »jene wundersame Anlage« eingepflanzt, »vermöge welcher das Leiden des Einen von Andern mitempfunden wird«. (»Man hat nur dann ein Herz, / Wenn man es hat für andre« [Fr. Hebbel, *Winterreise*].) Das mit-leidende Herz schmilzt dahin und erwärmt sich zugleich in dieser Verflüssigung, um anderen von seinem Überfluß mitzuteilen.

Daß es jederzeit möglich sei, sich mit dem anderen gewissermaßen zu identifizieren »und folglich die Schranke zwischen Ich und Nicht-Ich, für den Augenblick (aufzuheben)«, wodurch »die Angelegenheit des Andern, sein Bedürfniß, seine Noth, sein Leiden, unmittelbar zum meinigen (wird)« – dieser Vorgang ist – nach Schopenhauers Ansicht – ganz alltäglich und »sogar dem Hartherzigsten und Selbstsüchtigsten... nicht fremd geblieben« (*Zürcher Ausgabe* Bd. VI, 285 und 269; vgl. X, 643). Durch die Schmelzung und mitleidende Entäußerung »fühlt sich das Herz erweitert, wie durch den Egoismus zusammengezogen. Denn wie dieser unsern Antheil koncentrirt auf die einzelne Erscheinung des eigenen Individui, wobei die Erkenntniß uns stets die zahllosen Gefahren, welche fortwährend diese Erscheinung bedrohen, vorhält, wodurch Ängstlichkeit und Sorge der Grundton unserer Stimmung wird; so verbreitet die Erkenntniß, daß alles Lebende ebensowohl unser eigenes Wesen an sich ist wie die eigene Person, unsern Antheil auf alles Lebende« (*Zürcher Ausgabe* II, 463). Schon Rousseau unterschied das weite (mitleidende) und das sich verschließende Herz (*Emile*, hg. von Martin Rang, Stuttgart 1970, 461/2): »Um diese aufkeimende Empfindsamkeit zu erregen und zu nähren, um sie zu lenken oder ihr in ihrer natürlichen Richtung zu folgen, was anderes könnten wir tun, als den jungen Mann mit Dingen in Berührung zu bringen, auf die die Kraft seines sich öffnenden Herzens einzuwirken vermag, die es weiten und auf andere Wesen ausdehnen, die bewirken, daß es sich überall außerhalb seiner selbst wiederfindet. Wir müssen sorgsam alle von ihm fernhalten, die sein Herz einengen und in sich verschließen und so die Triebfeder des menschlichen Ich spannen; mit anderen Worten: Güte, Menschlichkeit, Mitgefühl, Wohltätigkeit, das heißt alle liebenswerten und sanften Triebe in ihm anregen, die den Menschen von Natur aus angenehm sind, und verhindern, daß Neid, Begehrlichkeit, Haß, alle abstoßenden und grausamen Triebe in ihm keimen, die sozusagen die Empfindsamkeit nicht nur auf den Nullpunkt reduzieren, sondern negativ werden lassen und dem, der sie empfindet, zur Qual werden.« Daher der Ausdruck »weitherzig« (z. B. in Pestalozzis Stanser Brief), für dessen Bedeutung uns die Helden der Jean-Paul'schen Romane ebensoviele Illustrationen liefern wie für die Engherzigkeit Anschauungsmaterial bei Charles Dickens zu finden ist. Drastische Beispiele sind die kaltherzigen Unternehmer Josiah Bounderby (*Hard Times*) und Ebenezar Scrooge (*Christmas Carol*), jener »ein völlig gefühlloser Mann«, dieser ein kontraktes Männchen, von dem eine so klirrende Eiseskälte abstrahlt, daß die Wärme aus dem Herdfeuer im Kontor davon aufgezehrt wird.

Wir haben hier eine klassische Übertragung nach dem Gesetz der Ähnlichkeit: Das Herz verhält sich zur Unempfindlichkeit gegen anderer Not und Jammer wie die Wärme zur Kälte oder wie die beseelte Substanz zur steinernen (»cor lapideum«, erklärt z. B. van Haeften in der Tradition patristischer Exegeten des A. T., »id est durum et obduratum *instar* lapidis« [*Schola cordis,* 306]). Durch die prädikative Verknüpfung eines Ausdrucks der einen Beziehung mit einem Ausdruck der andern entsteht – nach Anweisung der aristotelischen Definition (*Poetik* 1457b) – die Metapher ›kaltes Herz‹.

Ihre Ursprünge scheinen nicht nur in unserem Kulturkreis so alt zu sein wie die literarische Überlieferung selbst. (Lévi-Strauss analysiert zahlreiche Varianten eines Indianer-Mythos, in welchem die Verwandlung von »unverbrennbaren Herzen« in perlenartige Schmucksteine eine wichtige Rolle spielt [*Mythologica* IV, 1976, SS. 98, 117, 131, 132, 138, 144, 156, 168].) Im abendländischen Bereich taucht das Symbol seit Homer (*OD.* 23, 103; *IL.* 4, 510 [»Aber du hattest von je ein Herz, das härter als Stein ist«]) in zahlreichen Texten der älteren und jüngeren Antike auf, um in christlicher Zeit durch biblischen Sinn überlagert zu werden. »Sklärokardía«, meint unmittelbar die Verhärtung des Herzens gegen den Gott der Israeliten, mittelbar die Fühllosigkeit gegen anderer Not und Jammer. Die Ethik des warmen Herzens ist zweifellos eine christliche Institution. Nietzsche sah das besonders deutlich, wenn er mit höhnischem Scharfblick zu den wesentlichen »psychologischen« Leistungen des Christentums »eine Erhöhung der Temperatur der Seele bei jenen kälteren und vornehmeren Rassen, die damals obenauf waren«, zählt (*Werke,* ed. K. Schlechta [zit.: *WW*], ²1960, III, 571). Es ist, wie Alfred Hermann (*Das steinharte Herz,* in: *Jahrb. f. Antike u. Christentum* 4, 1961, 77–107) gezeigt hat, wahrscheinlich, daß die Metaphorik der Herzensverhärtung, deren erstes Vorkommen ja die »Verstocktheit« des Pharao im *Exodus* ist, ägyptische Traditionen umkehrend neu interpretiert. Im ägyptischen Totenkult wurde das fleischerne Herz des Verstorbenen – als ein Symbol der Wankelmütigkeit und Sündhaftigkeit – gegen ein Steinherz – Symbol der unbewegten Festigkeit und Makellosigkeit – vertauscht. In der Schilderung, die das *Buch der Pforten* gibt, hat das Steinherz zwei Funktionen zu erfüllen: Einerseits darf es, auf die Schale einer großen Standwaage gelegt und gegen das Steingewicht der Maat (»Maß«, »Wahrheit«, »Recht«, »Ordnung«) abgewogen, für nicht zu leicht befunden werden. Zum anderen ist es beauftragt, die Verfehlungen des geständigen Fleischherzens unbeirrbar zu dementieren, wobei ihm seine steinerne Natur gute Dienste tut. Nun scheinen die Israeliten die Ablehnung des – in ihren Augen – heidnischen Kultes an der Kritik der Steinherz-Bewertung festgemacht zu haben, ließ sich doch die ägyptische Option auf ein reuelos-unbewegliches Gemüt recht gut als Verstocktheit gegenüber dem Heil, das Jahwe anbot, umdeuten. Durch diese Sinnveränderung scheint die Metapher Eingang in die biblische Sprache gefunden und von ihr her weitergewirkt zu haben (vgl. *165/6*).

Wilhelm Hauff – Absolvent beider theologischer Examina und Dr. phil. – erinnert daran in spielerischer Weise, wenn er einem der marmorherzigen Klienten des Holländer Michel den Namen Ezechiel leiht (es ist übrigens derselbe, mit welchem der Kohlenmunkpeter ein verzwicktes Gespräch über die posthumen Schicksale der Seele eines Marmorherzigen führt). Das einzige Vorkommen der Metapher vom COR *lapideum* in van Haeftens *Schola cordis* (303 ff.) bezieht sich auf die Herzenserneuerung (CORDIS renovatio) bei Ezechiel (11, 19 und 36, 26): »Ich werde das steinerne Herz aus eurem Leibe herausnehmen und euch ein fleischernes Herz geben« (vgl. schon die Perikopen bei Jesaja 6, 10 und Jeremia 31, 31 ff. und 32, 37 ff.). Fast in den gleichen Worten bittet Peter Munk das Glasmännlein darum: »So nehmet mir den toten Stein heraus und gebet mir mein lebendiges Herz« *(167)*.

Noch deutlicher aber als Hauff steht der amerikanische Puritaner Nathaniel Hawthorne auf dem Boden einer alttestamentischen Herzensmoral. *Ethan Brand* ist die einzige Erzählung dieses Buchs, die das Steinherz-Symbol im ungebrochen metaphorischen Sinne dieser Tradition verwendet: als Sinnbild eines sündigen, eines gegen Gott verstockten Gemüts, ja einer bewußten Rebellion gegen das Privileg der göttlichen Gnade. Möglich, daß Hawthorne die auch im nördlichen Amerika verbreiteten Indianer-Mythen um die *Dame Taucher* gekannt hat, die in unzähligen Variationen die Unverbrennbarkeit der Herzen, »die auf seiten des Kalten stehen«, umspielen (Lévi-Strauss, *Mythologica* IV, 147 und 213). Nötig ist dies freilich nicht, da die Widerstandsfähigkeit des Herzens gegen das Feuer eine Erfahrungstatsache ist, die sich bei der kultischen Verbrennung der Leichen gewinnen ließ.

Die geistlichen Anklänge der Metapher haben sich nie ganz verflüchtigt, auch nicht in unseren anderen Texten, ja nicht einmal in Baudelaires *Fleurs du Mal* oder in Rimbauds *Une saison en enfer* mit ihren »cœur dur«, »cœur glacé«, »cœur presque pierre«, »cœur de neige«, »cœur gelé«, »cœur engourdi«, »âme dure«, »âme morfondue«, »âme refroidie« usw. Die Titel der Gedichtsammlungen verweisen noch in der Negation auf ein Wertsystem christlichen Ursprungs, das zwar schon in den frühromantischen Erzählungen ins Wanken gerät, aber immer noch als formprägende Kraft sichtbar bleibt. Rimbauds *Zeit in der Hölle* begehrt zwar leidenschaftlich auf gegen das »Säkulum der empfindsamen Herzen« (*Œuvres complètes*, Ed. de la Pléiade [1972], 99) und muß konsequent für das Gegenideal zur christlichen Moraltheologie optieren: für das »erstarrte Herz«. Dessen Herr ist traditionell Satan, dem ana-

loge Rituale dargebracht werden wie dem gestürzten Christengott, dem Herrn der »warmen Herzen«: Die oppositive Grundstruktur der Metapher wird durch diese Umkehrung nicht angetastet.
Damit ist nicht bestritten, daß sich traditionsmächtige Symbole gewandelten lebensweltlichen Bedingungen immer wieder anzupassen haben. Hier gibt es spannungsvolle Berührungen des einzelnen Symbols mit der Struktur einer neuen Weltansicht. Das Zusammenspiel beider konstituiert ja, wie wir sagten, die dissonante Einheitlichkeit einer Sprachtradition. Sind doch die sogenannten festen Bedeutungen keineswegs dauernder als Erz; sie sind umwittert von grundsätzlich nicht regulierbaren Sinnbezügen, aus denen sie als instabile und abhängige Einheiten hervorgehen. Sie sind und bleiben in ihrem individuellen Sinn aufgeladen durch die unausgesetzte Berührung mit den sie entstellenden Umgebungen. Wird deren Einfluß – in einer bestimmten geschichtlichen Situation – so mächtig, daß die Identität des Symbols in seinen bisherigen Grenzen zerbricht, muß sich das Gewebe des gesamten Verständigungssystems neu knüpfen.
Ob unsere Texte die Metapher einer solchen Zerreißprobe aussetzen? Skizzieren wir die Tiefenstruktur noch einmal: Es herrscht darin ein Gegensatz von Ausdrücken, die eine expansive bzw. eine kontraktive Bewegung bezeichnen; und je einer dieser Ausdrücke wird – nach dem Gesetz der Analogie – dem Herzen, als seinerseits metaphorischem Ort der »Gefühle«, zugesprochen. Diese Struktur beherrscht alle mir bekannten Vorkommen der Metapher vom kalten Herz vor der Romantik (und weitgehend noch in der Romantik). Jedes beengte oder vor dem Anderen (der Welt, einem Menschen) sich verschließende Gefühl: die Sorge, die Bangnis, das Erschrecken, die Trauer, die Schuld, das Gefühl von Zwecklosigkeit, Elend und Not, der Stolz, die vornehme Selbstachtung, Selbstsucht, Ein-

samkeit, die Verbohrtheit, die Konzentration, die Gewissen- und Ehrlosigkeit, die Keuschheit und Jungfräulichkeit, die Lauterkeit, die Frigidität und die »unfruchtbare Liebe« [Lenau], der Stoizismus der Unempfindlichkeit, die Härte im Tun und Erdulden, die Beständigkeit und der unbeugsame Sinn, die Gerechtigkeit, der Tod, die Grausamkeit, die Gefühllosigkeit, Leidenschaftslosigkeit, die Mitleids- und Lieblosigkeit, der Undank, Menschenhaß, das Vorurteil, der unredliche Handel, die Geld- und Habgier, der Geiz, die Sündhaftigkeit – sie alle sind in geeigneten Kontexten als ›kaltherzig‹ bezeichnet worden. (Im Anhang dieses Essays gebe ich eine Sammlung von Beispielen aus der europäischen Literatur bis hin zur Romantik.) Natürlich spielt die Metapher in der Liebeslyrik eine ausgezeichnete Rolle, besonders wenn es (wie im Minnesang oder im Petrarkismus) zur Spielregel der Werbung gehört, daß die Dame ein Kiesel- oder Felsenherz in der Brust trage.

Die romantische Wende

Hinreichend viele Beispiele, um zu erproben, welcher Spielraum und welche Grenzen der Bedeutung des Steinherz-Symbols im Laufe einer langen Tradition zugestanden waren, die bis zur Romantik reicht. Man überzeugt sich davon am leichtesten, wenn man mit Sammlerfleiß die zweite Abteilung des *Kalten Herzens* (von Hauff) durchgeht und darauf achtet, für wieviele erstorbene Gefühle in des Kohlenmunkpeters Brust der Name ›kaltherzig‹ herhalten muß. Es wird ungefähr die im Anhang gegebene Übersicht sich zusammenfinden.

Doch nun wollen wir etwas anderes wissen. Wenn all diese Beispiele der metaphorischen Tradition unseres Symbols zuzuschlagen sind: mit welchem Titel erfassen wir den Wandel, den das Symbol beim Eintritt in die Epoche der Romantik erfährt?

Zweckmäßigerweise holt man sich Rat bei der klassischen Rhetorik. Seit Aristoteles definiert sie die Metapher als »Übertragung zweier Namen aufgrund einer Ähnlichkeit« (*Poetik* 1457b). Die bildschöpferische Bewegung der Metapher wird grundsätzlich dann einlösbar, wenn man den Vergleichspunkt gefunden hat, der die übliche mit der übertragenen Bedeutung der Namen verbindet. Nennt man das Herz einen Stein, so will man zum Ausdruck bringen, daß man es für so dicht, so verschlossen und so kontrakt wie ein Mineral hält (all diese Umschreibungen spinnen freilich die erste Metapher nur fort, was zeigt, daß sie nicht ohne weiteres ersetzbar ist).

Aber gehorcht die *Figur des Tauschs,* die im Mittelpunkt vieler der romantischen Texte steht, dem Gesetz der Ähnlichkeit? In immer neuen Ansätzen werden wir Zeugen einer Geschichte, in deren Verlauf Seele und Kristall oder Herz und Geld ihre Rollen aneinander abtreten, ohne jedoch an ihrem Platz in einer übertragenen (meta-phorischen) oder gegenüber der herkömmlichen Gebrauchsweise neubestimmten Bedeutung zu fungieren: so wenig, wie 3 Ellen Leinwand im Tausch gegen eine Menge Geld die Eigenschaften der Münzen übernehmen, die für sie hinterlegt werden. Nicht innere Ähnlichkeit, sondern Äquivalenz ist das Gesetz, das diese Art von Übertragung stiftet. Und nicht weil es durch innere Eigenschaften dem Anorganischen vergleichbar wird, sondern weil es eine reale Beziehung zu ihm unterhält, die erzählend begründet wird – darum kann das Herz an die Stelle des Steins (und umgekehrt) treten. Beziehungen dieser Art charakterisiert die klassische Rhetorik (Aristoteles machte noch keinen namentlichen Unterschied) als Metonymien (»Um-benennungen«).

Gewiß ist die Sache in Wahrheit poetologisch delikater, als wir es hier zugeben. Was not tut, ist aber nur eine definitorische Kürzel, die uns erlaubt, den symbolgeschichtlichen Ort des romantischen ›Steinherzens‹ in Abgrenzung gegen eine lange, rein metaphorische Tradition zu benennen. Und dafür reicht der Metonymie-Begriff der Rhetorik aus.

In der Wendung zur Metonymie besteht also die erste auffällige Neuerung in der Vorstellungswelt unseres Symbols. Tieck z. B. erzählt an vielen Stellen seines Werks, besonders in frühen Gedichten, die Geschichte einer kontaktmagischen Wirkung des Minerals auf das nach seiner Ausbeutung lüsterne Herz. Das ist ein origineller Zug: So etwas gab es weder in der überreichen Tradition altindisch-orientalischer Kristallgärten- und Menschenversteinerungs-Symbolik noch in den mittelalterlichen und barocken Steinallegorien, deren verschlossene Pforten mehr oder minder umstandslos mit einem Schlüssel institutionalisierter Zuordnungen zu entriegeln sind: wie etwa die berühmte Minnegrotten-Allegorese des *Tristan* oder die Kristall-Herz-Vergleiche aus Shakespeare's Versepos *A Lover's Complaint* (Str. 29ff.):

> Sieh diese bleichen Perlen. Als Tribut
> Besiegter Herzen wurden sie entrichtet.
> Hier schimmern auch Rubine, rot wie Blut.
> Bedeuten jene [figuring that], daß man weint, verzichtet,
> So zeigen diese des Verlangens Glut. [usw.]

Gewiß erstirbt diese Tradition nicht einfach mit dem Barock. Ein Beleg für ihre Gegenwart in der Vorromantik ist Blake's *Heart and Brain:*

For every human heart has gates of brass and bars of adamant,
Which few dare unbar because dread Og and Anak guard the gates
Terrific.
(Denn jedes Menschenherz hat Tore aus Messing und Riegel aus Diamant, die nur wenige den Mut haben wegzunehmen, da die schrecklichen Gestalten des Og und Anak die Pforten bewachen.)

Hier ist der gleichnishafte Charakter der Zuordnungen so

offenkundig wie in dem Beispiel aus der elisabethanischen Zeit. Kein Leser würde die Verse so verstehen, als wollten sie behaupten, das Menschenherz sei in buchstäblicher Wahrheit ein Ding aus Messing oder Diamant.
Walter Benjamin hat freilich auf dem besonderen Status der barocken Allegorie bestanden. Damit wir es uns nicht gar zu leicht machen, wollen wir seine Einrede hören. Sie besagt, daß auch im Barock die Übertragung von Ausdrücken, die entseelte oder erstarrte Materie, auf solche, die organisch Belebtes oder Geistiges bezeichnen, den Charakter eines nicht durch Ähnlichkeit motivierten Austauschs trage: die Härte und Transparenz des realen Diamanten, die dem verweslichen und trüben Körper mangelt, wird durch den Ausdruck ersetzt, der ihm das ersehnte Prädikat in einer symbolischen Welt zuerkennt: Beschwörung eines Bollwerks gegen den Sensenschlag der Zeit (»Time's scythe«) durch den kristallenen Prunk der leeren Sprachgebärde (vgl. *Gesammelte Schriften* I. 1, 356, 376). Das Wort wird zum imaginären Ersatz für die fehlende wirkliche Dauerbarkeit – Funktion, die im Zeitalter des universellen Warentauschs vom Geld übernommen werden kann, das ja ebenfalls unempfindlich ist gegen die physikalische Hinfälligkeit der Waren, deren Tauschwert es ausdrückt (»Die Ware ist an die Stelle der allegorischen Anschauungsform getreten« [l.c. I. 2, 686]). Freilich betreibt die barocke Allegorie – gleichsam die Parade des kristallisierten Fleisches der Welt – genau seine Bloßstellung: in der äußersten Spannung gegen das Übersinnliche muß es sich auflösen. Die kompakte Steinwelt entpuppt sich als ein Chaos zerbröckelnder Ruinen (»Kein Erz und Stein ist, Erde nicht und Flut, / Die die Vergänglichkeit nicht schlägt in Trümmer« [Shakespeare, 65. Sonett]); Blei, Kupfer, Gold und Marmor schützen den Leib in seinem Sarkophag nicht vor der Zersetzung (Andreä Gryphii *Gedanken über den Kirchhof und Ruhestätte der Verstorbe-*

nen); der Überfluß der Wörter entlarvt einen grundlegenden Mangel an Wahrheit; der Fetisch der zu Ausdruckskörpern verdinglichten Idealitäten (Seele, Herz) büßt seine Zauberkraft ein und schickt sich in seine Rolle als bloßes Wortzeichen. Indem das Wort seinen instrumentellen Charakter einbekennt, gibt es durch seinen Untergang zu verstehen, daß gleich ihm eine Welt erstirbt, um »aus Tod ins Leben (zu) gehn«. Und so unterwirft sich die barocke Allegorie durch ihren sinnbildhaften Charakter am Ende den Spielregeln der aristotelischen Metapher (Veranschaulichung eines von Natur nicht Anschaulichen, z. B. einer Idee oder eines Gedankens [vgl. den Anfang des III. Buchs der *Rhetorik*]).

Erst in der romantischen Wendung zur Metonymie verlieren das »hippokratische Antlitz« der Totenlandschaft und das versteinerte Leben ihren äußerlich-sinnbildlichen Charakter und werden zur ›eigentlichen‹, zur buchstäblichen Bedeutung der poetischen Aussage. Die Lieblosigkeit des verhärteten Gemüts, das im Sichzusammenziehen erkaltet, ist nicht mehr so etwas wie ein ›uneigentlicher Ausdruck‹, der eine Disposition des Charakters veranschaulicht. Die Kontraktion wird durch eine Naturberührung ausgelöst, z. B. durch den Sog, den das Herz von den »Reichen« ausgehen fühlt, »Wo das Gold, die Erze wachsen, / Wo Demant, Rubinen keimen, / Ruhig sprießen in den Schaalen« (Tiecks *Gedichte,* 1821–23, I, 3). Erstmals auch, soviel ich sehe, wird die Versteinerung des Herzens, in Umwandlung des Bildes von der Liebe als Jagd, als ein Raubzug dargestellt, der vom »Unterirdischen« selbst ausgeht und mit Gewalt den Sinn gefangen nimmt, der sein vermeintlich freies Begehren, sich ›tiefer (und) tiefer zu gründen‹ (l. c. 124), als Effekt einer Fremdmotivierung, einer ›Verlockung‹, einer Verzauberung erfährt (l. c. II, 234). Das Unterreich ruft:

> Gieb dich gefangen, sey gefangen,
> Ich thue auf mein stilles Reich.
> Ich kenne dich, dein starr Verlangen,
> Mein steinern Herz biet ich dir gleich.
> Manch Edelstein, manch gülden Stück
> Giebt dir den kalten Liebesblick. (L. c. 1, 125).

Und die verführte Seele gesteht, von »den süßen Thönen« fortgerissen, »kristallenen Sirenen« ins Angesicht zu schauen (126).

Stein und Blume

Nun ist das ›steinerne Herz der Erde‹ zweifellos ein Symbol, das im Zusammenhang idealistischer Naturphilosophie virulent war (bei Lenau, Hebbel oder Droste-Hülshoff hat es bereits modische Züge angenommen). Hat doch die spekulative Naturansicht der Romantik die Steinwelt als das Älteste überhaupt betrachtet (vgl. Fr. Schlegel, *KA* XVIII, 186, Nr. 725). Als das »erste Existirende« ist sie die Seinsbasis jeder höheren Formation, z. B. des Pflanzlichen und des Animalischen. Die Möglichkeit (Potenz) solcher Steigerung in vergleichsweise ideellere Regionen des Seins wird aber im Stein durch die verzehrende *Kontraktivität* der Schwerkraft zurückgehalten, die ausbreitsamen und wärmenden Kräfte des *Lichtes* und der Beseelung sind vorerst in die »dunkele Nacht« des Zentrums zurückgedrängt, obgleich »die Welt [im Verlauf] immer heller wird« (l. c.). Es erscheint, in der Sprache der damals beherrschenden Schellingschen Naturphilosophie, die Innerlichkeit des Lichtes zu Beginn gleichsam umgewendet in Äußerlichkeit. »Der Verstand kann das blinde Princip noch nicht bewältigen, sondern umgekehrt, die blinde Gewalt nimmt den Verstand gefangen, verstarrt und versteinert ihn, wie z. B. die stereometrisch regelmäßige Bildung der Krystalle ein solch verstarrter und versteinerter Verstand ist« (Schellings *Sämtliche Werke* [zit.: *SW*], 1856–61, II. Abt., Bd. 2, 290).

»Als die neue Welt im Zorne / War im ersten Seyn erstarret, / Alle Kräfte ihr entflohen / Und ihr innres Herz erkaltet, / Schwebte sie ein harter Leichnam / Durch die leeren Himmelsbahnen«, – so besingt Tieck den Weltenanfang (*Gedichte* I, 61; vgl. Brentano, *Ges. Werke,* Ffm. 1923, III, 260).

Den Elis Fröbom in Hoffmanns *Bergwerken zu Falun* hindert dies nicht an der Entdeckung, daß die Pflanzen und Blüten der Erdoberfläche in den metallenen Herzen der jungfräulichen Elementargeister des Mineralreichs wurzeln (62). (Die Federzeichnung von Runge auf dem Titelblatt unserer Sammlung zeigt solch ein blütentreibendes Erd-Herz über dem Feuer der Begeist[er]ung.) Die Sehnsucht, von der die Herzen der begeisteten Wesen »mit unwiderstehlicher Gewalt« ergriffen werden, wird nun verständlich als Eingedenken, ja als Einmahnung der tellurischen Ursprünge im Innern des geistigen Prinzips.

Die Volksmärchen teilen diese Sehnsucht übrigens nicht. Ihnen gilt die Verwandlung von Menschen in niedere Formen der Organisation, in Tier, Pflanze oder gar Stein, als Verhängnis oder Strafe. Böhme sprach von der »Qual«, dem inneren Widerspruch im Herzen der Materie, die sich – »quellend« – aus ihrer Starre löst und zu lebendigem Streben befreit. Von der abgründigen Qual des vor-geistigen Seins handelt das traditionelle Märchen, wenn es den verwunschenen Helden der Gnadentat einer guten Fee oder eines liebenden Herzens zuführt, um durch »den erlösenden Spruch… das steinerne Herz der Unendlichkeit… zu erweichen« (Adorno/Horkheimer, *Dialektik der Aufklärung,* 1944, S. 297).

Die romantische Dichtung scheint diese Wertordnung umzukehren. Tatsächlich haben viele Dichter den Einbruch des ausbreitsamen und allgegenwärtigen Lichtes – »des Lebens innerster Seele« (Novalis) – in die Dichte und Verschlossenheit des »Erdprincips« nicht als Erlösungstat, sondern als einen Akt der Zersetzung, der Dekompression, der Verzeitlichung, ja der Erkrankung darstellen können. Die »Erleuchtung« und »Vergeistigung« des »blinden Princips«, von der Schelling spricht (SW II/2, 270/1), bewirkt zugleich dessen Auflösung. Besonders entschieden ist dies in Hofmannsthals Version des *Bergwerks zu Falun* ausgeführt. Als Vorbild aber diente Novalis, der notiert hatte:

Die Sterblichkeit – Wandelbarkeit ist ein Vorzug höherer Naturen. *Ewigkeit* ist ein Zeichen, sit Venia Verbis, *geistloser* Wesen. [Und:] Alle Krankheiten gleichen der Sünde, darein; daß sie Transcendenzen sind. Unsere Krankh[eiten] sind alle Phaenomene erhöhter Sens[ibilität], die in höhere Kräfte übergehen will. Wie der Mensch Gott werden wollte, sündigte er.
Kr[ankheiten] der Pflanzen sind Animalisationen. Krank[eiten] d[er] Thiere Rationalisationen, Krankh[eiten] der Steine – Vegetationen.
(*Schriften,* 1960ff., III, 436 und 662/3 [zit.: *Schriften N*])

Der Christian des *Runenberg,* dessen Herz vom ›kalten Liebesblick‹ des Metalls versteint ist (und »Metallität« ist – nach Schelling – nur ein anderer Name für »Erdprincip« [SW I/6, 369]), hat die Vision, die ganze belebte Natur sei eigentlich eine »große Wunde« im Körper des Anorganischen, die blühende Pflanzenwelt sei nichts als »der Leichnam vormaliger herrlicher Steinwelten« (36/7). Das ist eine Vorstellung, die sich über die Lyrik Baudelaires bis hin zu Georges Rodenbach durchhält:

> Quand la pierre est malade elle est toute couverte
> De mousses, de lichen, d'un vie humble et verte;
> La pierre n'est plus pierre; elle vit; on dirait
> Que s'éveille dans elle un projet de forêt,
> Et que, d'être malade, elle s'accroît un règne,
> La maladie étant un état sublimé,
> Un avatar où le mieux a germé!
> Exemple clair qui sur nous-mêmes nous renseigne:
> Si les plantes ne sont que d'anciens cailloux morts
> Dont naquit tout à coup une occulte silence,
> Les malades que nous sommes seraient alors
> Des hommes déjà morts en qui le dieu commence!

(Wenn der Stein krank ist, ist er ganz bedeckt von Moosen, Flechten, einem demütigen grünen Leben; der Stein ist nicht Stein mehr; er lebt; man könnte sagen, daß in ihm der Plan zu einem Wald erwacht und daß er aufgrund seiner Krankheit sein Reich erweitert; ist doch die Krankheit ein erhöhter Zustand, eine Steigerung, in der das Beste aufkeimt! Lichtvolles Beispiel, das uns über uns selbst belehrt: wenn die Pflanzen nichts sind als erstorbene ehemalige Kiesel, denen mit einem Schlag ein Geheimnis entsprießt, dann wären die Kranken, die wir sind, längst gestorbene Menschen, in denen Gott anbricht! [*Les vies encloses*, 1896])

Wir haben hier eine für viele romantische Texte, und besonders für die symbolistische Lyrik Frankreichs typische Entgegensetzung von Pflanzen- und Mineralwelt. Sie strukturiert fast überdeutlich Tiecks Erzählung vom Runenberg mit ihren religiös bewerteten Gegensätzen zwischen dem dämonischen Gebirge (der »Gesellschaft der verwilderten Steine«) und dem »guten, frommen, ebenen Land« (*36, 32*). Auch ein zeitlicher Gegensatz ist im Widerspiel der beiden Regionen ausgedrückt: die schaffende Natur steigt – wie Christian – von den Bergen herab ins flache Land. Im Urgebirge hatte sie ihre erste Stätte; denn »der ursprüngliche Zustand... der Natur«, sagt Schelling, »ist ein Zustand allgemeiner *Aufrichtung* (erectio). Das senkrecht Aufsteigende ist überall das Aeltere, das Wagerechte das Jüngere« (*SW* II/2, 354).

Nicht nur ein Stück spekulativer Naturansicht wird der Handlung des Märchens einverwoben. Auch eine Phase des mythologischen Prozesses scheint sich zu wiederholen: der Übergang nämlich vom Zeitalter der astralen oder kosmischen Religionen zum Kult der Kybele/Demeter, d. h. der Übergang vom schweifenden Leben zum Ackerbau mit festem Wohnsitz. Es ist – nach romantischer Auffassung, versteht sich – der Übergang aus einer in Schweigen gehüllten, im Wortsinne prähistorischen Zeit (wenn man unter »Historie« »Kunde« versteht) zur Geschichte der Völker, die den Bestand fester Sozial- und Rechtsordnungen voraussetzt. Solange der Mensch dem allgemeinen Gott anhing, sagt Schelling in seiner *Philosophie der Mythologie,* war das grenzenlose All sein Dach und die Erde unter ihm seine Wohnung. »Sowie er sich von ihm abwendet, wird ihm das Zelt des allgemeinen, über ihn ausgespannten Himmels zu weit, er verlangt aus der Weite in die Enge«, aus dem schrankenlosen Raum einer wilden Natur ins Umfriedete und Umhegte eines kulturvermittelten Lebensraums. Mit der Umschließung der Felder und Lebensbezirke – übrigens auch der sakralen Orte, wie die Bibel berichtet (2. *Samuel* 7,4–8) – entsteht jedoch zugleich das Problem ihrer wechselseitigen Abgrenzung und mit ihm die Notwendigkeit einer Eigentumsordnung. Nicht zufällig wird darum vom Gotte Kronos, »inwiefern er [zwar] *selbst* schon als Gott des Übergangs und der Städtegründung angesehen«, doch aber noch in rohen oder kaum behauenen Gesteinsmassen wie ein Gott der Urwelt verehrt wird, berichtet, »er habe zuerst Münzen, die Zeichen des bürgerlichen Verkehrs und des privaten Besitzes, eingeführt« (Schelling, *SW* II/3, 417, 419; II/2, 182/3; 293 f.; 314 f.; 361 ff.; 636). In diesen Zeichen lebt sichtbar die tellurische Repräsentanz der ältesten Zeit, wie dies die Mythen um die phrygische Göttermutter Kybele deutlich aussprechen. Sie, die vom Himmel zur Erde gestiegene, wurde in Aërolithen verehrt, also in Zeugnissen einer von ihrem ursprünglichen Ort verschlagenen Steinwelt (SW II/2, 357 ff.). Indem die Steinwelt jedoch verwitternd zu Grunde ging, bereitete sie den Boden für pflanzliches Wachstum und dessen Kultur. Analog verwandeln sich die unorganischen Mineralien Erz und Silber, welche die Göttin bei ihrer Fahrt durch die Städte der Menschen von ihrem eisenrädrigen Wagen ausspendete, unterderhand in Münze und Geld: die Indizien »bürgerlicher Gesellschaft«.

Das alles scheint weit hergeholt. Und doch, wiederholt es sich nicht in der symbolischen Handlung unseres *Runen-*

berg? Noch immer ruht ja in der Enge des »lieblichen Tales« die Erinnerung eines – im Wortsinne – gesetzlosen Zustandes, in dem der grenzenlose Gott des Alls verehrt wurde. Inmitten eines »durch räumliche und gesetzliche Grenzen beschränkten Lebens« trauert ihm eine anarchische Sehnsucht nach und bedroht die kulturelle Idylle (vgl. *SW* II/3, 417). Und – wie im Mythos – haben Zeichen überdauert, an denen man sein vorzeitliches Wirken noch gewahr wird: in der Gestalt des gelbäugigen »Metalls« bleibt das uralte »Erdprincip« in der pflanzenbauenden Lebenswelt gegenwärtig. Im *Runenberg* fungiert der Reichtum des Metalls (des Geldes) als Bedingung sowohl wie als Gradmesser der Entfaltung des bürgerlichen Wohlstandes und der Landwirtschaft: sie floriert (d. h. »blüht«) in einem nur scheinbar übertragenen Sinne aufgrund (nämlich ›auf dem Grunde‹) des allgemeinen Gottes, des Metallprinzips. (Die griechische Mythologie macht Plutos, den Gott des Reichtums, zu einem unter freiem Himmel, in einem dreimal gepflügten Felde gezeugten Sohn der Demeter, der Göttin des Ackerbaus. Als Brimos oder Iakchos ist er die Frucht der rituellen Hochzeit im Vollzug der eleusinischen Mysterien: so weit reichen die mythischen Parallelen.) Tatsächlich löst ja auch Christians Rückkehr ins Gebirge – in den Symbolraum der ursprünglichen Welt – eine Geld-»Flucht« aus, die ihrerseits eine Serie von Naturkatastrophen (»Mißwachs«, Viehsterben, Feuerschäden usw.) und dadurch die Verelendung der Landpächterfamilie zur Folge hat (*40/1*). Auch so erweist sich das Geschick der Pflanzenwelt an das der Steinwelt gebunden.

Dem Gegensatz dieser Seinsbereiche korrespondiert ein weiterer, der bei Novalis und Rodenbach schon anklang. Es ist der Gegensatz von Ewigkeit und Vergänglichkeit. Christians doppelter Treueid auf das wandellose Felsenreich und die zeitlose Schönheit seiner kristallherzenen

Königin streitet wie mit dem Genügen an einer durch Fleiß, Arbeit und Frömmigkeit zum »Blühen« gebrachten Landwirtschaft auch mit seiner Liebe zu Elisabeth, der »blühenden« Frau, deren Schönheit mit der vegetabilischen Natur das Schicksal des Welkenmüssens teilt. (»So habe ich«, übersinnt Christian sein Los, »mutwillig ein hohes ewiges Glück aus der Acht gelassen, um ein vergängliches und zeitliches zu gewinnen« [*38*].)

Konsequent findet der »Liebesdrang« nach dem Ewigen sein Symbol in jenen »Edel«- oder »Centralmetallen«, welche nach Schelling »die unmittelbaren Geburten der Erde« oder, mit Schleiermachers Worten, »der herausgetretene Mittelpunkt der Erde und also zu allen Dingen im gleichen Verhältniß sind« (*Philosophische Ethik,* ed. Otto Braun, 1913, S. 615). Sie allein sind »dauerbare« Gebrauchswerte und darum geeignet, in geprägter Form den unvergänglichen *Wert* all jener pflanzlich-tierischen Güter auszudrücken, deren Bestand als Waren das Schicksal des Zeitlichen teilt. »Alle Waren«, schreibt Marx in den *Grundrissen zur Kritik der politischen Ökonomie,* »sind vergängliches Geld; das Geld allein ist die unvergängliche Ware« (Berlin–Wien o. J. [zit. *Gr*], S. 67). Nach einer solchen Ware allein ist Christians Phantasie lüstern, so daß er sich nächtlicherweise zu den leuchtenden Geldstücken des Fremden aufmachen muß, »um nur (ihrem) Liebesdrang genugzutun« (*34*).

Hat denn auch Christians Herz das Prägemal der Münze empfangen? »Tief in sein Gemüt hineingeprägt« ist ein »geheimnisvolles Zeichen«, das zuzeiten »die wahre Gestalt« aus seinem Inneren verdrängt (*35*). Ist es also metallen? So jedenfalls kommt es den andern vor, seiner Frau, seinem Vater: Christians »verzaubertes Herz [ist] nicht menschlich mehr, sondern von kaltem Metall: wer keine Blume mehr liebt, dem ist alle Liebe und Gottesfurcht verloren« (*35*). Mehr noch, er ist von Gott verflucht (*34*, passim) und mit dem Irresein bestraft (*35f., 40*), das ihn aus dem umfriedeten Bezirk einer ackerbau- und gewerbetreibenden Soziatät verbannt. Der »verwüstende Hunger nach dem Metall« (*36*) hat ihn in den Augen all derer gerichtet, die nicht zu dem allgemeinen Gott der vorgeschichtlichen Zeit, sondern zum christlichen Gotte beten und auf diese religiöse Zuversicht die Ordnung ihrer Kultur begründen. Die »Herrschaft des verfluchten Metalls« – von der noch Marx sagt, sie erscheine »als reine Verrücktheit« (*Gr* 928) – hat in einem ganz buchstäblichen Sinne den Effekt der De-sozialisierung und (wenn der Mensch ein gesellschaftliches Lebewesen ist) der »Entmenschung«: An die Stelle des verweslichen »menschlichen Herzens« – seines »persönlichen Daseins in Fleisch und Blut« – tritt die dauerbare, anorganische »Materie, der Körper des *Geldgeistes*«, wie Marx in den *Exzerptheften* notiert (Marx/Engels, *Studienausgabe*, hg. von Iring Fetscher, Bd. 2, 1966, S. 251 [hinfort zit.: *StA*]).

Eine dritte Variante des Stein-Blume-Gegensatzes deutet sich an. Es ist die Opposition des Allgemeinen und des Individuellen. Woher gewinnt doch Christians Sehnsucht nach dem Gelde ihr Bewußtsein, sich auf einen unerschöpflichen Wert zu beziehen? Aus dem Umstand, daß im Begriff des Geldes die »individuellen Dinge« durch »allgemeine Dinge« ersetzt sind, »denen [wie Novalis sagt] jedes Ding substituirt werden kann« (*Schriften N* III, 378/9). In Baudelaires Prosagedicht *Les Tentations ou Éros, Plutus et la Gloire* spricht Plutus, der Gott des Geldes: »Ich kann dir geben, was alles beschafft, was allem gleichwertig ist, was alles ersetzt« (*Œuvres complètes* [= *l'Intégrale*], 1968, S. 162). Die »vollständige Gleichgültigkeit [des Geldes] sowohl gegen die Natur des Materials (...) wie gegen die Persönlichkeit des... Eigentümers« (*StA* 257) untergräbt jedoch beider Einzigartigkeit und führt zur »vollständigen Herrschaft der entfremdeten Sache *über* den Menschen« (l. c.). Darum will es dem Christian (aber auch dem Nathanael des *Sandmann*) erscheinen, als habe eine »fremde Macht« (*35*), ein »böses feindliches Prinzip« (*193*) usw. in ihr Leben eingegriffen und es seiner Autonomie beraubt. Es triumphiert die als Realität erfahrene Metonymie: die Sehnsucht nach dem »allgemeinen Ding« hat die Seele des nach ihm Entbrannten in eine »Geldseele« verwandelt, wie Marx – auf die *anima aurea* der Alchemisten anspielend – sagt (*StA* 249). Die Geldseele ist nämlich gleichsam die monetäre Form der Steinseele (*líthou psyché*), von der einer der ältesten alchemistischen Autoren, Ostanes im 1. vorchristlichen Jahrhundert, bemerkt, sie sei das innerste Herz des Steingeistes (*líthou pneûma*) (vgl. C. G. Jung, *Psychologie und Alchemie,* 1972, 340/1 und 394 [zit.: *Jung*]).

Der Glanz

Die (metonymische) Vertauschung kann also vielerlei Gestalt annehmen; sie verwandelt Ding in Seele, Totes in Lebendiges, Gold in Geld, Einzelnes in Allgemeines. Doch da es immer eine Geschichte ist, in deren Verlauf sie ihren Mechanismus entfaltet, wollen wir nun fragen, wie sie ihn denn ins Werk setzt.

Die Frage richtet sich an die Texte. Wer sie kennt, erinnert sich, daß oftmals zwischen dem Begehren des Herzens und der seelenlosen Starre der Materie ein Vermittler eingeschaltet ist: ich meine den Glanz, den Schein, den Funken, das »inwendige Herz« des Minerals (*42*), kurz jene Spiegelbarkeit, welche der Stein als Potenz in sich verschließt und nur dem wesensverwandten Lichtblick der Menschenseele kundtun kann. Der seiner Natur nach selbst seelenartige, jedoch im Urzustand noch »räthselhaft« anmutende »Schein« ist die katalysatorische Kraft, die das Menschenherz ins Reich der ›wilden Trümmer‹, ins ›Goldgestein‹ (wie es sprechend heißt) ›hinab versucht‹ (Tiecks *Gedichte* II, 234f.).

Dies poetische Mittel nährt sich nun abermals aus dem Vorrat der spekulativen Naturansicht. Danach stehen die Edelmetalle wegen ihrer passiven Bereitschaft zur Reflexion gleichsam an der Schwelle zur Geisterwelt. Nicht erst in der Romantik, sondern schon in älteren Traditionen – des Neuplatonismus z. B. und der Alchemie – steht das Gold der Erde in einer Beziehung zum Sonnenlicht. Nach Michael Majer (1616) ist es ein Gespinst aus Sonnenstrahlen, die sich wie Fäden im Laufe der millionenfachen Umrundung um die Erdkugel geschlungen haben. Nun ist die Sonne ein Bild Gottes und dem Auge, das ihren Glanz erschaut, verwandt. Das Herz aber ist die Sonne im Mikrokosmos (Paracelsus) (vgl. *Jung* 393/4).

Hier gibt es also ein System allseitiger Korrespondenzen, innerhalb dessen dem Sehorgan eine ausgezeichnete Funktion zufällt: die verborgene Geistnatur des Goldes enthüllt sich ja nicht schon dem Sonnenlicht, sondern erst der selbstbewußten Sicht des menschlichen Augenlichtes. Solange das Gold noch »im tiefsten Bergschacht vergraben«, also ungelichtet ist, ist es »wertlos« (Marx, *Gr* 929), d. h. vermag es jenen Liebesblick noch nicht auszusenden, durch den es sich dem Herzen als ein unschätzbarer Wert empfiehlt: als virtuelles Geld (d. h. als der ideelle Wert des reellen Goldes: eine Unterscheidung, die Christians Vater, der Gärtner, hartnäckig verleugnet [*33*]).

Wir finden hier nicht nur den Katalysator des metonymischen Prozesses, sondern machen eine weitere Beobachtung: Diese erste Metonymie, die sich zwischen der Dauerbarkeit des Metalls und dem Hunger der Seele nach einem hohen, ewigen Glück herstellt, wird durch eine zweite Metonymie vermittelt. Sie ist für nahezu alle Erzählungen dieses Bandes ebenso charakteristisch und begründet ihre thematische Einheit. Ich meine die Beziehung, die der überspringende Lichtschein zwischen der Dichte des mineralischen Daseins und dem menschlichen Auge stiftet. Indem der Schein die lautere Tätigkeit des Sehens mineralisiert (so jedenfalls geschieht es dem Nathanael im *Sandmann* und dem kleinen Kay in der *Schneekönigin*), bringt er im Gegenzug den eigentlichen Wert des Anorganischen zum Vorschein.

Die Auge-Herz-Metonymie ist ebenfalls als solche nicht neu: »die Augen des Herzens« sind ein seit der Antike und dem biblischen Schrifttum weitverbreitetes Symbol (vgl. für viele andere Stellen Platon, *Sophistes* 254a und *N. T. Eph.* 1,18; als Beispiel aus der neueren Literatur sei E. A. Poe's Erzählung *The Tell-Tale Heart* erwähnt: die unerträglichen Blicke jenes »Evil Eye« erstehen nach der Ermordung seines Trägers wieder in »the beating of his hideous heart«; vergl. ders.: »Thine eyes, in Heaven of heart enshrined«, »His heart which trembles at the beam / Of her soul-searching eyes«). Häufig ist auch der »kalte Blick« oder das »kalte Auge« (*Jesaja* 50, 7; *Prediger* 8, 1): die verschobene Metonymie, die ein Element des ›kalten Herzens‹ in sich aufnimmt. Sie ist verbreitet in den Gedichten des Symbolismus.

Einen Namen hätten wir also für den sprachlichen Kunstgriff, der den Tausch des Metalls und des Seelischen vermittelt. Aber wie ereignet er sich?
Wir fragen nach einer Geschichte.
Nun: der Tannenhäuser (in Tiecks Erzählung von 1799) vernimmt auf seinem Weg zum Venusberg (es ist ein Weg »wie in einem unterirdischen Bergwerk«) den Ruf der Geister, »die die Erze und Gold und Silber bildeten, um den Menschengeist zu locken«, noch als Anruf an sein inneres *Ohr* (Tiecks *Schriften,* 1828–54 [zit.: *Schriften T*], Bd. 4, 209). – Auch der träumende Kohlenmunkpeter (*Das kalte Herz*) *hört* den Holländer Michel die Stubenfenster aufreißen und mit seinem langen Arm »einen Beutel voll Goldstücken herein(reichen), die er untereinander schüttelte, daß es hell und lieblich klang« (*136*). Stärker aber klopft ihm das Herz, wenn er den Glanz der Edelmetalle *sieht,* die halbzentnerschwer auf der Kleidung der

»unmenschlich reich« gewordenen Flözer und Händler prangen (*126*); wie sein Auge überhaupt nur zu empfindlich ist für die leuchtenden Insignien eines gehobenen Standes. Das weiß der »arglistige Michel«: »In deinem Auge ist's zu lesen«, sagt er, »du entgehst mir nicht« (*140*). Und als Peter Munk, am Daumen des riesengroßen Michel, in den Felsenschacht hinabschwebt, da schlägt ihm wider Erwarten eine Helle entgegen, die er »lange in den Augen nicht ertragen (konnte)« (*152*). – »Von des Goldes Auge, / das wechselnd wacht und schläft«, singen die Wassernixen im *Rheingold*: »Von der Wassertiefe wonnigem Stern, / der hehr die Wogen durchhellt« (*GSD* v, 210). »Alberichs Auge ist mächtig von dem Glanze angezogen« (*104*). – Christian (*Runenberg*), dem es schon früher hatte scheinen wollen, als seien »die Lichter [im Gebirge] am schönsten« (*23*), folgt im bleichen Schein des Mondes – dem Gestirn, das über die Welt der Felsen und Metalle »regiert« – der Lockung eines Schimmers, der aus einer Kristallgrotte auf dem Gipfel des verwitterten Runenbergs bricht. Im Reflexe-Spiel ihrer tränenden Demantsäulen »bildet sich der Schein, / Der die Seelen ziehet, / Dem das Herz erglühet« (*24/5*). Durch des Verlockten *Auge* also wird der Appell empfangen (»wie es mich jetzt wieder *anblickt*,..., dies güldene Blut!« [*34*]), den eine »große weibliche Gestalt« – der personifizierte Liebeswert des mineralischen Glanzes – mit Hilfe der Kristallgeister an sein *Herz* aussendet: »Macht der Herzen und der Geister«, singt sie, »die so durstig sind im Sehnen, / Mit den leuchtend schönen Tränen / Allgewaltig euch zum Meister« (*25*). – Hofmannsthal (in seiner dramatischen Bearbeitung des *Bergwerks zu Falun*) hat das Motiv aufgegriffen: als »lautlose Gestalt, die unmerklich bebt wie eine hochstielige Blume«, löst sich die Bergkönigin aus finsteren Erdpfeilern und Silberwänden: ihr Leib entsendet einen »sanften Glanz«, ein Licht dringt aus ihrem Schei-

tel und glüht als »metallischer Schein« mächtig auf im Reflexespiel der »dunklen Abgründe und Felsenwände« (*Das Bergwerk zu Falun*. Ein Trauerspiel, 1955 [zit.: *BF*], *30, 33*).
Nachdem sie ihr Lied beendet hat, beginnt sich »die Schöne« zu entkleiden und enthüllt Christian, der vor Verzückung das Atmen und eigentlich wohl das zwischen Extremen wechselnde zeitliche Leben vergißt, ihren strahlenden Leib, dessen »überirdischer« Mineralglanz die Kälte, aber auch die Dichte des »Marmors« mit der Transparenz und Beweglichkeit ›fließender Wogen‹ vereinigt (*25*). Es ist die Anschauung einer vollkommenen Durchdringung von Schwerkraft und Licht, die Christian hier gewährt wird und die der Phantasie von je als Ideal vorgeschwebt hat. – Auch diesen Zug bewahrt Hofmannsthal. Die Bergkönigin steigt die Stufen herab, die sie von Elis Fröbom trennen, und »hebt mit der Linken den Schleier von ihrem Antlitz, so daß sein Gesicht, von unten her ihr entgegengehoben, ganz von ihrem Abglanz überflutet wird«. Bei der ersten Begegnung zwar erträgt Elis die Lichtfülle nicht; er »schreit auf [und] duckt sich, geblendet, gegen den Boden« (*BF* 37).
Die »Schöne« des *Runenberg* händigt dem faszinierten Voyeur nun eine Tafel aus, »die von vielen Steinen, Rubinen, Diamanten und allen Juwelen glänzte« (*25*). Sie sind einem Schriftzug oder einer »wunderlichen... Figur« ähnlich angeordnet, die dunkel und »unverständlich« leuchtet. Sind es Zeichen einer äußersten Glücksverheißung, die aus dieser Ordnung spricht? Doch wer sagt, daß es überhaupt Zeichen sind? Vorderhand zählt als einziges Unterpfand dieser Hypothese das »wollüstige« Begehren Christians, dessen Herz sich von dem Glanz der Figur im Nu verzaubern läßt (*25*) – »schaut nur die Glut der Entzückung!« (*34*) – und nicht müde wird, ihr einen unendlichen Sinn abzugewinnen (vgl. *82/3*).

Die Herzschrift

Eigentlich kann man nicht sagen, daß hier eine Entzifferungsarbeit versucht würde: die mineralische Schrift gräbt ihre Prägespuren wie von selbst in Christians Herz und Augen ein (»er fühlte die Figur, die unsichtbar sogleich in sein Inneres überging« [*26*]). Die Wendungen, in denen von dieser Wirkung erzählt wird, lassen daran keinen Zweifel: »tief in sein Gemüt hineingeprägt« ist das »geheimnisvolle Zeichen« [*36*]; und »die Gestalt und die bunten Lichter drückten mit der plötzlichsten Gewalt auf alle seine Sinne« [*38*]. Nicht Christians Blicke entzünden die »Glut der Entzückung«; immer ist er der von fremdem Glanz Getroffene und Überwältigte, immer der von den blinzelnden Augen des gelben Metalls bis »tief in sein Herz hinein« Durchdrungene (*34*). Dem Vater gesteht er, daß er nicht sich als den Urheber seines Selbstverständnisses erfährt: eine »fremde« Gewalt schreibt seiner Seele ihre Züge gebieterisch ein (*35*).

Es lohnt sich, bei der Prägemetaphorik einen Augenblick zu verweilen. Sie taucht ja nicht nur bei Tieck im Zusammenhang mit der ›magischen Tafel‹ auf, sondern auch bei Hoffmann und Wagner. In ihren Bearbeitungen der *Bergwerke zu Falun* spielt eine wichtige Rolle jener »Almandin«, darauf »in krausen, doch verständlichen Zügen« die »Lebenstafel« der Liebenden »eingegraben« ist (*84, 99*): Wessen Augen – durch eine Art innerer Erleuchtung – in die Mysterien des Unterreichs eingeweiht sind, der sieht in dem mineralischen Geäder der Schrift den Zug zweier ineinanderverwobener *Herzen*. »Kirschrot« ist ja der Stein, rot wie das in ihm erstarrte Herzblut. Dringt der Blick noch tiefer in die verschlungenen Charaktere ein, so geht ihm das »höchste Glück« auf, »wie es nur dem Menschen hier auf Erden beschieden« (l. c.).

Könnte der Stein ohne irgendeine geheimnisvolle Sympathie mit dem Herzen »die Spitze des höchsten Glückes«

verheißen? Ja, könnte diese Verheißung etwas anderes sein als der Reflex eines Glücksverlangens, der im sehnenden Menschenherzen – der Quelle allen Wertes – seinen Ursprung hat? So fragt Ulla, die in ihrer kindlichen Unbefangenheit für Augenblicke das Wahngewebe durchdringt, in dem die »übernächtige« Einbildung ihres Bräutigams verstrickt ist. »Elis, Elis«, ruft sie »in steigender Angst«, »was sprichst du doch. (...) Was bedarf es der Metalle und Steine zu unserem Glücke? Genügen unsere Herzen nicht?« (99) Nur Wagner, der sich sonst stark an Hoffmanns Vorlage hält, legt Ulla diese Frage in den Mund. Sie rührt an den neuralgischen Punkt des Wahnsystems, in dem sich Fröbom eingerichtet hat: der Wert des wundervollen Minerals gründet im fleischernen Herzen der Liebenden – und nur in ihm. Das ist »ganz richtig«, muß Elis zerstreut gestehen. Und doch genügen die Herzen nicht: sie sind aus verweslichem Material geschaffen, und die Liebe wäre verloren, wenn es nicht gelingt, ihr die Dauerbarkeit des Steins zu verleihen.* »Höre mich, lieber Engel«, fährt Fröbom darum beschwörend fort, »wenn wir diesen kostbaren Stein haben, und in verbundener Liebe und klaren Auges da hinein schauen, da werden wir gewahren, wie unsere Herzen auf das innigste mit dem seltsamen Geäder dieses Steines verwachsen sind« (99). Mit diesen Worten windet er sich aus Ullas Armen – »es litte ihn nicht, er müsse den Stein haben« – und verschwindet für immer im Schacht, der ins Bergwerk hinabführt.

Hoffmann, wie gesagt, kennt Ullas tiefe Frage nicht. Statt dessen verfolgt er den Schriftzug des »kirschrot funkeln-

---

*»Das Frauenherz ist so weich«, sagt der »hartherzige« Fürst in Otto Ludwigs Drama *Die Rechte des Herzens* (V,3), »daß schnell und tief etwas sich ihm eingräbt, aber das Eingegrabene sich wiederum schnell verwischt.« – Er täuscht sich freilich sehr über die Dauerbarkeit dieser Frauen-Herz-Schrift.

den Almandins, auf den unsere Lebenstafel eingegraben«
(*84*), bis hinab ins Geäder des Herzens der Bergkönigin
selbst.* »Wenn wir«, spricht Elis zu seiner Braut, »in treuer
Liebe verbunden hineinblicken in sein strahlendes Licht,
können wir es deutlich erschauen, wie unser Inneres verwachsen ist mit dem wunderbaren Gezweige, das aus dem
Herzen der Königin im Mittelpunkt der Erde emporkeimt« (l. c.). Hier enthüllt sich also der Schriftzug der Tafel als das von Kristalladern durchblutete *Steinherz der
Bergkönigin* (der sich bei Wagner nur nähern darf, wer zuvor alle Liebe in sich ertötet hat). Was als der Königin lebendiger Leib angebetet wird, das ist in Wahrheit der Inbegriff unorganischen Seins. Das Blut, das durch ihre
Haut scheint, ist nicht warm und flüssig, sondern erzen
(»ihrer *Adern* Gold«, sagt Arnim [*48*]); die Bergwälder
sind ihre Haare, ihre kalten Augen blitzen aus den Gebirgsbächen, als Felsenburgen schreiten ihre majestätischen Glieder aus (*31*).
Es sind tote Zeugen der Bahnungen, durch welche der Lebensgeist der beseelten Organismen seinen Weg sucht.
Doch ist das Tote hier – konträr zum christlichen Weltbild
– mit der Wahrheit im Bunde. Erscheint doch das leblose
Gesetz jener Naturschrift, die das Felsenreich der Bergkönigin durchherrscht, als die nur Eingeweihten offenbare
Zauberchiffre, die den tiefsten Sinn alles Lebendigen in
sich birgt.
Die blasphemische Umkehrung der christlich-humanisti-

---

* In Hoffmanns poetischer Welt ist freilich der »kirschrot funkelnde Almandin« der Widersacher jenes Liebes-Talismans, des Karfunkels, den
Elis Fröbom gerade verwirft: »(Der funkelnde Almandin) ist schöner als
der herrlichste blutrote Karfunkel« (l.c.). Der Karfunkel ist ein Symbol
des warmen Herzens, z. B. in der Erzählung vom *Meister Floh*, wo er, aus
dem »tiefen Schacht der Erde« geborgen, sich »zum Leben entzündet«
und in des Peregrinus Tyß »eigener Brust (glüht)«: Symbol einer lebendigen Liebes-Wechselseitigkeit. Vgl. zum Thema Th. Ziolkowski: *Der
Karfunkel*, in: *Euphorion* 55 (1961), 297–326.

schen Wertordnung wird auffälliger, wenn man die scheinbar gleichartige Symbolik traditioneller Dichtung vergleichend zu Rate zieht. Z. B. ein paar Verse aus dem *Geistlichen Jahr* der Annette von Droste-Hülshoff:

> Wie soll mein Herz zu hart dir scheinen,
> Wo doch der gute Wille brennt,
> Das sich dir glühend möchte einen,
> Wenn es sich starrend von dir trennt?
> (...)
> Doch hast du, Herr, mich ausersehn,
> Daß ich soll starr, doch festgegründet
> Wie deine Felsenmauern stehn:
> So brenne mich in Tatengluten
> Wie den Asbest des Felsen rein!
> Und kann ich dann kein Leben bluten,
> So blut' ich Funken wie ein Stein.
> (*Am Feste Mariä Verkündigung*)

Auch hier ist das von Gott, dem Quell des Lebens, abgewendete Herz zu Fels verhärtet; doch selbst das Blut seiner Funken (ein hartes und unflüssiges Blut) wird zur symbolischen Geste der Herzenserweichung und der Gottergebenheit.

Ein anderes Beispiel aus Hebbels Märchen *Der Rubin:* Der bestrickend schöne Stein in Assads Hand

ist das Grab einer wunderschönen verzauberten Prinzessin. Aus ihrem Blut hat er das dunkle, wunderbare Roth in sich gesogen, in das er getaucht ist. Das Feuer ihres Auges sprüht dir entgegen aus den blitzenden Strahlen, die er so verschwenderisch versendet. Ihr schlummerndes Leben schauerte dich an, als Du den Stein im Sonnenschein glänzen sahst, da wurde deine Seele bis in die innersten Tiefen mit süßer Ahnung getränkt, und Deine Hand mußte [durch den Raub des Minerals aus der Auslage eines Juweliers] vollbringen, was Herz und Sinne geboten. (*Säkularausgabe,* Neudruck 1970, Bd. 73/4.)

Auch hier ist eine Seele – keine christliche zwar – zu Stein verhärtet, doch so, daß sein stummer Glanz dem liebenden Herzen eines Fremden als Zeichen eines verzauberten Lebens, als ein Erlösungsruf verständlich wird: Assad küßt den Stein, aber nicht aus Liebe zur Steinwelt, sondern weil er sie als die Grabstätte einer Seele erkennt. Die kristallene Schrift enthüllt sich ihm als toter Ausdrucksträger eines ihn überschreitenden lebendigen Sinns, für den allein sein Herz entbrennt.

Dagegen dringen – bei Tieck, Hoffmann und Wagner – die Lineamente der magischen Tafel als solche ins Herz ihrer Eigner, um es »kalt und grausam« zu machen (*39*). Der Geist der geschriebenen Botschaft erstirbt in den Steinchiffren einer toten Ausdrucksmaterie, die nichts mehr ausdrückt. Das Herz, das den Sinn des Lebens aus einer Steinschrift erlösen sollte, verhärtet sich und wird selbst zu steinernen Tafel.

Die blasphemische Tendenz ist allerdings unübersehbar. »Nimm dieses zu meinem Angedenken!« spricht die Bergkönigin in den Worten des Heilands beim Abendmahl (*26*), indem sie nicht Brot und Wein, sondern die Steintafel aushändigt. Und der Schriftzug in Christians kaltem Herzen, die kristallene Äderung, durch welche das Mineralherz der Bergkönigin mit Fröboms Herzen verwächst – was sind sie anderes als satanische Kontrafakturen jener Schrift, mit welcher Gott sein Gesetz ins fleischerne Herz seines Volkes einschrieb (*Jer.* 31, 33; vgl. 17, 1; *Sprüche* 3, 1–3; *Ez.* 11, 19; *Hebr.* 8, 10; es gibt Vergleichbares in der griechischen Mythologie: Isokr. *Areop.* 41)? Weich ist das Herz, das willig die Gebote des Herrn befolgt, die selbst freilich in unerweichbaren Steinlettern geprägt (*2. Mose* 24, 12; vgl. den rabbinist. Kommentar *Lev. R.* 32 [132a]) und »mit eisernem Griffel von diamantener Spitze« geschrieben sind (*Jer.* 17, 1). Paulus treibt die Spiritualisierung der Metapher noch weiter: nicht nur das Herz muß empfänglich (weich, fleischern) sein für die göttliche Prägung; die Schrift selbst – ob Stein oder Tinte – muß sich vergeistigen; »denn der Buchstabe tötet, der Geist allein macht lebendig« (*2. Kor.* 3, 6). Wenige Verse zuvor nannte er die korinthische Gemeinde einen »Brief Christi, der durch unsern Dienst zuwegegebracht wurde, geschrieben nicht mit Tinte, sondern mit dem Geist (pneûma) des lebendigen Gottes, nicht auf steinerne Tafeln, sondern auf Tafeln aus fleischernen Herzen« (*2. Kor.* 3,3). Eine pneumatische Beschriftung der demütigen Seele zur Besiegelung des neuen Bundes: das ist zweifellos der äußerste Gegensatz zur Mineralschrift auf Tafeln von steinernen Herzen, in welcher in den romantischen Texten eine Art Teufelspakt unterzeichnet wird. Denn es war niemand anders als »der Teufel«, versichert Andersen (215), der seine Kristallsplitter ins erkaltende Herz der Menschen einsenkte. Und wo nicht Satan selbst, so war's ein anderer Antichrist: Nietzsches Zarathustra z. B., der »Mitschaffende« sucht, »welche neue Werte auf neue Tafeln schreiben« (*WW II,* 289).

Auch sonst spielt der Gegensatz von Geist und Buchstabe eine ganze erhebliche Rolle in den Texten der Frühromantik. Um der verhallenden Stimme, dem flüchtigsten aller Zeichen, dessen sich die Seele zur Mitteilung bedient, Dauer zu geben, muß man es aufschreiben. Doch ist die Seele, die in der Stimme erklingt, im Grunde ohne Substanz. Sie ist nicht ein Ding wie andere Dinge. Man könnte sie »sehr bezeichnend (...) ein *Unding*« nennen, notiert Friedrich Schlegel: »sie ist auch das einzige *Nicht und Gegending*« (*KA* XIX, 115, Nr. 301). Zur Stunde seiner Entdeckung verbürgte dies den überirdischen Rang der Seele. Aber der junge Fischer im Märchen Oscar Wilde's (*The Fisherman and his Soul*) fragt sich bereits, was ihm seine Seele wohl frommen könne, wenn man sie nicht zu fassen bekommt, ja nicht einmal richtig kennt.

Der Wandel, der sich zwischen den beiden Haltungen vollzogen hat, zeugt von einer besonderen Verlegenheit: Gerade die Substantialität, die ihre Dauer begründen könnte, gebricht der Seele. Und doch sträubt sie sich vor dem Gedanken des Nichts. Die romantische Generation erbt mit dem Vermächtnis der Aufklärung zugleich die Gewißheit, daß Gott tot ist. Bei Descartes war Gottes Existenz noch der Garant für die Gewißheit des Selbstbewußtseins: das ist nun nicht mehr ausgemacht (die Dichtungen der Romantiker sind über diesen Punkt geständiger als ihre gottrunkenen Philosopheme, die nur in anderer Sprache von dieser metaphysischen Abwesenheit reden). Wer garantiert den um eine fraglose Jenseitshoffnung Betrogenen, daß die Seele unsterblich ist? Ließe sie sich ergänzen um die unverwitterbare Massivität des Erdprinzips und bliebe dabei durchsichtig wie der Äther – wirklich und geistig zugleich –, so entspräche sie dem Ziel aller Sehnsucht. Dies Ziel hienieden verfolgen aber hieße, wie Novalis zugibt, sich »in die Räume des Unsinns« zu verirren (*Schriften N* II, 252). Und doch: gibt es nicht ein Naturding, das die transparente Geometrie reiner Anschauungsformen in der Undurchdringlichkeit der Materie darstellt? So wie die Schrift zugleich materiell ist und doch die Seele darstellt? Kristall und Schriftzug gewinnen von hier eine Verwandtschaft, die sie austauschbar macht. Hegel vergleicht das geschriebene Zeichen einer »*Pyramide, in welche eine fremde Seele versetzt und aufbewahrt ist*« (*Enzyklopädie* § 458). Der Schrifttyp ist demnach selbst von der Art des Kristalls: er ist kristallisierter Sinn. Für Hegel freilich kommt alles darauf an, dem Stein den Sinn zu entreißen. »Diese Rückkehr« der toten Materialität in den lebendigen Geist, meint er, »kann etwa (...) mit dem im geschriebenen Worte zum Dinge gewordenen Gedanken verglichen werden, der aus einem Toten, einem Objekte, im Lesen seine Subjektivität wiedererhält.« Im Gleichnis: »Wenn Liebende vor dem Altar der Göttin der Liebe opfern, und das betende Ausströmen ihres Gefühls ihr Gefühl zur höchsten Flamme begeistert, so ist die Göttin selbst *in ihre Herzen eingekehrt* – aber *das Bild von Stein bleibt immer vor ihnen stehen;* dahingegen im Mahl der Liebe das Körperliche vergeht und nur lebendige Empfindung vorhanden ist.« (*Der Geist des Christentums.* Schriften 1796–1800, hg. von W. Hamacher, 1978, S. 466. Vgl. die ausgezeichnete Interpretation in der Einleitung, S. 123, im Kontext). Die Liebe erweicht den Stein und trägt ihn nicht als solchen ins Herz der Liebenden, wie dies in Hoffmanns und Wagners *Bergwerken* mit der mineralischen Schrift geschieht: das steinerne Mausoleum – Hegels »Pyramide« – wacht lediglich über die Dauer des geistigen Sinns, in seiner stereometrischen Ordnung die Bewegungen eines sich ordnenden Textes spiegelnd.

Die todgeweihte Seele entäußert ihr unbeständiges Inneres an den Stein oder verschlingt sich in ihm als Lineament, Figur, Umriß, geometrische Gestalt, als Zahlenverhältnis, als Ordnung usw., um sich – selbst für den Preis der Erstarrung – *als* Seele zu verewigen.

Die zwiespältige Faszination der Statue aus Stein und der reinen Äußerlichkeitsverhältnisse wird nun verständlich. (Sie begegnet ja in fast allen Texten unserer Sammlung.) Die magische Tafel, welche Christian an eine »ewige« Liebe gemahnt, die ihn von einer vergänglichen fort und ins Gebirge lockt – sie wird in der Phantasie des Elis Fröbom zum Garanten der Unzerstörbarkeit und Transzendenz gerade dieser irdischen Liebe. Die Dauer, die er ihr so verschafft, ist allerdings die seelenlose Dauer des Steins. Erkännte die zur Greisin gealterte Braut den nach einem halben Jahrhundert aus dem Vitriolwasser geborgenen Liebsten nicht wieder – so wie man ein aufgeschriebenes Zeichen noch lange nach seiner ursprünglichen Aufzeichnung lesen kann –, sein Angedenken wäre noch gründlicher zerstört, als es dem flüchtig von Mund zu Mund hallenden Gedächtniswort einer lebendigen Tradition bestimmt ist.

Ein Alptraum romantischer Phantasie – eine Welt aus

Stein einerseits, aus »Zahlen und Figuren« andererseits – enthüllt sich somit zugleich als ein Fascinosum sondergleichen. Daß die »heilige Dreifaltigkeit« von »Arithmetik! Geometrie! Algebra!« ebenso wie die Schrift von Novalis über Baudelaire bis hin zu Lautréamont bald verteufelt, bald vergöttlicht werden, belegt einen Zwiespalt, der die Geschichte des Steinherz-Symbols in sprechender Weise begleitet. Nicht erst der Anblick des Steins selbst verzaubert Christians Gemüt: er kann keine »eckige Figur«, keine »Linie«, keinen »Strahl«, keine geometrische »Form« sehen, ohne in eine widersprüchliche Ekstase zu geraten (36). Die manisch wiederholte Berührung des Geldschatzes entspringt einem inneren Zwang. Christian muß sich des Nachts aufmachen und die Münzen zählen und wieder zählen, um ihre bare Materialität in arithmetischen Verhältnissen wiederaufersteigen zu lassen. Auch ist es vor allem die Regelhaftigkeit der Kristallsysteme, die den Elis Fröbom entzückt, obwohl sein Herz »bei dem schneidend kalten Luftzuge, der die Abgründe der [Unterwelt] durchströmt« (73), doch heftiger als gewöhnlich schlägt. Und wenn das verblendete Auge des Studenten Nathanael (*Sandmann*) vom Anblick eines Mädchens so tief berührt wird, daß er »wie festgezaubert« stehen bleiben und immer schauen muß, so ist es wahrscheinlich eher die reine »Form« ihres Gesichts als sein durchseelter Ausdruck – und eher die »Regelmäßigkeit« ihres Baus als die natürliche Anmut, die einem Roboter verständlicherweise mangelt. – Und auch der kleine Kay – in der biedermeierlichsten Version, die das Motiv bei Andersen erfahren hat – kann sich, seitdem der teuflische Glassplitter sein Herz zu einem Eisklumpen hat gefrieren lassen, nur noch an »regelmäßigen«, besonders stereometrischen Figuren freuen: etwa den unterm Brennglas vergrößerten Schneekristallen (220) oder an den scharfkantigen Gletscherstücken, die als Figuren in einem »Verstandeseisspiel« dienen (226).

Die Macht durch Blendung

Wer mit dem Teufel paktiert, verspricht sich immer etwas davon: gewiß nichts, von dem am Ende nur der Teufel den Nutzen hat. Nach allgemeinem Märchenbrauch wird ihm ein Gegenstand geboten, dessen hoher Wert ihm letztlich unzugänglich bleibt, während seine Gabe in listiger Weise als Mittel dienen wird, den Wert des eigenen Herzens über seine natürlichen Möglichkeiten hinaus zu steigern. Der Böse hat ein Interesse daran, das fleischerne Herz in einen Stein zu verwandeln (denn so entfremdet er es dem Gehorsam gegen Gott den Lebendigen); aber die Seele weiß, daß sie es selber ist, die da auf steinernen Tafeln des Herzens dauerbarer aufgeschrieben ist, als Gott es ihr zu garantieren vermöchte.

Auffällig ist ja, daß die Faszination des Kristalls im *Runenberg,* in den *Bergwerken* oder im *Sandmann* einen imaginär-projektiven, ja narzißtischen Charakter hat. Die Akteure schauen als eine Eigenschaft des (steinernen oder mechanischen) Liebesobjektes an, was in Wahrheit nur Reflex ihrer eigenen Seele ist. Der beglückte Nathanael sieht in den Augen eines Roboters sein eigenes Bild (»du tiefes Gemüt,« ruft er aus, »in dem sich mein ganzes Sein spiegelt« [*204*]). Und Christian meint, der Glanz, der doch nur als Widerschein des Lichts besteht, sei im Stein selbst begraben – etwa so, wie nach Hegel der Sinn in der Pyramide des Zeichens. Im Mausoleum ihrer mineralischen Existenz träumt die *anima aurea* – von sterblichen unter unsterblichen Wesen versetzt – jenen Traum, dessen Schlaf die Rheintöchter zu hüten haben (Floßhilde: »Des Goldes Schlaf / hütet ihr schlecht« [*GSD* v, 201]). Als Funke oder Lichtglanz erstrahlen kann sein Wert nur unter der Bedingung, daß eine fremde Seele sich gegen seine Materialität austauscht.

Zwei Dinge sind im Spiel: eines, das existiert, aber selbst von keinem Wert oder Sinn weiß; und eines, das zwar nicht selbst existiert, aber den Sinn oder Wert des Existierenden ausspricht. Sie bedürfen eines des anderen, und da sie nur im Verein auftreten, kann leicht die Illusion entstehen, der Wert sei selbst eine Eigenschaft des Existierenden. Diese Übertragung des Nichtsinnlichen aufs Sinnlichen hat den Charakter einer Verkehrung. Sie steht im Zentrum aller unserer Texte (*Ethan Brand* ausgenommen); ja sie ist der Nervenpunkt, der in allen Konflikten und Verwechslungen, denen die Akteure ausgesetzt sind, berührt wird. Immer wird das Innere (Nichtexistente) im Modus der Verleugnung als eine Realität (als ein Äußeres) angeschaut: der Glanz als Blick, der Blick als Schein; der Stein als Herz, das Herz als Stein. »Es ist nur,« sagt Christian, indem er mit einem Sack voll Quarzen und wertlosen Kieseln aus dem Gebirge zurückkehrt, »daß diese Juwelen noch nicht poliert und geschliffen sind, darum fehlt es ihnen an Auge und Blick; das äußerliche Feuer mit seinem Glanze ist noch zu sehr in ihren inwendigen Herzen begraben, aber man muß es nur herausschlagen, daß sie sich fürchten, daß keine Verstellung ihnen mehr nützt, so sieht man wohl, wes Geistes Kind sie sind« (*42*). – Ebenso wird der beseelte Leib als Mechanismus, der Mechanismus als Seele wahrgenommen. Letzteres ebenfalls im *Runenberg,* da es dem Vater erscheint, »als wenn ein andres Wesen aus ihm [Christian], wie aus einer Maschine, unbeholfen und ungeschickt herausspiele« (*37*), und natürlich im *Sandmann,* da Nathanael das »Räderwerk« der Olimpia als das Ideal tänzerischer Anmut anschaut. Besonders ist es Christians gleichsam gefrorene »Lustigkeit« – ein Zug, den Thomas Mann in dem unmotivierten Lachzwang seines (ebenfalls von »Kälte« umgebenen) »deutschen Tonsetzers Adrian Leverkühn« verwenden wird –, besonders das zwanghafte und entsetzliche Lachen ist es, welches dem Vater maschinenartig vorkommt (l. c.). Etwas Mechanisches hat zweifellos auch die Formelhaftigkeit der

Sprache im *Sandmann,* zumal in der direkten Rede; Nathanael verwechselt die abgegriffenen Schablonen und Gemeinplätze einer spätromantischen Salon-Manier mit tiefer und eigentümlicher Empfindung. – In allen diesen Beispielen überdeterminiert die Phantasie den Wert der Sache, auf die sie sich in narzißtischem Begehren überträgt. Die pessimistische Ahnung der Frühromantik vollstreckt sich selbst: »Wir sehen nichts, was wirklich ist, die schimmernden Gestalten, die wir wahrzunehmen glauben, sind nichts, als der Widerschein von uns selbst im glatten Erze« (*Schriften T* 8, S. 6).
Ist doch der erotisch besetzte *Wert,* den Glanz und Form für den »Liebesdrang« des nach ihm Entbrannten besitzen (Arnim nennt der Bergkönigin »Goldadern« den »Minnesold« des Bergmanns [*48*]), kein eingeborener Charakter des Naturobjekts Mineral. Der Schein oder Wert einer Sache ist vielmehr das, in welches »kein Atom Naturstoff eingeht« (Marx, *Das Kapital* 1, MEW Bd. 23 [zit.: *K* 1], S. 62). Will die Sache zu ideellem Sein gelangen, so bleibt ihr nichts übrig, als eine Anleihe aufzunehmen beim Idealprinzip: der Seele oder ihrem Fenster, dem Auge. Nur wenn sie am Reichtum des Herzens und an seinem Vermögen der Wertschöpfung teilhat, entbirgt die Welt der Kristalle und Erze ihren unwirklichen, eben darum aber unendlicher Phantasieprojektionen fähigen Wert, vermöge dessen sie zum Zielobjekt einer ebenso überschwenglichen wie unerfüllbaren Sehnsucht werden kann, wie es in Christians und Fröboms stets unbefriedigtem Begehren zutage liegt. Der augenblendende Glanz der Geldstücke, die der Fremde aus dem Reich der Bergkönigin in Christians Anwesen hinterlassen hat, entzündet im Herzen des Treuhänders eine Sehnsucht über alle Sehnsucht und dringt »tief in sein Herz hinein« (*34*). Allgegenwärtig ist der Ruf des Goldes: der »Schönen« gleich, die bald als Bergkönigin, bald als Fremder, bald als perso-

nifizierte Gebirgslandschaft, bald als Waldweib erscheint, existiert es in ebensovielen Gestalten, wie die Phantasie Bilder erfindet, um es sich anzuverwandeln: Des Nachts hört Christian der Münzen »Liebeswort« an sein Ohr dringen, am Tage verwandeln sich ihm Licht, Luft und die Rede der Leute auf der Gasse in Liebesblick und klingende Musik des gelbäugigen Goldschatzes (*34*). Und Fröbom, dessen »Blick... nur kundig (werden kann), wenn sich seine ganze Seele diesen Wundern weiht« (*94*), hofft »die Spitze des höchsten Glücks« zu erklimmen, wenn er – in gegensinniger Bewegung – in die tiefste Teufe hinabsteigt, um den »in Chlorit und Glimmer eingeschlossenen... kirschrot funkelnden Almandin« zu bergen (*84*).
Es ist, wie gesagt, die Entäußerung der eigenen Seele, die unerkannt als Verheißung eines unendlichen Werts vom Metall auf das Auge des Verliebten zurückleuchtet und es blendet. Nicht anders ergeht es dem Peter Schlemihl, der um den Preis seines Schattens – dieses Wechsels, den er vorderhand auf seine »Seele« ausstellt –, in einem und demselben Handel den dauernden »Tod im Herzen« und Fortunati Goldsäckel erwirbt, um »mit einer Art Wut, die, wie eine flackernde Feuersbrunst, sich in [ihm] durch sich selbst mehrte, (...) das Gold daraus (hervorzuziehen) – Gold, und Gold, und immer mehr Gold (...) – und [s]ein armes Herz an dem Glanz, an dem Klange zu weiden« (*Meistererzählungen der deutschen Romantik*, hg. von W. Widmer, 1961, [zit.: *Schlemihl*], S. 653 f., 614). Dies arme Herz freilich erstirbt.
Dem Nibelungen Alberich verrät sich der mögliche Geldcharakter der Erzstufe, welche bis dahin »traulich und treu« (*Der Raub des Rheingoldes, 122; GSD* v, 268) ihren Goldschlaf in des Rheines Tiefen träumte, an dem »blendend hell strahlenden Goldglanze« (*104*, vgl. *GSD* v, 209), der mit einemmale aus den Fluten hervorbricht: im Nu geht ihm das wahre Ziel seines Begehrens auf; die

»gleißenden«, »glatten«, »im Schimmer / (...) hell und schön schein(enden)« Leiber der Rheintöchter (l. c. 202; vgl. *103*) – was sind sie anderes als die personifizierten Elementargeister des Goldes, die Geldseelen (animae aureae), die im Erglänzen ihr tiefstes Geheimnis preisgeben?

Wagners *Ring*-Dichtung verwertet eine Reihe mythischer Motive. Nach der Erzählung der *Edda* wohnt Ägir, der milde Beherrscher des Meeres und der alle Schätze, die das Meer birgt, als sein Eigentum betrachtet, in einem prachtvollen Palast, dessen Saal vom Widerschein des Goldes im Wasser wie Feuer erstrahlt. Ran, seine Gemahlin, sinnt jedoch auf Unheil, indem sie mit ihren Nixentöchtern die vom Schein des Goldes betörten Seefahrer in Netzen fängt und in die Fluten herabreißt. Fricka, die Schutzgöttin der kulturell erworbenen und insbesondere der ehelichen Verbindlichkeiten, kennt die archaische Gefahr, die von diesen Naturwesen droht, sehr gut: »Von dem Wassergezücht / mag ich nichts wissen: / schon manchen Mann / – mir zum Leid – / Verlockten sie buhlend im Bad« (*GSD* v, 229; vgl. *Der Raub des Rheingoldes, 110*).

Gewinn und Fluch liegen eng beieinander. Einerseits ist der goldene »Hort« ein Symbol der *»Erde mit all' ihrer Herrlichkeit selbst, die wir beim Anbruche des Tages, beim frohen Leuchten der Sonne als unser Eigenthum erkennen und genießen«* (*GSD* II, 133). Auf der anderen Seite kündet der im »Tageslicht« fürs Menschenauge erschlossene Glanz von einer Möglichkeit, die so lange nicht wahrgenommen wird, wie das Metall seiner Ver-wertung im Prozeß der Zirkulation entzogen bleibt. »Die metallenen Eingeweide der Erde« (l. c.) sind eben, dem Vermögen nach, auch »Mittel, die Herrschaft zu gewinnen und sich ihrer zu versichern«, insofern in dem Hort »zugleich der Inbegriff aller irdischen Macht« beschlossen ist (l. c.). »Glaub mir,« sagt Fafner zu seinem Bruder, »mehr als Freia / frommt das gleißende Gold: / auch ew'ge Jugend er-

jagt, / wer durch Goldes Zauber sie zwingt« (*GSD* v, 299; vgl. 263).
Und Wotan gesteht: »Als junger Liebe / Lust mir verblich, / verlangte nach Macht mein Muth« (*GSD* vi 37). Das »frohe Leuchten« des lauteren Naturgebildes kann unmittelbar als die Verheißung eines allerhöchsten Wertes, mittelbar als eine Verheißung von »Herrschaft« und »thatsächlichem Besitz« (*GSD* ii, 152 ff.) gelesen werden. Und die unschuldige Lust an dem einen ist leicht vertauschbar gegen die Gier nach dem anderen; das ist's, was dem Alberich beim Anblick des Goldglanzes im buchstäblichen Sinne einleuchtet.

Mit dem Geheimnis der Umwandlung von Natur in Unnatur gewinnt er also auch »der Welt Erbe… zu eigen« (*GSD* v, 212). Eine Bedingung ist allerdings noch daran geknüpft: wer »maaßlose Macht« (*GSD* v, 211; vi, 38) erstrebt, muß zuvor das tiefste, das unverbrüchlichste Gesetz der Natur brechen, er muß ›der Minne Macht versagen, der Liebe Lust verjagen‹ (*GSD* v, 211; 213; 228; vgl. *104; 110*). Auch Elis Fröbom muß sich, um »zum Anblick der hohen Königin zu gelangen, … alle Liebesgedanken aus dem Sinn schlagen« (*91*) – ein Zug übrigens, den Richard Wagner nicht in der Hoffmannschen Vorlage antraf. Er kehrt, nicht so deutlich sichtbar, in Andersens *Schneekönigin* wieder: Wenn es dem kleinen Kay gelingt, das Wort »Ewigkeit« aus Eisstücken zusammenzusetzen – d. h. das göttliche Privileg durch kalten Verstand aufzuheben –, so will ihm die Schneekönigin »die ganze Welt« (und ein Paar Schlittschuhe obendrein) schenken (*226*). Herrschaft ist als Preis auf die Verfluchung des warmen Herzens gesetzt; und sie wird durch Geld erworben und ausgeübt, also durch die Umwandlung des Naturgoldes in die Schmiede- und Wertform der Münze, deren handgreifliches Symbol der Ring des Nibelungen ist (*GSD* v, 227; vgl. *104f.; 110*). Darin liegt, was Wagner »das eigentliche Gift

dieser Liebe« nennt: es »verdichtet sich (...) in dem der Natur entwendeten und gemißbrauchten *Golde,* dem Nibelungen-Ringe« (Brief an Röckel vom 25. 1. 1854).
Zwar kann Alberich die Gegenliebe der Rheintöchter nicht wirklich »erzwingen« (*GSD* v, 212; vgl. *105; 114/5*). Auch ist er's zufrieden, daß er seine Unfähigkeit zur »Liebe« durch ›listig erzwungene Lust‹ ausgleichen kann (l. c.). Sein begehrendes Auge hat Macht nur über den unwirklichen Schein, d. h. über die im Erglänzen symbolisierte Wertbeziehung, in welcher des Goldes Natur im Vorblick auf ein ihr äußerliches Interesse geschätzt wird. Immerhin verrät schon diese bloße Umwandlung die Geste der Gewalt: Alberich »reißt mit furchtbarer Gewalt das Gold aus dem Riffe, und fährt damit hastig in die Tiefe« (*105*; vgl. *GSD* v, 213). Der warme Glanz des Goldes erlischt nicht, aber er gefriert zu einem ›kalten Funkeln‹, welches »grausam (blickt), blutdürstig, wie das rote Auge des Tigers« (*39*). »Nicht freiwillig«, erklärt Christian, lassen die Steine ihren »Glanz« sehen, »noch« bedarf es der auf sie ausgeübten Gewalt. Die Metaphorik ist über diesen Sachverhalt im *Runenberg* so unmißverständlich wie im *Rheingold:* »Wunderbare, unermeßliche Schätze«, sinnt Christian, »muß es noch in den Tiefen der Erde geben. Wer diese ergründen, heben und an sich reißen könnte! Wer die Erde so wie eine geliebte Braut an sich zu drücken vermöchte, daß sie ihm in Angst und Liebe gern ihr Kostbarstes [ihren Wert] gönnte!« (*40*)
»Noch«, wie gesagt, ist das ein bloßer Traum. Die Stofflichkeit des Naturobjektes entgleitet dem zupackenden Griff und muß sich, soll die Illusion nicht gänzlich zerstört werden, den verzauberten Augen in der supplementären Stofflichkeit eines Wertdinges wiederherstellen: als magische oder als Lebenstafel, als geprägte Münze, als Ring, als Phantasien erweckendes Zauberglas oder als entseelender Eissplitter. Immer bewahrt der Repräsentant in

dieser Beziehung den Liebeswert, der dem Repräsentat eignet. Beim Anblick der wunderbaren Metallblüten, die aus den Herzen der »holden« Kristalljungfrauen emporschießen, ergreift den Elis Fröbom »ein unbeschreibliches Gefühl von Schmerz und Wollust (...), eine Welt von Liebe, Sehnsucht, brünstigem Verlangen ging auf in seinem Inneren« (*62/3*, vgl. *96*). – Die Blendung, die vom Metall oder vom Kristall auf das Auge trifft, ist dann immer zugleich dessen *Ver*blendung, wenn der Blick den Widerschein des Lichts mit dem materiellen Träger dieses Wiederscheins (dem Metall, dem Mineral, dem Perspektiv usw.) identifiziert.

Alchemie des Goldes

In diesem »Quidproquo« (Marx, *K* I, 70) erkennen wir die Figur der Metonymie wieder. Sie treibt ihr Wesen, wie man absehen kann, keineswegs nur in literarischen Texten. Verwechslung und Tausch sind ihre bevorzugte Domäne. Wie sollte sie vermeiden, mit dem alten Gott Hermes/Mercurius, dem Schutzpatron der Diebe, Wucherer und Alchemisten, in nähere Verbindung zu treten?
Nur des hermetischen »Schmelztiegels« bedarf es ja, um das ausgeschachtete Erz zur Münze umzuprägen. Viele Sprachen ratifizieren diese Metonymie in *einem* Wort: lat. *aes*, frz. *argent*. Die schon zitierte *Nouvelle Encyclopédie* notiert unter diesem Schlagwort: »Zweifellos wurde das Silber (argent) zuerst zur Herstellung wertvoller Gebrauchs- und Schmuckgegenstände verwendet; aber seine nützlichste Eigenschaft, die es zudem vor allen anderen Substanzen auszeichnet, ist seine Fähigkeit, als Mittel des Warentauschs dienen zu können« (tome I, 798). Als materialisiertes Idealprinzip wird es zur hermetischen Grundkraft, zum »allgemeinen Kuppler«, zum »wahren *Bindungsmittel*«, ja zur universellen »galvano*chemischen* Kraft

der Gesellschaft« (Marx, *Zur Kritik der politischen Ökonomie*, 1971, 109). So wie in der Alchemie die Forderung an die Laboranten ergeht, sich »aus toten Steinen in lebendige philosophische Steine zu verwandeln« (Dorn, nach *Jung* 312) – es gibt also eine »Identität dessen (...), was im Menschen, mit dem, was im Stoffe verborgen ist« (l. c.) –, so steht des »Goldes Schlaf« unter dem Anspruch, sich als Geldwert zu offenbaren. Ist nicht die zirkulierende Münze die wahre Gestalt jener *aurea catena,* von der die Neuplatoniker (nach Homer) meinten, sie halte die ganze – geistige und materielle Welt – zusammen? Und ist nicht sie es, die die ständige Vermittlung der beiden Seinsbezirke, des Geistigen und des Stofflichen – in sinnenfälligster Weise vollbringt? Dies Vermögen macht sie zu jenem über alles geliebten Ding, von dem Schopenhauer in seinen *Aphorismen zur Lebensweisheit* sagt, es sei, »als ein unermüdlicher Proteus, jeden Augenblick bereit (...), sich in den jedesmaligen Gegenstand unserer so wandelbaren Wünsche und mannigfaltigen Bedürfnisse zu verwandeln« (*Zürcher Ausgabe* VIII, 380) – ein Geheimnis, das schon der *Geiz* des II. *Faust* ausgeplaudert hatte: »Wie feuchten Ton will ich das Gold behandeln; / Denn dies Metall läßt sich in alles wandeln« (Vs. 5781/2).* Sobald es nur einmal im Handel ist, »vertauscht« es – wie die aus dem Rheingold geschmiedete Tarn- und Verwandlungskappe – Einbildung und Wirklichkeit.

Kein Wunder, daß der Coppelius (des *Sandmann*), dieser unheimliche »coupellateur« (d. h. Scheide- und Legierungskünstler), durch die symbolischen Projektionen des verängsteten Nathanael nicht nur auf die »coppella« (die »schwarze Höhlung« des Schmelztiegels [*179*], in welchem Symbol und Symbolisiertes ihre Rollen tauschen) festgelegt wird, sondern auch Züge des sagenhaften Kö-

---

* Vgl. schon den *Versus de nummo* in den *Carmina Burana* (*Krit. Ausgabe*, dtv-Weltliteratur, München 1979, 30–33).

nigs Midas annimmt, indem alle Speisen, die »seine großen, knotigten, haarigten Fäuste« berühren, den Kindern ungenießbar werden (*178*). Verwendbares Zeug wird in unverwendbares Ding verzaubert, auf das die geopferte Seele ihre tiefsten Wertgefühle überträgt. Im Gelde – wie in jedem Wertding – wird ja nicht das Sein oder der Gebrauchswert einer Sache ausgedrückt, sondern was sie gilt. Der mit Fortunati Goldsäckel beerbte Andalosia (in Tiecks dramatischer Bearbeitung des *Fortunat*stoffes) muß das am eigenen Leib erfahren: »Man ist nur das, wofür die Welt uns hält; / Sieht keiner, daß ich reich bin, bin ich's nicht« (*Schriften T* 3, 286). Hier wie überall kommt's freilich darauf an, welche Schlüsse man aus dieser Lebenserfahrung zieht. Andalosia beschließt, mit den Wölfen zu heulen, und er läßt sein Wesen (das, *was* er ist) vom Golde stellvertreten und wird die Verwandlung mit enttäuschter Liebe, ja mit dem Tode durch Erdrosseln büßen. Nur die klingende Münze, die er so reichlich ausspendete, trug ihm das Interesse der Königstochter Agrippina ein, und er hat unrecht, sie darum zu schelten: »Ihr Ehrenvollen, Hochgestellten, Reinen, / Die Ihr noch schlimmer als die Sklavin seid, / Die öffentlich mit ihren Reizen wuchert, / Denn Ihr verkauft zum schnöden Sold das Höchste, / Des Herzens Herzen, Wahrheit, Liebe, Treue, / Den Stolz, der nur den Menschen macht zum Menschen« (l. c. 441). Schließlich war auch Andalosia bereit, seines Herzens Herz durch Gold zu repräsentieren. Damit hat er selbst die Konsequenz herbeigeführt, die ihn am Schluß brutal ereilt, daß nämlich andere das Repräsentat, Andalosias Leben, für unwesentlich achten und »in felsenharter Grausamkeit« auslöschen (l. c. 491), um sich in den Besitz dessen zu bringen, wodurch sich dies Leben repräsentieren ließ.

Der Tauschwert überlagert in diesem Beispiel den natürlichen Wert des Herzens. Das aber schafft die Voraussetzung dafür, ein Knappe im Reich der Bergkönigin zu werden. Bei Hofmannsthal hat sie ein eigenartiges Mittel, die Herzen zu prüfen. Sie läßt zwischen sich selbst und den Blick des Faszinierten das Trugbild des Knaben Agmahd treten. Dies »schwankend wesenlos Gebilde« ist wie ein »Spiegel«, der jedem zeigt, »was heimlich ihm / Am Herzen ruht« (*BF* 39). Glüht seine Sehnsucht noch für einen sinnlichen Gegenwert des Goldglanzes, ist er für ihren Dienst ungeeignet. Ist das »Herz (doch) noch nicht leer von irdischer Sehnsucht« (l. c. 112), noch nicht ganz dem kalten Licht der mit nichts gleichen und von nichts verschiedenen Geldseele verfallen, vor deren Glanz Fröbom sich geblendet duckt (l. c. 37). Sein Gemüt ist noch nicht gänzlich kalt, es schlägt noch mit einer ihm unbewußten oder doch unaussprechlichen Liebe zum Lebendigen (zu Anna, der Tochter des Grubenbesitzers). Als er sich endlich entschließt, ihr seine Liebe zu gestehen, da richtet er seine Worte an das Trugbild Agmahd (88/90): das Liebesgeständnis selbst ist imaginär gebrochen, es spricht nur die unhörbare und nichts mitteilende Sprache des Traums, die von der Unwirklichkeit des Unterreichs verschluckt wird.

Einen Zustand absoluter Gleichgültigkeit gegen die sinnliche Substanz und den Gegenwert des Minerals erreicht in unseren Texten (vielleicht) nur der Christian des *Runenberg*. Das macht den Schluß des Märchens so eindrucksvoll wie zwiespältig. Einen »Schwur der Treue« gegen die Bergkönigin leistet zwar auch Fröbom bei Wagner (96). Doch hat nur Christians, des treuen, Flucht ins Gebirge zugleich die bekannten ökonomischen Katastrophen zur Folge: immer bleibt nämlich das Sinnliche ans Unsinnliche geknüpft, selbst wenn das Begehren ganz nur aufs Unsinnliche gerichtet ist.

Villiers de l'Isle Adam, der von Mallarmé hochgeschätzte symbolistische Dichter, hat sein im Schwarzwald spielendes Drama *Axel* von der Zweideutigkeit des *Runenberg* erlöst: Während die Sonne den im Felsengewölbe erstrahlenden unseligen Schatz vergoldet, sterben Axel und Sara einen Liebestod, der sie ins ›himmlische Exil ihrer inneren Unendlichkeit‹ entrückt. »Un pièce d'or tombe, roule et sonne comme l'heure contre un sépulcre« (*Œuvres complètes,* tome IV, 1970, p. 270/1). Es ist niemandes eigen mehr und darf seinen reinen Glanz, der keines Sterblichen Auge mehr verleiten kann, nun gleichsam den Göttern entbieten.

Nun ist der Wertzauber – der sich leitmotivisch durch fast alle unsere Texte zieht – kein beiläufiger oder nur künstlich herbeizuführender Effekt der Beschaffenheit widerspiegelnder Materien. »Etwas Natürliches wenigstens«, sagt Schleiermacher, »liegt offenbar zum Grunde« (*Phil. Ethik* 615). Erzeugt doch das im Mineral wirkende »Ineinander von Starrheit und Beweglichkeit, von Undurchdringlichkeit und Licht« (l. c.) ein Unsichtbar-Sichtbares. Ein Unsichtbares insofern, als der äußere Funke den ›inwendigen Herzen‹ nur mit Gewalt zu entreißen ist; ein Sichtbares, insofern die unscheinbare Stofflichkeit des Steins auch dann Bestand hat, wenn kein Blick sich darauf richtet. Dieser »Charakter der ganzen Natur (...), ein Unsichtbar-Sichtbares zu seyn« (Schelling, *SW* II/4, 155), wiederholt sich nun in des Metall zweiter Natur, nämlich seiner zum Wertmaß anderer Naturen geprägten Geldnatur. Auch die Münze existiert ja, nach Marxens berühmter Wendung, als ein »sinnlich-übersinnliches Ding« (*K* I, 85), nämlich als der selbst naturstoffliche (und als solcher wertindifferente) Träger einer nicht abermals sinnenfälligen (insofern gleichsam übersinnlichen) Bedeutung. Diese Bedeutung ist der Wert, d. h. eine im Vergleich zu seiner Metallnatur geistige Bestimmtheit. (Das macht »den mystischen Charakter« jener »blendenden Waren« »Gold und Silber« [l. c. 72]).

Es fällt schwer, nicht an den *lapis philosophorum* der Alchemisten zu denken, der ja – nach Angabe des *Rosarium philosophorum* – ebenfalls zusammengesetzt ist aus »Körper, Seele und Geist« und – seiner materiellen Dichte zum Trotz – auch »der Stein der Unsichtbarkeit (lapis invisibilitatis) genannt« wurde (*Jung* 210).

Während Christians Vater, der Freund der belebten Natur, diese geistige Überbestimmtheit des Goldes nie durchschaut (beständig redet er vom Geld, das seines Sohnes Herz verzaubert, als vom Golde), knien Christian und die dem Dienst der Bergkönigin ergebenen Bergknappen von Falun vor dem Gelde. Und sie vollbringen dies quasi religiöse Ritual nur darum, weil sie mit dem Gelde jenen himmlischen Schatz zu besitzen glauben, dem Motten und Rost nichts anhaben und der ja immer dort ist, wo auch das Herz ist (*Matth.* 6, 19–21).

Die Schätzung der Seele in Geld

Gewiß kann der Gläubige nicht zweier Herren Diener sein: nicht zugleich Gottes und des Mammon. Der Dienst, der der Bergkönigin erwiesen wird und dessen kultische Natur unverkennbar ist, gleicht eher einem Mammon-Kult als einem Gottesdienst. Aber die Sache ist doch komplizierter: die religiöse Option auf den Schatz im Himmel (gewiß kein gegenständliches Gut) wird in keinem unserer Texte widerrufen. Sie wird allerdings durch eine merkwürdige Erfahrung hindurch neu interpretiert, und zwar in einem ganz anderen Sinne als etwa im *Geistlichen Jahr* der Annette von Droste-Hülshoff. Dort findet man die bitteren Verse:

> O Gold, o schnöde Gabe,
> Wie wenig magst du frommen,
> Magst läuten nur zu Grabe
> Das letzte Gnadenwehn.

> So hast du sonder Gleichen
> Die Liebe mir genommen,
> Daß ich kann lächelnd reichen,
> Wo Gottes Kinder sehn.
> *(Am Dienstag in der Charwoche)*

Nein, keine bloße Metapher ist der himmlische Schatz noch auch ein geistlicher Widerspieler des irdischen Goldes, der schnöden Gabe. Vielmehr existiert er, ohne seine Qualität als ewiges Gut, als unzerstörbarer und unendlicher Wert einzubüßen, als ein leibhaftiges Gut in den Regionen der Unterwelt. Nicht im Himmel ist mithin sein Ort, sondern (wenn er einmal gehoben ist) auf Erden und inmitten der menschlichen Gesellschaft.

Das muß freilich ein »rätselhaftes« Ding sein – voll »mysteriöser« Mucken und »gespenstiger« Anwandlungen (*K* 1, 72, 52) –, das da mitten unter den anderen Dingen, und doch nicht auf einer Ebene mit ihnen seine ›doppeldeutige‹ Verlockung übt.

Nun ist ja eben dies das Wesen des Fetischismus, daß er Seiendes von der Ordnung des Imaginären wie ein Realseiendes behandelt.

Zugestanden, aber worin besteht die realgesellschaftliche Entsprechung zu jener poetischen Phantasie – wir kennen sie inzwischen genau genug –, die das Geistige (vornehmlich das Herz) *als* ein Sinnliches und *in* einem Sinnlichen (als Stein oder als Schriftzug auf einem Stein) anschaut oder vielmehr: anbetet?

Sie besteht – wie Marx, nicht als erster und nicht als einziger Sozialtheoretiker, aber am einschlägigsten gezeigt hat – in der Fetischisierung des Tauschwerts. Marx hielt dies Phänomen für hinreichend strukturbildend, um sich zuzutrauen, das Wesen aller zwischenmenschlichen Beziehungen unter entsprechenden Gesellschaftsbedingungen daraus abzuleiten.

Sein Gedanke ist nicht ganz unkompliziert: Alle Aufwendungen menschlicher Produktivität kristallisieren (das ist eine seiner Lieblingsmetaphern [vgl. *K* 1, 23, 45, passim]) zu selbständigen Dingen, sobald sie dem schöpferischen Individuum aus dem Kopf entsprungen oder aus den Händen geglitten sind. Es sind freilich Dinge besonderer Art, wie die Natur sie nie hervorbringt: Wertdinge nämlich (Güter oder Waren), die das Siegel einer wertschaffenden Subjektivität auf ihre Stirn geprägt tragen. Das macht, daß sie an zweierlei Seinsbezirken teilhaben: an der Ordnung der Natur und an der Ordnung des Intelligiblen. Jene garantiert das »handgreifliche« Sein der Waren, diese ihren Wert.

Nun bliebe der Wert, obwohl er – als Abstraktion des Arbeitsaufwandes – ins Herz der Waren eingeschrieben ist, eine bloß mögliche oder geisterhafte Größe – eine Sache, die »bloß im Kopf existiert« (*Gr* 62) –, wenn er nicht abermals ein objektives und von der Ware unterschiedenes Dasein erwürbe (*Gr* 58/9). Schließlich muß er sich *als* ihr Wert für alle Gesellschaftsmitglieder geltend machen. Und wie wäre das möglich, solange er in die Doppelnatur der Ware als ein »ideales« und unausdrückliches Merkmal bloß eingeschlossen ist? Er tritt so wenig an ihr hervor wie ein weiß zeichnender Stift auf weißem Grunde.

Man muß die implizite Doppelnatur der Ware mithin in ihre beiden Pole, in ihre »natürliche« und in ihre »soziale Existenzform« (l. c. 63), auseinandertreten lassen. Denn »kein Ding«, sagt Marx, »kann sein eigenes Symbol sein« (*Kritik der pol. Ök.*, 113/4). Ein jedes ist vielmehr gezwungen, seinen (symbolischen) Wert in einem Verweisspiel zwischen wenigstens zwei Termini hervortreten zu lassen. Um auszudrücken, welches der reale Wert einer Ware ist, muß ihr eine andere Ware gegenübertreten, um sich ihr zum greifbaren Wertmaß oder, wie Marx sagt, zum »Wertspiegel« zu bequemen (*K* 1, 67). Diese Ware ist in ihrer allgemeinsten Form das Geld (»Alle Eigenschaften der

Ware als Tauschwert erscheinen als ein von ihr verschiedener Gegenstand, eine von ihrer natürlichen Existenzform losgelöste, soziale Existenzform, im *Geld*« [*Gr* 63]). Natürlich ist es eine Ware ganz besonderer Art: Ihr Gebrauchswert besteht darin, daß sie den Tauschwert für jeden anderen Gebrauchswert ausdrückt.*
Man spürt bereits in der Formulierung, deren Marx sich bedient (›ein Gebrauchswert repräsentiert den Tauschwert für einen anderen Gebrauchswert‹) die Verlockung, noch einen Schritt weiter zu tun. Wenn der »ungegenständliche, i. e. subjektive« Anteil der Ware (*Gr* 203), das Maß der in ihn eingebrachten Arbeit, in einer anderen Ware (dem Geld) seinen »handgreiflichen« Ausdruck hat – was hindert eigentlich, den leuchtenden »Geldkristall« mit dem Tauschwert gleichzusetzen? Ist denn nicht wirklich das Geld das objektive Dasein der werteerzeugenden (und mithin selbst wert-losen [l. c.]) Subjektivität? Und wenn das der Fall ist: warum sollte man das Sein des Geldes abermals verdoppeln und seine Teile einer ungegenständlichen und einer gegenständlichen Welt zuordnen?
Natürlich ist diese Konsequenz unerlaubt. Wer sie zieht,

---

* Darin kommt das Geld, wie Marx betont (*Gr* 62; *Kr. der pol. Ök.* 109ff.) mit dem Sprachzeichen überein. Auch der Wert eines sprachlichen Zeichens kann sich ja nur in dem Intervall herausbilden, das je zwei Ausdrücke voneinander trennt und gegeneinander profiliert. Darauf spielt Jacques Lacan mit einer Formulierung an, die zunächst etwas manieriert erscheint, wenn man nicht erkennt, daß sie ein freies Marxzitat enthält: Das Subjekt, sagt Lacan, wird in der Lücke zwischen zwei Ausdrücken (Signifiants) repräsentiert, »denn nichts wird repräsentiert, es sei denn *für* [etwas, und zwar von ihm Verschiedenes]« (*Ecrits*, 1966, 819). – Daß die ökonomische und die linguistische Werttheorie so genau zusammengehen, ist übrigens nicht verwunderlich: Saussure, der Begründer der neueren Sprachwerttheorie, gestand, daß er sich »an den ökonomischen Wissenschaften« inspiriert habe. Wir werden noch sehen – und markieren es hier nur im Vorübergehen als einen Punkt von Interesse –, wie weit die Homologie zwischen Sprachwert und Tauschwert in unseren Texten trägt.

folgt der Gedankenbewegung, die Marx als die *Fetischisierung des Geldes* beschrieben hat. Zweifellos ist sie als Falle in der Sache des Warentauschs selbst vorgezeichnet. Die in der kapitalistischen Warenproduktion vollzogene Universalisierung des Tauschs steigert noch die Unwiderstehlichkeit dieses Trugschlusses, der in unseren Texten poetisch illustriert wird.

Sobald die Tauschabstraktion ihre Weltherrschaft einmal durchgesetzt hat, ist jede Sache zu dem geworden, was sie ›gilt‹: sie reduziert sich objektiv auf den Ausdruck, der ihren Wert definiert. An sich ungegenständlicher Natur, erscheinen die Taten der Menschen und ihre Beziehungen untereinander in Waren und in Verhältnisse zwischen Waren »verzaubert«. Das allerrealste, nämlich das am grellsten in die Augen springende Ding der gesellschaftlichen Wirklichkeit ist zweifellos der »Geldkristall«, die »allgemeine Ware« in concreto, das zugleich sinnliche und übersinnliche Ding, als das wir ihn kennen. Sein Zauber wirkt um so unfehlbarer, je zuverlässiger der Impuls zurückgedämmt wird, den Symbolcharakter der Münze zu reflektieren. Und daß die Reflexion unterbleibt, dafür sorgt die Anonymität des Tauschverkehrs, der den privat Werte erzeugenden, untereinander austauschenden und privat aufzehrenden Individuen ihre eigentümlichen Tätigkeiten nicht nur als Sachen und als Sachbeziehungen zurückspiegelt, sondern auch die individuelle Beschaffenheit der Waren durch die ihnen äußerliche Markierung des Preises überdeckt.

All das sind weder Diagnosen im nachhinein noch eigentümlich Marxsche Marotten. Novalis schon führte die im »Begr[iff] v[om] *Geld*« besiegelte Verkehrung auf den »Einfall [zurück], statt würcklicher nahmhafter, individ[ueller] Dinge – allg[emeine] Dinge [einzuführen,] denen jedes Ding substituirt werden kann« (*Schriften N* III, 378/9). Und Tieck legte dem alten Bergmann seiner Novelle *Der Alte vom Berge* ähnliche Einsichten in den Mund. Wehmütig verurteilt er die Erdrosselung der je eigentümlichen Natur einer Sache durch den allgemeinen Begriff ihres Wertes, auf den sie im Warenverkehr zurückgeführt wird. »Dahin haben es die Menschen gebracht, daß sie nichts mehr ansehen können, was es ist, sondern nur ein Allgemeines suchen, woran sie es binden und erwürgen mögen« (*Schriften T* 24, 189). Und Adam Müller beklagt, daß der entfesselte ökonomische Liberalismus selbst den Menschen in der Gestalt des formell freien Arbeiters zwinge, »das Privateigenthum« seiner Arbeitskraft als Ware neben anderen Waren auf dem Markt auszubieten, um dafür »ein gleichgeltendes Privateigenthum an Tag- und Wochenlohn« zu erhalten. »Kurz, wir sehen nur Tausche des Privateigenthums gegeneinander: die Persönlichkeit des Tauschenden bleibt fast ganz außer dem Spiele, außer der Verpflichtung« (*Versuch einer neuen Theorie des Geldes...*, hg. von Helene Lieser [1816; Neudruck 1922, S. 28]).

Auch diese Stimmen stehen nicht etwa allein: sie sind repräsentativ für die romantische Bewegung von Adam Müller über Franz Baader bis hin zu Wilhelm Weitling. Sie alle haben die im Geld- und Warenfetisch offenbare Verkehrung der Einzelseele und der Eigentümlichkeit eines Seienden in ein allgemeines Ding oder eine »empfindungslose Zahl« perhorresziert. Ein System, in welchem alles tauschbar wird, sagt Adam Müller, reduziert auch den unschätzbaren Wert der Persönlichkeit auf einen rein ökonomischen »Wert«. Tieck hat den Schmerz über den vom Markt verhängten Verlust der Liebe des Menschen zum Menschen wiederholt zum Ausdruck gebracht, z. B. in den *Brüdern* (1795):

Er weinte [heißt es von dem in Geldgeschäften verarmten Machmud, dem sein »hartherziger« Bruder keinen Kredit gewährt: er weinte], als er das tobende Marktgewühl sah, wie jedermann gleich den Ameisen beschäftigt war, in seine dumpfe Wohnung einzutragen, wie keiner sich um den Andern kümmerte, als nur wenn er mit seinem Gewinn zusammenhing, alle durcheinander laufend, so empfindungslos wie Zahlen. (*Schriften T* 8, 250 u. 251)

Im Tauschgeschäft wird des Menschen Seele umgewendet in Dinglichkeit. So hat die Wertabstraktion den traurigen Effekt der Herzensversteinerung, sie führt – das sind Müllers eigene Worte – zur »metaphysischen Erkaltung der Seele« (*Die Elemente der Staatskunst,* hg. von Jakob Baxa [1809; Neudruck 1922, II, 217]).

Der Romantiker Müller war es auch, der im Streben nach Gewinn und in der Fetischisierung des Privateigentums schon im ersten Jahrzehnt des 19. Jahrhunderts den Antrieb der kapitalistischen Produktionsweise als »reiner Plusmacherei« erkannte. »In diesem rohen und seelenlosen Zustand« – bedingt durch den »Universal-Despotismus« des Geldes und eine »treibhausartige Industrie« – gebe es nicht nur keine Verbesserung für die soziale Lage der Armen: der Egoismus der Geldwirtschaft zerstöre auch die gewachsene Umwelt, verschandle die Natur und schaffe nächst den »natürlichen Armen« auch noch »künstlich Brotlose« – eben das moderne Proletariat, das notgedrungen auf Umsturz aus sei (*Ausgewählte Abhandlungen,* hg. von J. Baxa, 1921, 17–23, 60, 65 [Hinweis von E. Hanisch]).

Ähnlich sah Franz Baader den »affekt-, herz- und gemütlosen« Purismus des »ökonomistischen Kalkulierens« seine Schatten auf das kulturelle Leben werfen. Dasjenige, welchem bestimmt sei, ein anderes zu repräsentieren, werde selbst in den Rang des Repräsentierten gehoben; die Sache werde zum »Herrn« und die Seele zum »Knecht« – dem Gesetz der universellen Zirkulation des »Metallgeldes« gehorsam, das »selbst zur Ware ward und zur einzigen spinozistischen Weltsubstanz, somit auch zum unsichtbaren Weltgott« (*Schriften zur Gesellschaftsphilosophie,* hg. von Joh. Sauter, 1925, 439, 412). Gott, das *ens realissimum* der Scholastiker, existiert in der sinnlich-übersinnlichen Doppelnatur der umlaufenden Münze. – Und Leroux'/Reynauds *Encyclopédie Nouvelle* legt unter dem Schlagwort *Échange* den Mechanismus der Metonymie (»transformation«) bloß, durch den des Menschen »lebendige Seele«, deren Wert von einem Produktionsmittel (»instrument du travail«) bloß hätte repräsentiert werden sollen, selbst zum »Instrument«, »zu einer toten Sache« geworden ist: »das Verhältnis des Menschen zur Natur ist auf den Kopf gestellt (interverti) und zerstört (brisé)« (tome IV, 450, 454/5).

Damit ist die destruktive Konsequenz des Geldfetischismus einigermaßen deutlich beschworen, und es kann niemanden verwundern, daß sie sich mit dem Symbolsystem des ›kalten Herzens‹ verbündet. Das abendländisch-christliche Herz betet den Abglanz seines inneren Wertes im blinkenden Fetisch der Münze an; im Gegenzug nimmt das warme und ausbreitsame Herz die kontrakte Metallnatur der Münze an.

Welche Alchemistenküche wüßte von einem Verwandlungserfolg zu berichten, der es dem beschriebenen gleich täte? Der ›Stein der Weisen‹ – ist er jemals erzeugt worden? Dagegen findet (wenn man den zitierten Befürchtungen Glauben schenkt) in den modernen Staaten die Vertauschung der Seele und des Geldes – die »*Schätzung* (Tarierung) eines Menschen in *Geld*« (Marx, StA 251) – mit der gleichen Selbstverständlichkeit statt, mit welcher der Leib »Freias, der holden«, und zum Schluß sogar der letzte Vorschein ihrer Subjektivität, ihr strahlendes Auge (das den verliebten Fasolt um ein Haar den Tausch bereuen macht), in Gold aufgewogen wird (*Der Raub des Rheingoldes, 119*; vgl. *GSD* v, 256ff.). Ein einziger Katalysator muß dem Prozeß zugesetzt werden: die Verfluchung der Liebe, des warmen Herzens (*110*; vgl. *GSD* v, 228).

Texte aus späterer Zeit – z. B. Georg Simmels *Philosophie des Geldes* – haben diesen durchschlagenden Erfolg von allerlei Seiten her bestätigt. »Das Geld«, schreibt er, »stellt Handlungen und Verhältnisse des Menschen so außerhalb des Menschen als Subjektes, wie das Seelenleben, soweit es rein intellektuell ist, aus der persönlichen Subjektivität in die Sphäre der Sachlichkeit, die es nun abspiegelt, eintritt« (463). Die Versachlichung der Seele ist freilich nur *ein* Aspekt der Strukturhomologie zwischen Rationalität und Geldwirtschaft. Der andere ist die »äußerst enge Beziehung, die sie grade zur Individualität und zum Prinzip des Individualismus besitzt; das Geld (...), so sehr es die impulsiv-subjektivistischen Verfahrensweisen in überpersönliche und sachlich normierte überführt, ist dennoch die Pflanzstätte des wirtschaftlichen Individualismus und Egoismus« (l. c.). Der antikapitalistische Affekt der St.-Simonisten – gleichsam das Gefühl der ersten Stunde – richtete sich denn auch am entschiedensten gegen den herzlosen Egoismus, »diese tiefste Wunde der modernen Gesellschaften«, zu welchem der Kapitalismus der entfesselten Konkurrenz den Besitzenden erziehe (*Exposition du Doctrine de St. Simon,* Nouvelle Edition, ed. Bouglé/Halévy, 1924, 148). Die »vollständige Gleichgültigkeit [des Geldes], sowohl gegen die Natur des Materials (...) wie gegen die Persönlichkeit des Privatbesitzers« (Marx, StA 257), stellt den Besitzenden unters Gebot von Imperativen, die ihrer Anonymität halber nie mit dem Gewissen kollidieren. Die Ansprüche des alteuropäischen ›guten Herzens‹ verstummen in der Betriebsamkeit eines autonom gewordenen Kalküls. Gerade darum kann sich dieser Kalkül als ein im Wortsinne rücksichtsloser »Egoismus« äußern, als »eine Waffe, die, weil sie jedem dient, auch gegen jeden dient« (Simmel, 469) und einen empfindlichen Verlust »an ausstrahlender Wärme des eigentlichen Gefühlslebens« im Gefolge hat (l. c. 462). Auch hier begegnen wir also dem ›kalten Herzen‹, diesmal unter der vertrauten Maske des Egoismus und der Gefühllosigkeit. Alfred de Vigny, der französische Aristokrat und »Romantiker«, hat sie in der »Selbstsüchtigkeit, im Gewinnstreben, in der Herzenskälte (sécheresse du cœur) und dem bis zum Geiz getriebenen Herrschtrieb« des Fabrikanten John Bell in düsteren Farben portraitiert (*Chatterton* [1835], *Œuvres complètes*, ed. de la Pléiade, 1948, I, 813 ff., 830).

Warum eigentlich beschäftigt der Geldfetischismus in so hohem Maße die Dichter? Wahrscheinlich bliebe das Thema ein Gegenstand der Sozialökonomen, wenn es nicht eine entschieden religiöse und besonders eine ästhetische Komponente hätte. Sie pflegt sich denn auch in Zusammenhängen anzukündigen, in denen man sie eigentlich nicht erwarten würde, z. B. in dem rein wissenschaftlich gemeinten Artikel *argent* der *Encyclopédie Nouvelle*, wo unter den »chemischen Eigenschaften« des Silbers bzw. des Geldes mit größter Selbstverständlichkeit auch seine Fähigkeit aufgeführt wird, im polierten Zustand »einen sehr schönen Glanz (un très bel éclat)« auszusenden (tome I, 798). Joachim Schacht ist der Ansicht, daß das Geld wie »kaum ein zweites Kulturgut... als Phantasie-Erreger« gewirkt hat (*Die Totenmaske Gottes*, 1967, S. 13), und zitiert Nietzsches Zarathustra, der seinen von »Wollust« überwältigten Blick ins Auge des Lebens nicht treffender zu symbolisieren weiß als durch das Entzücken, welches der Glanz des blinkenden Goldes erregt (*WW* II, 470; vgl. III, 559: »das verführerische Goldaufblitzen am Bauch der Schlange *vita* –«). Und in Tiecks schon zitierter Romanze ist die »dichtende Begeistrung« nur das augenfällig gewordene Gold- und Glanz-»Herz«, nämlich die in »Reimen« und »Tönen« sich aussprechende Idealnatur des Kristalls:

> Und am herrlichsten, am freisten
> Die kristallnen Brunnen sprangen,

> Die in Reimen, die in Tönen
> Dichtender Begeistrung klangen.
> Wieder sind es Mutter-Thränen [Tränen der Mutter Erde],
> Daß die Kinder ihr entschwanden,
> Daß der lieben süßes Leben
> Um sie in den Steinen starret:
> Aber drin [in den Steinen] sieht man das Herze,
> Das die ganze Welt erlebet [=ver-lebendigt],
> Und der Liebesgeist die Flügel
> Lauter schwinget im Gesange (...)
> (*Gedichte* I, 5/6).

Marx, der ja ein guter Kenner der romantischen Literatur (und zumal ein Freund der Hoffmannschen Muse) gewesen ist, hat den Zusammenhang zwischen den »ästhetischen Qualitäten« des Geldes und seiner ökonomischen Funktion immer wieder hervorgehoben (z. B. *Kritik der pol. Ök.* 139). Wie oft er die Kristall- und die Blendungsmetaphorik verwendet, ist bekannt. Sollte er sie nicht der romantischen Dichtung verdanken? Einmal spielt er unmittelbar auf den romantischen Kontext an, indem er Adam Müllers ökonomischem »Verfahren« vorwirft, es mystifiziere und poetisiere künstlich, indem es den gediegenen Gehalt der Dinge durch schönen Schein übertünche (*K* III, 411). Zweifellos ist das eine mittelbare Anspielung an Novalis' berühmte Definition des »Romantisierens« (»dem Sinnlichen einen übersinnlichen Schein verleihen«) und enthüllt eine tiefe Verwandtschaft zwischen den Verfahrensweisen des poetischen und des ökonomischen Geistes (der Epoche): zwischen der Seele der »dichtenden Begeistrung« und der »*Geldseele*«, deren »metallenes Dasein (...) in allen Gliedern und Bewegungen der bürgerlichen Gesellschaft steckt« (*StA* 249).

Wandlungen und Wanderungen des Metalls
Nicht nur im Grenzbereich des Imaginären streift die Dichtung die Räume der Gesellschaft und der Wirtschaft.

Auch auf der thematischen Seite ist der Einschluß ökonomischer Elemente ein auffälliges Merkmal der Stein-Herz-Symbolik. Unübersehbar sind ja – um damit zu beginnen – sowohl die wirtschaftlichen Segnungen wie die grausamen Knechteschindereien, die mit Christians und Alberichs »verwüstendem Hunger nach dem Metall« einhergehen *(33; Rheingold* III. Szene). Christians Anwesen gerät in kurzer Zeit (und in einem ganz buchstäblichen Sinne) in Flor, so wie es mit seinem Weggang wirtschaftlich verkommt. In Arnims Romanze (*Des ersten Bergmanns ewige Jugend*) sind es Brüder und Eltern, die den »Knaben« zur Produktion und Mehrung goldener Reichtümer »zwingen« *(48)* und so in den Tod treiben. (Die Bergkönigin, auf seine sterbliche Braut eifersüchtig, löscht das Grubenlicht, er stürzt hinab, sie »legt ihn in ein Grab von Gold, / Das ihn bewahrt vor dem Verwesen, / das ist ihr letzter Minnesold« [*49*].) Und Elis Fröboms empörte Abwehr der Anmutung, dem Maulwurf gleich in Bergwerkstiefen nach Erzen und Metallen, »schnöden Gewinns halber«, zu wühlen *(60),* ist voller Zwiespalt. Einerseits treibt ihn die unbestochene Liebe zum Kristall ins Erdinnere: sein lauterer Glanz genügt seinem Herzen. Andererseits hat der alte Torbern nicht ganz unrecht, wenn er den handeltreibenden Seemann, der mit Lust goldene Dukaten, schöne Tücher und seltene Waren vorzeigt (*56, 58,* passim), an die enge Beziehung erinnert, die zwischen der metallfördernden Arbeit des Bergmanns im Erdinneren und der Arbeit »auf der Oberfläche der Erde, wie sie der Handel herbeiführt« *(60),* besteht: In Bergestiefen wird das Material geborgen, das den Gegenwert der Waren ausdrückt, die im Handel an der Erdoberfläche zirkulieren.

Fröboms Faszination durch die im Schein der Grubenlichter wunderbar funkelnden Pyrosmalithe und Almandine, die Erze und Silber *(61),* erklärt sich zu einem guten Teil durch das in ihnen gebundene Vermögen, einen »unermeßlichen Reichtum« zirkulierend zu repräsentieren (l. c., vgl. *90/1*). Ist doch der Oberflächenwert des tauschbaren Geldes nur der übertragene Ausdruck des metallischen Tiefenwerts. Die Phantasie des Seefahrers Elis Fröbom stellt diese metaphorische Beziehung selbst her, wenn er, träumerisch in den Anblick des Wassers versunken, sieht, wie »die silbernen Wellen... zum funkelnden Glimmer (erstarren)«, wie die handeltreibenden großen Schiffe ins Erdreich sich senken und sich »zum steinernen Gewölbe« verdichten *(64,* fast ebenso *62)*. In Wagners Fassung deutet Joens die Vision, indem er Elis daran erinnert, wie sich in bösen Träumen den Seeleuten »der ausgetrocknete Grund des Meeres zeige und sie [nämlich die Bergkönigin, ein überirdisch schönes Frauenbild] die zahllosen Schätze auf demselben sehen ließe« *(90/1)*: der im Seehandel »an der schalen Oberfläche« von Hand zu Hand gehende Handel erinnert sich seiner unterirdischen Ursprünge. Joens deutet den Traum außerdem als Ankündigung eines nahen Todes. Tatsächlich wiederholt ja Fröboms Tod unter zusammenstürzenden Felsmassen den Untergang des alten Torbern, von dem die Sage geht, wider seine Warnung habe »gewinnsüchtige Gier« die lautere Liebe der Bergleute zur hohen Königin pervertiert und zur Ausweitung der Gruben verleitet *(76/7)*. Pehrson lacht, als er von Fröboms Grubengang am Hochzeitsmorgen erfährt; für ihn ist der Grund ausgemacht: »Der närrische Junge will doch nicht gar zu arm erscheinen«, meint er *(101)*. Zwiespalt in jeder Hinsicht: die Bereitschaft, sich vom kalten Licht der Kristalle bezaubern zu lassen, ohne ihren steinernen Leib zu begehren, wird immer – schon im *Runenberg* – durch wirklichen Reichtum und »thatsächlichen Besitz« belohnt.

Die beiden in der Liebe zum Gold wirksamen Optionen (auf den materiellen Gewinn und die frohe Armut der

Hingabe ans Ewige) sind demnach nicht so deutlich zu scheiden, wie es sich der Bergmann in Novalis' *Heinrich von Ofterdingen* zutraut (*Schriften N* I, 244/5). Stets jedoch zieht die Gier nach dem ausschließenden Besitz der Reichtümer – der ja den ferneren Lauf ihrer Zirkulation stillstellt – den Untergang des Besitzenden nach sich. So ergeht es den habsüchtigen Mördern des Arion im *Ofterdingen*-Märchen, so beschwört es die Schlußstrophe des Bergmannsliedes:

> Sie mögen sich erwürgen
> Am Fuß um Gut und Geld
> Er [der Bergmann] bleibt auf den Gebirgen
> Der frohe Herr der Welt.
> (*Schriften N* I, 248)

Eine Serie von Betrug, Verrat und Morden skandiert die Wanderungen des Goldes in Tiecks *Fortunat,* aber auch die Gesten der Besitznahme und Eigenstandswahrung in den anderen Texten: Peter Munk erschlägt seine gutherzige Frau, Alberich knechtet seinen Bruder Mime (der später dem Siegfried nach dem Leben trachtet), der Riese Fafner erschlägt den Miteigentümer Fasold, Siegfried den Mime, Hagen (Alberichs Sohn) den Siegfried, Raskal verrät seinen alten Herrn Schlemihl usw. Auf diese Weise geht der nach Ausbreitung lüsterne Besitz – »der Unschuld würgende Dämon der Menschheit« (*GSD* x, 268) – von der Hand der Toten in die Hand der Lebenden – auch im figürlichen Sinne: vom kalten ins warme Herz, das im Augenblick der Besitznahme versteint –, um im Prozeß der Zirkulation seine wahre Natur als ein universell Seiendes, als verborgene Lichtnatur oder Geldseele, einzumahnen.

Nach Wagners Ansicht dürfte »der verhängnisvolle Ring des Nibelungen, als Portefeuille..., das schauerliche Bild des gespenstischen Weltbeherrschers [Geld] zur Vollendung bringen (*GSD* x, 268). Aber die apokalyptische Vision ist nicht unabwendbar. Die Verwertung des Erdgeistes als Geld kann unter bestimmten Umständen der Befreiung dienen. Novalis etwa preist den Handelsgeist, der die Münze umtreibt, als den »Geist der Welt«, weil er ein Mittel ist, die Menschen von der Unmittelbarkeit und aus den Fesseln ihrer natürlichen Lebensform zu erlösen und ihnen Mannigfaltigkeit und Reichtum des vollen Universums aufzuschließen. Nicht schon dies, daß es bloßes Mittel ist, macht das Geld zu etwas Bösem. Es ist nur nicht das, was sein *soll,* also nicht selbst Zweck. »Kein Mittel ist das, was eigentlich seyn soll; denn sonst wäre es Zweck, nicht Mittel. Darum ist aber das Mittel an sich nicht böse«, erklärt Schelling (*SW* II/2, 111). Auf jeden Fall muß der letzte Zweck jeder Tauschoperation im Einklang mit der Natur stehen, die den privaten Besitz nicht duldet. Zwar wird ihre »Macht«, wie es in jenem »dunklen und unverständlichen Lied« vom König Gold heißt, »je mehr... gedämmt«, je wilder das Metall »umher sich treibt auf Erden«. Doch taucht am Schluß des Gedichtes hinter dem euphorischen Tableau der ›Befreiung‹ die Kulisse einer Wagnerschen Götterdämmerung auf, in welcher die »Mutter« des Goldes, die weißblütige »Flut«, mit sanfter Gewalt ihr Terrain zurückerobert und »uns« (das sind wohl wir Menschen) zurückträgt »in der Heymath Schoß« (d. h. wohl: in den wiederhergestellten Urzustand einer nicht von menschlichen Machttrieben »gemißbrauchten« Natürlichkeit) (*Schriften N* 1, 250). Der Vergleich mit Wagner liegt nahe: In der Schlußszene der *Götterdämmerung* streift Brünnhilde den Ring von Siegfrieds kalter Hand und ruft, in seinen Anblick versunken:

> Verfluchter Reif!
> Furchtbarer Ring!
> Dein Gold fass' ich,
> und geb es nun fort.
> Der Wassertiefe

> weise Schwestern,
> des Rheines schwimmende Töchter,
> euch dank' ich redlichen Rath!
> Was ihr begehrt
> geb' ich euch: (...)
> Das Feuer, das mich verbrennt,
> rein'ge den Ring vom Fluch:
> ihr in der Fluth
> löset ihn auf,
> und lauter bewahrt
> das lichte Gold,
> den strahlenden Stern des Rhein's,
> der zum Unheil euch geraubt. –
> (GSD VI, 253)

Liebesfluch, Raub, gewalttätige Umwandlung von Natur in Unnatur, Vertragsbruch, Herrschaftsausübung, Ermordung des Konkurrenten, Tod des letzten Besitzenden und Rückwandlung des Denaturierten zur Naturform: das sind die Stadien auf dem Schicksalswege der Goldverwertung.* Sie folgen »festen Gesetzen«, nicht erst in der naturphilosophischen Deutung, die die Romantiker dem Wandertrieb des fait social gewordenen Minerals haben zuteilwerden lassen, sondern bereits in den emblematischen Vorstellungen von Fortunas Kugel oder Rad, deren Umtrieb Glück und Reichtum der Menschen zeitlich begrenzt. In Dantes *Inferno* ist *Fortuna* die »oberste Verwalterin (des) Herrn, des Weisheit alles übersteigt«; ihre Bestimmung ist die Herstellung kosmischer Gerechtigkeit,

> damit, wenn's Zeit ist, eitler Reichtum wandre
> von Volk zu Volk, von einem Stamm zum nächsten

---

* Setzt man an die Stelle der ›Natur‹ Gott, so ähneln Wagners Verse denen aus *Hiob* 22, 24 ff.: »Wenn du [spricht Eliphas zum Hiob] das Golderz / in den Staub legst / und zum Gestein der Bäche das Ophirgold, / wenn der Allmächtige / dein Golderz wird / und dir als Silber / seine Weisung gilt, / ja, dann wirst du dich / am Allmächtigen erfreuen / und dein Angesicht zu Gott erheben.«

und keine Menschensatzung es verhindre.
(*Inferno,* VII, 78–81).

»Die Natur«, erklärt der alte Bergmann im *Ofterdingen* (des Novalis),

Die Natur will nicht der ausschließliche Besitz eines Einzigen seyn. Als Eigenthum verwandelt sie sich in böses Gift, was die Ruhe verscheucht, und die verderbliche Lust, alles in den Kreis des Besitzers zu ziehen, mit einem Gefolge von unendlichen Sorgen und wilden Leidenschaften herbeylockt. So untergräbt sie heimlich den Grund des Eigenthümers, und begräbt ihn bald in den einbrechenden Abgrund, um aus Hand in Hand zu gehen, und so ihre Neigung, Allen anzugehören, allmählich zu befriedigen. (*Schriften* N I, 245)

Es gibt eine ähnliche Äußerung in den *Vermischten Bemerkungen:*

Die Natur ist Feindinn ewiger Besitzungen. Sie zerstört nach festen Gesetzen alle Zeichen des Eigenthums, vertilgt alle Merckmale der Formation. Allen Geschlechtern gehört die Erde – jeder hat Anspruch auf alles. (*Schriften* N II, 416, Nr. 14)

Richard Wagner variiert diese Zitate nur, wenn er im Revolutionsjahr 1849 schreibt:

Was die Natur geschaffen, die Menschen bebaut und zu fruchttragenden Gärten umgewandelt, es gehört den *Menschen,* den *Bedürftigen,* und keiner darf kommen und sagen: »*Mir* allein gehört dieß Alles, und ihr Andern alle seid Gäste, die ich dulde, so lange es mir gefällt und sie mir zinsen, und die ich verjage, sobald mich die Lust treibt.« (*GSD* II, 247/8)

Auffällig ist, daß diese Belege weder mit sozialen noch mit sittlichen Erfordernissen argumentieren, sondern einen Willen der Natur einmahnen: Der »Mutter Erde« selbst widerstrebt es, daß »unfromme Hände« (wie es in Milton's großem Epos heißt), »ihre Eingeweide nach Schätzen durchwühlen, die besser verborgen blieben« (*Paradise Lost,* Vs. 678ff.). Nicht einem sittlichen Imperativ, sondern der »*solidairen Natur alles Eigenthums*« widersetzt sich nach Baaders Worten, wer die Schätze der Erde in

privatem Besitz vereinzelt (*Schriften zur Gesellschaftsph.* 410/1).
Der alte Bergmann im *Ofterdingen*-Roman achtet dieses Naturgesetz. »Über sein lauteres Herz« vermag der »blendende Glanz« der »metallischen Mächte... nichts« (*Schriften N* 1, 244). Es widersteht der Versuchung, den Stein in Tauschding und »Waare« zu verwandeln. Darum kann er, der das Gold der Erde findet und doch »mit Freuden arm« bleibt (l. c. 248), die Mineralherz-Symbolik ganz arglos auf sich anwenden:

Wie unzählige mal habe ich nicht vor Ort gesessen, und bey dem Schein meiner Lampe das schlichte Krucifix mit der innigsten Andacht betrachtet! da habe ich erst den heiligen Sinn dieses räthselhaften Bildnisses recht gefaßt, und den edelsten Gang meines Herzens erschürft, der mir ewige Ausbeute gewährt hat.

Das Herz: ein von Gängen durchwirktes Bergwerk, dessen edelster Schacht Gold führt und reichste Ausbeute dem verspricht, der seiner materiellen Verwertung widersteht (l. c. 246).
Frevelhaft erscheint auch in Tiecks Novelle *Der Alte vom Berge* die Verwandlung der Natur in Ware. Die allgegenwärtigen Elementargeister, so warnt der alte Bergmann, setzen sich gegen ihre Verwertung und Vereinzelung in »Capital« zur Wehr; sie ahnden ihren Mißbrauch als »klägliche Schuppen und Waarenlager« durch Aufrührung ihrer Naturgewalten mit dem Tode des Eigners (*Schriften T* 24, 154/5, 188). Jeder »Reichthum« ist »unmenschlich« (l. c. 153). Nach Gottes Willen soll »der Besitz nicht seyn, und ihn festzuhalten, ist ein gottloses Bestreben« (l. c. 176). Verheerend wirken sich die Folgen von »Geld, Vermögen, Erwerb, der Capitalvermehrung«, der »Umschwung und die Strömungen des Eigenthums und des Metalles nach allen Richtungen hin und durch alle Verhältnisse des Lebens und der Länder« aus (l. c. 175).

Die apokalyptische Phantasie des alten Grubenbesitzers ist leider nicht ohne historisches Augenmaß:

> Das Ungeheuer der Capitalvermehrung verschlingt und zehrt immerdar, unersättlich, nagt und knirscht am Gebeine Verschmachteter und säuft ihre Thränen. Daß in London und Paris vor dem Pallast, in welchem ein Gastmahl tausend Goldstücke kostet, ein Armer verhungert, der mit dem hundertsten Theil eines Goldstückes gerettet wäre; daß Familien in wilder Verzweiflung untergehen, Selbstmord und Raserei im Zimmer, und zwei Schritt davon entfernt Spieler im Golde wüthen, alles das ist uns so natürlich und geläufig, daß wir uns nicht wundern, daß jeder kaltblütig genug meint, es müsse so, es könne nicht anders seyn. Wie nähren die Staaten dieses Geldungeheuer auf, und richten es zum Wüthen ab. In manchen Gegenden kann nur noch oben das Capital wachsen, indem es unten die Armen noch mehr verarmt, bis denn der Verlauf der Zeit das trübselige Exempel einmal ausrechnen und das schreckliche Facit mit blutiger Feder durchstreichen wird. –« (L. c. 176)

Wie eindrucksvoll – und auch: wie zwiespältig – ist diese romantische Vision! In ihrem Affekt gegen den Kapitalismus und die liberale Ökonomie kommen die Schriftsteller der Epoche durchaus mit dem Einspruch der Sozialisten überein. Im Gegensatz aber etwa zum St.-Simonismus, der die »Ausbeutung des Menschen durch den Menschen« durch die universelle »Ausbeutung des Globus durch die Industrie« ersetzen möchte (*Doctrine de St. Simon* I, 85), erfolgt ihr Protest weniger im Namen einer konkret-revolutionären Zukunft als in Treue gegen das »Erste und Älteste«, wie Fr. Schlegel einmal sagt (*KA* III, 89). Gemeint ist nicht das Gestrige, sondern dasjenige, welches, weil es nie begonnen hat, auch nie vergehen kann (*KA* II, 205/6): etwa so, wie das doppelsinnige »einst« den Zeitsinn in der Schwebe läßt. Trauer klingt mit im Protest der Romantiker: Trauer über die in der Wertabstraktion verhängte Zerstörung der Gebrauchswerte, deren Inbegriff die *Natur* ist. Die Natur nicht als Objekt der Wissenschaft, sondern als jener heimatliche Verwahrsam, in welchem das außermenschliche Sein und das menschliche

Bedürfnis sich ineinander spiegeln und harmonisch vermitteln.

Ist denn, aus dieser Perspektive, der Ring des Nibelungen nicht auch das Mahnmal jener Gewalttat, durch die eines Tages die Natur unter das Gesetz der Warenproduktion geriet, um fortan nur noch eine indirekte Beziehung zum humanen Bedürfnis zu unterhalten? Der »Jubel« der Rheintöchter über den wieder »gewonnenen Ring« (*GSD* VI, 256) stimmt jedenfalls vollkommen überein mit Wilhelm Weitlings (des christlichen Handwerkerkommunisten) Begeisterung an der Vorstellung, »alle Geldstücke und überhaupt alles Gold und Silber würden einmal eingeschmolzen, um daraus Gegenstände für den allgemeinen Gebrauch zu verfertigen« (*Die Menschheit, wie sie ist und wie sie sein sollte,* ²1895, S. 38). Und gilt es nicht – entsprechend –, den natürlichen Wert der »Liebe«, der »sel'gen Liebe«, gegen ihre tauschbare Form, die »Lust«, zu retten? In der ursprünglichen Fassung der *Götterdämmerung* sollte Brünnhilde sterbend Worte aussprechen, deren Sinn (wie Wagner dann erklärt) »in der Wirkung des musikalischen Drama's bereits mit höchster Bestimmtheit ausgesprochen« sind: daß nämlich die Erlösung vom »tiefsten Leiden« (vom Liebesfluch) nur »trauernder Liebe« gelingen kann: einer Liebe, die trauernd ihrer unentfremdeten Wahrheit eingedenk blieb und der zum Lohn für die Treue die Binde des »Wahns« von den »Augen« genommen wird (*GSD* VI, 255/6).

Auch Richard Wagner begründet seine Kritik des eigenmächtigen Besitzes mit dem Willen der Natur. Für »unrechtmäßig« und »keiner wirklichen Rechtfertigung« fähig erscheinen ihm Eigentum und Besitz. Beides seien Ausdrücke, deren intransitive Sageweise die *Tat* eines »willkürlichen Sichaneignens« zu verhehlen suche. Niemand kann ein »wahrhaftes natürliches Recht auf diesen oder jenen Besitz usw. sich zusprechen«. Darum zwingt das »gefühlte und ängstigende Berechtigungsbedürfnis« die Besitzenden dazu, »sich der Ausschweifung der Phantasie (zu) überlassen..., die denn auch in unseren heutigen Staatsinstitutionen, so nüchtern sie aussehen, zum Hohn der gesunden Vernunft ihre Ausgeburten niedergelegt hat« (GSD XII, 254/5). In Wahrheit will die Natur allen Menschen ihre Schätze in gleichem Maße erschließen, sie bezweckt »Glück, Besitz oder Genuß *Aller,* wogegen der eigenmächtige Erwerb des einzelnen ein Raub an Allen ist« (GSD II, 146). Und an anderer Stelle:

Da das Eigenthum als die Grundlage alles gesellschaftlichen Bestehens gilt, muß es (...) desto schädlicher dünken, daß nicht Alle Eigenthum besitzen, und sogar der größte Theil der Gesellschaft enterbt zur Welt kommt. Offenbar gerät hierdurch, vermöge ihres eigenen Prinzips, die Gesellschaft in eine so gefährliche Beunruhigung, daß sie alle ihre Gesetze für einen unmöglichen Ausgleich dieses Widerstreites zu berechnen genöthigt ist, und Schutz des Eigenthums (...) in Wahrheit nichts anderes heißen kann, als Beschützung der Besitzenden gegen die Nichtbesitzenden. (...) Es scheint wohl, daß mit dem an sich so einfach dünkenden Begriffe des Eigenthums, durch seine staatliche Verwerthung, dem Leib der Menschheit ein Pfahl eingetrieben worden ist, an welchem sie in schmerzlicher Leidens-Krankheit dahin siechen muß. (GSD X, 267)

Und er erläutert, schon im Vorblick auf seine eigene *Ring*-Dichtung: »Möchte in der ältesten Vorstellung der Hort [des Nibelungen] als die durch das Tageslicht Allen erschlossene Herrlichkeit der Erde erscheinen, so sehen wir ihn später in verdichteter Gestalt als die machtgebende Beute des Helden, der ihn als Lohn der kühnsten und erstaunlichsten That einem überwundenen grauenhaften Gegner abgewann« (GSD II, 153). Die von Natur allen Menschen zugedachte Macht, im »*realen Besitz*« vereinzelt, wird zum Instrument der »Herrschaft« des einen über den anderen (l. c. 133); und »über alles charakteristisch ist es, daß [der machtgebende Besitz] nie in träger Ruhe, durch bloßen Vertrag, sondern nur durch eine ähnliche That, wie die des ersten Gewinners es war, von Neuem er-

rungen wird«, d. h. durch gewaltsame Aneignung, durch Verrat und Totschlag (l. c. 153). So ruht auf dem Genuß der ersten Tat der fortwirkende Bann (der »Fluch« [*GSD* x, 266; vgl. v, 254/5]) seines ersten Besitzers. (Andwari zu Loki – in der *Edda* –: »Fluch dem, der den Ring Andwaranaut, meinen Goldring besitzt! Verderben soll er und sterben, er sei ein Mensch oder ein Gott!« Und Fafner zu Sigurd: »Das gellende Gold, der glutrote Schatz, die Ringe werden dich morden.« Vgl. Fouqués *Sigurd,* Vs. 3455/8.)
»Auf einen von Geschlecht zu Geschlecht sich forterbenden Fluch ist [in vielen Mythen] das Reich der Götter gegründet«, sagt Schelling (*SW* II/2, 347). Nicht nur in der skandinavischen *Edda* mit ihrer Vision einer »großen Götternacht« (*SW* II/3, 511), sondern z. B. auch im Drama des Aischylos, wo der gefesselte Prometheus dem Zeus seinen Untergang weissagt:

> So sehr er trotzet, wird Kronion doch
> Sich schmiegen; die Vermählung, die er wünscht,
> *Stürzt* ihn, daß er vom Throne nichtig fällt.
> Erfüllt wird dann in vollem Maß der Fluch,
> Den Kronos ihm, sein Vater, einst geflucht,
> Als er gestürzt vom alten Throne sank. (Vs. 909–914)

Ähnliche Weissagung findet sich in einem Chorlied aus Senecas Tragödie *Hercules auf Oeta:* »Die himmlische Burg zusammenstürzend / Wird allem Entstehen und Vergehen ein Ende machen, / Und alle Götter wird gleichermaßen / Ein Tod (mors aliqua) verderben und das Chaos.« »So demnach wird das Chaos [die wilde Natur] ebenso das *Ende* der Götter, wie es bei Hesiod ihr *Anfang* war« (Schelling, *SW* II/2, 614).
Neu ist in der Erzählung der *Edda* (und dann wieder bei Fouqué und Wagner) lediglich, daß das Mittel, welches den Fluch in sich birgt und so den mythologischen Prozeß vorantreibt, im Golde symbolisiert wird; ja daß der Wille, zu sein wie Gott, der alle nachfolgenden Gestalten von ihrem

paradiesischen Ursprung entfremdet, mit dem Herrschaftsanspruch des allgemeinen Vermittlers, des Rings, identifiziert wird. Diese Herrschaft, als die Inthronisierung des bloßen Mittels, birgt aber ihren künftigen unvermeidlichen Untergang in sich und weiß voraus, daß ihr die Stunde bestimmt ist, da sie durch ihr eigenes Abtreten das Welttheater der Geschichte wieder jenem ursprünglichen Gott anheimgeben muß, den die Rheintöchter ihren »Vater« nennen (*GSD* V, 201): die Natur heiligt das Gold vom Fluch seiner Verwertung als Ring / als Geld.

Der Wert der Herzen

In den meisten unserer Erzählungen geschieht der Herz-Metall-Tausch in einem regelrechten Handel. Wir kennen den Fetischismus und die symbolisch vermittelte Begierde nach Macht, die ihn so attraktiv machen für alle diejenigen, die ihr fleischernes Herz oder ihre Liebesfähigkeit veräußern wollen. Aber jeder Handel basiert auf der Gleichwertigkeit der Tauschgüter; und es wird Zeit, daß wir uns fragen, was denn den Mann im grauen Rocke *(Schlemihl),* was den Hermetiker Coppola *(Sandmann)* und was den Holländer Michel *(Das kalte Herz)* veranlassen mag, einen durchaus »unschätzbaren« Gegenwert *(Schlemihl,* 611) für ein vorgeblich so dummes und wertloses Ding wie das pochende Herz (oder sein Einfallstor: das Auge) zu bezahlen.

Das Rätsel dieses dem Anschein nach so ungleichen Tauschs verweist auf die Existenz eines Wertes, den wir bisher nur unter Schichten symbolischer Überkleidungen zu sehen bekamen. Offenbar wird er von verschiedenen Interessenten ganz verschieden beurteilt; je nachdem nämlich, ob – wie in Wildes's Märchen vom *Fischer und seiner Seele* – dem Unsichtbaren oder dem Sichtbaren die höchste Wertschätzung gilt. »Wie seltsam«, sagt der junge

Fischer zu sich selbst, »der Priester sprach zu mir, die Seele wiegt alles Gold der Welt auf, und die Kaufleute sagen, sie sei kein geprägtes Stück Silber wert« (*Märchen und Erzählungen,* Berlin o. J., 52). Ich selber aber, fährt er fort, sehe gar nicht, was mir meine Seele frommt: »Ich vermag sie nicht zu fassen, ich kenne sie nicht einmal. Wahrlich, ich will sie von mir lassen, und große Seligkeit wird meiner harren« (49).

Steckt hinter der Unvereinbarkeit der Schätzungen wirklich nur ein auswechselbares Interesse? Das scheint zumindest nicht die Ansicht jener satanischen Verführergestalten in den romantischen Texten zu sein, die bei aller »Arglist« keinen Zweifel lassen, wie viel ihnen daran liegt, sich in den Besitz der unsichtbaren Seele zu bringen.

Im *Kalten Herz* (von Hauff) wird die Sage erzählt, daß sich der Holländer Michel durch Überspringen des Zwischenhandels beim Umschlagen von Flözhölzern in Köln um eben diese Gewinnspanne bereichert habe (»Was wir über den gewöhnlichen Preis lösen, ist unser eigener Profit« [*134*]). Den gewonnenen Geldüberschuß habe er dann – im Gegensatz zu jenem »Separatisten«, »Knauser« und »Frömmler«, dem Glasmännlein (*139, 152*) – zinsbringend zirkulieren lassen. Den Geldbesitz weder zu horten noch in Gebrauchswerten anzulegen, sondern mit ihm zu wuchern (ihn mithin als Kapital einzusetzen, insofern das »Capital« nach Krünitzens *Oekonomischer Enzyklopädie* von 1784 eine »Summe Geldes« darstellt, »die man auf Zinsen ausleiht« [Bd. 7, 637]) – das ist der Rat, den der Michel dem törichten und marmorherzigen Peter Munk wiederholt erteilt (*155, 158*). Einerseits vermag sich der Schwarzwälder Handwerkerstand die unsichtbare Geldschöpfung, für deren Gegenwert augenscheinlich keine vorausgegangene Handarbeit aufgekommen ist, nicht anders als durch die Produktion eines Mythos zu erklären (wie dies wohl alle mit dem Wucher unbekannten Gesellschaften getan haben): Entweder stammt der Reichtum aus glücklichem Funde, z. B. aus den Vorräten des »großen Nibelungenhortes« im Rhein (*127*) oder aus übermenschlichen Quellen, die – da der Reichtum »unmenschlich« ist – nicht göttlich, sondern nur satanisch sein können. Hat doch von jeher »der Böse« – »*Mammon, the last erected spirit that fell from Heav'n*« (*Paradise Lost,* Vs. 678/9) – seine Hände im Spiel gehabt, wo Handel getrieben wurde: »Alles Böse im Schwarzwald schreibt sich von ihm her; oh! er kann einen reich machen!« *(136)* Noch Baudelaire schließt sich dem Urteil an: »Der Handel (commerce) ist von seinem Wesen her *satanisch*« (*Œuvres,* 639).

Auf der anderen Seite kann sich's, da von inflationären Folgen dieser geheimnisvollen Geldvermehrung im Schwarzwald nichts zu spüren ist, nur um Effekte einer W*ertübertragung* handeln: der Reichtum, der den einen genommen wird, fließt in die Taschen der anderen, ohne daß sich sein Gesamtwert veränderte. So etwas wurde nach der Freigabe des Handels und der Auflösung des Zunftbanns in Baden (1825) möglich, und eine mit dem Entwurf einer Gewerbeordnung beauftragte Kommission des Badischen Landtages fand schon bald Anlaß, die »herzlose Bedrückung einer wehrlosen Schar abhängiger Arbeiter« durch die Folgen der Geldspekulation, des Wuchers und der nicht-konzessionierten Industrialisierung zu beklagen. (Übrigens finden sich in den Verhandlungen dieser Kommission auch Hauffs Sorgen wieder, daß die beginnende Industrialisierung und das »glückspilzhafte« Prosperieren geschickter Kapitalspekulanten die Gesellschaft demoralisiere, die Familienbande auflöse und »Genuß- und Trunksucht, ... Müßiggang und Schwindelei« fördere [zit. nach Wolfram Fischer, *Der Staat und die Anfänge der Industrialisierung in Baden 1800–1850,* 1962, S. 80].) Der Reichtum in den Manufakturen der wenigen, die durch Privilegien aus der Zunftordnung freigestellt waren, sowie der Geldmakler, Kornwucherer und Spielbodenkönige hält ja im *Kalten Herzen* der Verelendung der vielen (Parzellenbauern und Kleingewerbetreibenden) sichtlich die Waage. Und die Herzen solcher Verzweifelnden sind es vornehmlich, die der im Ausland reich gewordene Michel wie pochende Uhrwerke in seinen Vitrinen aufbewahrt und mit Stein und Geld ausbezahlt.

Diese »wunderbaren Herzen« (Rimbaud, *Œuvres complètes*, 101) haben die in der Tat wundersame Eigenschaft, mehr Wert hervorzubringen, als man für sie selbst im »Handel« bezahlen muß: »Begrenzt als *Organe* ist ihre Leistungsfähigkeit als *Instrumente* fast grenzenlos« (*Encyclopédie Nouvelle*, Artikel *Échange*, 454). Ja, die Sache ist wahrlich noch viel wunderbarer: die Herzen haben an sich gar keinen Wert (im Sinne des Tauschwerts). Und gerade darum machen sie, daß in einer Naturwelt so etwas wie Werte auftauchen können. Betrachtet man die Herzenskraft als Ware, die sie eigentlich gar nicht ist, so besteht ihr Gebrauchswert in ihrer »eigentümlichen Beschaffenheit..., Quelle von Wert zu sein« (Marx, *K* 1, 181; vgl. *Gr* 203). So wäre das Herz im übertragenen Sinne »die *allgemeine Möglichkeit* des Reichtums als Subjekt und als Tätigkeit« (*Gr* 203), der lebendige Quell der menschlichen Produktivkraft?

So jedenfalls – und paßt das nicht in Hauffs Märchen? – will es Richard Wagner verstanden wissen. Die Herzen, sagt er, repräsentieren »das höchste Gut des Menschen, [nämlich] seine schaffende Kraft, [den] Quell, dem ewig alles Glück entspringt« und der stets reicher fließt, als sich im Maß des »*Erzeugten*« ausdrücken läßt (*GSD* 11, 247). Wer den Preis für ein Herz entrichtet, hat darum den typischen Gewinn des Händlers. Denn »der Handel ist ein Gütertausch mit dem Hintergedanken: *Gib mir mehr, als ich dir*

gebe« (Baudelaire, 639). Darum ist er »infam«, ja, »die niedrigste und gemeinste Form des Egoismus« und also *»des Teufels«*. Und aus Luzifers Klauen wird die veräußerte Seele nur freibekommen, wer das Gesetz des Mehrwerts zu seinen eigenen Unkosten umkehrt, also »eine geringere Summe empfängt, als (er) bezahlt hat« (Fouqué, *Das Galgenmännlein, Werke* ed. W. Ziesemer, 1908, I, 226). –
Zweifellos ist die Beziehung zwischen dem Lebensprinzip, als welches die Alten das Herz ansahen, und der Arbeit, die nun im Herzen symbolisiert wird, Ausdruck einer veränderten lebensweltlichen Orientierung: seit der kapitalistischen Revolution ist der unzeitgemäße Schlager widerlegt, in dem es heißt, ein Herz könne man nicht kaufen. Der Holländer Michel zeigt, wie man es macht und daß man sich nicht schlecht dabei steht: Hunderttausende von Gulden kann man ausspenden, wenn man hinter den Gläsern nur eine Reihe lebendig zuckender Herzen verwahrt, die ihren Gegenwert erschaffen.
Möglich, daß Shakespeare's *Kaufmann von Venedig* ein wichtiges literarisches Element beisteuerte: Hier steht bekanntlich das fleischerne Herz in des Kaufmanns Antonio Brust als Äquivalent für den Gewinn aus Wucher. Auf den Zins scheinbar großzügig verzichtend – »denn wann nahm Freundschaft / Vom Freund Ertrag für unfruchtbar Metall?« (I.3) –, läßt sich Shylock durch Schuldverschreibung das Anrecht auf »ein volles Pfund vom Eurem [Antonios] Fleische« (l. c.) quittieren. Präziser wird der Sinn seiner Kondition im 3. Aufzug (III.2): »Ich will sein Herz haben, wenn er verfällt.« Ähnlich wie der Holländer Michel unterbestimmt Shylock arglistig den realen Wert des Menschenherzens: »Ein Pfund von Menschenfleisch, von einem Menschen / Genommen, ist so schätzbar, auch so nutzbar nicht / Wie Fleisch von Schöpsen, Ochsen, Ziegen. Seht, / Ihm zu Gefallen biet ich diesen Dienst« (I.3). –

Und in der Schiedsszene steht Antonio ebenso zu seinem Handel (Herz gegen Geld) wie Shylock: »Denn schneidet mir der Jude tief genug, / So zahl ich gleich die Schuld von ganzem Herzen« (IV.1). – Das Geld ist in der Tat, wie Alcibiades im *Timon von Athen* (IV.3) ausruft, »der Herzen Prüfstein«; aber das umgekehrte gilt, wie das Beispiel zeigt, wohl ebenso.

Hauff läßt seinen Leser keinen Augenblick im unklaren darüber, daß der leblose – in Metall ausgedrückte – Reichtum des Michel wie der aller Wucherer, Kreditgeber, Makler, Spielbodenkönige des Schwarzwaldes seinen Ursprung hat in der unentgeltlichen, d. h. durch Wertübertragung angeeigneten Arbeit anderer, deren Herzen er in Zahlung nimmt. Und das ist die keineswegs nur biedermeierliche Moral dieser Erzählung (die ja andernfalls gar keine Moral hätte); sie sieht im Erwerb der Einsicht in die wahre Quelle solcher Wertschöpfung noch eine (bei Hofmannsthal tragisch fahrengelassene) Hoffnung aufleuchten, das Marmorherz gegen ein warmes Herz zurückzutauschen, wie es dem schuldig gewordenen Peter Munk mit Hilfe des Glasmännleins (des Schutzgeistes der Handwerker und der Zunft) am Ende gelingt: Er war, heißt es, fortan »zufrieden mit dem, was er hatte, trieb sein Handwerk unverdrossen, und so kam es, daß er *durch eigene Kraft* wohlhabend wurde und angesehen und beliebt im ganzen Wald« *(172)*.

Es ist recht reizvoll, die Hauffsche Gleichung des warmen Herzens und der Arbeitskraft bis in die Dichtungen der französischen Symbolisten hinein zu verfolgen. Rimbauds *Eine Zeit in der Hölle* bietet sich an. Dies grandios aufgezogene Gemälde eines infernalischen Gegenreichs zur »abendländischen Weisheit« ist zugleich der Entwurf einer Gegenrealität (»der Wirklichkeit entfliehen«, »ganz entschieden sind wir außer der Welt«) und vor allem einer Gegenmoral zur Moral des Christengottes, der ›auf das Herz sieht‹ (*1. Samuel*, 16,7), also zur »charité«, zur Ethik der warmen Herzen: »das Evangelium ist tot«, »ich fühle kein Heimweh nach dem Zeitalter der fühlsamen Herzen« (*Œuvres complètes*, éd. de la Pléiade, 1972, 113, 104, 101, 95, 99). Ist doch einerseits das *tenerum cor* (cœur sensible) einer alten Tradition zufolge dem Kieselherz (silex in corde [Tib. 1.1, 64]) entgegengesetzt und andererseits die Quelle aller gottwohlgefälligen Handlungen (vgl. Nietzsche, *WW* III, 723). Wer es mit dem Satan hält, der muß zuvor diese Quelle in sich zum Versiegen gebracht haben: »Ist die Position des Teufels einmal errungen, werden Herz und Schönheit beiseitegestellt«. »Alles ist mir erlaubt, beladen mit der Verachtung der verächtlichsten Herzen« (Rimbaud, 103, 102). Die dem Guten fast erstorbene Seele (l'âme presque morte au bien [98]), das vom Eishauch des »Nichts« überfrorene Herz (mon cœur gelé [97]) – sie »verabscheuen jegliches Handwerk: Meister und Gesellen, – alles gemeines Bauernpack. (...) Was für ein Säkulum der Handarbeit! – Ich werde nie meine Hand gebrauchen« (94). Deutlicher noch: im Golde sich badend, ist das kalte Herz untätig (oisif) und grausam (brutal) (96). Weil es »die alte Wahrheit« kennt, daß »das Leben durch die Arbeit blüht« – ob es sie aus der *Encyclopédie Nouvelle* zitiert? (Art. *Capital*, t. III, 233) – und weil es nun einmal auf der Seite des Todes steht, gerade darum »wird es niemals arbeiten«, (103) – es »befindet sich im Streik« (248). Zuweilen freilich wirft der Gedanke an die »menschliche Arbeit« wie die Flamme einer Explosion sein Licht »in meinen Abgrund« (114), um ihn seine trostlose Dunkelheit zu lehren.

Wir haben hier nicht nur den bekannten romantischen Gegensatz von Blüte und Stein, von Leben und Tod, sondern auch den Antagonismus zwischen der oisiveté (der Müßigkeit) und dem travaille (der Arbeit). Um Rimbauds Umkehrschluß zu verstehen, muß man wissen, daß dieser

Gegensatz das Kernstück der St.-Simonistischen Klassenkampftheorie darstellt. Schon Adam Müller unterschied das »taxenzahlende Arbeitsvolk« von dem »müßigen Kapitalisten- und Rentenierer-Volk« (*Schriften zur Staatsphilosophie,* hg. von R. Kohler, 1923, S. 260; vgl. *Adam Müllers Lebenszeugnisse,* hg. von J. Baxa, 1966, II, 576). Die Unterscheidung einer unfruchtbaren von einer fruchtbaren Klasse ist noch älter. St.-Simons Schüler tragen sie dann gleichsam in die Sprachregelung der christlichen Ethik ein, indem sie das »grandiose Privileg, ohne Arbeit – d. h. von der Arbeit anderer – zu leben«, unter die Sanktion »des göttlichen Rechts« stellen. »Deine Müßigkeit«, schleudern sie dem Kapitalisten entgegen, »ist wider die *Natur, gottlos* (impie), allen *schädlich,* und auch dir selbst: DU SOLLST ARBEITEN« (*Doctrine de St.-Simon,* 94, vgl. 253 ff.). Es ist deutlich, daß Rimbauds »Ich werde niemals arbeiten« diesem Imperativ in gerader Gegenrede sich verweigert.

Er tut es nicht ohne schlechtes Gewissen. Was anderes meint der Gedankenstrich zwischen dem unvermittelten Ausruf »Die wunderbaren Herzen!« und dem anderen: »Armes Arbeitervolk!« (101)? Die Stimme scheint gespalten zwischen einem *De profundis* und der offenen Blasphemie. Der Verfluchte (maudit) schmachtet nach Tränen, nach Liebe, ja nach dem Auftauen seines erfrorenen Herzens:

> Ah! que le temps vienne
> Où les cœurs s'éprennent! (78)
> (Ach! daß die Zeit käme,
> da die Herzen erglühen!)

Immer bleibt doch das Herz, in Celans Worten, »die tatverdächtige Fundsache« (*Gedichte* II, 1975, S. 306) inmitten jener kristallkalten Traumwelt der *Délires,* die die romantischen Horizonte überwölbt. Es bleibt der Tat treu: Tat und Müßiggang sind nämlich die Pforten zu Himmel

und Hölle. Schon Chamissos Peter Schlemihl wußte es, wenn er bedauert, wie »viele Taugenichtse und Müßiggänger« das Geld gemacht hat (*Schlemihl,* 628).
Noch eindrucksvoller als diese Parallele zwischen Romantik, St.-Simonismus und Symbolismus erscheint mir freilich die Tatsache, daß die Stein-Herz-Symbolik fast genau gleichzeitig mit den Texten der literarischen Romantik auch in den Schriften der politischen Ökonomie auftaucht, besonders wenn deren Autoren zur christlichen Ethik (dieser, nach Nietzsches Worten, »*typischen* Sozialisten-Lehre« [*WW* III, 636]) sich bekennen. Der *Dictionnaire national et anecdotique* des Pierre-Nicolas Chantreau – mit der interessanten Funktionsbeschreibung: »zur Sicherung des Verständnisses der Wörter, um die sich unsere Sprache seit der Revolution bereichert hat« – notiert bereits 1790 unter dem Schlagwort *Capitaliste:* »Dies Wort... bezeichnet ein Geldungeheuer (monstre de fortune), einen Menschen mit ehernem Herzen (au cœur d'airain), der nur metallische Gefühle kennt (qui n'a que des affections métalliques).« Tertullians »illic cor habentes, ubi et thesaurum« (*skop.* 3, *anim.* 57; vgl. *Luk.* 12, 34 und *Matth.* 6, 21) erwirbt hier buchstäbliche Bedeutsamkeit: der Schatz sitzt, wo das Herz sitzt. Überdies klingt schon die Bildersprache des *Runenberg* an, in welcher der »verwüstende Hunger nach dem Metall« angeklagt wird, des Menschen Herz in »kaltes Metall« zu verzaubern *(35).* Vom »reichen Kaufmann« sagt Theodor in Tiecks *Fortunat:* »(Sein) Athem klingt nach Münze, und man fühlt, / Daß die Gedanken nur von Silber sind« (*Schriften T* 3, 25). »Nur Gewinnsucht ist die Seele des Menschen«, klagt Machmud in der frühen Erzählung *Die Brüder,* »für Geld verkaufen sie Treue und Liebe, stoßen die schönsten Gefühle von sich weg, um das nichtswürdige Metall zu besitzen« (*Schriften T* 8, 251). Novalis, der »Gold und Silber... das Blut des Staats« nannte, fügte warnend hinzu: »Häufung des Bluts

am Herzen und im Kopfe verrathen Schwäche in beiden« (*Schriften N* II, 486, Nr. 10). – Gustave Beaumont charakterisiert »die bürgerliche Gesellschaft« (am Beispiel der amerikanischen) in seinem damals viel – z. B. von Karl Marx – gelesenen Reisebericht *Marie ou l'Esclavage: Tableau des mœurs américaines* (1835) als nur von einem Begehren umgetrieben, dem nach Geld: »Die Beziehungen der Menschen untereinander haben nur ein einziges Objekt, das Vermögen; ein einziges Interesse, dasjenige, sich zu bereichern. *Die Leidenschaft für das Geld* erwacht bei den Amerikanern mit dem Verstand und zieht die kalten Berechnungen und die Trockenheit der Ziffern nach sich: sie wächst, entfaltet sich, *setzt sich in der Seele fest* und quält sie ohne Unterlaß. (...) Das Geld ist der Gott der Vereinigten Staaten« (Bd. I, 63; von mir hervorg.) – Selbst *Zarathustra* steht nicht fern, der die Besitz- und Herrschsucht »die Glüh-Geißel der härtesten Herzensharten« nennt (*WW* II, 437; vgl. 507/8). Und natürlich Bettines »guter Dämon«, der im Namen des verelendeten und entrechteten »Volkes« dem »schlafenden König (...) das Erz in der Brust« zum Schmelzen bringt (B. von Arnim, *Werke und Briefe*, 1963, III, 318).

Kehren wir zu den Ökonomen zurück. Die Reden der St.-Simonisten sind voll von vergleichbaren Wendungen. Ihre Sozialethik instrumentiert immer aufs neue den Urgegensatz zweier Werte, die in verschiedenen Zusammenstellungen durch je verschiedene Ausdrücke vertreten sind. Auf der einen Seite gibt es die Werte des sozialen Gefühls (sentiment, affection, sympathie, socialité, vie, amour, *CŒUR,* association universelle, ordre, religion usw.), auf der anderen den Gegenwert des Egoismus (individualisme, mort, âme faible, dureté du *CŒUR,* répression, antagonisme, concurrence, désordre, irréligion usw.). Man findet alle diese Beispiele in jeweils widersprechend einander gegenübergestellten Paaren in den Reden beider Bände der (schon zitierten) *Exposition du Doctrine de St. Simon* (1829/30; Neuaufl. des 1. Teils 1924). Ein typisches Beispiel aus der 12. Sitzung:

> Bevor man zum Herzen gelangt ist, bevor man das *Prinzip des Lebens,* des In-Gemeinschaft-Seins erreicht und solange man noch nicht die Kette des Mitgefühls ergriffen hat, die den Menschen mit dem verbindet, was nicht er selbst ist (...) – so lange hat man nur ein lebloses Sein vor Augen, einen Kadaver, eine Tatsache OHNE MORALITÄT (ed. Bouglé/Halévy [1924], p. 369/70).

Wilhelm Weitling (in *Die Menschheit, wie sie ist und wie sie sein sollte*) spricht 1838 von den »steinernen Herzen« der Kreditgeber, Wucherer, Händler und Kapitalisten (S. 13). Und Pierre Leroux wirft in seinem Aufsatz *L'économie politique et l'évangile* (1846) den politökonomischen Handlangern der Kapitalinteressen – er meint vor allem die Malthusianer – vor, »das Mittel gefunden [zu haben], des Menschen Herz zu *diamantisieren,* ja ihm ein härteres Herz als ein Herz von Stahl zu geben (de lui donner un cœur plus dur que le fer)« (*Revue sociale,* Paris, février 1846, p. 69). – Wer sucht, wird in den Texten dieser und geistesverwandter Autoren weitere Beispiele finden.*
Eine eindrucksvolle Variation liefert der Abbé Felicité de Lamennais, wenn er in seinem *Politischen Glaubensbekenntnis* die »starken Vorurteile des Eigeninteresses in einer Gesellschaft [brandmarkt], in der der Egoismus jede Seele wie eine Münze mit seinem kalten Stempel geprägt hat« (in: *Die frühen Sozialisten,* hg. F. Kool und W. Krause, 1972, I, 265).

---

* Ich finde einen zeitgenössischen Beleg in dem »satirischen Roman« von Gerhard Amanshauser, *Schloß mit späten Gästen,* Salzburg 1975, 147: Der Schloßbesitzer und Unternehmer »Meyer-Nimmführ liebte offene Kamine. Er bezeichnete sie als *poetisch* und meinte, sie wärmten nicht nur die Haut, sondern auch das Herz. Stockhammer und Nihal wechselten einen Blick: Sie stellten sich vor, wie das Unternehmerherz, eingefroren bei kalten Geschäften, am urtümlichen Kaminfeuer wieder auftaute.«

Der Stein in der Kehle der Dichter

Wir haben zum Schluß eine letzte und wichtige Dimension der romantisch-symbolistischen Steinherz-Symbolik aufzuzeigen. Sie ist – und hier begegnen wir dem Phänomen, auf das wir im Zusammenhang der Tauschwert-Diskussion vordeuteten – durch eine Strukturhomologie mit der politökonomischen Dimension verbunden. Darf man vermuten, daß gleichsam eine und dieselbe Partitur zugrunde liegt, die in der Dichtung und in der Ökonomie nur verschieden interpretiert wird?

Eine Frage mag klären, worauf wir es abgesehen haben: Sind die romantischen Dichter neutrale Chronisten der Herzensversteinerung, die sich vor ihren Augen in der frühkapitalistischen Gesellschaft abspielt, oder hinterläßt dies Ereignis Spuren auch im Stil ihrer eigenen Dichtung?

Eine solche Frage rührt an den Nerv jeder soziologischen Analyse von Kulturphänomenen. Es ist ein heißes Eisen, das da berührt wird; denn die aufblühende Konjunktur literatursoziologischer Schriften kann nicht darüber hinwegtäuschen, daß es hier große methodische Probleme gibt und daß eine befriedigende Lösung in weiter Ferne liegt.

Glücklicherweise ist unsere Frage weniger anspruchsvoll. Wir wollen nur wissen, ob in unseren Texten (oder in einigen von ihnen) der »Sinn« das Schicksal des »Wertes« teilt: nämlich die Fetischisierung.

Die Beziehungen zwischen »Sinn« und »Wert« sind, wie wir wissen, eng. Der Erfinder der neueren Sprachwissenschaft, Ferdinand de Saussure, betont selbst, wie viel sein Studium sprachlicher Phänomene den Verfahrensweisen der Ökonomen verdanke:

In der Sprachwissenschaft wie in der politischen Ökonomie ist man mit dem Begriff des *Wertes* konfrontiert; in beiden Wissenschaften handelt sich's um ein System der Äquivalenz zwischen Sachverhalten verschiedener Ordnung: in der einen [stehen einander gegenüber] Arbeit und Lohn, in der anderen signifié [Bedeutung] und signifiant [Ausdruck]. (*Cours*, p. 114ff.)

So wie die Ware aus Arbeit und Preis und das Geld aus Metall und Wert zusammengesetzt sind, so besteht das Wortzeichen aus Sinn und Ausdruck, einem nichtsinnlichen und einem sinnlichen Teil. Das ist die eine Seite der Analogie. Es gibt eine weitere: Der Preis der Ware, der Wert der Münze und der Sinn eines Zeichens können sich nicht unmittelbar ausdrücken; es steht keinem Stoff, keinem Stück Metall und keinem Laut gleichsam schon auf der Stirne geschrieben, was er kostet, welchen Wert es hat, welchen Sinn er meint. Außerdem ist, besonders beim Geld und beim Zeichen, die Ökonomie der Ausdruckssubstanz beschränkt; es kann nicht für jeden Preis eine eigene Münze und nicht für jeden Sinn einen eigenen kompletten Ausdruck geben. Das ist auch gar nicht nötig; es genügt, daß jeder Preis wie jeder Sinn aus Ausdruckselementen zusammengesetzt ist, deren jedes sich von allen anderen genau unterscheidet. Mehrere dieser Teilchen, in einer bestimmten Ordnung miteinander kombiniert, erzeugen einen verstehbaren Sinn. Man kann diese Bedingung auch so formulieren: weil keine natürliche (gleichsam vertikale) Harmonie zwischen Ausdruck und Sinn vermittelt, darum kann sich der Wert bzw. die Bedeutsamkeit eines Zeichens nur auf einer horizontalen Ebene einstellen: erstens durch eindeutige Abgrenzung der Ausdrücke gegeneinander, sodann durch eine ordnungsgemäße Verknüpfung mehrerer Ausdruckselemente miteinander.

Dies hat eine für unsere oben gestellte Frage wichtige Konsequenz: Nicht gibt es zuvor einen Sinn, der sich sodann in der Kette der Zeichen re-präsentiert. Sondern weil – wie der Warenwert nach Marx – der Sinn sich *nicht* unmittelbar durch sich selbst ausdrücken läßt, ist er gezwungen, als ein Spiel von Beziehungen und Verweisungen zwischen mehreren Ausdrücken zu existieren. Seine ›Unsinnlichkeit‹ ist damit leicht erklärt: er bildet sich sozusagen in der Lücke zwischen zwei vergleichsweise ›sinnenfälligen‹ Ausdrücken, die vor seinem Zurücktreten erst Profil und Umriß gewinnen.

Was im und durch den Zeichengebrauch zu Bewußtsein kommt, kann darum nicht als eine Art Widerspiegelung charakterisiert werden: so, als gäbe es erstens die reale Struktur der Ausdrucksbeziehungen und zweitens die geistige Struktur der Sinnbeziehungen. Das Bewußtsein ist gar nichts anderes als die reine Form der Beziehungen zwischen den Ausdrücken selbst, gleichsam (um es mit einem Bild zu erläutern) der aus den Lücken zwischen allen Realien aufsteigende Sinn-Nebel, der die Ordnung ihrer Struktur sichtbar macht. Anders könnte man wohl nur schwer begreifen, wie die vom Verkehr des Geldes gestifteten zwischenmenschlichen Beziehungen in der Ordnung der Sprache und Weltansicht wiederkehren, durch die sich die Menschen dieser Gesellschaft miteinander verständigen. Und nur in diesem Sinne konnte Marx behaupten, das Geld habe eine »scheinbar transzendentale [d. h. bewußtseinsbildende] Macht« (*Gr* 65).

So gäbe es also auch nicht zweierlei Typen von Symbolen: eines, das dem wirtschaftlichen und gesellschaftlichen, und eines, das dem sprachlichen und poetischen Universum eingeschrieben wäre. Es gäbe nurmehr eines und dasselbe, das sich jedoch in zwei verschiedenen Ausdrucksmedien (gesellschaftlichen und sprachlichen) verschieden ausspricht: das meinten wir vorhin mit dem Partitur-Gleichnis.

Mit dieser Überlegung wollen wir zur Frage nach der möglichen Ähnlichkeit zwischen dem Fetischismus des Geldes und dem der Sprachform unserer Texte zurückkehren. Das Geld, sagt Derrida, ist schon an sich ein Scharnier, ein Umschlagplatz zwischen Linguistik und Ökonomie. Doch tritt in der Problematik des Fetischismus eines an die Stelle des anderen. (*Marges de la philosophie*, 1972, 257)

Die Münze teilt ja mit dem Wortzeichen die Eigenschaft, Repräsentant eines anderen, nicht aber dieses andere selbst zu sein. Die Münze ist eben »Zeichen der Reichtümer, nicht diese Reichtümer selbst« (*Encycl. Nouv.*, t. III, 732), so wie das Wort Zeichen des Sinns, nicht aber dieser Sinn selbst ist. Da beide – Sinn und Ausdruck – jedoch in der Einheit eines Zeichens zusammen bestehen und nur die Ausdrucksseite des Zeichens sinnlich wahrnehmbar ist, kann man glauben, das eine mit, ja in dem anderen zu besitzen: das Unsichtbare im Sichtbaren. Die symbolische Repräsentanz des Bezeichneten wird dann von der Metallität bzw. von der sinnlichen Klangwirklichkeit des Ausdrucksmittels gleichsam aufgesogen. Das Symbol als solches schiebt sich über das Symbolisierte, greift, statt es zu bezeichnen, mit Haut und Haar auf dessen Stelle über.

Was die Geldwirtschaft betrifft, sieht jedenfalls Baader es so: »Wenn sonst das Geld die Funktion in der Sozietät hatte, Personen und Sachen zu repräsentieren, so repräsentieren diese dermalen umgekehrt das Geld« (*Schriften zur Gesellschaftsph.* 408, Anm.). Das ist die Bewegung, die – analogerweise – auch den Fetischismus des sogenannten *l'art pour l'art* hervorbringt. Wer (wie Janvier) behauptet, das Kunstwerk sei sein eigener Zweck, seine eigene Lektion, »der behandelt es nach dem gleichen Fetischismus wie die Ware. Sein Gebrauchswert wird hier ebenso durch seinen Preis verdeckt (masqué), d. h. durch eine unmenschliche Schönheit« (Sartre, in: *Que peut la littérature?* 1965, 110). Die mit Händen nicht greifbare Qualität des schönen Scheins wird greifbar durch eine »Verdinglichung des Ausdrucks« (Sartre, *L'idiot de la famille,* 1971/2, III, 100), so wie die unsichtbare Seele durch ihre Verdinglichung im

Stein greifbar wird (oder wie der unsinnliche Wert sich in der Münze scheint anfassen zu lassen).
Nicht nur das Herz ist mithin von der Versteinerung bedroht, wie es dem verängsteten Nathanael im *Sandmann* erscheinen will, als sich ihm das Wunderbare zur schrecklichsten Wirklichkeit verhärtet (»mir war es, als sei ich in schweren kalten Stein eingepreßt« [*181*]); auch dem flüchtigen Sinn ergeht es vielleicht nicht anders. Ist womöglich des *Dichters* »Mund« gemeint, wenn Celan sagt, er sei »versteint und verbissen in Steine« (*Gedichte* I, 1975, S. 114)? Und sieht es nicht so aus, als spiegle sich der Übergang von der Symbolik der versteinerten Herzen zur Symbolik der versteinerten Bedeutungen in den folgenden Versen? »Es liegen die Erze bloß, die Kristalle, / die Drusen. Ungeschriebenes, zu / Sprache verhärtet, legt / einen Himmel frei« (l. c. 251).
Dieser Übergang ist vorbereitet in Novalis' berühmter Definition des *Romantisierens*. Wir begegneten ihr schon im Zusammenhang einer Äußerung von Marx. Nun müssen wir sie etwas genauer vornehmen. Novalis sagt also, der Akt der »Romantisirens« bestehe in einer »qualitativen Potenzirung«, vermöge deren »das niedere Selbst mit einem besseren Selbst identificirt« wird (*Schriften N* II, 545, Nr. 105). Das »niedere Selbst« ist ein Ausdruck für die sinnenfällige Welt, das »bessere Selbst« meint die Geisterwelt. – Elis Fröbom fühlt sich zwischen beiden »wie in zwei Hälften geteilt«. Ihm ist, »als stiege sein besseres, sein eigentliches Ich« – man erkennt hier des Novalis Formulierung wieder – ins Erdinnere hinab »und ruhe aus in den Armen der Königin,« während sein ›niederes Selbst‹ »in Falun sein düsteres Lager suche« (*82*). – Bei Novalis nun soll dieses mit jenem geradezu identifiziert werden. Wenn man genau liest, wird der »unendliche Schein« (des besseren Selbst) auf sein materielles Substrat (seine sinnliche oder »endliche« Seite) nicht etwa nur bezogen, sondern

reduziert. Man mag sich das so vorstellen, wie Owen Warland, der romantisierende *Schöpfer des Schönen* (in Hawthorne's gleichnamiger Erzählung) es an einem seiner Kunstwerke erläutert. Er beteuert nämlich von seinem elfenhaft zerbrechlichen mechanischen Schmetterling, man könne von ihm wohl sagen, daß er Leben besitzt, »denn er hat mein Sein in sich aufgesogen, und im Geheimnis dieses Schmetterlings und in seiner Schönheit – die nicht bloß äußerlich ist, sondern so tief wie sein ganzes Wesen – verkörpern sich der Verstand, die Phantasie, die Sensibilität, die Seele eines Schöpfers des Schönen« (*Erzählungen,* 1977, S. 423).
Nach dieser gleichsam enharmonischen Verwechslung kann die Beziehung von Körper und Seele, von Symbolisierendem und Symbol umgekehrt und »die Poesie (...) das ächt absolut Reelle« genannt werden. »Dies«, fügt Novalis an, »ist der Kern meiner Philosophie« (*Schriften N* II, 647, Nr. 473). Er formuliert damit einen für die poetische Moderne insgesamt maßgeblichen Grundsatz: Baudelaire wird die Poesie »das Realste, das es gibt«, nennen; sie ist »dasjenige, das nur in einer *anderen Welt* vollkommen wahr ist« (*Œuvres,* II, 310); und Yeats bezeichnet »die Welt, wie die Phantasie sie sieht, [als] die bestehende Welt« (*Ausgewählte Werke,* Zürich o. J., 310). Poetisches Genie ist eben »das Vermögen, von eingebildeten Gegenständen, wie von wirklichen zu handeln, und sie auch wie diese zu behandeln« (*Schriften N* II, 421, Nr. 21). Allerdings bringt Novalis eine wichtige Unterscheidung an: Es gibt ein dichterisches Verfahren, das durch eine Art von »*Repraesentativem Glauben*... Nicht Gegenwärtiges... Gegenwärtig macht« und dabei lediglich an die »Wunderkraft der *Fiction*« appelliert (l. c. III, 421, Z. 17ff.). Daneben gibt es aber auch die schlichte »Verwechselung des *Symbols* mit dem Symbolisirten – (...) ihre Identisirung – (...) den Glauben an wahrhafte, vollst[ändige] Repraesentation

– und Relation des Bildes und des Originals – der Erscheinung und der Substanz« usw. »Auf Verwechselung [solcher Art] beruht der ganze Aberglaube und Irrthum aller Zeiten, und Völker und Individuen« (l. c. III, 397, Z. 29ff.; wohl eine Anspielung auf Kants Schrift über *Die Religion...*, A 242).

Es ist ein schmaler Grat, der den »repräsentativen Glauben« des romantisierenden Symbolismus von der »Mystifikation des Symbols« trennt.

Auf welcher Seite steht eigentlich Nathanael, die Hauptfigur in Hoffmanns schauerlichem Nachtstück *Der Sandmann?* Der Definition nach ist er ein Dichter, denn er tritt hervor als Schöpfer von Gedichten, deren symbolischer Sinn sich in seiner Lebensgeschichte auf tödliche Weise bewahrheiten wird (*194 ff.*). Und das nicht etwa darum, weil prophetische Hellsicht aus ihnen spräche, sondern weil ihr Schöpfer sein wirkliches Erleben durch poetische Einbildungen überwältigt.

Einige von ihnen wollen wir uns in Erinnerung bringen. Es fällt auf, wie viele Verwechslungen und Inversionen den Fluß der Begebenheiten gliedern: das soll unser Einsatzpunkt sein. Der an den Freund Lothar gerichtete Brief gerät in die Hände der Braut; Nathanael verliebt sich in einen Automaten, die schöne Puppe Olimpia, und er verwünscht das »gemütvolle, verständige, kindliche Mädchen«, seine Braut Clara, als ein »verdammtes, lebloses Automat« (*192, 196*). Durch die gesamte Erzählung zieht sich eine charakteristische metonymische Figur: die Verwechslung von Tun und Leiden, von Auge (als Sinnesorgan) und Blick (als Tätigkeit) sowie von Brille, Perspektiv, Glas einerseits und Auge, Blick andererseits (»sköne Oke«, ruft Coppola, seine Brillen anpreisend [199]). Auf dem dramatischen Höhepunkt der Erzählung, als Coppola und Spalanzani einander ihre Anteile an der Fabrikation der Puppe vorrechnen und in wilden Streit geraten, gibt es eine neue Unsicherheit: Wer wollte entscheiden, ob die blutgefärbten Glaskugeln, die aus den wächsernen Augenhöhlen des zertrümmerten »Holzpüppchens« zu Boden stürzen, in Wahrheit jenes Perspektiv sind, welches Nathanael bei Coppola »viel zu teuer« gekauft hatte –, oder gar Nathanaels leibhaftige Augen? Ihr »blutiger« Anblick läßt daran denken, verweist er doch auf ein zerstörtes Organ, während das gläserne Material (es sind ja die Augen einer Maschine) den Gedanken vorschreibt, es müsse sich um anorganische Substanz handeln. Den toten Mechanismus der Puppe wiederherzustellen, traut sich der Physiker allenfalls selbst zu (»das Räderwerk – Sprache – Gang – mein«); nicht aber kann er ihre Augen erschaffen. Coppelius/Coppola scheint sie dem Nathanael geraubt (»die Augen – die Augen dir gestohlen«) und dann dem Physiker zur Verwendung überlassen zu haben. Mit der Materie teilen sie ihre kristalline Dichte, mit der lebendigen Subjektivität ihre Transparenz und den Zauber ihres Blicks. Spalanzani ergreift sie, die »auf dem Boden liegend ihn anstarrten«, mit seiner unverletzten Hand und schleudert sie gegen Nathanaels Brust – zielt er auf sein *Herz?* –, als gälte es, ihm sein Eigentum zurückzuerstatten (*208/10*).

All diesen Beispielen (es ließen sich weitere hinzufügen) ist gemein, daß sie ein subjektiv Seiendes als etwas Objektives – im Grenzfall gar als eine Maschine – und daß sie den *Träger* einer geistigen Funktion (z. B. das Naturorgan Auge oder den Kristall des Sehglases) als ein selbst Geistiges anschauen. Als etwas Geistiges freilich, das – wie die Münze – zugleich gegenständlich existiert (was Blicke und Werte ja nicht tun). Ein Seiendes dieser Art – d. h. ein Imaginäres – läßt sich nun im Bereich des sinnlich Wahrnehmbaren nirgendwo ausmachen, und es bedarf zu seiner Realisierung eines rechten Köhlerglaubens. Der leichtgläubige Nathanael unterwirft aber die Rede der

Anderen in der ganzen Erzählung nirgends der Kontrolle durch die eigene Erfahrung. Das freilich glaubt er gerade zu tun, wenn er dem schauerlichen Sandmann bei dessen alchemistischen Laborversuchen mit dem Vater auflauert.
In Wirklichkeit sieht er zwar nur den ihm wohl bekannten widerwärtigen Advokaten Coppelius. Da man ihm jedoch, wann immer der unheimliche Gast Glockschlag 9 Uhr dröhnenden Schrittes die Treppe hinaufgestiegen kam, mit den Worten »Der Sandmann kommt« ins Bett geschickt und ihm überdies ein schauerliches Ammenmärchen über ein Ungeheuer erzählt hat, welches den Kindern, die nicht zu Bett gehen wollen, Händevoll Sand in die Augen streut, welche daraufhin aus ihren Höhlen herausspringen –, überdeterminiert er seinen Blick durch die Symbolik dieses Märchens. Es hilft nichts, daß die Mutter ihrem verängstigten Kind den gleichnishaften Sinn der Rede geduldig auseinandersetzt: »Es gibt keinen Sandmann, mein liebes Kind (…): wenn ich sage, der Sandmann kommt, so will das nur heißen, ihr seid schläfrig und könnt die Augen nicht offenhalten, als hätte man euch Sand hineingestreut« (*175*). Umsonst: jede Einzelheit des Ammenmärchens lebt und webt in der Phantasie des leichtgläubigen Kindes mit verheerender Buchstäblichkeit. Jemandem Sand in die Augen streuen heißt eben: ihn am Sehen verhindern. Nathanael sieht auch nicht wirklich: im kritischen Augenblick »vergehen (ihm) die Sinne« *182*). Er bestraft sein Erreichen der Erfahrungswelt durch eine freiwillige Blendung des Organs, welches den Zugang zu ihr vermittelt. Und er schreibt diesen Effekt – im Gestus einer ›passiven Aktivität‹, die den »von wildem Entsetzen gewaltig gepackten« Knaben wie ein Opferlamm mitten auf den grauenvollen Schauplatz »stürzen« heißt (passiv? aktiv?) –, er schreibt, sage ich, den Effekt dieser Entwirklichung dem Irrealen selbst zu. Wohlbe-

merkt: dem Irrealen, dem Symbol als solchen, das Nathanael aber gerade für das Reale hält. »Der fabelhafte Sandmann«, sagt er bezeichnenderweise (und der existiert ja nur in einer Fabelwelt, nicht in der Wirklichkeit), »der (...) Sandmann hatte mich auf die Bahn des Wunderbaren (...) gebracht« (*176*). Das symbolisch geblendete (aus seinen Höhlen gerissene Auge) überlagert den wirklichen Blick fortan durch innere, nächtliche Visionen – so wie es jene – leitmotivisch wiederkehrenden – Dämpfe und Nebelschwaden tun, welche die kurze Märchen- und Bilderbuchseligkeit im Beisammensein mit dem Pfeife rauchenden Vater umwallen (*174*). Die imaginäre Welt ist von Schleiern verdeckt, die den klaren Blick verhindern.

Unter dieser Voraussetzung kann sich dem Nathanael das unauffällig durch ein »mir war, als [ob]« eingeführte Schauspiel, in dem Menschengesichter sichtbar zu werden scheinen, »aber ohne Augen – scheußliche, tiefe schwarze Höhlen statt ihrer« (*179/80*), als unwidersprechbare Wirklichkeit aufdrängen. Und des Coppelius an ihn gerichteter Ruf »Augen her! Augen her!« wird ihn auf Lebensdauer verstören, zumal er die Aufforderung hier wie in allen späteren Szenen durchaus nicht im übertragenen Sinne (als Metonymie) zu verstehen wagt: Coppelius mag nach einem Sehglas* gerufen haben.

Was eigentlich treibt der Vater mit dem Advokaten? Im Grunde eine müßige Frage; denn gerade die Antwort, sie seien in alchemistische Prozeduren vertieft, enthebt die Handlung dem Schauplatz der Erfahrungswirklichkeit. Jedes alchemistische Experiment schafft die leiblichen Augen der Laboranten in geistige Augen (*oculos mentales*),

---

* Oder nach einem Stück Erz, einem »Erzäuglein«. Er formt die Menschenaugen ja wohl aus hellblinkendem Metall. Ernst Fedor Hoffmann hat diese Bedeutung von ›Auge‹ in mehreren Wörterbüchern der Zeit nachweisen können (*Zu E. T. A. Hoffmanns ›Sandmann‹*, in: *Monatshefte*, Bd. LIX (1962), Nr. 5, 246).

ihre Wahrnehmung in Einbildung (*imaginationem*) um. Die alchemistischen Lehrbücher sagen es selbst, daß der Anblick des Steins (der ja nicht von ungefähr *lapis invisibilitatis* heißt) nur dem inneren Auge (der *vera imaginatio*) aufgeht, das seinen Stoff mit Phantasieprojektionen »informiert«: Eine Augentrübung (*ludibrium oculis oblatum*) ist die Voraussetzung zum alchemistischen Erfolg (*Jung* 282ff.).

Der kleine Nathanael bewegt sich ganz und gar in der Ordnung des alchemistischen Labors: Es verdichten sich ihm – durch metonymische Gleichung von *coppo* und *coppella* – die ›leeren Augenhöhlen‹ hinfort zu ›Schmelztiegeln‹, in welchen hermetische Umwandlungen stattfinden. Eine der spürbarsten ist, daß »Ströme des wärmsten Herzblutes« zu Stein erstarren in der ›eiskalten‹ Berührung eines leblosen Dings und daß sich Nathanael im Anblick von Augen »ohne Sehkraft« »durchbebt [fühlt wie] von grausigem Todesfrost« (*188, 206, 203*). Sollte ihm im Labor die Schreckensvision eines Maschinen-Menschen aufgegangen sein? Der Alptraum einer Manipulation des »Mechanismus seiner Hände und Füße« durch den Coppelius scheint darauf ebenso hinzudeuten wie die Halluzination von entstehenden Menschen ohne Augen (*179/80*). (Ich übernehme diese Vermutung von Doris Altenbeck, *Das ›Fantastische‹ in E. T. A. Hoffmanns ›Sandmann‹*, Staatsarbeit Düsseldorf 1977, 62ff.)

Nun weiß man zwar, daß die Romantik ein Faible für das Schauerliche hat. Dennoch wird man zögern, eine solche Verwandlung als ein Muster des *Romantisierens* anzuführen. Könnte der Eingriff der Geisterwelt in die wirkliche Welt nicht auch ohne eine symbolische Augenblendung erfolgen? Es sieht nicht so aus, als würden wir das Zauberglas des Coppola so rasch wieder los. Denn nicht nur Hoffmanns *Meister Floh,* auch Brentanos Definition des Romantischen bringt solch ein Perspektiv ins Spiel. »Das

Romantische«, sagt er, »ist ein Perspektiv oder vielmehr die Farbe des Glases und die Bestimmung des Gegenstandes durch die Form des Glases.« »Alles, was zwischen unserm Auge und einem entfernten zu Sehenden als Mittler steht, ihm aber zugleich etwas von dem seinigen mitgibt, ist romantisch« (Cl. Brentano, *Godwi*, in: *Gesammelte Werke*, hg. von H. Amelung und K. Vietor, 1923; II, 325, 330).

Romantisch in diesem Sinne ist sicherlich der Blick, den Nathanael – sein eben erstandenes Taschenperspektiv vorm Auge – über den Straßengraben hinweg in Spalanzanis Zimmer sendet: »Wie festgezaubert« bleibt er stehen, denn Olimpias Augen, die hinter dem jenseitigen Fenster reglos auf ihn gerichtet sind, scheinen ihm plötzlich gar nicht mehr so »gar seltsam starr und tot«. Nein, sie entzünden sich wie »feuchte Mondesstrahlen« und verklären das hübsche Gesicht zum Antlitz einer »himmlischen Frau« (*200, 204*). Der Blick durchs Glas verwandelt ein »Räderwerk«, eine »singende Maschine«, an der allenfalls »ein schönes Äußeres«, ein »regelmäßiger Wuchs« zu loben sind, zum Ideal der ausschweifendsten Phantasien (*205/6*). Geschieht da nicht die ›Romantisierung‹ eines ›niederen Selbst‹?

Fortan ist nur noch ganz selten von Nathanaels Blicken die Rede. Es ist vielmehr Olimpias Auge, aus dem der »Liebesblick [erstrahlt], der zündend sein Inneres durchdrang« (*202*). Und sie ist es, die »stundenlang ... mit starrem Blick unverwandt dem Geliebten ins Auge [sieht|« (*207*, vgl. *204*). Ins Auge? Man muß es ganz wörtlich nehmen, denn seitdem Nathanael seine »Sehkraft« gegen das Phantasien erregende Perspektiv vertauscht hat, fehlt es seinem Auge an Blick. Die Subjektivität seines Gesichts ist an die Glasaugen des schönen Räderwerks verloren gegangen. Dessen Augen, die bis dahin eigentlich nur Augenbälle, nämlich kugelförmige Glas- oder Porzellankörper »ohne

Lebensstrahl (und) ohne Sehkraft« *(206)* gewesen sein können, sind in Nathanaels verwaiste Augenhöhlen übergesprungen: das niedere Selbst hat auf den Platz des besseren Selbst übergegriffen.

Alles beruht – wie in der Alchemie – auf einer Projektion. C. G. Jung hat darauf hingewiesen, wie schmal die Grenze ist, die in den Arbeitsberichten der Laboranten die »Vision im... metaphorischen Sinne« von der wirklichen »Sinnestäuschung« trennt *(Jung 290/2)*. Nathanael empfängt seine eigene vergessene Botschaft immer in der umgekehrten Form der Rede des Anderen. Darum fehlt seinem Seelenaustausch mit Olimpia jede Wechselseitigkeit. Und es erscheint ihm nicht von ungefähr, »als habe die Stimme [Olimpias, die er »als echte Hieroglyphe der innern Welt« vernimmt,] aus seinem Innern selbst herausgetönt« *(206, 207/8)*. Auch der feuchte Glanz, der auf den Augen Verliebter schimmert und den Nathanael auch in Olimpias Augen schwimmen sieht, – er enthüllt sich als Spiegelung seines innersten Selbst. »Du tiefes Gemüt«, ruft er begeistert aus, »in dem sich mein ganzes Sein spiegelt!« *(204)* Das blickende Auge ist hier buchstäblich zum reflektierenden Spiegelglas geworden, und der Effekt dieser Verwechslung ist eben die Beseelung des Mechanischen und Mechanisierung des Lebendigen (tatsächlich tötet Nathanael um ein Haar seine Braut Clara, so wie er am Schluß nach einem zweiten Versuch sich selbst umbringt). Wir hatten schon in den anderen Texten Beispiele für die metonymische Beziehung, die sich – z. B. im Mineralglanz – zwischen dem Auge und dem Herzen herstellt: hier gewinnt sie ein ganz eigenes Gewicht. Nicht nur ist die Symbolik des Todes und der Kälte allgegenwärtig im *Sandmann*. Auch eine Beziehung zwischen dem warmherzigen Gefühl und dem lebendigen Auge ist hergestellt, z. B. in der ersten Laborszene: ist das Auge geblendet, so erstarrt auch das Herz; ihm ist die Fähigkeit, »sein Pensum

in der Welt zu flennen« *(180)*, abhanden gekommen (vgl.
157). Präsent ist die Symbolik des kalten Herzens auch,
wenn Nathanael den Wirklichkeitssinn seiner Braut für ein
Zeichen ihres »kalten Gemüts« *(185, 192–5)* mißkennt oder
»Tropfen seines eigenen Herzbluts« in die Beseelung des
für sich toten Symbols investiert *(195)*.*

Diesmal interessiert uns freilich weniger die Gegenwärtigkeit der Steinherz-Symbolik (da wäre die *Schneekönigin*
ein geeigneterer Gegenstand). Wir wollen ja den Fetischismus der poetischen Symbolverwendung untersuchen und wissen, ob er Ähnlichkeit hat mit dem Fetischismus des Geldes. Das aber müssen wir schon jetzt zugeben: die beiden Seiten des Symbols – die geistige und
die sinnliche – sind in Nathanaels poetischem Universum
hoffnungslos gegeneinander vertauscht. Er macht gar
keinen Unterschied zwischen seinen Einbildungen und
der wirklichen Welt; im Gegenteil, er erklärt jene für wahr
und diese für ein Phantom. Seine außer Kontrolle geratene
Phantasie entkommt nirgends dem Gleichungszwang der
Assoziationen und Ähnlichkeiten. Es gibt im *Sandmann*
ganze Bündel vom metonymischen Beziehungen, was der
Erzählung ihre einzigartige Atmosphäre von Dichte und
Unentrinnbarkeit verleiht:

Da ist einmal die Namensähnlichkeit von Coppelius und Coppola, die
sofort als Beweis für ihre Identität genommen wird. Die schwarze Höhlung des Herdes zwingt den Nathanael, an die Leere der Augenhöhlen zu
denken. Die Pupille des Auges verweist auf lat. *pupilla,* das Mädchen
(Olimpia). Das Feuer in der Alchemistenküche ersteht nicht nur wieder
in dem nachtfarbenen Gedicht, sondern auch in dem Feuer, das Nathanaels erste Wohnung einäschert und seinen Umzug, der Olimpia gegenüber, vorbereitet; natürlich ist es auch gegenwärtig in dem Angstschrei

---

* Man möchte diesem Zusammenhang einen Satz aus Celans Begleittext zu den Lithographien Edgar Jenés unterlegen: »Hol dir lieber ein
paar Augen aus dem Grund deiner Seele und setze sie dir auf die Brust:
dann erfährst du, was sich hier ereignet« *(Edgar Jené und der Traum,* Wien
1948, 8).

»Feuerkreis, dreh dich«, den der »glühende« Wahnsinn seiner Brust abpreßt. Des Coppelius »buschigte Augenbrauen« verkörpern sich in jenem wandernden Busch, der vor Nathanaels glasbewehrtem Auge in der Turmszene auftaucht. Der Qualm aus des Vaters gern verlöschender Pfeife erinnert an die Nebelschwaden im Experimentierzimmer, in dem man folglich nicht gut sehen kann (auch sind Clara alle »Nebler und Schwebler« zuwider). Die »wunderbaren Geschichten« und »Bilder«, die der Vater erzählt bzw. zeigt, vermitteln seiner Phantasie – durch Überspannung des Glaubens an die väterliche Autorität – den Zugang zur Welt des »Wunderbaren«. Die Höhe der Stufen, über die des Coppelius/Coppola dröhnender Schritt heraufsteigt und von welcher das Kind ihn immer nur in der Phantasie hinabstürzt, präfiguriert die Höhe des Sturzes, den der zu Füßen des Coppola zerschmettert liegende am Schluß der Erzählung tut, indem er – wie schon durch die freiwillige Blendung – in metonymischer Verkehrung das »böse feindliche Prinzip«, den Coppola in sich, zum Tode verurteilt: niemals aber gegen den wirklichen Händler vorgeht.

Für alle diese poetischen Überformungen der Erfahrungswirklichkeit steht Coppelius (alias Coppola) gleichsam als Zentralsymbol. Im Grunde ist er, der allgemeine *couppellateur,* der Kuppler und Scheidekünstler, nichts anderes als das personifizierte Vermögen der Vertauschung: der Trennung und der Neuzusammensetzung (er bringt den Nathanael von der Erfahrungswelt »auf die Bahn des Wunderbaren«, und er amalgamiert sein natürliches Auge mit dem Auge der Einbildungskraft; er trennt Nathanael von seiner Braut, er stiftet und zerstört die Beziehung zur Olimpia usw.). Daß er als Händler und als Zerstörer von Gebrauchswerten auftritt, haben wir schon erörtert. Kann man zugespitzt sagen, er sei das selbstmächtig gewordene Spiel der Metonymie, an deren spukhaftes Treiben Nathanael seinen Eigenwillen aufgibt?
So hätte die Erzählung vom *Sandmann,* jenseits der thematischen Ebene, eine reflexive Dimension: in ihr entblößte der Apparat des poetischen Fetischismus seine feinsten Triebfedern, um sie der Kritik auszuliefern. Wenn, wie ein zeitgenössischer Sprachphilosoph schreibt, die Macht der

symbolischen Rede (der »Metapher«) darin besteht, »zwei getrennte Bereiche in kognitive und affektive Beziehung zu bringen, indem sie die dem ersten entsprechende Sprache *wie eine Linse* gebraucht, um den anderen anzuvisieren« (Max Black, *Models and Metaphors,* 1962, 237), – dann hat man gute Gründe, das ganze Geschehen des *Sandmann* als eine Veranschaulichung des Spiels der autonom gewordenen Metapher zu lesen. Das ist übrigens ein Vorschlag, zu dem Hoffmann selbst anregt. Er läßt in denselben Berliner Teezirkeln, in welchen schon die Puppe Olimpia eine gute Figur gemacht hat, einen Professor der Poesie und Beredsamkeit auftreten, der eine Prise nimmt, die Dose zuklappt und erst dann »feierlich« verkündet:

Hochzuverehrende Herren und Damen! merken Sie denn nicht, wo der Hase im Pfeffer liegt? Das Ganze ist eine Allegorie – eine fortgeführte Metapher! – Sie verstehen mich! – Sapienti sat! (*211*).

Er ahnt zwar so wenig wie die Gesellschaft, die mit der Erklärung unzufrieden ist, wie recht er hat. Im Grunde aber gibt er einen unübertrefflichen Wink auf die Verfahrensweise von Nathanaels ›poetischem Absolutismus‹ (B. Lypp). Mit diesem Namen läßt sich recht gut bezeichnen, was nach den Romantikern viele Dichter des Symbolismus praktizieren werden: die Verabsolutierung des Symbols und die Entmachtung des Symbolisierten.

Wir wollen diese Entwicklung an ein paar Beispielen illustrieren (wenn es auch nur in starker Vereinfachung geschehen kann). Im *Rêve parisien,* einem Gedicht der *Fleurs du Mal,* das dem Thema unseres Bandes auch sonst entgegenkommt, spielt Baudelaire mit dem Doppelsinn der Zeichen »cataracte« und »cristallin«. Das erste meint nicht nur den »Wasserfall«, sondern auch den »grauen Star«; und das zweite bedeutet nicht nur »kristallen«, sondern auch die »Linse des menschlichen Auges«. Die unausgesprochene Verknüpfung ›cataracte cristalline‹ verrät nun geradezu die poetische Verfahrensweise des Gedichtes selbst. Die Trübung begabt die Sehlinse mit einer gewissen Selbständigkeit: sie wird zum Symbol eines nach innen gekehrten Blicks – einer »Blendung«, wie es geradezu heißt. Das dichterische Zeichen biegt sich auf sich selbst zurück, und an die Stelle der bezeichneten Sache tritt das absolut gewordene Symbol. Es hat sich vom Verweisungszwang befreit und auf die Stelle der sinnlichen Wahrnehmung übergegriffen. Dem inneren Licht der entfesselten Phantasie geht eine leuchtende »Märchenwelt« auf; sie erstrahlt im Glanz von »Kristall, Wasser und Metall«, und – einmal wieder – ist »die regellose Pflanzenwelt aus ihr verbannt«. Man wird hier Zeuge der Entstehung jenes phantastischen Universums, in dem das »kalte Herz« eine markante, aber doch untergeordnete Rolle spielt:

> (...) Maler, stolz auf mein Genie,
> genoß ich in meinem Bild
> das berauschende Einerlei
> von Metall, Marmor und Wasser. (...)

> Schwere Wasserfälle (cataractes pesantes),
> wie Vorhänge aus Kristall,
> hängten sich, (das Auge) blendend (éblouissantes),
> an Mauern aus Kristall.

> (...) Da waren unerhörte Steine
> und Zauberfluten;
> immense Eisflächen, geblendet
> von allem, was sie spiegelten.

> Unbekümmert und schweigsam
> gossen Ganges-Ströme am Firmament
> den Schatz aus ihren Urnen
> in die diamantenen Abgründe.

> (Als) Architekt meiner Märchenwelten
> ließ ich nach meinem Willen
> unter einem Tunnel aus Edelsteinen
> einen gezähmten Ozean dahinfließen;

> Und alles, selbst die Farbe Schwarz,
> schien hell, blank, irisierend;
> das Flüssige faßte seinen Glanz
> im kristallenen Strahl (wie mit Edelsteinen) ein.
>
> Sonst kein Gestirn, keine Spuren
> der Sonne, selbst am Himmelsrand,
> um diese Wunder zu bestrahlen,
> die nur in einem eigenen Feuer funkelten!
> (*Œuvres complètes*, 121)

Eine Welt, die – ohne äußere Lichtquelle – in ihrem eigenen Licht erglüht; ein Auge, das sich gegen die Welt blind macht und nur noch nach innen schaut: das sind die charakteristischen Embleme des *l'art pour l'art*, der poetischen Botschaft, die sich selbst zum Zweck hat. In Mallarmés *Igitur* gibt es gar die Vision eines autonom gewordenen Spiegels, der das Bild des Selbst mit sich fortführt (*Œuvres complètes*, éd. de la Pléiade, 1945, 439): Symbol einer von jeder Mitteilung entbundenen dichterischen Rede, die ihre »Kehle – Sinnbild der verweigerten Erklärung – verschlossen« fühlt (*La déclaration foraine*, l. c. 281).

Gewiß erscheint die romantische Poesie in ihrem Vertreter Nathanael ziemlich verzerrt, und dennoch ist sein Schicksal prophetisch für die Dichtung des *l'art pour l'art*. Diesen Namen (*l'art pour l'art*) scheint Benjamin Constant 1802 aus Schellings Ästhetik-Vorlesung nach Frankreich eingeführt zu haben. Schelling, der »Philosoph der Romantik«, hatte gelehrt, daß »die Kunst... nie einen Zweck außer sich [hat]« (*SW* I/5, 639; vgl. 633). Constant notiert dann in seinem Tagebuch vom 11. Februar 1804: »Die Kunst um der Kunst willen, und ohne Zweck (l'art pour l'art, et sans but); jeder Zweck entstellt die Kunst. Die Kunst erreicht jedoch den Zweck, den sie nicht hat.« (Es gibt ähnliches in der Vorlesung eines anderen Schellingianers: Victor Cousins, 1818). Das ist eine Formel, die ganz gut Baudelaires Ansicht über diesen Gegenstand bezeichnet. Sein Sonett *La Beauté* (Die Schönheit) ist oft als ein Programm der ganzen Richtung verstanden worden:

> Je suis belle, ô mortels! comme un rêve de pierre,
> Et mon sein, où chacun s'est meurtri tour à tour,
> Est fait pour inspirer au poëte un amour
> Éternel et muet ainsi que la matière.
>
> Je trône dans l'azur comme un sphinx incompris;
> J'unis un cœur de neige à la blancheur des cygnes;
> Je hais le mouvement qui déplace les lignes,
> Et jamais je ne pleure et jamais je ne ris.
>
> Les poëtes, devant mes grandes attitudes,
> Que j'ai l'air d'emprunter aux plus fiers monuments,
> Consumeront leurs jours en d'austères études;
>
> Car j'ai, pour fasciner ces dociles amants,
> De purs miroirs qui font toutes choses plus belles:
> Mes yeux, mes larges yeux aux clartés éternelles!
>
> (Ihr Menschen, ich bin schön, ein Traum von Stein!
> Mein Busen der zu blutigen Küssen treibt:
> Dem Dichter flößt er eine Liebe ein
> Die stumm ist wie der Stoff und ewig bleibt.
>
> Ich bin die Sfinx die keiner noch erfaßt,
> Die Herz von Schnee und Schwanenkleid vereint,
> Die jedes Rücken an den Linien haßt –
> Ich habe nie gelacht und nie geweint.
>
> Die Dichter all vor meinem großen Wesen
> – An stolzen Bauten scheint es abgelesen –
> Zerquälen ständig sich in strengen Schulen.
>
> Für sie besitz ich, die gefügen Buhlen,
> Wo alles schöner spiegelt, eine Quelle:
> Mein Aug, mein weites Aug von ewiger Helle.)
>
> (Übers. Stefan George)

Hier sind, wie durch ein Brennglas, viele Züge zusammengezwungen, die unser Essay analytisch zerstreut hatte: die Leidenschaft für die azurne Kälte des Maßes, der Regel, der Linie und der reinen Form; die entseelte, aber verewigte Materie; die Grausamkeit und Fühllosigkeit (auch als Unfähigkeit zu lachen und zu weinen [vgl. *157*]); die imaginarisierenden Augengläser als Spiegel; der Stein; der narzißtische Traum und das kalte Herz.

Beschworen wird es auch in einem anderen Programm-Gedicht des *L'art pour l'art,* der 21. *Odelette* von Théodore de Banville (1856), Théophile Gautier zugeeignet. Sie beginnt mit den Versen:

> Quand sa chasse est finie
> Le poète oiseleur
> Manie
> L'outil du ciseleur.
>
> Car il faut, qu'il meurtrisse,
> Pour y graver son pur
> Caprice,
> Un métal au cœur dur.

(Wenn seine Jagd beendet ist, greift der Dichter als Vogelsteller zum Werkzeug des Metallprägers. Denn er muß, um ihm seine lautere Eingebung einzuprägen, ein Metall mit hartem Herzen beschlagen.)
(*Poésies complètes,* éd. Charpentier, 1878, II, 195)

Erinnern wir uns nun wieder des »Professors der Poesie und Beredsamkeit«, der das Geschehen des *Sandmann* als eine absolute Metapher bezeichnet und uns zu dieser Abschweifung angeregt hatte. Es steckt nämlich noch ein weiterer tiefer Sinn in seinen Worten: sie enthüllen nicht bloß den Mechanismus des verabsolutierten Symbols; sie behaupten zugleich, daß es – seiner imaginären Natur ungeachtet – gesellschaftliche Realität besitzt.

Das vermutet ohnehin, wer sich klarmacht, daß die Ausgeburt der mystisch-überspannten und sich übersinnlich wähnenden Liebesphantasie des spätromantischen Dichters (Nathanael) mit dem streng technischen Artefakt eines Physikprofessors (Spalanzani) übereinkommt: die unvermeidliche Kehrseite der narzißtischen Spiegelung in einer Maschine. Wenn Nathanael schwärmerisch ausruft: »Nur dem poetischen Gemüt entfaltet sich das gleich organisierte!« (*206*), so definiert er sich damit (wider Willen, versteht sich) als einem »Räderwerk« gleich organisiert. So wie er den Gesang, den die Maschine durch Druckwerk und Röhren herauspreßt, aus seinem Innern heraustönen fühlt (*207/8*), so hat er durch das »Spiegel«-Verhältnis, das seine Seele zu Olimpia unterhält, auch teil an ihrer Roboternatur: die Klischees, das Eruptive, Abgehackte, das Zwanghafte, Formelartige und Maschinenmäßige seiner poetischen Manier erinnern gespenstisch an die seelenlose Rhythmik von Olimpias »Ach – ach – ach!«.

Die Maschine

Hoffmanns Erzählung begnügt sich also nicht mit dem kritischen Blick auf die Sprache der Dichter. Durch sie hindurch zielt er auf eine gesellschaftliche Wirklichkeit: die Erstarrung des Bürgertums zur Maschine.
Anders als die »reinen Poeten« des *l'art pour l'art* läßt er hinter dem Phantasiebild ein Stück bürgerlicher Alltagswelt sehen. Zwar, heißt es, war dem Nathanael »alles, das ganze Leben..., Traum und Ahnung geworden« (*192*). Doch schließt das die gesellschaftliche Realität nicht aus. Im Gegenteil begabt Nathanael ja das Nichtseiende durch »Tropfen seines eigenen Herzbluts« mit einer chimärischen Existenz: es verwandelt sich in ›blutige‹ Realität. Nathanaels vermeintlich geistige und obendrein private Liebesleidenschaft gilt außerdem einem Gegenstand, der bei dem von der Automatisierung des Fabrikwesens faszi-

nierten oder doch betroffenen Bürgertum in hoher Gunst stand. Das Interesse am Automatenmenschen hatte zur Zeit des *Sandmann* seinen ersten Boom schon überschritten. Auffällig ist die soziale Hochschätzung des Physikers, des Schöpfers solcher Roboter, dessen Kunstfertigkeit allerdings bedenklich hinübergreift auf die für sakrosankt erachtete synthetische Produktion beseelter Materie – das Privileg des christlichen Gottes.

(Für Nathanael ist diese Verbindung zwischen der heiligen und der physikalischen Lebenserzeugung abermals imaginär vermittelt: hat doch Coppelius, als er in des Vaters Labor den Knaben entdeckte, damit gedroht, »den Mechanismus [seiner] Hände und Füße recht [zu] observieren« [*180*]: ihn also in der Einbildung des Kindes des-organisiert, mithin als ein Räderwerk überführt. Er hat Glieder und Gelenke knackend versetzt, um am Ende der göttlichen Ordnung – auf des Vaters Bitte – murrend sich zu fügen: »'s steht doch überall nicht recht. 's gut so wie es war. Der Alte [Gott Schöpfer] hat's verstanden« [l. c.].)

Auf der anderen Seite hat das Imaginäre eben als solches gesellschaftliche Existenz: Von der Puppe Olimpia wird erzählt, daß sie in den automatisierten Ritualen der Berliner Teezirkel eine so gute Figur gemacht habe (*210*), daß nach der Entdeckung ihrer roboteresken Natur einige Damen und Herren dieser Kreise ernsthafte Anstrengungen unternehmen müssen, die Mechanik ihrer Gebärden ein wenig aufzulockern.

Viele Dichter des 19. Jahrhunderts haben sich Hoffmanns beispielhafter Methode der Demaskierung angeschlossen (man kann sie in diesem Rahmen unmöglich alle anführen). Ich beschränke mich auf ein paar Hinweise auf Flaubert, Hawthorne und Dickens.

Flauberts und Bouilhets Drama *Le château des cœurs* (Das Schloß der Herzen) – es gibt Ähnliches bei Villiers de l'Isle Adam – inspiriert sich unmittelbar am *Sandmann*. In diesem Stück tritt eine Feenkönigin auf und erläutert die satanische Operation der Gnome, welche »die Herzen der

Menschen rauben« und an ihre Stelle ein »Räderwerk« setzen, das die Bewegungen der Natur so perfekt nachahmt, daß die Conduite dieser Roboter am Ende zur Norm gesellschaftlichen Wohlverhaltens avanciert (*Œuvres complètes*, 1964, II, 325 f.; vgl. Sartre, *L'idiot de la famille* I, 617 ff.). Man bewegt sich nach bestimmten Regeln, wird aufgezogen, gibt Gemeinplätze von sich, macht festgelegte Gesten und entfernt sich nicht einen Augenblick von den Ritualen eines lückenlosen Konformismus – einfach darum, weil Maschinen nichts Unprogrammiertes tun.

Ein frühromantischer Alptraum, daß nicht die Maschinen den Menschen, sondern die Menschen den Maschinen nachgebildet sind, gewinnt an Plausibilität. » Mir ist plötzlich«, hatte Abdallah in einem Schauerroman des jungen Tieck gerufen,

als sitze ich hier unter todten fremden gemietheten Maschinen, die bestimmt den Kopf drehen und die Lippen öffnen –, sieh doch, wie der abgemessen mit dem hölzernen Schädel nickt, der sich Ali nennt, – ich bin betrogen! – das sind keine Menschen, ich sitze einsam unter leblosen Bildern –, ha! nickt nur und hebt die nachgemachten Arme auf –, mich sollt ihr nicht hintergehn! – (*Schriften T* 8, 236).

Was hier noch als Wahn gedeutet werden konnte, gewinnt in Brentanos und Görres' gemeinschaftlicher Satire vom *Uhrmacher BOGS* (1807) bereits die Dimension einer ausgelassenen Kritik des überangepaßten »Bürgers«. Bogs (aus den jeweils ersten und letzten Buchstaben der Autoren-Namen montiert) hat sein Leben, nachdem es seine Vorfahren bereits so lange »unter Händen gehabt«, gleich »in der Gestalt einer wohleingerichteten Uhr überkommen, welche so in der Ordnung ist, daß jeder, der ihren Ketten und Rädern sich nicht drehend anschließt, gekettet und gerädert wird«. »Endlich selbst zum Maschinengliede erwachsen«, widmet er sein Leben dem Mechanikerhandwerk und dem unerbittlichen Kampf gegen die übersinnliche Ansicht vom Lebensprinzip.

»Denn, hauchte«, so doziert er einem aufsässigen Gesellen, der um ein Haar entschlossen ist, »unter die Menschen zu gehen«, – »hauchte Gott gleich Seele in den Erdenkloß, dem es not tat, Adam zu werden, so geziemt es uns doch nur, mit dem Pflugschar das Erdenkloß zum Acker zu bilden, und mit grünender Furche die Scharte Adams auszuwetzen, *weil unsre Seele Metall ist,* und wir nur durch dieses beleben und belebt werden können; es ist Feder und Gewicht an der Uhr und, wenn mans beim Lichte besieht, was aber behutsam geschehen soll, gar die Uhr selbst.« – (Brentano, *Werke in zwei Bänden,* hg. von F. Kemp, München 1972, I, 436–8)

Flaubert war sich des allgemeinen Gelächters über die groteske Karikatur des Philisters nicht mehr so sicher wie die romantischen Witzbolde. Ihm scheint es ziemlich ausgemacht, daß »der Mensch nach der Uhr, der selbst Maschine geworden ist« (Schelling, *SW,* I/1, 471), kein albernes Zerrbild ist, sondern eines, das empirische Glaubwürdigkeit beansprucht. Er läßt keinen Zweifel mehr, daß er in dem »bürgerlichen Stumpfsinn« das Schwungrad einer gigantischen Maschinerie sich umtreiben sieht: »dessen beste Metapher wäre der Automat« (Sartre II, 1253).

Besiegelt ist dieser Tausch 100 Jahre später – und diesmal unter den Vorzeichen des Unwiderruflichen – in der depressiven Metaphorik von Heiner Müllers *Hamletmaschine.* Im »Europa der Frau« ist Ophelias »Herz (…) eine Uhr«. Sie spricht: »Ich bin Ophelia. Die der Fluß nicht behalten hat. Die Frau am Strick Die Frau mit den aufgeschnittenen Pulsadern Die Frau mit der Überdosis AUF DEN LIPPEN SCHNEE Die Frau mit dem Kopf im Gasherd. Gestern habe ich aufgehört mich zu töten. (…) Ich zertrümmere die Werkzeuge meiner Gefangenschaft (…). Ich grabe die Uhr aus meiner Brust die mein Herz war. Ich gehe auf die Straße, gekleidet in mein Blut« (*Die Hamletmaschine.* Heiner Müllers Endspiel, hg. von Theo Girshausen, Köln 1978, 15).

Das Motiv ist schon in Flauberts Jugendwerk angelegt. Almaroës (*Rêve d'enfer*) ist im Grunde nichts anderes als eine »elektronische Maschine«. Und Monsieur Paul (*Quidquid volueris*), sinistrer Amateurbiologe mit begnadetem Hirn und »kaltem Herzen« (sécheresse du cœur), plant und führt durch die quasi synthetische Erzeugung eines Affenmenschen (natürlich gehört Mary Shelley's *Frankenstein* in die Kette der Vorbilder). Eine schwarze Sklavin wird der experimentell stimulierten Brunst eines Orang-Utan ausgeliefert. Das Kind dieser Kopulation wird Flauberts knabenhafte Phantasie mit einer ›unaussprechlichen Seele‹ ausstatten, seinen symbolischen Vater jedoch als einen seelenlosen »Roboter« charakterisieren: als die verkörperte Einbildung eines »automate qui serait démiurge«, ja – und das kommt dem Hoffmannschen Vorbild zweifellos am nächsten – als »ein Ungeheuer (monstre) oder vielmehr ein Wunder (merveille) der Zivilisation« (zit. nach Sartre 1, 216/7 und 212; vgl. Flaubert, *Jugendwerke*, Zürich 1980, 97/8, 107, 118–20).

Der Sieg der Technik und der Naturwissenschaften beginnt in den Köpfen der Dichter zu arbeiten. Der analytische, nämlich der – im Wortsinne – auflösende und zersetzende Blick des Humantechnikers wird eine Heimsuchung Flauberts bleiben. Vom Doktor Larivière sagt er, in einer früheren Version der *Madame Bovary*, daß »sein Blick jede Lüge in den Vorwänden und Schamhaftigkeiten« der von ihm diagnostisch Durchdrungenen »auseinandernahm (désarticulait) und sie einem in Stücken vor die Füße fallen ließ« (zit. nach Sartre 1, 459). Vom Blick des Arztes getroffen, desorganisiert sich der synthetische Leib und zerfällt in die Räder und Treibriemen einer komplexen Maschine, als welche der Körper allein der analytischen Virtuosität des Experten zugänglich ist. Das Skalpell, mit welchem der Leichnam aufgeschnitten wird, erweist sich als das einzige Pharmakon, das der Doktor zu verabreichen vermag; es wirkt freilich erst in der Stunde des Todes, und zwar indem es ihn besiegelt: die Diagnose wird zur Anamnese der Todesursache. – Das Skalpell des klinischen Blicks schneidet schmerzhaft auch in den Mittelpunkt des seelischen Lebens, ins warm pochende Herz, und verbietet ihm jede Ausflucht, die den wissenschaftlichen Standards der Analyse nicht standhält (z. B. in die Religion). Sartre hat mehrfach darauf hingewiesen, daß der Doktor Larivière im *Docteur Mathurin* des Flaubertschen Frühwerks seinen Vorläufer hat. Von ihm heißt es, daß er »das Menschenherz bis auf den Grund durchschaute«.

Wenn er den Kopf hob, seine Augenlider senkte und einen lächelnd von der Seite ansah, spürte man, daß eine magnetische Sonde einem in die Seele eindrang und alle Winkel durchstöberte. (...) Durch die Kleidung hindurch sah er die Haut, das Fleisch unter der Epidermis, das Mark in den Knochen, und aus alledem grub er blutige Fetzen, eine Fäulnis des Fleisches hervor. (*Œuvres* 1, 221; vgl. Sartre 1, 462)

Nicht nur für den Analysierten ist die »Arbeit des Skalpells im Menschenherzen eine schlimme Sache« (Flaubert an Ernest Chevalier, den 24. Juni 1837). Sie ist die Ausgeburt einer zur Unfruchtbarkeit verurteilten Leidenschaft, einer seelischen Leere, einer »Auszehrung des Herzens«: sie ist das Werk einer kalten Hand und eines kalten Auges, einer Gemütsvertrocknung.

»Tief und tödlich« hat Flauberts amerikanischer Zeitgenosse Hawthorne eine Humantechnik genannt, die sich »unendlich viel mehr um die Wissenschaft als um die Menschen kümmert«; ja die es gerne in Kauf nimmt, daß sie den Menschen als Lebewesen auslöscht, um nur das Senkblei der Analyse in die Tiefen seines Herzens gleiten zu lassen (*Erzählungen*, 457, 436). – Ethan Brands »kaltes und erbarmungsloses« Herz ersteigt den Höhepunkt seiner Verruchtheit, als er ein unschuldiges Mädchen »zum Gegenstand eines psychologischen Experiments« macht und ihre »Seele (...) dabei mißbraucht, ausnutzt und vielleicht sogar zugrunderichtet« (*243*).

Soviel über den Verstand! Aber wo war das Herz geblieben? Das war allerdings verdorrt – zusammengeschrumpft – verhärtet – vernichtet. (...) Er war kein Menschenbruder mehr, der die Kammern oder Kerker der allgemeinen Menschennatur mit dem Schlüssel heiliger Sympathie öffnete, die ihm das Recht gab, an all ihren Geheimnissen teilzuhaben; vielmehr war er jetzt ein kalter Beobachter, der in der Menschheit das Objekt seines Experiments erblickte und am Ende Mann und Frau in seine Marionetten verwandelte, an deren Drähten er so lange zog, bis sie solche Verbrechen begingen, wie er sie für seine Untersuchung brauchte. *(248/9)*

Ohne Zweifel erfüllt eine solche Tat die Bedingung der *Unvergebbaren Sünde,* die noch ein anderer »eiskalter« Humaningenieur, der Doktor Rappaccini, auf sich lädt *(Rappaccinis Tochter).* »Denn er ist – wir wollen ihm Gerechtigkeit widerfahren lassen – ein so wahrer Wissenschaftler wie nur je einer, der sein eigenes Herz in einer Retorte destilliert hat (he is as true a man of science as ever distilled his own heart in an alembic)« *(Erzählungen, 457).* Nicht unähnlich dem Physiker Spalanzani hat er seine Tochter aus kaltem Wissenschaftsfanatismus im Gifthauch todbringender, doch wundervoller Blumendüfte aufgezogen, um durch ihre Schönheit Männer in die großangelegte Experimentanordnung hineinzuziehen. Ihr Zweck ist das Studium des Verhaltens von gleichsam schon zu Lebzeiten entseelten Organismen. Beatrices Herz ist mit der Zeit erstarrt (my heart was tropid [*Erzählungen,* 462]) und »selber zum tödlichsten Gift geworden, das es je gegeben hat« (455). Vom Anhauch ihres duftenden Atems getroffen, welken die Blumen und sterben die Schmetterlinge – oder verwandeln sich in glühend rote Kristalle (439/40), ihre organische Natur mit dem kalten Leuchten »eines kostbaren Steins« vertauschend (gemlike flowers, the living gems, gemlike blossoms). Ihr »unheilvoller« Glanz (451) dringt auch in des Verliebten Giovanni Herz ein: Alsbald »stiegen... Gedanken aus einer tiefen Quelle auf und juwelengleich funkelnde Phantasien, als ob

Diamanten und Rubine mit den Blasen des Brunnenwassers emporsprudelten« (450). Nicht immer freilich ist der Zaubergarten dem Giovanni so erfreulich vorgekommen. Im Gegenteil mied er anfangs seinen Anblick, »als könnte ihm, wenn er sich zu einem Blick verführen ließe, durch etwas Häßliches und Ungeheuerliches das Augenlicht geraubt werden« (441).

Wie im *Sandmann* ist es eine kristallvermittelte und ans Sehvermögen appellierende Faszination, die Giovannis Augen verblenden und sein Herz vergiften wird, wie dies der Doktor Rappaccini – ein Mann, dessen »Gesicht... von Intelligenz und Bildung in einzigartiger Weise geprägt war, aber wohl niemals, selbst nicht in jungen Jahren, viel Herzenswärme ausgestrahlt hatte« (431) – als Resultat seines Forschungsprojektes vorgesehen hatte: »Meine Tochter,« sagt er mit geheuchelter Freundlichkeit, »du bist nicht mehr einsam in der Welt! Pflücke einen dieser kostbaren Edelsteine von deiner Schwesterpflanze und fordere deinen Bräutigam auf, ihn an seiner Brust zu tragen« (466). – Wer den Edelstein der ertöteten Blumenwelt aber einmal am Herzen trägt, der erfährt zu spät, daß er zum »Material für irgendein neues Experiment« auserschen war (457), in dessen Verlauf er »von aller Wärme des Lebens abgetrennt und in die Regionen unnennbaren Entsetzens verleitet (enticed)« wurde (462).

Seit alters wohl hat sich die Phantasie der Dichter mit einer vom Schauder des Verbotenen verstärkten Lust im Grenzbereich zwischen Mechanik und belebter Natur aufgehalten. Die alchemistische *imaginatio* hat kaum ein anderes Ziel, als die innerste Schaffenskraft des Lebens unter die Botmäßigkeit einer Technik zu bringen. Homer erzählt, daß Hephaistos, der geschickte Schmied unter den Göttern, mechanische Frauen aus Gold gefertigt habe, die ihm bei den schwierigsten Arbeiten zur Hand waren, »Vernunft im (metallenen) Herzen« besaßen und sogar der Sprache mächtig waren (*IL*. 18, 417ff.). (Sie haben ihren Nachfolger in der »menschlichen Maschine« Aminidab, dem unheimlichen Helfer des Wissenschaftlers Aylmer, in Hawthorne's Erzählung *Das Muttermal*.) Auch Pindars *Siebter Olympischer Gesang* weiß von mechanischen Menschenfiguren aus Kreta und Rhodos zu berichten, die »in jeder Kunst die sterblichen Menschen mit geschickt werkenden Händen übertreffen«. Der Grieche Archytas soll eine künstliche Taube von wunderbaren Fähigkeiten, Regiomontanus eine schwebende Fliege, Albertus Magnus einen Automaten entwickelt haben, der die Tür seiner Zelle öffnete, sobald man anpochte, und den Eintretenden mit einem Gruß bewillkommnete. Man kann sich denken, welche Vorstellungen vom Walten geheimnisvoller Mächte mit solchen mechanischen Kunststücken zu erregen waren. Besondere Berühmtheit erwarb Vaucanson, der seinen mechanischen Flötenspieler 1738 der Akademie vorführen durfte. Als Meisterwerk galt lange Zeit seine automatische Ente, die perfekt den Gang, die Bewegungen des Futteraufpickens und -verschlingens, des Federzupfens und Gründelns, ja selbst die Verdauung dieses Vogels imitierte. Droz hat dann rechnende, zeichnende, schreibende und klavier- oder schachspielende Automaten konstruiert, die stark auf die Phantasie Hoffmanns und Hawthorne's gewirkt haben.

Der Schauder vor der Verletzung eines religiösen Tabus, der in Hawthorne's puritanischer Seele finstere Träume aufregt, ist auch bei Hoffmann zu spüren. (»Tot und starr« nennt er im *Meister Floh* das »Herz« der beiden Physiker, die, »auf kolossalen Mikroskopen« sitzend, der Natur »in frevligem Beginnen« ihr Geheimnis entreißen wollen.) Aber die Technik gewinnt bei ihm eine gesellschaftliche Dimension: sie wird zum Symbol eines Bürgertums, das sein Schicksal in noch unklarer Weise an die Schicksale der Maschine bindet.

Einen Fingerzeig in diese Richtung gibt der Schluß des Artikels *Automate* in der *Nouvelle Encyclopédie*.

> Die Zeit der Automaten [heißt es dort] ist vorbei: Der Geist (génie) der Mechanik hat diejenigen, die mit ihm begabt sind, gewinnbringenderen Arbeiten sich zuwenden lassen; und wenn Vaucanson heute unter uns lebte, hätte sich seine intellektuelle Kraft gewiß nicht auf die Konstruktion von Puppen gelegt; er hätte sich ohne Zweifel... den berühmtesten Mechanikern unseres Jahrhunderts angeschlossen und dabei den Ruhm erworben, als ihr Rivale (émule) aufzutreten. Die Automaten sind, nimmt man das Wort in seinem etymologischen Sinne (*autós, máomai*: das, was sich von selbst bewegt), Erfindungen von unermeßlichem Wert, man denke nur an die Pendel- und Taschenuhren; aber die erste Bedingung, die ihnen auferlegt ist, besteht darin, daß ihre Bewegungen nichts Spielerisches und Zweckloses vollbringen (wie wenn man eine Penduluhr ihres Schlagwerks und Zifferblatts beraubte und sie ohne ein anderes Resultat als das ihrer unnützen Bewegung ablaufen ließe). *Was zur Domäne der Industrie oder der Wissenschaft gehört, muß im Dienste der Industrie und der Wissenschaft verbleiben und hat auf dem Boden der schönen Künste nichts mehr zu suchen.* (tome I, 281)

Die Tendenz dieses Schlusses ist deutlich. In den 30er Jahren des 19. Jahrhundert verliert der Automat seinen esoterisch-artistischen Nimbus und tritt seine Weltherrschaft als industrielles Produktionsmittel ersten Ranges an. Bei Hoffmann, Flaubert oder Hawthorne ist sein Schöpfer noch namentlich bekannt: er ist ein skurril-elitärer Sonderling, im rückständigen Deutschland stets, in Frankreich und Amerika oft ein Ausländer mit dem Air des verschrobenen Spezialisten: ein Monsieur Paul, ein Doktor Rappaccini, ein Professor x. oder Spalanzani usw. Seine Erfindungen sind gleichsam exotische Importartikel, die das Inland als fremde Wunder bestaunt. Erst später tritt der Schöpfer hinter der Maschine zurück, und deren Einfluß betrifft nicht mehr den einzelnen, dem er ein faszinierendes oder tödliches Abenteuer ermöglicht, sondern die werktätigen Massen.

Auch jetzt freilich begleitet die Phantasie der Dichter das Wuchern der Maschinen mit entzücktem Schauder. Als

Historiographen der Schicksale der Seele hören sie nicht auf, die entseelenden Effekte aufzuzeichnen. »So ist denn die *Maschine*,« schreibt Wagner, »der kalte, herzlose Wohltäter der luxusbedürftigen Menschheit« (*GSD* III, 58). Der metonymische Komplex des Maschine gewordenen Organismus findet neuen Anschauungsunterricht in der stählernen Wirklichkeit der Fabriken. Marx und Engels haben das Bild vom maschinisierten Menschen oft verwendet. (»Die Maschinerie wird mißbraucht, um den Arbeiter selbst von Kindesbeinen in den Teil einer Teilmaschine zu verwandeln« [*K* I, 445]. »Die industrielle Revolution [... machte] die Arbeiter vollends zu bloßen Maschinen« [*MEW* 2, 239]. Ebenso Wagner: Der Hunger nach Profit ist »herzlos, unersättlich und egoistisch. (...) Er ist die Seele dieser Industrie, die den Menschen tötet, um ihn als Maschine zu verwenden« [*GSD* III, 49, vgl. 58].) Dergleichen Bilder wurden zum Gemeingut der Geschichtsschreibung über die Anfänge der Industrialisierung im Frühkapitalismus, wie jeder weiß. Die Perhorreszierung der »Maschine« durchzog wie ein roter Faden die idealistische Literatur, besonders die Schriften des jungen Schelling seit dem sogenannten *Ältesten Systemprogramm*. Eine ausdrückliche Beziehung zwischen dem Einerlei, der Austauschbarkeit, der Freudlosigkeit und Kaltherzigkeit des Lebensstils von Fabrikarbeitern und dem Maschinenrhythmus der schmutzigen Industriestadt (dieser »Satansmühle«) hat aber erst – im literarischen Medium – Charles Dickens hergestellt. In seinem Industrieroman *Hard Times* z. B. enthüllt er die tiefe Verwandtschaft, die zwischen der mechanisierten Arbeit und dem »mechanischen Kunststück und Mysterium der Geistesbildung« besteht (*The Oxford Illustrated Dickens,* 1970, 49). Die im Schatten der Maschinen aufgezogenen Menschen denken und bewegen sich wie mechanische Puppen – einfach darum, »weil sich das Leben in Stone Lodge wie ein monotones Schwungrad oder wie der verselbständigte Teil einer gigantischen Maschinerie umwälzte, die jedem den Mut zu menschlicher Einmischung (interference) nahm« (56). Von Stephen Blackpool, einem Arbeiter am mechanischen Webstuhl (powerloom weaver) heißt es, daß sich seinem Organismus die metallenen Rhythmen der Maschine mit so unerbittlicher Gewalt eingegraben haben, daß er sie nicht mehr von seiner Seele losbringt. »Indem er auf der Straße stand, überwältigte ihn die altbekannte Empfindung, die das Abstellen (stoppage) der Maschine immer in ihm hervorbrachte – das Gefühl, sie habe sich in seinem eigenen Hirn umgetrieben und nun abgeschaltet (the sensation of its having worked and stopped in his own head)« (64). So wie der kalte Blick (»this cold eyes«) und das Lachen des Unternehmers Mr. Bounderby, »banker, merchant, manufacturer, and what not«, die Starre und den Klang des Metalls angenommen haben, mit dem er ständig umgeht (»a big, loud man, with a stare, and a metallic laugh«); so versteinert das von Mr. Gradgrind, Besitzer einer Modellschule, ausgeübte »System« einer Dressur in Tatsachensinn (»fact, fact, fact«) die Beziehungen zwischen den Menschen und die Herzen jedes einzelnen (5, 14, 23; vor allem Book II, chap. XII und Book III, 1).*

Das ist ein Effekt, den Dickens auch sonst mit Eifer aufgewiesen hat: z. B. in der seelen- und lieblosen, ja grausamen Erziehung oder in der fast experimentell geübten Abrichtung. In *Great Expectations* wird eine adoptierte Waise »als ein Modell mißbraucht, an dem man nach Belieben praktizieren kann, wenn gerade kein anderes Modell zur

---

* Louisa Gradgrind verwünscht im Gespräch mit ihrem Vater die Stunde ihrer Geburt: »›Where are the feelings of my heart? What have you done, O father, what have you done, with the garden that should have bloomed once, in this wilderness here?‹ She struck herself with both hands upon her bosom. / If it [my heart] had ever been here, its ashes alone would save me from the void in which my whole life sinks.«

Hand ist« (*The Oxford Illustrated Dickens,* ⁸1973, 307). Das Medium, die schöne und grausame Estella, wird zu guter Letzt sogar ihre Meisterin, Miss Havisham, durch Kaltblütigkeit schockieren. Ihr »undankbarer« und »grausamer« Blick veranlaßt diese zu dem Aufschrei: »You stock and stone! (...) You cold, cold heart!« (l. c. 289). Die reuevollen Worte kommen zu spät: »Ich stahl ihr Herz und tat Eis an seine Stelle« (378).

Winterlandschaft

Gewiß, das sind keine romantischen Themen mehr. Die Texte der Romantiker bewegen sich recht deutlich noch auf der Grenze zwischen einem gesellschaftsanalytischen und einem ästhetischen Interesse. Nathanael ist eben vor allem ein Dichter. Und die Maschine ist ein Phänomen, das eher seine Phantasie als seine Einsicht beschäftigt. Die Genialität der Hoffmannschen Erzählung besteht aber nicht zuletzt darin, daß sie zeigt, wie wenig Nathanaels Flucht ins Irreale der realen Welt entkommt. Wenn die Nebel seiner Phantasien sich verziehen, sieht man mit unerbittlicher Klarheit die Struktur der ›gemeinen Wirklichkeit‹ wieder hervortreten. Die Maschine ist sein Ideal: aber die gemeine Wirklichkeit ist selbst nur eine riesengroße Maschine, der keiner entrinnt. Die wildeste Ablehnung der Seienden im Namen der Phantasie endet in der phantastischen Bejahung desselben Seienden. So wird der Narzißmus der weltflüchtigen Poeten genarrt.

Auch der Narzißmus des *l'art pour l'art.* In den Gedichten der Baudelaire, Flaubert, Rimbaud, Mallarmé usw. haben wir eine ähnlich leidenschaftliche Ablehnung der Wirklichkeit um ihrer selbst willen. Ziel der Dichtung ist »die Ankunft *im Unbekannten*« (Rimbaud an Paul Demeny, 15. Mai 1871) oder, wie Flaubert sagt, »im Unmöglichen« (*Œuvres complètes* I, 67). Gegen den Augenschein muß man sie alle – wie den Nathanael – gewissenhaft befragen, ob sich das Gewebe der überschrittenen Wirklichkeit in ihren Texten nicht neu und fester als zuvor verknüpft. So heißen der »Ekel vor der Hartherzigkeit des Menschen«, dieser Fabrikware der Natur, und der Abscheu vor der »entherzenden Heimsuchung durch das Gemeine« den Dichter an den Altar »der keuschen Unendlichkeit« fliehen, »wo die Schönheit blüht« (Mallarmé, *Les Fenêtres, Œuvres,* 337): doch ist gerade dies, wie sich herausstellt, der eigentliche Ort der »harten Herzen« (*Hérodiade,* l. c. 47/8). Und Baudelaires Horror vor dem »Eindringen der Industrie ins Reich des nicht mit Händen zu Greifenden und Imaginären, sur tout ce qui ne vaut que parce que l'homme y ajout de son âme« (*Œuvres complètes* 396), ist lediglich blind gegen das Industrielle seiner eigenen Bilderwelt. Der Abscheu gegen Maschine und Fabrik verklärt sich in der Vision einer Industriestadt, die als Ideallandschaft vor dem inneren Auge aufersteht. Welch ein Unterschied zwischen der Beschreibung, die im 19. Jh. etwa Dickens von der »Teufelsmühle« Coketown und in expressionistischer Zeit etwa Paul Gurk von der erfrorenen Erde über dem blutigen Röhrengeflecht Berlins gibt, und einer Bildbeschreibung Baudelaires. Dickens wütet gegen »jene scheußliche Stadt, wo die Natur mit Ziegelmauern ebenso gründlich ausquartiert wurde, wie umgekehrt mörderische Dünste und Abgase in den Wällen eingemauert sind« (*Hard Times,* 63). Bei Paul Gurk findet man das folgende Stadtgemälde: »Die Freunde schritten schweigend (...). Eckenpenn ging aber wie durch die Kälte einer erfrorenen Erde. So merkte er nicht, daß sie nicht die große Straße verließen, um rechts abzubiegen, sondern links abseits in Straßen kamen, die den Heimen der Konfektion ähnelten, mit grauen Häusern im falschen Putz von fünf Jahrzehnten früher. Doch war auch in diesen Straßen das Stoßen und der schauerliche Geruch von eisernen Pferden und Lastkraftwagen. Einzelne Häuser hatten sich über ihr Maß gereckt. Auf dem Unterbau des alten Berlin schossen die Rippen eines Mammut an, die Haut Glas, von einem aufgetürmten, steinernen Schädeldach gedrückt. Am Abend stachen hier die bösen Augen zweier Scheinwerfer in die Dunkelheit und suchten nach Futter für das Haus. / Der Buchtrödler hatte das Empfinden, als sei ein Teil seines Herzens weggeschnitten worden, und es tropfe das Blut durch den Asphalt in die Adernetze der Kanalisation, so daß die große Stadt unter ihrer steinernen Haut ein furchtbares Röhrengezweig mit Herzblut verbreite. Wo aber ist das Herz der Stadt? Hat sie kein Herz? Darf ein dämonisches Wesen ein Herz haben, da es doch nicht sterben darf, und nur lebt, wenn es das Land auffrißt und zu Technik verdaut. Da doch die Stadt nur sich selbst lieben kann, nicht aber das Weib Land? Da es selbst Landschaft ist, zweigeschlechtig, sich in sich selbst zeugend!« (*Berlin*, 1927)

Ulrich, der »Mann ohne Eigenschaften«, fühlt »in dem erfrorenen, versteinten Körper der Stadt (...) ganz zu innerst sein Herz schlagen« (R. Musil, *Gesammelte Werke*, 1978, I, 153).

Dagegen berauscht sich Baudelaires Traum von der »großen Stadt« an der

Majestät der aufgehäuften Steinmassen (...), den Obelisken der Industrie, welche Heerscharen von Rauch gegen das Firmament entbieten, den Gerüsten, die ihr durchbrochenes, spinnwebhaftes Gefüge so paradox über den massiven Block der Bauten, an denen man bessert, legen, dem dunstigen und von Groll schweren Himmel und den tiefsten Durchblicken, deren Poesie in den Dramen wohnt, mit denen man sie im Geist ausstattet. (*Œuvres complètes*, 417 [=*Salon de 1859*])

Man beobachtet, wie die Einstellung der Wahrnehmung unversehens auf die Ebene der Phantasie hinübergleitet, auf der sie ihre Rechtfertigung erhält.

In der Beschreibung der Stadt als einer Art höherer Naturlandschaft wiederholt sich die Zwiespältigkeit des Eigenschaftsworts »terrible« im ersten Vers des *Rêve parisien* (»Dans ce terrible paysage«): Es kann »schrecklich« heißen (und würde alsdann das Grauen vor der unmenschlichen Kälte und Lebensfeindlichkeit dieser Stein- und Metallwüste bezeichnen), aber auch »gewaltig«, »außerordentlich«, ja »erhaben« (und würde in dem Fall das Überwältigende und Entgrenzende der Vision ausdrükken).

Die Phantasie vernichtet den Alptraum des Wirklichen, um sein abgebautes Gerüst in der irrealen Welt wiederaufzurichten. Es gibt für diese Bewegung eindrucksvolle Belege nicht nur bei Baudelaire, sondern auch im Werk Rimbauds. Drei Stadien lassen sich unterscheiden. Zunächst wird der bleiern lastende Eis- und Kristallhimmel über den asphaltenen Großstadtboulevards als eine Art Gegennatur bejaht; es folgen Gedichte, welche die Stadt als ein menschenmordendes Inferno perhorreszieren; endlich wird die Haltung der imaginären Verneinung der städtischen Hölle als solche bejaht: die Verneinung der Sache verschwindet hinter der Bejahung der ästhetischen Form, in der sie erbracht wird. (Vgl. die zwischen den Gedichten *Bruxelles* [82/3], *Métropolitain* [143/4], *Les Ponts* [133/4] und *Villes* [135ff.] vollzogene Entwicklung.)

Hawthorne erschrak noch vor »diesen Straßen mit den steinernen Herzen, [aus denen] seit vielen Jahrhunderten... die Natur... verbannt ist« (*Der Marmorfaun*, 1961, S. 75). Die kritische Verwendung des Steinherz-Symbols zeigt freilich auf, in welcher Tradition das Urteil sich geborgen weiß. Diese (christliche) Tradition hat ihre heilende Kraft verloren, wenn das *De profundis* der symbolistischen Naturverneinung an unser Ohr schlägt:

»Sag mir, mein Herz, mein armes kaltes Herz (mon âme, pauvre âme refroidie), was hieltest du davon, in Lissabon zu wohnen? (...) Diese Stadt liegt am Wasser, man sagt, sie sei ganz aus Marmor erbaut und das Volk habe einen derartigen Haß auf alles Pflanzliche, daß es sämtliche Bäume ausreiße. Dies ist doch eine Landschaft ganz nach deinem Geschmack, eine Landschaft aus Licht und Mineral, und das Flüssige, sie zu reflektieren.« – (...) Die fast erstorbene Seele antwortet nicht, bis sie endlich unter der Flut der Anmutungen zerbirst (fait explosion) und mich klüglich (sagement) anschreit: »Ganz gleich wohin! ganz gleich wohin, nur außerhalb dieser Welt muß es sein!« (Baudelaire, *Œuvres complètes,* 182)

Man sieht: die Symbolik der Dichtung arrangiert sich ganz gut mit der Gegen-Natur einer menschenfeindlichen Umwelt, indem sie sie erst ins Imaginäre versetzt und dann *als* ein Imaginäres anbetet. (»Glorifier le culte des images, ma grande, mon unique, ma primitive passion.«) Es ist die gleiche Bewegung, die Christians Phantasie im *Runenberg* vollzieht: er verachtet den Utilitarismus der geschäftigen (Gewerbe-)Welt und kniet vor den unsinnlichen Offenbarungen, die ihm das »innere Herz« der Steinwelt zusendet. Diese funkelnden Offenbarungen sind freilich Symbole ihres »abstrakten Geldeswertes« (Wagner [*GSD* III, 25]), also einer durch und durch gesellschaftlichen Qualität, für welche sich die Sozietät, der Christian den Rücken kehrt, ebenso lebhaft interessiert. Die Haltungen beider Parteien sind nur dem Grade nach verschieden. Hier gibt ein quasi religiöser Trieb, dort die Gier nach materiellen Gütern den Ausschlag. Aber ist die »Gier nach Geld« nicht auch eine Art Religion? Richard Wagner (wie vor ihm Franz Baader) hat gemeint, sie sei der Gottesdienst der bürgerlichen Gesellschaft, und hinzugefügt, niemand möge sich wundern, »wenn auch die Kunst nach Gelde geht, denn nach... seinem Gotte strebt Alles: unser Gott aber ist das Geld, unsere Religion der Gelderwerb« (*GSD* III, 27/8; vgl. 128 und den Brief an Ferdinand Heine vom 4. Dez. 1849 [*Sämtliche Briefe,* Leipzig 1975, III, 182/3]).

Natürlich geht die Kunst nicht geradewegs nach dem Gelde, so wenig wie Christians Phantasie dies direkte Ziel hat: sie tut er nur mittelbar, indem sie den Gott der Bürger verruchterweise zuerst ans Kreuz nagelt und dann in symbolischer Umwandlung genauso gottesdienstlich verehrt. Allerdings ist Plutos, der Gott des Geldes, nicht wirklich ein Gott, sondern ein »superbe Satan«: »C'était un homme vaste à gros visage sans yeux« (Baudelaire, *Œuvres complètes,* 162 und 161).

Wenn Wagner behauptet, die Kunst habe sich von Kirche und Fürsten nur befreit, um »einer viel schlimmeren Herrin mit Haut und Haar sich zu verkaufen: *der Industrie*«, und dies sei der Grund, warum der Künstler »unmöglich seine Tätigkeit je über den Charakter der Geschäftigkeit der Maschine erheben« könne (*GSD* III, 18, 25) –, so bestreitet er nicht, daß die Künstler alles getan haben, um den Schein des Gegenteils zu verbreiten. Sie haben beschlossen, ihre Seele von sich tun und als ästhetischen Zauber an ihren Gedichten zum Glänzen zu bringen; denn nichts, sagt Baudelaire, »ist von Wert, dem nicht der Mensch ein Stück von seiner Seele übertragen hat« (*Œuvres complètes,* 396). Wen wundert es, daß nicht nur der Gegenstand seelische Qualitäten, sondern daß auch die Seele die Natur des Gegenstandes annimmt, an den sie sich entäußert hat? W. Benjamin spricht mit Bezug auf Baudelaire von der »Erfahrung einer in die Totenstarre eintretenden Welt« (*Ges. Schriften* I, 2, 682). Gewiß; doch wenn es das steinerne Inferno der Industriestädte ist, das ihre Phantasie zugleich verneint und als Phantasie bejaht –, wie sollte die Seele da nicht erstarrt (refroidie, morfondue) und zum tauschbaren Ding geworden sein? Schließlich geht es dem lebendigen Sinn nicht anders: er vermag sich immer schwerer von der Materialität, der Dichte und dem kalten Glanz der Wörter abzugrenzen, von denen er gleichsam verschluckt wird wie jene Melodie, die in Münchhausens Posthorn gefriert. Oder wie das Kunstwerk bei Théophile Gautier, das am schönsten gerät, wenn es in der härtesten Materie gearbeitet ist: »Oui, l'œuvre sort plus belle /

D'une forme au travail / Rebelle, / Vers, marbre, onyx, émail« (*L'Art,* in: *Émaux et Camées*). Oder wie jener Mallarmésche Edelstein, der – Symbol einer verweigerten Mitteilung – die Kehle einer schönen Weltdame verschließt (un bijou, fermant la mondaine, en tant qu'à sa gorge le manque de réponse, scintillait! [*Œuvres complètes,* 281]). Und ganz gewiß am meisten wie der »Herzstein«, jener »tausendjahrfarbene Stein«, von dem Celan sagt, er stecke dem Dichter »in der Kehle« (*Gedichte,* I, 248). Wir erinnern uns: hart ist sein »Mund, / versteint und verbissen in Steine« (l. c. 114); auch sein Auge hat die Metallnatur seines Lieblingsgegenstandes angenommen und sich in »stahlschüssigen Sehstein« verwandelt (II, 397).
Sollte in diesen späten Versen nicht so etwas wie eine Selbstkritik tausendjahralter Dichtungstradition sich andeuten? Und wäre der Herzstein – über all das hinaus, was wir bisher über ihn ausmachen konnten – auch ein Ausdruck für den poetischen Fetischismus, der den Sinn im Ausdruck erstarren macht? Während Orpheus' geschmeidige Leier eine unmenschliche Welt zum Mitgefühl rührte und ihr steinernes Herz erweichte, wächst die Eiskruste auf den Stimmbändern der neueren Sänger. »Der Dichter ist reiner Stahl, eben so empfindlich, wie ein zerbrechlicher Glasfaden, und eben so hart, wie ein ungeschmeidiger Kiesel« (Novalis, *Schriften N* I, 281). »Gewiß, man findet Perlen in ihnen [den Dichtern]«, sagt Nietzsches Zarathustra: »um so ähnlicher sind sie selber harten Schaltieren« (*WW* II, 384; über das »widerliche Nebeneinander« von »Brand der Begierden« und »Abkühlung des Herzens (...) im Bilde der höheren europäischen Gesellschaft der Gegenwart« und zumal ihrer »Kunst« vgl. auch *WW* I, 809). Goethe nannte die romantische Poesie ein Geschöpf des Nordpols (*Gedenkausgabe,* hg. von Ernst Beutler, Zürich 1949, III, 707). Und Jean Paul vergleicht Ottomars, des romantischen Charakters, »Seele« mit

einem »Polarland, das sengende lange Tage, lange Eis-Nächte, Orkane, Eis-Berge und Tempische Thäler-Flüsse durchstrichen« (*Die unsichtbare Loge,* in: *Sämtl. Werke,* ed. E. Berend, 1. Abt., Bd. II, Weimar 1927, 249). – Die St.-Simonisten waren nicht verlegen um eine Deutung dieser Herzensverhärtung und dieses Verstummens der Dichter: »Ach, sagen wir es doch geradeheraus«, ruft der Autor der ersten Séance der *Exposition de la Doctrine de St.-Simon,* »die schönen Künste haben keine Stimme mehr, wenn die Gesellschaft kein Herz mehr hat (plus d'amour); die Dichtung kann nicht die Interpretin des Egoismus sein« (éd. Bouglé/Halévy, 147). Oder vielleicht doch? Jedenfalls gewinnt sie aus dem Blutopfer ihres warmen Herzens einen ästhetischen Reiz, den keine Dichtung früherer Zeiten erreicht hat. E. T. A. Hoffmanns Geschichte des Chrysostomus (aus *Johannes Kreislers Lehrbrief*) gibt einen Wink auf die Genese dieses Zaubers. Die »himmlische herrliche Musik«, die der Kehle des Sängers entströmt, wird erst entbunden, nachdem ein »schönes, blutjunges« Mädchen einer satanischen Anwandlung ihr Leben hat opfern müssen. Der Stein, unter welchem ihre warmen Blutstropfen hervorquollen, um mit der Zeit als rotes Mineralgeäder unter seiner Haut zu erstarren, wird zum Symbol der künstlerischen Inspiration der Moderne schlechthin. Es lastet auf ihr die Hypothek einer »inhumanen«, ja einer Leben verneinenden Leidenschaft. Weltennacht, Götterdämmerung und Vereisung aller menschlichen Beziehungen sind in den Gedichten Lecontes de Lisle unmittelbare Folgen von Amors Tod, der erstorbenen Liebe und Lebenskraft (vgl. *Paysage polaire,* in: *Poèmes barbares,* 1947, 261, und *Le Dernier Dieu,* in: *Poèmes tragiques,* 1973, 149f.). Nur indem sie dieses ihres »arktischen« Ursprungs eingedenk bleibt, rückt die Kunst in den Rang eines »Lebensprinzips« auf (E. T. A. Hoffmann, *Fantasie- und Nachtstükke,* 1960, 325, 322, 323/4, 326).

Der Herzstein in des Dichters Kehle wird in der Folge zum unerbittlichen Memento der Entfremdung. Sartre hat die besondere »Schönheit« der absoluten Dichtung »unmenschlich« genannt, da ihre Wertordnung in allen Zügen mit dem Fetischismus der Ware übereinkomme: »Ihr Gebrauchswert wird in der gleichen Weise von ihrem Preis verdeckt« wie das warme Herz von dem Glanz des Steins: »Stein, wo du hinsiehst, Stein. / (...) Glanz, der nicht trösten will, Glanz« (Celan, *Gedichte* 1, 108). Celan hat in seiner Büchnerpreisrede (1960) daran erinnert, daß Büchner die Kunst als dressiertes Vieh (*Woyzeck*) beargwöhnt, als ein seelenloses »Automat« und »Räderwerk« (»Nichts als Kunst und Mechanismus, nichts als Pappendeckel und Uhrfedern« [*Leonce und Lena*, III. Akt, 3. Szene]), ja als »ein Medusenhaupt«, das sein Sujet (im möglichen Doppelsinn des Wortes) »in Stein verwandelt« (*Lenz*).

Doch allgemein zeigt der »Liebeskompaß« der modernen Dichtung auf den »Nordpol [der] Herzen« (wie Heine, auf Byron anspielend, in dem Gedicht *Kalte Herzen* schreibt). Ein Rauhreif scheint sich über die Poesie seit der Spätromantik zu breiten: die Themen der *Winterreise* (von W. Müller/F. Schubert bis zu Klaus Michael Grüber, Hans Chr. Buch und Gerhard Roth); der *Gefrorenen Tränen;* der *Erstarrung;* des Herzens, das in der Eiskruste über dem schwellenden Fluß sein Bild erkennt (W. Müller: *Auf dem Flusse*); des *erstorbenen Lebens;* der *Schwermut* (Mörikes Spiel vom *letzten König von Orplid*) künden vom Einbruch eines Seelenfrostwetters. »Den Winter im Herzen« fühlen *Leonce und Lena* (in Büchners Komödie, II. Akt, 3. Szene). Leonce zu seiner Geliebten Rosetta: »Sieh zu den Fenstern meiner Augen hinein! Siehst du, wie schön tot das arme Ding [›unsere Liebe‹ nämlich] ist?« (I, 3). Und Byrons *Arktis* symbolisiert den Zustand äußerster Entfremdung des Menschen vom Menschen. Seinen *Don Juan* nennt er »a

versified Aurora Borealis / O'er a waste and icy clime«
(canto VII, Str. 2) und vergleicht den heiklen Zugang zum
kalten Herzen einer Dame mit einer Schiffahrt durch »die
Nordwestpassage / Nach Indien, nach der Seele Tropenland; / Wie manches Schiff mit wackrer Equipage / Fuhr
nach dem Pole, den noch keines fand / (Parry jedoch verliert nicht die Courage) – / So rennen manche Herrn auch
auf den Strand, / Denn ist der Pol nicht frei, ist er gefroren /
(Was vorkommt), dann ist Schiff und Fahrt verloren«
(canto XIII, Str. 39).
Damit erklingt das Leitmotiv seiner Weltschmerzpoesie:
der Tod der Liebe im Eis der Selbstsucht, die das Herz in
harter Muschelschale verschließt (X, 23):

> Wenn ein Kolumbus der Moral uns diese
> Kehrseite unsrer Seelen einmal wiese [:]
> Welch »tiefe Schlünd und öde Wüstenein«
> Entdeckte man im Menschenbusen wohl!
> Im Herzen großer Männer welche Reihn
> Eisberge um der Selbstsucht kalten Pol!
> (XIV, 101/2)

Die Menschen sind verdammt zu wandern »on our
freezing way«; denn die wärmenden Strahlen der Altweltgestirne »Love« und »Glory« sind über den Polen erloschen und hüllen unseren Pfad in frostklirrende *Finsternis*. Das ist der Titel einer gereimten Vision, in der es
heißt:

> Morn came and went – and came and brought no day.
> And men forgot their passions in the dread
> Of this their desolation; and all hearts
> Were chill'd into a selfish prayer for light.
> (Byron, *Darkness*, vs. 6–9)

»So kalt war es in den Herzen [geworden], in denen weder
Haß noch Liebe herrscht« (5. *Nachtwache des Bonaventura*);
und zweifelhaft wird bisweilen, »ob es ein Mensch oder
eine mechanische Figur sei«, deren theatralischem Auftritt

man ästhetischen Beifall spendet (*3. Nachtwache*) – so lange jedenfalls, bis man »eine Klappe an der Brust der Marionette« eröffnet hat, um sich zu überzeugen, daß ein Nichts sich an der Stelle des ›fleischernen Herzens‹ gehöhlt hat (*4. Nachtwache*).

Das »jamais je ne pleure et jamais je ne ris« des Baudelaireschen Sonetts ist also durchaus nicht das einzige Manifest der ebenso gesellschaftlichen wie poetischen Abdankung des Subjekts an die fühllose »Materie«. Ihr gleich zu werden ist der höchste Traum des Heiligen Antonius bei Flaubert (»être la matière«).

Der Eisgürtel der modernen Seelen-Arktis wächst, bis er sich eng ums Herz gelegt hat: »J'unis un cœur de neige à la blancheur des cygnes.« Mallarmés im Eissee erstarrter und ins Gestirn entrückter Schwan (*Œuvres*, 67/8) variiert nur in lichteren Farben Baudelaires poetischen »Felsentraum«, der das Herz zugleich versteinert und in ein imaginäres Gebilde von juwelener Pracht ›aufhebt‹.

»Jene unendliche Reise«, die die entfesselte und berauschte Phantasie des weltflüchtigen Dichters in die *Künstlichen Paradiese* hinein beschreibt, – sie führt nirgendwo anders hin als in die »alarmierende Kälte«, in die »Polarnacht und den ewigen Winter« des eigenen Herzens: »J'étais un morceau de glace pensant; je me considérais comme une statue taillée dans un bloc de glace« (Baudelaire, *Œuvres*, 574).

»Lichtzwang« (Celan) durchherrscht diese Winterwelt. Sie ist »kalt und helle« (Brentano). Ein »kalter Himmel« überwölbt die Erde.

> Suddenly I saw the cold, and rook-delighting heaven
> That seemed as though ice burned and was but the more ice,
> And thereupon imagination and heart were driven
> So wild that every casual thought of that and this
> Vanished, and left but memories, that should be out of season
> With the hot blood of youth, of love crossed long ago.
> (Plötzlich sah ich den kalten Himmel, der die Krähen entzückt und aussah, als brennte Eis und würde dabei doch immer mehr zu Eis, und in

seine Höhen wurden Einbildung und Herz so wild emporgetrieben, daß jeder beiläufige Gedanke an dies und jenes verschwand und nur Erinnerungen blieben, die eigentlich ihre Stunde mit dem heißen Blut der Jugend, der längst verblichenen Liebe überschritten haben sollten.)
(W. B. Yeats, *The cold heaven, Ausgew. Werke*, 108)

Hans Henny Jahnns großer Roman *Fluß ohne Ufer* versteht sich in Dantes Tradition als eine »Expedition zu den Gletschern der Seele«. Von »zinnernen Himmeln«, »mit Leere übereisten Gesichtern«, einem »armen Volk, das vor Kälte schreit«, wenn es »der Weißen stilles Schneien / Auf (seinen) Köpfen« spürt, und immer wieder von symbolischen Winterlandschaften sprechen die Gedichte Georg Heyms (*Der Bann, Der fliegende Holländer, Die neuen Häuser, Die Tauben*). »Schon ist mein Herz verstummt und kalt wie Stein« (*Tiefster Schmerz* II). »Der Nebelstädte / Winzige Wintersonne / Leuchtet mir mitten ins gläserne Herz« (*Die Nebelstädte*). Georg Trakl erlebt das »Herz / Hinüberschimmernd in schneeige Kühle« (*Dichtungen*, ed. K. Horwitz, 1946, 180) oder »Erstarrt / In schneeiger Stille« (*Vorhölle*). So las man es schon bei Lenau: »Frost, friere mir ins Herz hinein« (*Winternacht*, Vs. 9).

»Empor zu Schnee und Frost« weist Theodor Däublers großes Epos *Nordlicht,* in die Fußstapfen von Nietzsches einsamer »Winter-Wanderschaft« tretend, »Dem Rauche gleich, / Der stets nach kältern Himmeln sucht«. (»Versteck, du Narr, / Dein blutend Herz in Eis und Hohn!«) Als »gefroren« bezeichnete Nietzsche, in einem Brief an die Schwester, den Schluß seiner Petöfi-Vertonung (*Verwelkt*): »Du flohst, ich bin im Frost verloren.«

Noch über den eigenen Kopf, ja »hinweg über sein eigenes Herz« führt Zarathustras, des »Wanderers und Bergsteigers« Weg in den Azur der firnstrahlenden Gipfel: »Jetzt muß auch das Mildeste an dir noch zum Härtesten werden« (*WW* II, 403/4). »Ach, Eis ist um mich, meine Hand verbrennt sich am Eisigen« (l.c. 364).

Der frostklirrende Wintermittag von Zarathustras Ölbergstunde (l. c. 422 ff.) wird die christlich-demokratische Mitleidsmoral der »weichen Herzen«, der »Dattel-Herzen«, »Milch-Busen« und »Süß-Holz-Herz-Beutelchen« (l. c. 1246) vor eine bittere Entscheidung stellen. Auch für Zarathustra selbst ist das »nach himmlischen Tränen« dürstende »heiße Herz« (l. c. 533 und 536) die schmerzlichste unter allen Gedächtnis-Wunden; der Hilfeschrei des im Eis, im »siebenfachen Eis« erstarrenden und nach »Herzens-Kohlenbecken« schmachtenden Dichters und Zauberers, Weltverleugners und Selbstverächters die schlimmste ›Versuchung‹ (l. c. 491 ff.). Denn Zarathustra ist »ein Gegner (...) der Werte des Mitleids und der Mitleids-Moral (...), der schändlichen modernen Gefühlsverweichlichung« (*WW* III, 767). Er gehört zu jenen »vornehmen Menschen«, die stolz sind auf ihr »hartes Herz« und stets »eine leichte Geringschätzung und Vorsicht vor den Mitgefühlen und dem ›warmen Herzen‹« zur Schau stellen (*WW* II, 731). Dieser Gestus ist auch Zarathustras moderneren Jüngern eigen, die den »höchst veralteten Humanismus, die Kategorien des guten Geschmacks und des menschlichen Herzens« am liebsten auf dem Friedhof des 19. Jahrhunderts bestattet wüßten. »All diese Herzensschreie, all diese Ansprüche der menschlichen Person« zählen nurmehr als Störfaktoren im geschlossenen Mechanismus »der wissenschaftlichen und technischen Welt, die nämlich unsere wirkliche Welt ist«, wie Michel Foucault sich ausdrückt (Interview mit M. Chapsal vom Mai 1966). Das Eisherz in Zarathustras eigener Brust wird so zum unbestechlichsten Barometer der Seelenwetterlage kommender Generationen und ihrer Dichtung. Sie bezeugt im eigenen Herzen sein unabwendbares Sterben: »Mein aug erlosch · ein schrei entfuhr aus meinem munde ·/ In wildem zucken ging mein altes herz zugrunde« (Verlaine, dt. von Stefan George, *Werke*, ³1976, II, 414).

Doch »ritter Unglück« hat noch einmal beigelenkt und
läßt »seinen kalten eisenfinger« in des Dichters Wunde
gleiten, um ihm »ein neues herz« zu erschaffen, »ein herz
so stolz und rein«.
Es geht ein unbestimmtes Leuchten von ihm aus, welches
die »hyperboreischen Nächte« der großen Weltennacht
scheinbar erhellt: »Polarlicht, das im Norden brennt« und
das der Dichter bezeugt, indem er die Kälte – »Form und
Zucht« – zum Gesetz seines Schaffens erhebt (G. Benn,
Ges. Werke, ed. D. Wellershoff, Wiesbaden o. J., V, 1379;
VI, 1587; IV, 1041) und im gleichen Atemzug im »Kolonnenschritt der braunen Bataillone« bewundert (VIII,
2182): späte Konsequenz aus der frühen Option für die
»Welt-Eislehre« der Herzen (IV, 1097).
In diese »Eiszeit der Seelen« führt Hans-Jürgen Syberbergs Hitler-Film. Jules Supervielle hat sie als Zeitgenosse
erlebt:

> Le cœurs meurent de sécheresse
> Comme bétail dans un désert,
> Un jour dur se désinteresse
> Des meurtrissures de la terre.

(Die Herzen sterben vor Dürre wie Vieh in der Wüste. Ein harter Tag
wird gleichgültig gegen die Foltern der Erde.)
(*Tuerie,* zur Zeit des 2. Weltkriegs gedichtet, in: *Choix de Poèmes,* Paris
1947, 255)

»Dem Froste dieses unglückseligsten Zeitalters« weiß sich
auch Kafkas um jede Erlösung und jedes Ziel betrogener
Landarzt ausgesetzt (*Sämtliche Erzählungen,* ed. Paul Raabe, 1970, 128). Und »in die Regionen der Eisgebirge«, in
denen er sich »auf Nimmerwiedersehen [verliert]«, steigt
der um »eine Schaufel Kohlen« vergeblich bettelnde *Kübelreiter* auf, »gefühllose Tränen der Kälte« in den verschleierten Augen (l. c. 196). Dennoch muß der mitleidlos
kalkulierende Kohlenhändler einer unabweisbaren Erin-

nerung nachgeben: »Eine alte, eine sehr alte Kundschaft«, sagt er, »muß es sein, die mir so zum Herzen zu sprechen weiß« (l. c.).

Solange die Dichtung die Ursache ihrer Erstarrung noch kennt, solange sie ihre Trauer über den »Tod im Herzen« (Flaubert I, 157) noch zum Ausdruck bringt, so lange vermag sie der Ahnung des kaltherzigen Kohlenhändlers auf die Sprünge zu helfen: Poesie »muß die Axt sein für das gefrorene Meer in uns« (*Briefe* 1902–24, New York-Ffm. 1958, 28). Die Gefühlskälte der modernen Industriegesellschaften*, die wie ein Frostwetter in die Symbol-

---

* Ist es Zufall, daß die Metapher gerade in letzter Zeit in der Sprache der politischen Berichterstattung häufiger wieder auftaucht, besonders im Zusammenhang des Terrorismus und seiner gesellschaftlichen Ursprünge? Ich gebe, stellvertretend für viele, einige Zitate vor allem aus der ZEIT. Das erste ist von Hanno Kühnert: »Die öffentliche Atmosphäre in der Bundesrepublik ist nicht mehr *brüderlich*. Wärme, Emotionalität zum Gegenüber, gar Liebe – undenkbar – Es ist hier nicht nur die Gefühlskälte gemeint, mit der in der Bundesrepublik jährlich 15 000 Tote des Straßenverkehrs hingenommen werden. (...) Menschliches Verständnis für Gegner, Andersmeinende oder gar Gestrauchelte ist im offiziellen Leben der Bundesrepublik besonders rar. (...) Eiseskälte und Gefühlsarmut finden sich bei den Terroristen wieder. (...) Damit (sind sie) das Spiegelbild einer Gesellschaft, die fehlende Wärme und fehlendes Mitleid im Alltag plötzlich durch Empörung ersetzend wettmachen will: Entrüstung als Kompensation, Schießen als Ausgleich« (DIE ZEIT Nr. 43, 14. Okt. 77, S. 4). In einem Leitartikel (DIE ZEIT Nr. 44, 21. Okt. 77) zitiert Theo Sommer die »bösen Zeilen« Erich Frieds zur Ermordung des Generalbundesanwalts Buback: »Was er getan hat / davon wurde mir kalt ums Herz / Soll mir nun warm ums Herz werden / durch seinen Tod?« und fährt fort: »Es steht zu befürchten, daß der Tod der Drei bei ihresgleichen nicht Einsicht wecken und Umkehr bewirken wird, sondern die Herzen bloß noch mehr verhärtet – daß aus ihrem Sterben neue Morde wachsen.« Nina Grunenberg spricht, nach dem Terroranschlag auf dem Münchener Oktoberfest, von der »Kaltherzigkeit der Politiker« (DIE ZEIT Nr. 41, 3. Okt. 80, S. 4); und die *Süddeutsche Zeitung* vom 29. Sept. 80 nennt die »am Ort der Katastrophe weitergespielte Show [... den] letzten, schlüssigen Riesenbeweis für den Grad unserer Kaltherzigkeit« (*Das Streiflicht*).

sprache der Dichtung einfällt, behält dennoch in der Dichtung nicht das letzte Wort: »nur (sie) verwehrte« – eine »Wächter[in]« –, »daß uns (...) / In kalter zeit das heilige feuer losch« (St. George, *Werke* I, 233). Nicht das »eherne« oder das »Eisen-Herz« der Goebbels'schen Reden ist ja ihr letzter rhetorischer Ratschluß: sie träumt vielmehr den Brentanoschen *Traum des lahmen Webers,* »gar linde tau' es«. Ein altes Märchenmotiv: die Träne des liebenden Herzens macht das kristallne Auge wieder sehend (Thompson, *Motif-Index of Folkliterature,* D 1506. 16) und das steinerne Herz wieder warm (Hauff, Andersen). Darin besteht, was Nietzsche »das Genie des Herzens« nennt: Es läßt sich vom steinernen Äußern nicht täuschen; wider den Augenschein errät es »den verborgenen und vergessenen Schatz, den Tropfen Güte und süßer Geistigkeit unter trübem dicken Eise« (*WW* II, 754).

Friedrich Förster hatte 1843 eine Fortsetzung von Chamissos Novelle versucht und den Schlemihl durch die aufopfernde Liebe einer Frau sein Schattenbild wiedergewinnen lassen (*Peter Schlemihls Heimkehr*). Und Hofmannsthals *Frau ohne Schatten* durchbricht zugleich mit dem Bann der »steinernen Augen« und »steinernen Herzen« den Fluch der Sterilität, welcher die Leiber in prächtige, aber tote Kristalle verwandelt, indem sie die Schale mit dem »Goldenen Wasser des Lebens« über die Statue ihres Mannes ausgießt, die »allein lag wie finsteres Erz

Peter-Paul Zahl überschreibt seinen Beitrag für die Gollwitzer-Festschrift *Ein festes Herz unter steinernen Herzen.* Und Katharina Zimmer stellt ihren anklagenden Leitartikel (DIE ZEIT, Nr. 17, 20. April 1979) über die »Schlangengruben der Psychiatrie« unter den Titel *Die Gesellschaft der harten Herzen.* Ihre Schlußworte lauten: »*Compassion* – Mitleiden, Mitfühlen? Wenn sie [die psychisch Kranken und geistig Behinderten] in unserer Gesellschaft der harten Herzen schon keinen Platz haben – wenigstens überprüfendes Nachdenken sind wir ihnen schuldig. Am Ende könnte sonst die Gesellschaft an ihrer Gedankenlosigkeit wie an ihrer Hartherzigkeit zugrunde gehen.«

auf schwarzem Stein« (*Das erzählerische Werk*, 1969, S. 359).
Gibt es noch immer Herzen, die sich »das Recht« vorbehalten »Torf [zu] stechen (...) / am Herzhang / morgen«? Celans Gedichte träumen von dieser Möglichkeit. Sie wagen es, den Advent eines »Herzgewordenen« zu verkünden, und deuten als zaghafte, aber unübersehene Wegweiser aus einer Welt von *Lichtzwang* und *Schneepart* in eine »herzhelle Zukunft«, ins Unbefahrene, »*unde suspirat cor*« (*Gedichte* I, 189, 252, 256). Der Menschen »frost- / gespindelte Gefühle« bewahren das abendländische Herz – nein, vorsichtiger: die Erinnerung ans abendländische Herz – als an eine »tatverdächtige Fundsache« noch auf. »Seelenblind« zwar sind die Dichter geworden, ihr Auge ist erzen. Das »Herz-Nie« jedoch ist Verneinung und Gedächtnis zugleich. Denn noch immer »befehligt [das Herz] / den uns leise bestrickenden Frost« (I, 265; II 324, 306, 183, 397, 302).

ANHANG

Ich gebe im folgenden eine Übersicht über die traditionellen Verwendungen der *Metapher* des ›kalten Herzens‹ in Texten (vor allem) der europäischen Literatur bis hin zur Romantik. Beispiele aus neuerer Zeit habe ich nur angefügt, wenn sie (noch immer) die älteste Verwendung illustrieren.

Kalt wird das Herz (das Gemüt, die Seele, der Sinn) durch:

SORGE »Lapit cor cura, aerumna corpus conficit« (Pacuv., *Periboea*, frg. 3, 276 Ribb). »Also wirt sin herze des nahtes kalt / von swinden sorgen manicfalt« (Hugo von Trimberg, *Renner*, Vs. 7662/3. »Disturb his hours of rest with restless trances, / Affect him in his bed with bedrid groans, (...) / Stone him with harden'd hearts, harder than stone« (Shakespeare, *The Rape of Lucrece*, 132. Str.).

BANGNIS »Frigida nautis corda tremunt« (Sil. 1, 471) »And the people – ah, the people – / They that dwell up in the steeple, / All alone [die schrecklichen Ghul-Dämonen nämlich], / And who, tolling, tolling, tolling, / In that muffled monotone, / Feel a glory in so rolling / On the human heart a stone –« (E. A. Poe, *The Bells* IV – ein in Poes Werk vertrautes Motiv, vgl. *Al Aaraaf* II: »They are light on the tresses, / But lead on the heart«.)

ERSCHRECKEN Bei Hesiod trägt das Schrecken verbreitende Paar der Keto und der Eurybia »ein Diamantherz im Busen« (adámanton enì phrési thymòn échusin [*Theog.* 239]). Keto ist die Mutter der Medusa, deren Anblick die Menschen zu Stein erstarren läßt. – »Pompeius stat corde gelato attonitus« (Lucan 7, 339/40). »Horrere comae sanguisque in corde gelari«. »Alto corda Creontis metu glaciante« (Stat., *Theb.* 2, 544; 10, 622). – Als Nabal von Abigail erfährt, »was [während der Unterhandlung mit David] vorgefallen war, da erstarb ihm das Herz im Leibe, und er wurde wie ein Stein« (1. *Samuel* 25, 37). »Den tod hab ich im spiegel gsehen, / mich hat erschreckt sein grewlich gestalt, / dasz mir das herz im leib ist kalt« (*Basler Totentanz*, ed. Moritz Haupt 9, 344). »Als würd' er selbst zu Stein und Erz, / So fühlt er angstbedrückt sein Herz« (Fr. Schlegel, *Der alte Pilger*). »Erbebend muß das Herz in Angst erkalten« (L. Tieck, *Ged.* 1, 200). »Ich spähte«, sagt Eugenie, »mit der Angst eines Menschen, der ein lang geträumtes Glück verlieren soll (...). Durch alle Adern drang (...) Eiseskälte, ich fühlte mich innerlich erstarren. Mein Herz erkaltete fühlbar« (Otto Ludwig, *Die Rechte des Herzens*, 11. Aufzug, 1. Auftritt).

Auch das freudige Erschrecken: z. B. über eine ersehnte, aber ganz unglaubliche Nachricht, wie es dem Jakob der *Genesis* widerfährt (»Da ward sein Herz kalt« [45, 26]).

TRAUER   Des Odysseus »Herz (ist) vom Leid gehärtet« (*OD.* 5, 222). Als König Marke »Neffen und Weib« beieinander schlafend findet, »daz bare swert entzwischen in« (Gottfried, *Tristan*, Vs. 17506), da wird ihm sein Herz kalt von Schmerz und Beglückung: »Sin herze in ime und al sin lip / erkaltete vor leide / und ouch vor liebe beide« (17508/9). Als Blanschefliure von Riwalins Tod erfährt, versteint ihr Herz und läßt sich selbst durch Tränen nicht erweichen: »Ja got herre, wie kam daz, / daz da niht wart geweinet? / da was ir herze ersteinet« (1728–30). Ähnlich wie Marke ergeht es dem Sultan in Wielands *Wintermärchen*, als er seine Liebste im Schoß des Mohren findet: »Ich hätte weinen mögen, allein / Ich konnte nicht, so hing wie Stein / Das Herz im Busen mir« (II. Teil, 30. Str.). – »Mir ist mein herz so gar erkalt, / das ich iren dot nit mag angesehen« (H. Rosenplüt nach Grimms *Deutschem Wörterbuch*, IV. 2, 1877, S. 1210). »Da wart dein (Marien) herz in trauren kalt« (Uhland, *Hätzl.* 305, nach Grimms *Deutschem Wörterbuch* V, 1873, S. 76). »Mein herz tut mir erkalten, / so oft den mörder ich an sich« (Hans Sachs, Grimm IV. 2, 1210). »Kommt das Unglück zu handen, mein Herz im Leib erkalt« (Hoffmann, *Gesellschaftslieder* 13, nach Grimm l. c.). »Stumm muß und versteinert werden / Dieses Herz, das heiß einst schlug, / Und ein Moor verkohlter Erden, / Das einst Blumenschätze trug« (Hermann Lingg, *Klage*, 2. Str.).

SCHULD   »Eiserstarrt« und hungrig nach »Wärme« ist die »Seele« der in Schuld verstrickten Miriam in Hawthornes *Marmorfaun* (Ffm. 1961, Insel, S. 194). Ebd. 285: »Der hartgesottene Verbrecher, dessen Herz längst einem Stein gleicht«. »Car le Vice, rongeant ma native noblesse, / M'a comme toi marqué de sa stérilité, / Mais tandis que ton sein de pierre est habité / Par un cœur que le dent d'aucun crime ne blesse / Je fuis (...)« (Mallarmé, *Angoisse*, = *Œuvres complètes*, Ed. de la Pléiade, 35).

GEFÜHL VON ZWECKLOSIGKEIT   Hebbel in einer Tagebucheintragung vom 13. 10. 1839: »Der Gedanke: wozu? lähmt mir die Hand und vereist mir die Seele.« »Meine Seele, in der Kälte eingeschlafen und nahezu erfroren, atmete wieder« (H. Hesse, *Der Steppenwolf*, Suhrkamp-Jubiläums-Ausgabe der *Romane und Großen Erzählungen*, Bd. V, Ffm. 1977, 111; vgl. passim).

ELEND, NOT   Hebbel an Luise Lensing (6. 2. 1845): »Das Elend hat an meiner Wiege gestanden, es hat mir in zartester Kindheit ins Gesicht geschaut und meine Seele versteinert.«

STOLZ   »Das Herz in kalter stolzer Ruh / Schließt endlich sich der Liebe zu« (Schiller, nach Grimm V, 84).

VORNEHMHEIT, SELBSTACHTUNG   »›Ein hartes Herz legte Wotan mir in die Brust‹, heißt es in einer alten skandinavischen Saga: so ist es aus der Seele eines stolzen Wikingers heraus mit Recht gedichtet. Eine solche Art Mensch ist eben stolz darauf, *nicht* zum Mitleiden gemacht zu sein: weshalb der Held der Saga warnend hinzufügt ›wer jung schon kein hartes Herz hat, dem wird es niemals hart‹« (Nietzsche, *WW* II, 731). Vgl. Wotan zu den Walküren: »Weichherziges / Weibergezücht! / (...) Schuf ich die Herzen / euch hart und scharf, / daß ihr wilden nun weint und greint, / wenn mein Grimm eine Treulose straft?« (Wagner, *GSD* VI, 71).

SELBSTSUCHT   »Ein kaltes, selbstisches Herz« (Goethe, nach Grimm IV. 2, 1202).

Über die »sin of self-love« vide Shakespeares 62. Sonett und bes. Byron, *Don Juan* (Canto XIV, Str. CII): »What ›antres vast and deserts idle‹ then / Would be discover'd in the human soul! / What icebergs in the hearts of mighty men / With self-love in the centre as their pole!« (Das Binnenzitat aus *Othello,* I. 3.) (Vgl. Canto XIII, Str. XXXVIff.; ferner Vs. 8/9 des apokalyptischen Gedichts *Darkness.*) Auch »lust« ist eine Form der Selbstliebe: »Lust hardens all and petrifies the feeling« (vgl. Canto X, Str. XXIII).

Auch in der Spielart des Narzißmus/Ästhetizismus: So gleicht das »hartherzige« *Sternenkind* in Oscar Wildes gleichnamigem Märchen »einem, der bis zum Wahnwitze entbrannt ist für Schönheit und... der Schwächlichen, vom Schicksal Unbegünstigten (spottet)... Sich selber aber liebte es. Und zur Sommerzeit, wenn die Winde stille lagen, lag es auch ganz stille neben dem Brunnquell in des Priesters Garten und blickte auf die Wunder seines eigenen Angesichtes und lachte laut, voll Freude an seiner eigenen Schönheit« (*Märchen und Erzählungen,* dt. von R. Zoozmann, Berlin o. J., 95).

EINSAMKEIT   Miriams Herz »friert vor Einsamkeit« (Hawthorne, *Der Marmorfaun,* 169). »Ein einzelnes Herz... wird wohl immer frösteln« (l. c. 210). Hebbels Tagebücher, 19.2.1842: »Meine arme Seele wird in der Einsamkeit gar zu dürr.« – »Solitude au grand cœur encombré par le glace« (Jules Supervielle, *Choix de poèmes,* Paris 1947). »Leur cœur est un île de glace« (ders., l. c. 111).

VERBOHRTHEIT   Schiller urteilt über Schlosser: Seine zweite Schrift gegen Kant »zeigt einen gegen lautere Überzeugung verstockten Sinn, eine incorrigible Gemüthsverhärtung, Blindheit wenigstens, wenn keine vorsetzliche Verblendung« (an Goethe, 9.2.1798).

»Und gesetzt auch, es gäbe einen (...), in dessen übereistem Herzen kein Funke Wahrheitsliebe mehr glimmte« (Jean Paul, *Über den Nutzen des frühen Studiums der Philosophie*).

KONZENTRATION Zumal der Akt der Verstandesabstraktion: »Der abstrakte Denker hat daher gar oft ein *kaltes Herz*« (Schiller, 6. *Brief über die ästhetische Erziehung*). »Die Lehrer (...) geben ihrem Verstande nichts bedeutende Nahrung – und lassen das Herz verwelken« (Jean Paul, zit. Günter der Bruyn, *Das Leben des Jean Paul Friedrich Richter,* Ffm. 1978, 36). Vgl. Nietzsches Bemerkung über die ›Gefühlsarmut‹ und ›Herzenstrockenheit‹ des analytischen Wissenschaftlers: »Er ist kalt und erscheint deshalb leicht grausam« (*WW* I, 338).

GEWISSEN-, EHRLOSIGKEIT Hamlet zu seiner in Blutschuld verstrickten Mutter: »Laßt euer Herz mich ringen, .../Wenn es durchdringlich ist, wenn nicht so ganz / Verdammte Angewöhnung es gestählt, / Daß es verschanzt ist gegen die Vernunft« (A. W. Schlegel, Akt III. 4). Im Arminiusroman C. D. Lohensteins empfindet die ehebrecherische Pharsyatis den Verlust »ein(es) am Halse hängende(n) Hertze(ns) von Diamant«, wie wenn »man... ihr das Hertze aus dem Leibe (schnitte)« (A. Schöne, Hg., *Die deutsche Literatur im Zeitalter des Barock,* München ²1968, 458).

KEUSCHHEIT, JUNGFRÄULICHKEIT »Kalt von kiuscheit« ist Mariens Herz in Konrads von Würzburgs *Goldener Schmiede* (Vs. 1775). – »Heiß ist ihr Herz, doch setzt es nie in Glut die Sinne kalt wie Schnee« (*Eisherz und Edeljaspis* oder *Die Geschichte einer glücklichen Gattenwahl.* Ein Roman aus der Ming-Zeit [d.h. aus dem frühen 17. Jh.]. Ffm. 1975 [it 123], 132). »Fast möchte man glauben, sie trüge wirklich einen Eiskristall im Busen« (l.c. 134). – Caspar David Lohenstein unterscheidet: »Keine Keuschheit / sondern ein Frost der Seele« (in: A. Schöne, *Barock,* 449). – »Es ist sehr schön (...) zu beobachten, wie in einem jungfräulichen Herzen der Schnee noch zurückbleibt, nachdem der Frühling schon recht weit vorgeschritten ist« (Hawthorne, *Der Marmorfaun,* 352).

LAUTERKEIT »Rein wie das feinste Gold, steif wie ein Edelstein, / Ganz lauter wie Kristall, soll dein Gemüte sein« (Ang. Silesius). »Reine Magd, von klarem Golde / Hat dir Gott ein Herz gegeben« (Fr. Schlegel, *Auf die heilige Katharina,* aus dem Span.). – »O mein Herz wird untrügbarer Kristall, an dem / Das Licht sich prüfet« (Hölderlin, *Vom Abgrund nämlich...*).

FRIGIDITÄT, »UNFRUCHTBARE LIEBE« Z.B. in Mallarmés *Hérodiade:* »J'aime l'horreur d'être vierge et je veux / ... sentir... / Le froid scintillement de ta pâle clarté / Toi qui te meurs, toi qui de brûles de châsteté, / Nuit blanche de glaçons et de neige cruelle! (...) Nourrice:

Madame, allez-vous donc mourir? Hérodiade: Non, pauvre aïeule, / (...) pardonne à ce cœur dur« (*Œuvres complètes,* Ed. de la Pléiade, 1945, 47/8).
Natürlich sind die ›Schattenlosigkeit‹ Annas (in Lenaus Romanze) und der Kaiserin in Hofmannsthals *Frau ohne Schatten* sowie die ›Steinherzigkeit‹ des Kaisers Metaphern für die Faszination durch Unfruchtbarkeit, für die narzißtische Selbstliebe (vgl. *Anna* Vs. 1 ff., 197 ff., 225 ff.) und für die ästhetizistische Verweigerung eines Daseins in Fleisch und Blut. »Mutter, o weh! Dein hartes Herz!« klagen die Ungeborenen in *Die Frau ohne Schatten* (Opernfassung, London 1916, 37).

STOIZISMUS, UNEMPFINDLICHKEIT »Der Stoicismus der Gesinnung, welcher dem Schicksale Trotz bietet, ... verstockt das Herz. Wie sollte doch dieses durch Leiden gebessert werden, wenn es, von einer steinernen Rinde umgeben, sie nicht empfindet?« (Schopenhauer, *Zürcher Ausgabe* IX, 348). – »Mir ward ein Herz von Eis beschieden, / Ein Felsensinn« (Hölty nach Grimm IV. 2, 1212). Vgl. auch den »steel'd sense« des 112. Shakespeare-Sonetts.

HÄRTE IM TUN UND ERDULDEN »Siderόphron« oder »siderέān kradίān échon« oder »chálkeon ãtor (échon)« sind seit der griechischen Antike geläufige Epitheta, z. B. bei Homer (»Dein Herz ist wirklich aus Eisen« [*IL.* 24, 521]; vgl. *IL.* 2, 490, *OD.* 4, 293) oder bei Theokrit (13, 5). Fortlebend in der Metapher vom »ehernen« oder vom »Eisenherz« des Ritters und Kriegers, der in sich jede Empfindung des Mitleidens ebenso mit sich wie mit dem Feinde ertötet. »(...) the rage / Of Bolingbroke, covering your fearful land / With hard bright steel, and hearts harder than steel« (Shakespeare, *King Richard II,* III, 2, Vs. 109–111). Schauerlicher klingt das an in den Worten Friedrichs II. von Preußen, der verlangt hatte, sich in Sturm- und Notzeiten »mit Eingeweiden aus Eisen und mit einem ehernen Herzen [zu] versehen, um alle Empfindsamkeit loszuwerden« – eine von Joseph Goebbels, in seiner Rede in der Neuen Aula der Friedrich-Wilhelm-Universität zu Berlin vor der Deutschen Akademie im Winter 1941/2, beifällig aufgegriffene und auch sonst gern benutzte Wendung (*Das eherne Herz.* Reden und Aufsätze, 1943, S. 9/10, 192, passim). Man findet sie auch in Reden Hitlers, z. B. in seiner Enthüllung der Kriegsziele vor hohen Offizieren auf dem Obersalzberg am 22. 8. 1939: »Wir müssen unser Herz verschließen und hart machen« (zit. Ernst Nolte, *Der Faschismus in seiner Epoche,* ⁵1979, 429).

Der auf dem Hort liegende (und besitzende) Drache Fafner hat »ein grimmiges, hartes Herz« (*GSD* VI, 131) – wie das mythische Ungeheuer, der Leviathan, in *Hiob* 41, 15: »Sein Herz ist wie Stein so hart und fest wie der untere Mühlstein.« – Der junge Flaubert bewunderte die stolze Grausamkeit der Renaissancefürsten, »eiserner Menschen, deren Herz sich so wenig erweichen ließ wie der Degen« (1847, *Œuvres complètes* II, 537).

BESTÄNDIGKEIT, UNBEUGSAMEN SINN Das Steinherz des ägyptischen Totenkultes. – Auch die Treue der Liebenden, z. B. der unbeirrt ausharrenden Penelope »unerschütterliches Herz« (kär atéramnon [*OD*. 23, 167; vgl. l. c. 172 »sidáreon en phresìn ätor«]), die selbst von dem heimgekehrten Odysseus ein letztes Erkennungszeichen verlangt, bevor sie ihn unter Tränen umarmt, oder der unbeugsam alle Versuchungen besiegenden Gatten mit den sprechenden Symbol-Namen *Eisherz und Edeljaspis* in der gleichnamigen chines. Erzählung: Das Herz jener ist »goldesecht und diamantrein«, das seine »unbeugsam und tatsächlich wie von Eisen« (l. c. 9, 316). – Die unerschüttert liebende Helena in Shakespeares *Sommernachtstraum* zu Demetrius: »Du ziehst mich an, hartherziger Magnet (you hardhearted adamant)! / Doch ziehest du nicht Eisen, denn mein Herz ist echt wie Stahl (true as steel)« (II. 1, Vs. 195–197). – Die Willenskraft: »Seinen Gang will er gehen, auf meinen Füßen, mein alter Wille«, sagt Nietzsches Zarathustra, »herzenshart ist ihm der Sinn und unwandelbar« (*WW* II, 369, vgl. 403). Schon *Jesaja* 50, 7 und Paulus; *Hebr*. 13, 9 (»es ist gut, daß das Herz fest sei durch Gnade«).

GERECHTIGKEIT »Die Gerechtigkeit ist kalt wie Marmor und hat kein Herz in der steinernen Brust« (*3. Nachtwache des Bonaventura*). Die Wendung klingt mehrfach an in der Schiedsszene des *Kaufmanns von Venedig*, IV. 1.

TOD »Manec heidensch herze, diu noch warm / sint, diu werdent drumbe kalt« (Wolfram, *Willehalm* 150, Vs. 16/7). »Ihr Herz war kalt und nicht mehr warm« (Hoffmanns *Schlesische Volkslieder* 281, nach Grimm V, 77). »Die kalten Glieder des unglücklichen Geschöpfs verkälteten ihren Busen bis ins innerste Herz« (Goethe, nach Grimm, l. c.). – »Wie sich die kalte Eisrinde des Todes näher und näher bis zum Herzen hinaufzieht« (*1. Nachtwache des Bonaventura*). »Cold – cold – even to the heart –«, sagt der Abt, indem er die Hand des sterbenden Helden in Byrons *Manfred* ergreift (III, 4, Vs. 149). – »Mourn their [sc.: the quick Dreams] lot / Round the cold heart, where, after their sweet pain, / They ne'er will gather strength, or find a home again« (P. B. Shelley, *Adonais*, Vs. 79–81). – Die tote Melisande von Tripoli zum toten Sänger Geoffroy Rudel (in Heines *Romanzero*): »Geoffroy! Mein totes Herz / Wird erwärmt von deiner Stimme, / In den längst erloschnen Kohlen / Fühl ich wieder ein

Geglimme!« – »Zuletzt begann der Ahn der Stürme: / ›Auch mein Herz war einst jung und heiß, / Jetzt schwärm' ich durch zerstörte Thürme / Und schlaf allein auf Gletschereis« (H. Lingg, *Windsbräute*, Str. 11).

»Eifersucht, Sehnsucht, / zu Unrecht, zu Recht, / ihr sollt nimmer vergehn, / ob selbst ich vergeh. / Aus erstarrter Brust, / mit erfrorner Zung' / noch klag ich eu'r Weh« (Sá de Miranda, 16. Jh., in: *Kindlers Literaturlexikon*, Bd. 1, 207).

Hesiod (*Theog.* 764/5) beschreibt den Thanatos (Tod) als gewaltigen Gott (deinòs theós) »mit unerbittlichem Herzen und ehernem Sinn« (tû dè siderea mèn kradíā, chálkeon dè hoî ātor / näleès en stäthessin). Auch den Hades nennt er »unbarmherzig« (näleès ātor échon).

Auch im übertragenen Sinne: »The soul of man must quicken to creation. / Out of the formless stone, when the artist united himself with stone, / Spring always new forms of life, from the soul of man that is joined to the soul of stone« (T. S. Eliot, IX. Chorus from *The Rock*).

GRAUSAMKEIT Sterbend spricht bei Homer Hektor zu Achilleus: »Ach, ich kenne dich wohl und seh' es deutlich, du warst / Nicht zu erweichen; du trägst ein eisernes Herz doch im Busen« (*IL.* 22, 356/7; vgl. *OD.* 12, 280). – Mit »felsenhartem Herz (rocky and wrack-threat'ning heart), das durch sanftes Mitleid nicht zu erweichen ist«, vollbringt Tarquin die Schändung der Lucretia (Shakespeare, *The Rape of Lucrece*, 81. Str.: »Auch den Granit zernagt ja Lot um Lot / Zum Sand zuletzt des Wassers weicher Zahn, / Und sanftes Mitleid bricht sich seine Bahn / Durch Eisentore: schmilz denn, wenn ich weine, / Und sei nicht härter noch als Erz und Steine!«). – »Die Sprache, die zu allen Herzen spricht, / Rührt ihre eisernen, entmenschten Seelen nicht« (Wieland, *Oberon*, 9. Gesang, 58. Str. [Als Rezia von den Korsaren ergriffen wird]). – *Klagen der Maria:* »Welche Angst, ach welche Schmerzen / Ihr da schufet meinem Kind! / O der Stahl- und Eisenherzen! / Stahl und Eisen weicher sind« (Spee, *Trutznachtigall*, von Fr. Schlegel bearbeitet). Genoveva zu Benno und Grimoald (die den Auftrag haben, sie im Wald zu ermorden): »Ihr wollt mit Menschenaugen, Menschenherzen, / Mit euren Händen dieses Blut vergießen, / Es fließen sehn das dunkle Thal entlang? / O seht die schwarzen Weiden, wie sie rauschen, / Als wenn sie mit in meine Klage stimmten, / Als gäben sie den Bitten mein Gehör: / Und du willst so dein menschlich Herz verhärten?« (*Schriften* T 2, 192). – »Den Augenblick verhafte man diesen hartherzigen Bösewicht, der nicht so viel Menschlichkeit besitzt, um sein Tier zu schonen, und die Ursache des Schmerzes wegzuräumen« (G. F. Rebmann, *Laterne bey Tag für die mittlere Volksklasse...*, Paris 1797, Bd. II, 19/20).

Kalten Herzens geschehen die Sadismen und Morde in vielen Erzählungen E. A. Poes, z. B. in *The Black Cat,* obwohl die Metapher nur in Negationen anklingt: als Verlust jeder »tenderness of heart«, jeder »humanity of feeling«, als satanische Gesinnung »even beyond the reach of the infinite mercy of the Most Merciful and Most Terrible God« usw. (*Complete Stories and Poems of E. A. P.,* 1966, pp. 63, 67, 65). Auch in Wordsworth's Ballade von *Peter Bell* und seinem »icebound heart« (B. Blackstone) klingt die Metapher vielfach an.

»Wir Deutschen«, sagt Nietzsche in der *Genealogie der Moral,* »betrachten uns nicht als ein besonders grausames und hartherziges Volk (...); aber man sehe nur unsre alten Strafordnungen an« (*WW* II, 803).

GEFÜHLLOSIGKEIT »So ist dein Herz wohl aus Eisen?« ruft Hekuba dem Priamos zu, als sie von seinem Plan hört, mit den Mördern ihrer Söhne in Verhandlung zu treten (*IL.* 24, 205). – »Ich werde nicht von Flammen verzehrt«, gesteht Hilda in einem Augenblick schwerer seelischer Anfechtung, »(mein Herz) vereist vor Gefühllosigkeit« (Hawthorne, *Marmorfaun,* 316). Damit klingt ein Grundmotiv des Hawthorneschen Werks auf: Hyperbolisch gesteigert kehrt es in *The Christmas Banquet* (1844) – einer der (unpublizierten) *Allegories of the Heart* – wieder. Gervayse Hastings, ein ansehnlicher, gut situierter und geistvoller Gentleman, erwirbt (in der durchgängig allegorischen Handlung der Erzählung) die Dornenkrone menschlicher Leidensfähigkeit, indem er 80 Jahre lang den »Tod im Leben«, nämlich ein völlig gefühlloses Herz in der Brust, erträgt (*Centenary Edition,* X [1974], 286). Jede wirkliche Empfindung, besonders das Mitgefühl mit anderen und die Gabe, ihnen Sympathie mitzuteilen, sind ihm verwehrt (296, 298, 300). Wer ihn berührt, fühlt sich von Kälteschauern durchbebt (290), seine Frau »zittert im Frost seines Busens« (300). Schlimmer als jedes substantielle Leid, so schwer es jeweils zu ertragen sein mag (so lautet Hawthornes etwas penetrante Moral), ist das Los, die Pforte des Leidens aus Fühllosigkeit gar nicht erst beschreiten und mithin den Ausblick ins Überirdische nicht tun zu können. »Keiner hat es verstanden«, sind Hastings letzte Worte, »es ist eine Eiseskälte, ein Verlangen nach Ernsthaftigkeit und Echtheit – ein Gefühl, als wäre, was mein Herz sein sollte, ein Ding aus Luft – eine bedrückende Erfahrung von Unwirklichkeit. (...) Nichts drängt lastend genug auf mich herein, um mich in Hoffnung oder Furcht zu versetzen. Mein – mein ist der Jammer! Dies kalte Herz – dies unwirkliche Leben! Ach! nun wird es noch kälter« (305). –

»Wenn das Hasardspiel des Lebens aus lauter Nieten besteht, wen reute nicht der Einsatz! (...) Die Welt ist mir so grau, das Herz so kalt –« (A. von Chamisso an Fouqué, in: *Werke,* Bd. I, Zürich 1971, 30). Bei VERLAINE heißt es: »C'est bien la pire peine / De ne savoir pourquoi, / Sans amour et sans haine, / Mon cœur a tant de peine!« Auch als Wohltat ist die Erlösung vom Pulsschlag der widerstreitenden Grundgefühle gelegentlich gefeiert worden: »O wie süß erkaltet mir das Herz! / O wie weich verstummen Lust und Schmerz!« (C. F. Meyer, *Im Spätboot*).

LEIDENSCHAFTSLOSIGKEIT oder mangelnde Begeisterung. »Mit kaltem herzen und lawem geist« (Keisersberg, nach Grimm V, 81). Hüon, dessen Leidenschaft zu Rezia mit dem von Oberon auferlegten Liebesverbot ringt, ruft aus: »Ach, Freund Oberon, ... / Verwandle bis dahin mein Herz in kalten Stein« (Wieland, *Oberon,* 6. Gesang, 21. Str.). M. Mendelssohn über die *Nouvelle Heloise*: Ihm sei das »Herz bei allen verliebten Klagen des Saint-Preux eiskalt geblieben« (*Ges.Schr.,* Leipzig 1844, Bd. 4/2, 166f.). – »Verdroßnen Sinn im kalten Herzen hegend« (Heine, Nr. 42 des *Neuen Frühling*). »Dein Herz ist kalt, du fühlst nicht unsre Freuden« (Schiller, nach Grimm V, 81). Die umgekehrte Vorstellung in Sophokles' *Antigone*: »Dein Herz glüht, dieweil das unsere von Kälteschauern durchbebt wird« (Thermän epì psychroîsi kardían écheis [Vs. 88]). – »Ach, was man nicht kennt, / Danach das Herz nicht brennt / Und bleibt kalt dafür in Ewigkeit« (G. Keller, *Jugendgedenken*). »Der du mit dem Flammenspeere / Meiner Seele Eis zerteilt« (Nietzsche, *Sanctus Januarius, WW* II, 161). »Wie frosterstarrt ist das Herz, sobald die Glut der Leidenschaft ausgebrannt ist!« (Hawthorne, *Marmorfaun,* 171). Nachlassende Liebe: »Man sollte in jeder Stunde sein Herz fragen, ob es auch nicht etwa im Begriff sey zu erkalten, denn nichts ist in der Seele des Sterblichen so zart und eben darum auch so vergänglich, als die Empfindung der Liebe« (*Schriften T* 9, 181). – »Und doch, wie immer ich gebrochen bin, / Wie meine Brust erkaltet und zerrissen, / Es glimmt der heil'ge Funken noch darin« (Chamisso, *Die Verbannten,* 52. Str.). »Leutselig (bin ich) gegen Mensch und Zufall, leutselig mit jedermann, auch mit Gräsern noch: ein Sonnenfleck an winterlichen Hängen (...), feucht vor Zärtlichkeit, ein Tauwind verschneiten Herzens« (Nietzsche).

MITLEIDS-, LIEBLOSIGKEIT Dem zweifelnden Odysseus beteuert Kalypso durch Schwur, daß sie nicht sein Verderben im Sinn habe, und schließt mit den Worten: »Denn ich denke gewiß nicht ganz unbillig und trage / Nicht im Busen ein Herz von Eisen, sondern voll Mitleid!« (udé moi autà / thymòs enì stäthessi sidäreos, all' eleämon

[*OD.* 5, 190/1]). »Trägen, zusehenden Herzens« (tläsiokárdioi) schilt der Chor die Götter im *Prometheus* des Aischylos (Vs. 159). »Der trägt ein Steinherz und die Brust ist starres Erz, / Der *dir,* Prometheus, nicht im Tiefsten deine Qual / Mitfühlt« (Vs. 242, dt. von J. G. Droysen). »Lapideo sunt corde multi, quos non miseret neminis« (Enn. frg. *scaen.* 139). »Non tua sunt praecordia ferro vincta, nec in tenero stat tibi corde silex (Tib. 1. 1, 64). Hieronymus an Heliodor (*ep.* 3, 2): »Ich habe kein Gemüt aus Eisen noch ein hartes Herz (non est nobis ferreum pectus, nec dura praecordia)« (Anspielung wohl an *IL.* 16, 33). – Der germanische *Loki* ist, nach der Erzählung der *Edda,* »*of hiarta lyndi brendo,* von schwarzer brennender Herzensart, der eines Weibes Steinherz fand und davon bös geworden ist« (Joseph Görres, *Mythengeschichte der asiatischen Welt,* Köln 1935 [= *Ges. Schr.* V], 269). – »Ein herze daz von flinse / im donre gewahsen wære, / daz müeten disiu mære« (Wolfram, *Willehalm* 12, Vs. 16–18). »Wer weiß? – Sie hatte kein Herz von Stein – / Sie hätte sich endlich erweichen lassen« (Wieland, *Wintermärchen* II, 46. Strophe). Lessing denkt dem bürgerlichen Trauerspiel die Aufgabe zu, »durch die Gewalt der Sinne ihr [der Zuschauer] schweres und kaltes Herz in diejenige Bewegung [zu setzen], die der Dichter zur Absicht hatte« (*Beyträge zur Historie und Aufnahme des Theaters* [1749], in: Werke in 8 Bänden, hg. von G. Göpfert, Darmstadt 1970 ff., Bd. 3, 360).

UNDANK »Eisenherzig« nennt der großmütige Timon von Athen (in Shakespeares Tragödie III. 4) »alle Menschen«, die nach dem Verlust seines Vermögens über Nacht zu Todfeinden ihres früheren Wohltäters geworden sind; schon früher (II. 4): »... den Altgesellen / Ist nun der Undank einmal einverleibt; / Ihr Blut ist Gallert, kalt..., / ... sie fühlen nichts.«

MENSCHENHASS »Der alte kaltherzige Menschenhasser« (Wieland, *Danischmend,* cap. 27).

VORURTEIL Von »zufälligen Vorurtheile(n), welche... das Herz versteinert haben«, spricht Thomas Abbt gegen Schluß seiner *Abhandlung vom Verdienste* (Berlin und Stettin 1772, 314).

SKRUPELLOSER GESCHÄFTSGEIST, WUCHER, GELD- UND HABGIER, GEIZ Als verbreitetes Märchenmotiv belegt in Stith Thompsons *Motif-Index of Folkliterature* (²1966), z. B. J 56: »Hardness of heart: Unscrupulous conduct of business learned from observation of usurer's... practices.« Vgl. W 155 ff., D 444. 1: »Transformation: money of the hardhearted to scorpions«, passim. Ein klassisches Beispiel ist natürlich der »hartherz'ge Jude« und Wucherer Shylock in Shakespeares *Kaufmann von Venedig,* »von Herzen / So hart wie Kieselstein, von ehrnem

Busen, / ... nie gewöhnt / An Dienste zärtlicher Gefälligkeit« (IV. 1, A. W. Schlegel). In Flauberts Jugenderzählung *Smarh* setzt sich Satan in das Ohr eines Bettlers, zeigt ihm einen »hartherzigen Reichen« und fordert ihn auf, diesen zu töten (*Œuvres complètes* I, 205/6). »Happig und gierig und hartherzig« nennt Roswitha ihre Herrschaft (*Effie Brist,* 13. Kap.); und Storms *Bulemann* besitzt die »Hartherzigkeit der Reichen«. – Musils Held Anders liebt aus naturwissenschaftlichem »Tatsachensinn (...) die Hartgeldseele eines Kaufmanns mehr als die des großen zeitgenössischen Lyrikers Frieder Feuermaul« (Musil, *Ges. Werke,* 1978, Bd. 5, 1989).

SÜNDHAFTIGKEIT »Verhärtet« gegen Gottes Gebot ist das Herz des Pharao in *2. Mose* 7, 3. 13. 22; 8, 15; 9, 35; 9, 12; 10, 20. 27. (Es sind zwei verschiedene hebräische Verben, die abwechselnd gebraucht werden, alternativ durch »verstockt« wiedergegeben: 7, 14; 9, 7; 8, 11. 28; 9, 34; transitiv: 10, 1.) Als »Herzensverhärtung« (šerīrūt lēb' [vgl. l. c. 9, 35; 10, 20. 27]) geißelt Mose den Rückfall Israels in den ägyptischen Kultus (*5. Mose* 29, 18/9; vgl. *Jeremia* 3, 17; 7, 24, passim und *Psalm* 81, 13; ferner *Koran,* Sure 2, Vs. 69. (Es gibt eine Reihe ähnlicher Wendungen, z. B. *Jeremia* 5, 3: »Sie haben ihre Stirn härter gemacht als Stein, wollen nicht umkehren« oder *Prediger* 8, 1: »Die Weisheit... verwandelt die Härte seines [des Menschen] Angesichts« oder *Ezechiel* 3, 7–9: »Das ganze Haus Israel hat eben eine harte Stirn und ein verstocktes Herz. Siehe, nun mache ich dein Angesicht und deine Stirn hart wie ihre Stirn. Wie Diamant, härter als Fels, mache ich deine Stirn.« Vgl. ferner *Apostelgeschichte* 7, 51: »Ihr, die ihr halsstarrig und an Herzen und Ohren unbeschnitten seid.« Auch sonst ist die Metapher der Herzensverhärtung im orientalischen Schrifttum verbreitet, z. B. in den *Erzählungen von 1001 Nächten,* I, 583, passim.)

»Steinern« ist das Herz der Israeliten bei *Ezechiel* (11, 19 und 36, 26; oft in der Literatur zitiert, z. B. bei Diderot, *La Religieuse* [*Œuvres philosophiques,* Paris 1964, 282]: »que personne n'aurait aimé Dieu comme moi, que j'avais un cœur de chair et les autres un cœur de pierre.« Vgl. auch Voltaires Artikel *EZECHIEL in Dictionnaire philosophique*). Jesus wirft erst den Pharisäern, dann seinen Jüngern ihre »Hartherzigkeit« (sklärokardían) vor (*Matth.* 19, 8; *Mark.* 16, 14). Bei Paulus (*Römerbrief* 2, 5; 9, 18; passim), Augustinus und den Vätern ist die Metapher in der Bedeutung der Unbußfertigkeit (ametanoätòs kardía) sehr verbreitet. Vgl. ferner *Comm. instr.* 1. 40, 11: »Sed vos indurato corde subsannitis *deum*« (vgl. *apol.* 867 u. Aug. *civ.* 4, 25) und Paul Gerhardt: »Mein Herz ist kalt, hart und bethört«. »Dry as dust« wird das Herz des *Ancient Mariner* in Coleridges gleichnamiger Ballade (Part IV), nachdem er den heiligen Albatros, bei dessen Aufnahme das zugefrorene Schiff aus dem Eis befreit wurde, in frevelnder Tat erschossen hat (der Albatros ist ein Symbol der göttlichen Wärme, seine Tötung restituiert den seelischen Zustand der Weltvereisung).

Eindrucksvolle Beispiele finden sich zahlreich im *Geistlichen Jahr* der Annette von Droste-Hülshoff, z. B. *Am Ostermontage:* »Hättest du umsonst die Reue / In dies starre Herz geführt?« (...) »Deine Gnad' ist weich und warm / (...) / Und mein Herz war kalt und arm / Solchen Gast zu nähren.« – Nicht zu vergessen die Bezirke der ewigen Nacht und des arktischen Eises in Dantes *Inferno* (XXXIII, 91–133): An diesem Ort äußerster Verdammung gefrieren die sündigen Seelen zu Eisklumpen und Gletschern, d. h. stellen ihr metaphorisches Wesen sinnenfällig dar.

Natürlich spielt die Metapher in der *Liebeslyrik* eine ausgezeichnete Rolle. Schon bei den römischen Elegikern, in deren Versen nicht selten von kiesel- oder eisenharten Herzen einer spröden Geliebten oder eines ungetreuen Liebhabers die Rede ist (Tib. 1.1, 63 f.; Ovid. *am.* 1.11, 9; 3.6, 69; passim). Besonders aber in solchen Gattungen erotischer Literatur, wo es (wie im Minnesang oder im Petrarkismus) zur Spielregel der Werbung gehört, daß die Dame ein »vlins-«, »Kiesel-« oder »Felsen-Herz« in der Brust trage.

So in der *Minneburg*, Vs. 3519–21: »Es ist [ir herzen] spigelglas / Noch herter dann ein adamas / Gein mir: des mus ich liden pin.« »Verschließ mich denn in deiner Brust aus Erz« (Prison my heart in thy steel bosom's ward), ruft im 133. Shakespeare-Sonett der Liebende seiner grausamen Dark Lady zu. Der ebenfalls vom Petrarkismus beeinflußte Lyriker Hofmann von Hofmannswaldau läßt in einem seiner Sonette das rachetrunkene Einverständnis mit dem Zerstörungswerk, welches die Zeit am Leib einer schönen Frau vollbringt, in den Versen gipfeln: »Dein Herze kann allein [ich ergänze: während alle anderen Organe in Staub und Nichts zerfallen] zu aller Zeit bestehn, / Dieweil es die Natur aus Diamant gemacht« (*Vergänglichkeit der Schönheit*). »Der Sieger liegt besiegt zu Füßen«, heißt es in der elisabethanischen Schäferdichtung *Einer Liebenden Klage,* »Nimm diese Lieben all in dir zusammen, / Um deinen kalten Busen zu entflammen« (37. Str., vgl. 42. Str.).

Eine rechte Fundgrube ist Shakespeares Epos *Venus und Adonis:* »Vor Lust erglüht ihr Antlitz kohlenheiß, / Seins nur vor Scham, sein Herz ist kalt wie Eis (frosty in desire)« (6. Str.). »Knabe Kieselherz (flinthearted boy)« schilt sie den »spröden« in der 16. Str. (Vgl. 34, 36, 63, passim).

Zahlreich sind die Kristall-, Eis-, Marmel-, Stahl- oder kalten Herzen in der Liebeslyrik, im höfisch-historischen oder galanten Roman oder in der Schäferdichtung des deutschen Barock. Ich gebe einige Beispiele aus Schönes Sammlung *(Die Deutsche Literatur des Barock):* »Ist schon der tod ein opffer deiner lust / Und soll mein hertz in heisser glut verbrennen; / So wollst du nur die alabasterbrust / Zu guter letzt mir zum altare gönnen. / Denn ein altar zum opfern muß ja seyn / Ein harter stein« (Erdmann Neumeister, S. 490). »Amanda liebstes kind / du brustlatz kalter hertzen« (Unbek. Verf., S. 493). »Entblöße deine marmelbrust / Das bergwerck aller lust« (Unbek. Verf., S. 494; vgl. 877). »Ihr Leibes-Schnee hat mich gezündet an: / ihr Brennends Herz allein mich löschen kan. / Wann auch wolt Eis und eisern seyn ihr Herz / mit Gegenlieb nicht lindern meinen Schmerz: / so wird allein in dieser Pein / eiskalter Tod! dein Pfeil mein helfer seyn« (Sigmund von Birken, *Floridans Verliebter und Geliebter Sireno,* Kap. 43, S. 853). »Als nun alles solcher gestalt auf das herlichste und wohllüstigste ausgeschmükket war / und diese wohllüstige Fürstin in solchem lieblichen schmukke zu bette lag; dadurch sie auch ein stählernes hertz zur liebe bewegen können; da lies sie den / Josef zu sich rufen.« »Seine blikke ... solten von ihrer ausbündigen schönheit / die so bloß und nakkend vor seinen augen lag / zuvor feuer ziehen / sein kaltes hertz in den brand zu helfen oder es zum wenigsten lüstern zu machen« (Filip von Zesen, *Der Assenat,* 3. Buch, S. 416/7).

Die Topik der lateinischen Elegiker lebt noch in neuerer Dichtung fort, natürlich in der Rokokolyrik (»Der Brief wird fortgeschickt und richtig überbracht. / Jesmin thut manch Gebet an Venus' kleinen Knaben; / Doch folgt die Antwort nicht. Wer hätte das gedacht? / Das Mädchen muß ein Herz von Stahl und Eisen haben« [Chr. F. Gellerts *Werke,* hg. von Gottfried Honnefelder, Ffm. 1979, I, 77]), aber auch im Minnesanggestus romantischer Lieder (Tiecks Golo: »Ja Felsen ist ihr Herz« [Beginn der Szene »Garten. Mondschein« in *Genoveva*]). Wagner, in seiner ins 16. Jh. verlegten Oper *Das Liebesverbot,* läßt »das Eis« auf dem »so hart sich verschliessenden Herz« des grausamen und hagestolzen Tyrannen durch Isabellas Leidenschaft schmelzen (»Nun ist das Eis dieses Herzens gebrochen«) (R. Wagner, *Mein Leben,* München 1911, Bd. I, 141; die Anspielung bezieht sich auf *GSD* XI, 84/5). Vgl. ferner Heine (»Warum zeigt mein Liebeskompaß / Nach dem Nordpol solcher Herzen?« [*Kalte Herzen*] – eine Anspielung auf die »figure« vom Nordpol der Herzen in Byrons *Don Juan* [*Poetical Works,* ed. F. Page, London–Oxford–New York 1970, 813]) oder Else Lasker-Schüler (»Als an deinem steinernen

Herzen / Meine Flügel brachen, / Fielen die Amseln wie Trauerrosen / Hoch vom blauen Gebüsch« [*Ein Lied*]).

Daß die Metapher der kaltherzigen Geliebten in der Lyrik des französischen *L'art pour l'art* mit vielen anderen Barock-Requisiten wieder auftaucht, ist bekannt. Vgl. z. B. *Diamant du cœur* von Théophile Gautier (in: *Emaux et Camées,* = *Poésies complètes,* ed. par R. Jasinski, tome I, Paris 1932, 27/8): Dieser »Diamant des Herzens«, ein merkwürdiges Liebespfand, ist die aufs Papier getropfte Träne »aus einem Auge, das nie geweint hat«. Oder Léon Dierx' *Sur les côtes:* Verse, gerichtet an ein »Herz ohne Gedächtnis, der Liebe verschlossen«: »Mais non! Qu'importe au cœur, qui s'est un jour durci, /Le fracas de la mer, sur les remports des côtes? / Qu'importe le retour des lames les plus hautes / Au cœur indifférent comme les sable aussi?« (*Œuvres complètes,* tome II, Paris 1896, 172).

QUELLENVERZEICHNIS

Der Runenberg: Ludwig Tieck's *Schriften*, 28 Bde., Berlin 1828–54, Bd. 4 (1828), S. 214–244

Der Bergmann von Falun: Gotthilf Heinrich Schubert, *Ansichten von der Nachtseite der Naturwissenschaft,* Dresden 1808, S. 215 f.

Des ersten Bergmanns ewige Jugend: Armuth, Reichthum, Schuld und Buße der Gräfin Dolores. Eine wahre Geschichte zur lehrreichen Unterhaltung armer Fräulein aufgeschrieben von Ludwig Achim von Arnim, hg. von Wilhelm Grimm, 2 Bde. in einem Buch, Berlin 1840 (= *Sämtl. Werke* Bd. 7), Bd. 2, S. 367–373

Die Bergwerke zu Falun: E. T. A. Hoffmanns *Sämtliche Werke, Tagebücher/Briefe,* hg. und eingel. von Rudolf Frank, 11 Bde., München und Leipzig 1924, v. Band, S. 220–252 (= Erster Band der *Serapions-Brüder:* dieser Band fehlt in der Kritischen Ausgabe G. von Maassens)

Die Bergwerke zu Falun: Oper in drei Akten: Richard Wagner, *Gesammelte Schriften und Dichtungen,* 12 Bde., Leipzig 1871–1883 (^{5}1911), Bd. 11, S. 125–135

Der Raub des Rheingoldes: Otto Strobel (Hg.), Richard Wagner, *Entwürfe und Skizzen zur Ring-Dichtung,* München 1930, S. 213–229.

Das kalte Herz: Wilhelm Hauffs *Sämtliche Werke* mit des Dichters Leben [hg.] von Gustav Schwab, 36 Bde., Stuttgart 1830 f., 18. Aufl. 5 Bde. 1882, Bd. IV, S. 252–278 und S. 358–378

Der Sandmann: E. Th. A. Hoffmanns *Sämtliche Werke.* Hist.-Krit. Ausgabe mit Einl., Anm. u. Lesarten von Carl Georg von Maassen. Bd. 1–4, 6–10. [Mehr nicht erschienen], München und Leipzig 1908–1928, Bd. 3 [1909, ^{2}1912], S. 3–42

Die Schneekönigin [Snedronningen]: Hans Christian Andersen, *Märchen,* dt. von Eva-Maria Blühm, Ffm. 1975 (it 133), Bd. 2, S. 9–16, S. 37–42

Der Abdruck erfolgt mit freundlicher Genehmigung der Dieterich'schen Verlagsbuchhandlung Leipzig, DDR.

Ethan Brand: Nathaniel Hawthorne, *Erzählungen,* dt. von Siegfried Schmitz, München 1977, S. 506–527

Der Abdruck erfolgt mit freundlicher Genehmigung des Artemis/Winkler Verlags München

© Winkler Verlag, München 1977

Romane, Erzählungen, Prosa

Apuleius. Der goldene Esel
Mit Illustrationen von Max Klinger zu »Amor und Psyche«. Aus dem Lateinischen von August Rode. Mit einem Nachwort von Wilhelm Haupt. it 146.

Honoré de Balzac. Die Frau von dreißig Jahren
Deutsch von W. Blochwitz. it 460
– Beamte, Schulden, Elegantes Leben
Eine Auswahl aus den journalistischen Arbeiten. Mit einem Nachwort herausgegeben von Wolfgang Drost und Karl Riha. Mit zeitgenössischen Karikaturen. it 346
– Das Mädchen mit den Goldaugen
Aus dem Französischen von Ernst Hardt. Vorwort Hugo von Hofmannsthal. Illustrationen Marcus Behmer. it 60

Joseph Bédier. Der Roman von Tristan und Isolde
Deutsch von Rudolf G. Binding. Mit Holzschnitten von 1484. it 387

Harriet Beecher-Stowe. Onkel Toms Hütte
In der Bearbeitung einer alten Übersetzung herausgegeben und mit einem Nachwort versehen von Wieland Herzfelde. Mit 27 Holzschnitten von George Cruikshank aus der englischen Ausgabe von 1852. it 272

Ambrose Bierce. Aus dem Wörterbuch des Teufels
Auswahl, Übersetzung und Nachwort von Dieter E. Zimmer. it 440
– Mein Lieblingsmord
Erzählungen. Aus dem Amerikanischen von G. Günther. it 39

Die Blümlein des heiligen Franziskus von Assisi
Aus dem Italienischen nach der Ausgabe der Tipografia Metastasio, Assisi 1901, von Rduolf G. Binding. Mit Initialen von Carl Weidemeyer. it 48

Giovanni di Boccaccio. Das Dekameron
Hundert Novellen. Ungekürzte Ausgabe. Aus dem Italienischen von Albert Wesselski und mit einer Einleitung versehen von André Jolles. Mit venezianischen Holzschnitten. Zwei Bände. it 7/8

Hermann Bote. Ein kurzweiliges Buch von Till Eulenspiegel aus dem Lande Braunschweig. Wie er sein Leben vollbracht hat. Sechsundneunzig seiner Geschichten.
Herausgegeben, in die Sprache unserer Zeit übertragen und mit Anmerkungen versehen von Siegfried H. Sichtermann. Mit zeitgenössischen Illustrationen. it 336

Romane, Erzählungen, Prosa

Emily Brontë. Die Sturmhöhe
Aus dem Englischen von Grete Rambach. it 141

Gottfried August Bürger. Wunderbare Reisen zu Wasser und zu Lande. Feldzüge und lustige Abenteuer des Freiherrn von Münchhausen. Mit Holzschnitten von Gustave Doré. it 207

Hans Carossa. Eine Kindheit und Verwandlungen einer Jugend
it 295/296

Lewis Carroll. Geschichten mit Knoten
Herausgegeben und übersetzt von W. E. Richartz. Mit Illustrationen von Arthur B. Frost. it 302

Miguel de Cervantes Saavedra. Der scharfsinnige Ritter Don Quixote von der Mancha
Mit einem Essay von Iwan Turgenjew und einem Nachwort von André Jolles. Mit Illustrationen von Gustave Doré. 3 Bände. it 109

Adelbert von Chamisso. Peter Schlemihls wundersame Geschichte
Nachwort von Thomas Mann. Illustriert von Emil Preetorius. it 27

James Fenimore Cooper. Die Lederstrumpferzählungen
In der Bearbeitung der Übersetzung von E. Kolb durch Rudolf Drescher. Mit Illustrationen von D. E. Darley. Vollständige Ausgabe.
it 179 Der Wildtöter · it 180 Der letzte Mohikaner · it 181 Der Pfadfinder · it 182 Die Ansiedler · it 183 Die Prärie

Alphonse Daudet. Briefe aus meiner Mühle
Aus dem Französischen von Alice Seiffert. Mit Illustrationen. it 446
– Tartarin von Tarascon. Die wunderbaren Abenteuer des Tartarin von Tarascon.
Mit Zeichnungen von Emil Preetorius. it 84

Honoré Daumier. Robert-Macaire – Der unsterbliche Betrüger
Drei Physiologien. Aus dem Französischen von Mario Spiro. Herausgegeben und mit einem Nachwort versehen von Karl Riha.
it 249

Romane, Erzählungen, Prosa

Daniel Defoe. Robinson Crusoe
Mit Illustrationen von Ludwig Richter. it 41

Charles Dickens. Lebensgeschichte und gesammelte Erfahrungen
David Copperfields des Jüngeren. Zwei Bände.
Mit Illustrationen von Phiz. Nach der ersten Buchausgabe des
Romans London 1850. it 468
– Oliver Twist
Aus dem Englischen von Reinhard Kilbel. Mit einem Nachwort von
Rudolf Marx und 24 Illustrationen von George Cruikshank. Vollständige Ausgabe. it 242
– Weihnachtserzählungen
Mit Illustrationen. it 358

Denis Diderot. Die Nonne
Mit einem Nachwort von Robert Mauzi. Der Text dieser Ausgabe
beruht auf der ersten deutschen Übersetzung von 1797. it 31

Annette von Droste-Hülshoff. Die Judenbuche. Ein Sittengemälde
aus dem gebirgigen Westfalen. Mit Illustrationen von Max Unold.
it 399

Alexandre Dumas. Der Graf von Monte Christo
Bearbeitung einer alten Übersetzung von Meinhard Hasenbein. Mit
Illustrationen von Pavel Brom und Dagmar Bromova. Zwei Bände.
it 266

Joseph Freiherr von Eichendorff. Aus dem Leben eines
Taugenichts
Mit Illustrationen von Adolf Schrödter und einem Nachwort von
Ansgar Hillach. it 202

Eisherz und Edeljaspis
Aus dem Chinesischen von Franz Kuhn. Mit Holzschnitten einer alten
chinesischen Ausgabe. Mit einem Nachwort und Anmerkungen von
Franz Kuhn. it 123

Paul Ernst. Der Mann mit dem tötenden Blick und andere frühe
Erzählungen.
Herausgegeben von Wolfgang Promies. it 434

Romane, Erzählungen, Prosa

Gustave Flaubert. Bouvard und Pécuchet
Mit einem Vorwort von Victor Brombert und einem Nachwort von Uwe Japp. Mit Illustrationen von András Karakas. it 373
– Die Versuchung des heiligen Antonius
Aus dem Französischen übersetzt von Barbara und Robert Picht. Mit einem Nachwort von Michel Foucault. it 432
– Lehrjahre des Gefühls
Geschichte eines Jungen Mannes, übertragen von Paul Wiegler. Mit einem Essay »zum Verständnis des Werkes« und einer Bibliographie von Erich Köhler. it 276
– Madame Bovary
Revidierte Übersetzung aus dem Französischen von Arthur Schurig it 167
– Salammbô
Herausgegeben und mit einem Nachwort versehen von Monika Bosse und André Stoll. Mit Abbildungen. it 342
– Ein schlichtes Herz. it 110

Theodor Fontane. Effi Briest
Mit Lithographien von Max Liebermann. it 138
– Der Stechlin
Mit einem Nachwort von Walter Müller-Seidel. it 152
– Unwiederbringlich
Roman. it 286

Friedrich Gerstäcker. Die Flußpiraten des Mississippi
Roman. Mit einem Nachwort von Harald Eggebrecht. it 435

Johann Wolfgang Goethe. Wilhelm Meisters Lehrjahre
Herausgegeben von Erich Schmidt. Mit sechs Kupferstichen von F.L. Catel. Sieben Musikbeispiele und Anmerkungen. it 475
– Novellen
Herausgegeben und mit einem Nachwort versehen von Katharina Mommsen. Mit Federzeichnungen von Max Liebermann. it 425
– Reineke Fuchs
Mit Stahlstichen von Wilhelm von Kaulbach. it 125
– Die Wahlverwandtschaften
Mit einem Essay von Walter Benjamin. it 1
– Die Leiden des jungen Werther
Mit einem Essay von Georg Lukács »Die Leiden des jungen Werther«. Nachwort von Jörn Göres »Zweihundert Jahre Werther«. Mit Illustrationen von David Chodowiecki und anderen. it 25

Romane, Erzählungen, Prosa

Gogol. Der Mantel und andere Erzählungen
Aus dem Russischen übersetzt von Ruth Fritze-Hanschmann. Mit einem Nachwort von Eugen und Frank Häusler. Mit Illustrationen von András Karakas. it 241

Iwan Gontscharow. Oblomow it 472

Grimmelshausen. Trutz-Simplex oder Ausführliche und wunderseltzame Lebensbeschreibung der Erzbetrügerin und Landstörtzerin Courasche
Mit einem Nachwort von Wolfgang Koeppen. Mit Abbildungen aus dem 17. Jahrhundert. it 211

Nathaniel Hawthorne. Der scharlachrote Buchstabe
Mit Illustrationen von Renate Sendler-Peters. it 436

Johann Peter Hebel. Kalendergeschichten
Ausgewählt und mit einem Nachwort von Ernst Bloch
Mit neunzehn Holzschnitten von Ludwig Richter. it 17

Heinrich Heine. Aus den Memoiren des Herren
von Schnabelewopski
Mit Illustrationen von Julius Pascin. it 189

– Shakespeares Mädchen und Frauen
Mit Illustrationen der Ausgabe von 1838. Herausgegeben von Volkmar Hansen. it 331

Hermann Hesse. Hermann Lauscher
Mit frühen, teils unveröffentlichten Zeichnungen und einem Nachwort von Gunter Böhmer. it 206
–/Walter Schmögner. Die Stadt
Ein Märchen von Hermann Hesse, ins Bild gebracht von Walter Schmögner. it 236
– Knulp
Mit dem unveröffentlichten Fragment »Knulps Ende« und Steinzeichnungen von Karl Walser. it 394

Hölderlin. Hyperion oder Der Eremit in Griechenland
Herausgegeben und mit einem Nachwort versehen von Jochen Schmidt. it 365

Insel taschenbücher
Alphabetisches Verzeichnis

Die Abenteuer Onkel Lubins 254
Adrion: Mein altes Zauberbuch 421
Adrion: Die Memoiren des Robert Houdin 506
Aladin und die Wunderlampe 199
Ali Baba und die vierzig Räuber 163
Allerleirauh 115
Alte und neue Lieder 59
Alt-Kräuterbüchlein 456
Andersen: Märchen (3 Bände in Kassette) 133
Andersen: Märchen meines Lebens 356
Andreas-Salomé, Lou: Lebensrückblick 54
Apulejus: Der goldene Esel 146
Arnim, Bettina von: Armenbuch 541
Arnim/Brentano: Des Knaben Wunderhorn 85
Arnold: Das Steuermännlein 105
Artmann: Christopher und Peregrin 488
Aus der Traumküche des Windsor McCay 193
Austen: Emma 511
Balzac: Beamte, Schulden, elegantes Leben 346
Balzac: Die Frau von dreißig Jahren 460
Balzac: Das Mädchen mit den Goldaugen 60
Baudelaire: Blumen des Bösen 120
Bayley: Reise der beiden Tiger 493
Bayley: 77 Tiere und ein Ochse 451
Beaumarchais: Figaros Hochzeit 228
Bédier: Der Roman von Tristan und Isolde 387
Beecher-Stowe: Onkel Toms Hütte 272
Beisner: Adreßbuch 294
Benjamin: Aussichten 256
Berg: Leben und Werk im Bild 194
Berthel: Die großen Detektive Bd. 1 101
Berthel: Die großen Detektive Bd. 2 368

Bertuch: Bilder aus fremden Ländern 244
Bierbaum: Zäpfelkerns Abenteuer 243
Bierce: Mein Lieblingsmord 39
Bierce: Wörterbuch des Teufels 440
Bilibin: Märchen vom Herrlichen Falken 487
Bilibin: Wassilissa 451
Bin Gorion: Born Judas 533
Blake: Lieder der Unschuld 116
Die Blümlein des heiligen Franziskus 48
Boccaccio: Das Dekameron (2 Bände) 7/8
Böcklin: Leben und Werk 284
Borchers: Das Adventbuch 449
Bote: Eulenspiegel 336
Brandys: Walewska, Napoleons große Liebe 24
Brecht: Leben und Werk 406
Brentano: Fanferlieschen 341
Brentano: Gockel Hinkel Gackeleia 47
Brillat-Savarin: Physiologie des guten Geschmacks 423
Brontë: Die Sturmhöhe 141
Bruno: Das Aschermittwochsmahl 548
Das Buch der Liebe 82
Das Buch vom Tee 412
Büchner: Der Hessische Landbote 51
Bürger: Münchhausen 207
Busch: Kritisch-Allzukritisches 52
Campe: Bilder Abeze 135
Carossa: Kindheit 295
Carossa: Leben und Werk 348
Carossa: Verwandlungen 296
Carroll: Alice hinter den Spiegeln 97
Carroll: Alice im Wunderland 42
Carroll: Briefe an kleine Mädchen 172
Carroll: Geschichten mit Knoten 302
Caspari: Die Sommerreise 416
Caspari: Wenn's regnet 494
Cervantes: Don Quixote (3 Bände) 109

Chamisso: Peter Schlemihl 27
Chateaubriand: Das Leben des Abbé de Rancé 240
Chinesische Liebesgedichte 442
Chinesische Volkserzählungen 522
Claudius: Wandsbecker Bote 130
Cocteau: Colette 306
Cooper: Lederstrumpferzählungen (5 Bände) 179–183
Cooper: Talleyrand 397
Cortez: Die Eroberung Mexikos 393
Dante: Die Göttliche Komödie (2 Bände) 94
Daudet: Briefe aus meiner Mühle 446
Daudet: Tartarin von Tarascon 84
Daumier: Macaire 249
Defoe: Robinson Crusoe 41
Denkspiele 76
Deutsche Heldensagen 345
Deutsche Volksbücher (3 Bände) 380
Dickens: David Copperfield 468
Dickens: Oliver Twist 242
Dickens: Weihnachtserzählungen 358
Diderot: Erzählungen und Dialoge 554
Diderot: Die Nonne 31
Dostojewski: Der Spieler 515
Droste-Hülshoff: Die Judenbuche 399
Dumas: Der Graf von Monte Christo (2 Bände) 266
Dumas: König Nußknacker 291
Eastman: Ohijesa 519
Eichendorff: Aus dem Leben eines Taugenichts 202
Eichendorff: Gedichte 255
Eisherz und Edeljaspis 123
Enzensberger: Edward Lears kompletter Nonsens I 480
Enzensberger: Edward Lears kompletter Nonsens II 502
Ernst, Paul: Der Mann mit dem tötenden Blick 434
Die Erzählungen aus den Tausendundein Nächten (12 Bände in Kassette) 224
Fabeln und Lieder der Aufklärung 208
Fabre: Das offenbare Geheimnis 269

Der Familienschatz 34
Feuerbach: Merkwürdige Verbrechen 512
Ein Fisch mit Namen Fasch 222
Flach: Minestra 552
Flaubert: Bouvard und Pécuchet 373
Flaubert: Lehrjahre des Gefühls 276
Flaubert: Madame Bovary 167
Flaubert: November 411
Flaubert: Salammbô 342
Flaubert: Die Versuchung des heiligen Antonius 432
Fontane: Effi Briest 138
Fontane: Der Stechlin 152
Fontane: Unwiederbringlich 286
le Fort. Leben und Werk im Bild 195
France: Blaubarts Frauen 510
Frank: Das kalte Herz 330
Friedrich, C. D.: Auge und Landschaft 62
Gackenbach: Betti sei lieb 491
Gasser: Kräutergarten 377
Gasser: Spaziergang durch Italiens Küchen 391
Gasser: Tante Melanie 192
Gassers Köchel-Verzeichnis 96
Gebete der Menschheit 238
Das Geburtstagsbuch 155
Gernhardt, R. u. a.: Was für ein Tag 544
Gerstäcker: Die Flußpiraten des Mississippi 435
Geschichten der Liebe aus 1001 Nächten 38
Gesta Romanorum 315
Goessmann: Die Kunst Blumen zu stecken 498
Goethe: Dichtung und Wahrheit (3 Bände) 149–151
Goethe: Die erste Schweizer Reise 300
Goethe: Faust (1. Teil) 50
Goethe: Faust (2. Teil) 100
Goethe: Gedichte in zeitlicher Folge (2 Bände) 350
Goethe: Gespräche mit Eckermann (2 Bände) 500
Goethe: Hermann und Dorothea 225
Goethe: Italienische Reise 175
Goethe: Das Leben des Benvenuto Cellini 525

Goethe: Die Leiden des jungen Werther 25
Goethe: Liebesgedichte 275
Goethe: Maximen und Reflexionen 200
Goethe: Novellen 425
Goethe: Reineke Fuchs 125
Goethe/Schiller: Briefwechsel (2 Bände) 250
Goethe: Tagebuch der italienischen Reise 176
Goethe: Trostbüchlein 400
Goethe: Über die Deutschen 325
Goethe: Wahlverwandtschaften 1
Goethe: West-östlicher Divan 75
Goethe: Wilhelm Meisters Lehrjahre 475
Goethes letzte Schweizer Reise 375
Gogh: Briefe 177
Gogol: Der Mantel 241
Gontscharow: Oblomow 472
Grandville: Beseelte Blumen 524
Grandville: Staats- und Familienleben der Tiere (2 Bände) 214
Greenaway: Butterblumengarten 384
Greenaway: Mutter Gans 28
Grimmelshausen: Courasche 211
Grimms Märchen (3 Bände) 112/113/114
Grimm, Gebr.: Deutsche Sagen 481
Günther: Ein Mann wie Lessing täte uns not 537
Gundert: Marie Hesse 261
Gundlach: Der andere Strindberg 229
Hauff-Märchen (2 Bände) 216/217
Hawthorne: Der scharlachrote Buchstabe 436
Hebel: Bildergeschichte vom Zundelfrieder 271
Hebel: Kalendergeschichten 17
Heine: Memoiren des Herren von Schnabelewopski 189
Heine: Buch der Lieder 33
Heine: Reisebilder 444
Heine: Romanzero 538
Heine: Shakespeares Mädchen 331
Helwig: Capri, Magische Insel 390
Heras: Am Anfang war das Huhn 185
Heseler: Ich schenk' Dir was 556

Hesse: Dank an Goethe 129
Hesse: Geschichten aus dem Mittelalter 161
Hesse: Hermann Lauscher 206
Hesse: Kindheit des Zauberers 67
Hesse: Knulp 394
Hesse: Leben und Werk im Bild 36
Hesse: Magie der Farben 482
Hesse: Meisterbuch 310
Hesse: Piktors Verwandlungen 122
Hesse: Schmetterlinge 385
Hesse/Schmögner: Die Stadt 236
Hesse/Weiss: Der verbannte Ehemann 260
Hesse, Ninon: Der Teufel ist los 427
Hexenzauber 402
Hildesheimer: Waschbären 415
Hillmann: ABC-Geschichten 99
Hoban: Der Mausevater und sein Sohn 453
Hölderlin-Chronik 83
Hölderlin: Dokumente seines Lebens 221
Hölderlin: Hyperion 365
Höderlins Diotima Susette Gontard 447
Hofer. Leben und Werk in Daten und Bildern 363
E. T. A. Hoffmann: Elixiere des Teufels 304
E. T. A. Hoffmann: Das Fräulein von Scuderi 410
E. T. A. Hoffmann: Der goldne Topf 570
E. T. A. Hoffmann: Kater Murr 168
E. T. A. Hoffmann: Meister Floh 503
E. T. A. Hoffmann: Prinzessin Brambilla 418
E. T. A. Hoffmann: Der unheimliche Gast 245
Homer: Ilias 153
Horváth. Leben und Werk 237
Huch, Ricarda: Der Dreißigjährige Krieg (2 Bände) 22/23
Hugo: Notre-Dame von Paris 298
Ibsen: Nora 323
Idyllen der Deutschen 551
Indische Liebeslyrik 431
Jacobsen: Die Pest in Bergamo 265
Jacobsen: Niels Lyhne 44
Jan: Dschingis-Khan 461

Jan: Batu-Khan 462
Jan: Zum letzten Meer 463
Jerschow: Das Wunderpferdchen 490
Kästner: Griechische Inseln 118
Kästner: Kreta 117
Kästner: Leben und Werk 386
Kästner: Die Lerchenschule 57
Kästner: Ölberge, Weinberge 55
Kästner: Die Stundentrommel vom heiligen Berg Athos 56
Kant-Brevier 61
Kaschnitz: Courbet 327
Kaschnitz: Eisbären 4
Kasperletheater für Erwachsene 339
Keller: Der grüne Heinrich (2 Bände) 335
Keller: Hadlaub 499
Keller: Züricher Novellen 201
Kerner: Bilderbuch aus meiner Knabenzeit 338
Kin Ping Meh 253
Kinderheimat 111
Kleist: Erzählungen 247
Kleist: Geschichte meiner Seele 281
Kleist: Leben und Werk 371
Kleist: Die Marquise von O. 299
Kleist: Der zerbrochene Krug 171
Klingemann: Nachtwachen von Bonaventura 89
Klinger. Leben und Werk in Daten und Bildern 204
Knigge: Über den Umgang mit Menschen 273
Kolumbus: Bordbuch 476
Konfuzius: Materialien einer Jahrhundert-Debatte 87
Konfuzius und der Räuber Zhi 278
Kühn: Geisterhand 382
Kühn: Ich Wolkenstein 497
Laclos: Schlimme Liebschaften 12
Lamb: Shakespeare Novellen 268
Das große Lalula 91
Leopardi: Ausgewählte Werke 104
Lesage: Der hinkende Teufel 337
Leskow: Der Weg aus dem Dunkel 422
Lévi-Strauss: Weg der Masken 288
Liebe Mutter 230
Lieber Vater 231
Lichtenberg: Aphorismen 165

Linné: Lappländische Reise 102
Lobel: Die Geschichte vom Jungen 312
Lobel: Maus im Suppentopf 383
Lobel: König Hahn 279
Lobel: Mäusegeschichten 173
Löffler: Sneewittchen 489
Der Löwe und die Maus 187
London, europäische Metropole 322
London, Jack: Ruf der Wildnis 352
London, Jack: Die Goldschlucht 407
Longus: Daphnis und Chloe 136
Lorca: Die dramatischen Dichtungen 3
Märchen der Romantik (2 Bde.) 285
Märchen deutscher Dichter 13
Im Magischen Spiegel I 347
Majakowski: Werke I 16
Majakowski: Werke II 53
Majakowski: Werke III 79
Malory: König Artus (3 Bände) 239
Mandry: Katz und Maus 492
Marc Aurel: Wege zu sich selbst 190
Maupassant: Bel-Ami 280
Maupassant: Das Haus Tellier 248
Maupassant: Mont-Oriol 473
Maupassant: Pariser Abenteuer 106
Maupassant: Unser einsames Herz 357
McKee: Zwei Admirale 417
Meinhold: Bernsteinhexe 329
Melville: Moby Dick 233
Mercier: Mein Bild von Paris 374
Mérimée: Carmen 361
Mérimée: Die Venus von Ille 501
Merkprosa 283
Meyer, C. F.: Novellen 470
Michelangelo: Zeichnungen und Dichtungen 147
Michelangelo. Leben und Werk 148
Minnesinger 88
Mirabeau: Der gelüftete Vorhang 32
Mörike: Alte unnennbare Tage 246
Mörike: Die Historie von der schönen Lau 72
Mörike: Maler Nolten 404
Mörike: Mozart auf der Reise nach Prag 376
Molière: Der Menschenfeind 401
Montaigne: Essays 220
Mordillo: Das Giraffenbuch 37

Mordillo: Das Giraffenbuch II 71
Mordillo: Träumereien 108
Morgenländische Erzählungen 409
Morgenstern: Alle Galgenlieder 6
Morier: Die Abenteuer des Hadji Baba 523
Das Moritatenbuch 559
Moritz: Anton Reiser 433
Moritz: Götterlehre 419
Moskau 467
Motte-Fouqué: Undine 311
Mozart: Briefe 128
Musäus: Rübezahl 73
Die Nase: 549
Nestroy: Stich- und Schlagworte 270
Die Nibelungen 14
Nietzsche: Ecce Homo 290
Nietzsche: Unzeitgemäße Betrachtungen 509
Nietzsche: Zarathustra 145
Novalis. Dokumente seines Lebens 178
Okakura: Das Buch vom Tee 412
Orbeliani: Die Weisheit der Lüge 81
Orbis Pictus 9
Oskis Erfindungen 227
Ovid: Ars Amatoria 164
Das Papageienbuch 424
Paris 389
Pascal: Größe und Elend des Menschen 441
Paul: Der ewige Frühling 262
Paul: Feldprediger Schmelzle 505
Paul: Des Luftschiffers Gianozzo Seebuch 144
Petrarca: Dichtungen, Briefe, Schriften 486
Petronius: Satiricon 169
Petzet: Das Bildnis des Dichters Rilke, Becker-Modersohn 198
Phaïcon I 69
Phaïcon II 154
Platon: Phaidon 379
Platon: Theaitet 289
Pocci: Kindereien 215
Poe: Grube und Pendel 362
Polaris III 134
Pöppig: In der Nähe des ewigen Schnees 166
Poesie-Album 414
Polnische Volkskunst 448

Potocki: Die Handschrift von Saragossa (2 Bände) 139
Praetorius: Hexen-, Zauber- und Spukgeschichten aus dem Blocksberg 402
Prévost: Manon Lescaut 518
Quevedo: Der abenteuerliche Buscon 459
Quincey: Der Mord als eine schöne Kunst betrachtet 258
Raabe: Die Chronik der Sperlingsgasse 370
Raabe: Gänse von Bützow 388
Rabelais: Gargantua und Pantagruel (2 Bände) 77
Rache des jungen Meh 353
Die Räuber vom Liang Schan Moor (2 Bände) 191
Reden und Gleichnisse des Tschuang Tse 205
Richter: Familienschatz 34
Richter: Lebenserinnerungen 464
Rilke: Ausgesetzt auf den Bergen des Herzens 98
Rilke: Das Buch der Bilder 26
Rilke: Die drei Liebenden 355
Rilke: Duineser Elegien/Sonette an Orpheus 80
Rilke: Geschichten vom lieben Gott 43
Rilke: Neue Gedichte 49
Rilke: Späte Erzählungen 340
Rilke: Das Stunden-Buch 2
Rilke: Wladimir, der Wolkenmaler 68
Rilke: Zwei Prager Geschichten 235
Rilke. Leben und Werk im Bild 35
Robinson: Onkel Lubin 254
Römische Sagen 466
Rotterdam: Lob der Torheit 369
Rousseau: Königin Grille 332
Rousseau: Zehn Botanische Lehrbriefe für Frauenzimmer 366
Rumohr: Geist der Kochkunst 326
Runge. Leben und Werk im Bild 316
Sacher-Masoch: Venus im Pelz 469
Der Sachsenspiegel 218
Sagen der Juden 420
Sand: Geschichte meines Lebens 313
Sappho: Liebeslieder 309
Schadewaldt: Sternsagen 234

Scheerbart: Rakkóx der Billionär 196
Schiller: Der Geisterseher 212
Schiller. Leben und Werk 226
Schiller/Goethe: Briefwechsel (2 Bände) 250
Schlote: Das Elefantenbuch 78
Schlote: Fenstergeschichten 103
Schlote: Geschichte vom offenen Fenster 287
Schmögner: Das Drachenbuch 10
Schmögner: Ein Gruß an Dich 232
Schmögner: Das unendliche Buch 40
Schneider. Leben und Werk 318
Schopenhauer: Aphorismen zur Lebensweisheit 223
Schumacher: Ein Gang durch den Grünen Heinrich 184
Schwab: Sagen des klassischen Altertums (3 Bände) 127
Scott: Im Auftrag des Königs 188
Sealsfield: Kajütenbuch 392
Sévigné: Briefe 395
Shakespeare: Hamlet 364
Shakespeare: Sonette 132
Shaw-Brevier 159
Sindbad der Seefahrer 90
Skaldensagas 126
Sonne, Mond und Sterne 170
Sophokles: Antigone 70
Sophokles: König Ödipus 15
Spyri: Heidi 351
Stendhal: Die Kartause von Parma 307
Stendhal: Rot und Schwarz 213
Stendhal: Über die Liebe 124
Sternberger: Über Jugendstil 274
Sterne: Yoricks Reise 277
Stevenson: Entführt 321
Stevenson: Dr. Jekyll und Mr. Hyde 572
Stevenson: Die Schatzinsel 65
Stifter: Bergkristall 438
Storm: Am Kamin 143
Storm: Der Schimmelreiter 305
Strindberg: Ein Puppenheim 282
Der andere Strindberg 229
Swift: Ein bescheidener Vorschlag 131
Swift: Gullivers Reisen 58
Tacitus: Germania 471

Taschenspielerkunst 424
Thackeray: Das Buch der Snobs 372
Thackeray: Jahrmarkt der Eitelkeit (2 Bände) 485
Tillier: Mein Onkel Benjamin 219
Timmermanns: Dämmerungen des Todes 297
Toepffer: Komische Bilderromane (2 Bände) 137
Tolstoj: Anna Karenina (2 Bde.) 308
Tolstoj: Der Überfall 367
Tolstoj: Die großen Erzählungen 18
Tolstoj: Kindheit, Knabenalter, Jünglingsjahre 203
Traum der roten Kammer 292
Traxler: Es war einmal ein Mann 454
Tschechow: Die Dame mit dem Hündchen 174
Tschechow: Der Fehltritt 396
Tschuang-Tse: Reden und Gleichnisse 205
Turgenjew: Erste Liebe 257
Turgenjew: Väter und Söhne 64
Der Turm der fegenden Wolken 162
Twain: Der gestohlene weiße Elefant 403
Twain: Huckleberry Finns Abenteuer 126
Twain: Leben auf dem Mississippi 252
Twain: Tom Sawyers Abenteuer 93
Urgroßmutters Kochbuch 457
Varvasovszky: Schneebärenbuch 381
Voltaire: Candide 11
Voltaire: Karl XII. 317
Voltaire. Leben und Werk 324
Voltaire: Sämtliche Romane und Erzählungen (2 Bände) 209/210
Voltaire: Zadig 121
Vom Essen und Trinken 293
Vortriede: Bettina von Arnims Armenbuch 541
Vulpius: Rinaldo Rinaldini 426
Wagner: Ausgewählte Schriften 66
Wagner, Leben und Werk 334
Wagner: Lohengrin 445
Wagner: Tannhäuser 378
Walser, Robert: Fritz Kochers Aufsätze 63
Walser, Robert. Leben und Werk 264

Walser, Robert: Liebesgeschichten 263
Das Weihnachtsbuch 46
Das Weihnachtsbuch der Lieder 157
Das Weihnachtsbuch für Kinder 156
Weng Kang: Die schwarze Reiterin 474
Wie man lebt und denkt 333
Wilde: Die Erzählungen und Märchen 5

Wilde/Oski: Das Gespenst von Canterville 344
Wilde: Salome 107
Wilde. Leben und Werk 158
Wührl: Magische Spiegel 347
Der Zauberbrunnen 197
Zimmer: Yoga und Buddhismus 45
Zola: Nana 398
Zschokke: Hans Dampf in allen Gassen 443